니체

그의 사상의 전기

니체

Friedrich Nietzsche

뤼디거 자프란스키 지음 | **오윤희·육혜원** 옮김

이화북스

―

제 편을 드는 것은 전혀 필요치 않으며, 결코 *바람직하지도* 않습니다.

그보다는 낯선 식물을 접할 때면 품게 마련인

일말의 호기심과 반어적^{ironisch} 저항감,

이런 것이 나를 대하는 훨씬 더 지적인 태도라고 생각됩니다.

1888년 7월 29일 카를 푹스^{Carl Fuchs}에게 보낸 니체의 편지

―

다시 한 번 차라투스트라. 가볍지만 무겁게. 사랑에의 의지와 힘에의 의지. 준비 단계와 전개. 폭력과 세계 유희. 해결되지 않은 문제: 자기 상승과 연대. 쓰이지 않은 대표작으로 가는 샛길:『선악의 저편』과『도덕의 계보』.

마지막 해. 자신의 삶에 대한 생각. 자신의 삶을 위한 생각. 예언자의 미소. 숙명과 명랑성. 바다의 침묵. 토리노에서의 종말.

유럽의 에델포일레. 니체를 발견하다. 생철학의 유행. 토마스 만의 니체 체험. 베르그손, 막스 셸러, 게오르크 지멜. 전쟁에서의 차라투스트라. 에른스트 베르트람과「기사, 죽음 그리고 악마」. 알프레트 보임러와 헤라클레이토스적인 니체. 반-반유대주의. 니체의 발자취: 야스퍼스, 하이데거, 아도르노와 호르크하이머, 푸코. 디오니소스와 힘. 끝이 없는 역사.

니체의 사상의 전기를 알 때 니체를 더 잘 이해할 수 있는 이유

일러두기 ───────────────────────

1. 이 책의 원본은 카를 한저 출판사Carl Hanser Verlag에서 2019년에 출간한 뤼디거 자프란스키Rüdiger
   Safranski의 『니체 – 그의 사상의 전기Nietzsche. Biographie seines Denkens』이다.

2. 니체를 인용한 부분은 고딕 글씨체로 되어 있으며 인용된 방식은 다음과 같다.

   • 권수와 쪽수만 나올 경우, 예를 들면 (2, 34)는 『니체 전집』 2권 34쪽

   • (B 3, 44)는 『서간집』 3권 44쪽

   • (J 2, 44)는 『초기 저작』 2권 44쪽

   • (N/W 1, 33)는 『니체 대 바그너』 1권 33쪽을 의미한다.

3. 필요한 경우에는 니체 인용문에 작품의 제목이 부기된다. 예를 들어 (1, 99; GT)는 전집 1권 99쪽에 나오
   는 『비극의 탄생Die Geburt der Tragödie; GT』을 뜻한다. 인용된 작품의 악어표는 책 뒤에 수록되어 있다.

4. 참고 문헌 인용은 저자를 직접 인용하고 쪽수 표기했다. 예를 들어 (만, 55)는 참고 문헌에 있는 토마스
   만의 저서 55쪽을 의미한다. 인용된 저자의 책이 여러 권일 경우에는 제목을 통해서 구별할 수 있도록
   했다.

5. 인용된 책의 경우는 『 』로, 논문이나 책의 소제목, 음악 작품일 경우에는 「 」로 구별했다.

6. 필요한 경우에는 옮긴이 주를 달아서 이해를 도왔다.

저자의 말

    니체는 사유의 실험실이었다. 그는 자기 자신에 대한 해석을 멈추지 않았다. 그리고 그는 가능한 여러 종류의 해석을 생산해내는 발전소와 같은 철학자였다. 그는 사유의 연극과 삶의 연극을 무대에 올렸다. 그럼으로써 그는 인간의 가능성을 탐구했다. 생각하는 것을 삶의 중요한 문제로 여기는 사람이라면 니체와의 관계를 결코 끊을 수 없을 것이다. 우리는 니체를 통해 우리를 사로잡고 놓아주지 않는 저 거대한 힘, 즉 세계의 위대한 음악을 경험할 수 있다.

    이 책을 쓰는 동안 나는 카스파 다비트 프리드리히 Caspar David Friedrich 의 그림 한 점을 책상 앞에 걸어놓았다. 「바닷가의 수도사 Der Mönch am Meer 」라는 작품이다. 그림에는 한 사람이 바닷가에 홀로 서서 하늘과 바다가 맞닿은 거대한 수평선을 바라보고 있다. 이 거대함을 사유할 수 있을까? 이 거대함을 경험하면 다른 생각들은 모두 해체되지 않을까? 니체야말로 이와 같은 바닷가의 수도사이다. 그는 항상 이러한 거대함을 바라보면서 확정할 수 없는 사유는 일단 멈추고 그것을 새로운 형태로 다

카스파 다비트 프리드리히(Caspar David Friedrich, 1774~1840)의 「바닷가의 수도사Der Mönch am Meer」

시 만들기 위한 시도를 끊임없이 한다. '확고한 이성의 제국을 떠나서 미지의 망망대해로 가야만 하는가?' 칸트는 이렇게 질문을 던지고, 여기에 머물라고 충고한다. 하지만 니체는 떠났다.

니체의 사유에는 목적지가 없다. 그 어떤 성과나 결론도 없다. 오직 끝나지 않는 사유의 모험만이 있을 뿐이다.

하지만 종종 다음과 같은 생각이 든다. 이러한 모험적인 영혼은 노래를 불러야만 하지 않았을까.

제 1 장

—

두 가지 열정: 음악과 거대한 힘. 음악이 멈추면 우린 어떻게 살아야 하나? 세이렌이 사라진 시대의 슬픔. 각성. 실험과 유혹.

—

프리드리히 니체(1861년)

두 가지 열정: 음악과 거대한 힘. 음악이 멈추면 우린 어떻게 살아야 하나? 세이렌이 사라진 시대의 슬픔. 각성. 실험과 유혹.

음악은 참된 세계이다. 음악은 거대한 힘이다. 음악은 존재의 핵심을 관통한다. 니체는 이런 식으로 음악을 체험했다. 그에게는 음악이 전부였다. 그는 음악이 멈추는 일이 없기를 바랐다. 그러나 음악은 멈추었고 그는 이제 어떻게 살아나가야 할지 곤경에 처한다. 1871년 12월 18일 니체는 바젤을 출발해 만하임으로 향한다. 리하르트 바그너^{Richard} ^{Wagner}가 작곡하고 직접 지휘하는 음악을 듣기 위해서이다. 바젤로 돌아온 후인 12월 21일 니체는 친구인 에르빈 로데^{Erwin Rohde}에게 이런 편지를 쓴다. 음악과 연관시켜 이해될 수 없는 모든 것에 (…) 나는 구역질과 혐오감을 느끼네. 만하임 음악회에 다녀온 후로 나는 일상 현실을 접하면 정말이지 기이할 만큼 고조된 공포감에 사로잡혀 잠조차 이루지 못할 정도일세. 현실이 더 이상 전혀 현실적으로 느껴지지 않고 허깨비처럼 생각되니 말일세.(B 3, 257)

음악 없는 일상의 생활로 다시 돌아가기. 이는 니체가 부단히 성찰했던 문제 중 하나이다. 물론 음악이 멈춘 후에도 삶은 이어질 것이다. 하지만 우리가 그 삶을 견뎌낼 수 있을까? 음악이 없다면 삶은 하나의 오류일 것이다.(6, 64) 언젠가 니체는 이렇게 썼다.

음악은 참된 감성(1, 456; WB)의 순간들을 선사한다. 그리고 어쩌면 니체의 철학 전체가 음악이 끝난 후에도 삶을 놓지 않으려는 시도라고 말할 수 있을지도 모른다. 니체는 가능한 한 언어와 생각과 개념으로 음악을 연주하려 한다. 물론 만족스럽지 못한 점은 남게 마련이다. 1872년의 저작 『비극의 탄생』에 후일 니체는 자기비판적인 서문을 덧붙이며 이렇게 말한다. 이 '새로운 영혼'은 노래했어야 했다. ― 말하는 대신!(1, 15: GT) 슬픔은 사라지지 않고 남는다. 유고로 남은 1888년 초의 토막글들 중에는 이런 것이 있다. 사실은 '내가 아주 슬프다는 것'이다. 문제는 '그것이 무엇을 의미하는지 내가 알지 못한다'는 점이다. (…) '옛 시대의 동화'.(13, 457) 그는 하이네Heine의 궤적을 좇다가 로렐라이를 떠올리게 된다. 니체는 세이렌의 노래를 들으며, 세이렌이 입을 다물어버린 문화, 로렐라이가 옛 시대의 동화로만 출몰하는 문화에 불편함을 느낀다. 니체의 철학은 세이렌이 사라진 시대에서 출발하며, 최소한 음악의 정신을 말에서 구원하고자 한다. 말하자면 그의 철학은 작별의 메아리이고, 생의 활이 부러지지 않도록(1, 453: WB) 어쩌면 가능할지 모를 음악의 귀환을 조율한다.

잘 알려져 있듯, 니체가 예술 향유에서 얻는 행복의 충일함을 측정하는 기준은 오랫동안 바그너의 음악이었다. 바그너를 개인적으로 알기 전, 니체는 처음으로 「뉘른베르크의 명가수Die Meistersinger von Nürnberg」 중 서곡을 듣고는 로데에게 이런 편지를 썼다.(1868년 10월 27일 자) "내 몸의 신경 하나하나, 힘줄 하나하나가 경련을 일으키지. 황홀한 감정이 그처럼 오래 지속되기는 참으로 오랜만이라네."(B 2, 332) 이 황홀한 감정은 그가 자신과 세상도 잊은 채 몇 시간이고 피아노 앞에 앉아 즉흥 연주를 할 때보다도 훨씬 더 강렬했다. 니체의 청년 시절 친구인 파울 도이센Paul Deussen이 전하는 유명한 일화 한 편도 바로 이런 황홀감과 관련이 있다. "1865년 2월 어느 날 니체는 홀로 쾰른에 갔다. 관광안내원의 도움을 받아 시내 명소를 구경한 니체는 마지막으로 식당 안내를 부탁했다.

그런데 이 안내인이 니체를 데려간 곳은 다소 수상쩍은 장소였다. 훗날 니체는 그날의 경험을 내게 이렇게 이야기한다. '갑작스레 나는 반짝이 장식이 붙은 얄팍한 옷차림의 여인 대여섯에 둘러싸여 있었네. 여인들은 내 반응을 기다리며 나를 빤히 쳐다보고 있었지. 잠시 동안 나는 아무 말 없이 서 있었네. 그러고는 본능적으로 피아노로 다가갔어. 그 장소에서 영혼을 가진 유일한 물건으로 다가간 걸세. 그러고는 화음 몇 개를 연주했지. 그 소리를 듣고야 나는 얼떨떨한 상태에서 벗어나 자유로움을 되찾을 수 있었네.'"(얀츠^Janz 1, 137)

음악이 – 이번엔 즉흥적으로 연주된 화음 몇 개에 불과했지만 – 관능적 쾌락에 승리를 거둔다. 1877년의 한 메모에서 니체는 쾌락의 등급에 따른 사물의 위계를 제시하는데, 여기서도 그의 입장이 잘 드러난다. 위계의 맨 윗자리에는 즉흥 연주가 놓이며, 그 다음은 바그너의 음악이다. 관능적 쾌락은 두 단계나 더 아래 있다.(8, 423) 쾰른의 유곽에서는 다른 영역으로 피해버리는 데 화음 몇 개면 충분하다. 화음 몇 개만으로 우리가 빠져들 수 있는 즉흥성의 흐름, 결코 끝나지 않기를 바라게 되는 그 무엇이 시작되는 것이다. 바로 이런 점 때문에 니체는 바그너의 무한한 선율을 높이 평가한다. 바그너의 선율은 마치 한 편의 즉흥곡처럼 이미 오래전에 시작된 듯 시작되고 아직 끝나지 않은 듯 중단되기 때문이다. 무한한 선율 – 파도에 스스로를 맡긴 채 우리는 도달할 해안을 잃어버린다.(8, 379) 쉼 없이 해안으로 밀려오는 파도, 누군가를 몰고 왔다 끌고 가며 심지어는 끌어당겨 가라앉게도 하는 파도 – 니체에게는 그것이 세상 근본을 드러내는 한 가지 형상이기도 하다. 이것이 파도의 삶이다! – 이것이 우리들, 갈망하는 자들의 삶이다! – 그 이상은 말하지 않으련다. (…) 내가 어찌 너희의 비밀을 폭로하겠는가! 왜냐하면 – 잘 들어라! – 나는 너희를, 너희의 비밀을, 너희 종족을 잘 알고 있기 때문이다! – 너희와 나, 우리는 같은 종족이다! 너희와 나, 우리는 같은 비밀을 지니고 있다!(3, 546; FW) 이런 비밀 중 하나가 바로 파도와 음악과 위대한 세계 놀이, 즉 죽음과 생성, 성장과 소멸, 지배와 예속으로 이뤄진 세계 놀이 사이의 내적 친화성이다. 음악은 우리를 세계의 심장부로 이끈다 – 하지만 그로 인해 우리가 목숨을 빼앗기는 식은 아니다. 니체는 그러한 황홀경의 음악체험을 『비극의 탄생』에서 현존의 일상적 제한과 한계를 파기하는 디오니소스적 상태의 황홀경(1, 56; GT)이라 칭한다. 이러한 황홀경이 지속되는 동안 일상적 세계는 물러난다. 하지만 그 세계가 다시 의식되는 순간 그것은 역겨움을 수반한다. 황홀경에서 깨어난 사람은 의지를 부정하는 기분(1, 56)에 사로잡힌다. 니체에 따르면 그런 사람은 세상에 역겨움을 느끼고 더 이상 행동을 취할 수도 없는 햄릿과 비슷하게 된다.

때때로 음악체험은 너무나 강렬하여 사람들은 자신의 빈약한 자아를 잃지 않을까 두려워하곤 한다. 음악의 순수한 황홀경, 음악의 최고 황홀경(1, 134)에 빠져 몰락하지 않을까 두려워하는 것이다. 그렇기에 디오니소스적 감수성을 갖춘 청자와 음악 사이에는 거리를 유지시키는 매개물을 끼워 넣는 게 필수적이다. 언어와 말과 무대 위의 행위로 이뤄진 신화가 바로 그 매개물이다. 이렇게 이해된 신화는 우리를 음악으로부터 보호해준다.(1, 134; GT) 그로 인해 음악은 뒤로 밀려나지만, 바로 거기서부터 음악은 역으로 이제 전면에 등장한 행위와 말과 이미지에 강렬함과 의미심장함을 부여한다. 그 결과 청중은 마치 사물의 가장 내밀한 심연이 자신에게 알아듣게끔 말하기라도 하듯(1, 135) 모든 것을 듣게 되는 것이다. 니체에 따르면, 예컨대 「트리스탄과 이졸데Tristan und Isolde」의 제

● 파도를 가리킴 – 옮긴이

3막을 말과 이미지의 도움 없이 순전히 거대한 교향곡의 악장으로 느낄 수 있는 사람, 그러면서도 영혼의 모든 날개를 경련 속에 펼쳐 둔 채 숨을 멈추지 않을 사람(1, 135)을 상상하기란 결코 쉽지 않다. 이런 음악을 듣는 사람은 이를테면 세계 의지의 심장부에 귀를 대는 것이나 다름없다. 그리고 오로지 전면에서 부각되는 사건만이 그로 하여금 자신의 개별 실존에 대한 의식을 완전히 잃지 않도록 막아 준다.

하지만 이런 생각에는 지나친 격정Pathos이 실려 있는 것이 아닐까? 물론 그렇다. 하지만 니체에게 예술은 격정적이 되어도 좋은 것이다. 예술은 그 성공적인 순간이면 언제나 어떤 전체, 심지어 어떤 세계 전체를 제시하며, 이 전체가 아름다움에서 감내된다. 예술의 인상에 자신을 내맡기는 사람은 격정 속에서 우주적인 것과 공명할 수 있다. 우리는 오직 예술에서만 격정적인 것을 용인한다. 살아가는 인간은 소박해야 하며 너무 시끄러워서는 안 된다.(8, 441; 1877년) 그런 소박한 인간은 예컨대 아무런 격정 없이 학문을 수행하며, 감정의 그런 높이에 이르려 애쓰는 것이 얼마나 근거 없는 짓인지(8, 428; 1877년)를 보여줄 수 있다. 그렇게 되면 돌연 격정의 세계가 전혀 다른 모습으로 나타난다. 격심한 정동Affekt과 열정이 그들의 기원, 점잖지 못하며 때로는 우습기까지 한 그 기원을 드러내는 것이다. 음악의 고양된 감정에도 같은 말을 할 수 있는데, 이런 순간이면 음악은 심리학적으로나 생리학적으로 매력을 상실하게 된다. 이런 관점에서 보면, 내적 존재와의 연대감을 낳는 기관인 음악이 한갓 유기적 과정의 기능에 불과한 것으로 나타난다. 따라서 니체는 자신의 격정을 무력화시키는 논거로 자신의 격정에 맞서며, 자신의 열정마저 조롱하는 사유 실험을 전개한다. 니체에 의하면, 인간은 발정기를 가지는 동물적 한계(8, 432)를 뛰어넘은 존재이며, 그렇기에 간헐적이 아니라 항시적으로 쾌락을 추구한다. 하지만 쾌락의 용의는 지속적일지라도 쾌락이 항상 충족될 수는 없기에 자연이 인간으로 하여금 쾌락 창조의 길로 들어서게 했다. 인간은 의식을 지닌 동물이며, 과거와 미래라는 시간 지평도 갖고 있다. 이런 인간에게 충만한 현재가 주어지는 경우는 드물며, 그렇기 때문에 인간은 다른 동물들은 알지 못하는 무엇, 즉 권태를 느낀다. 이 기묘한 존재는 권태에서 벗어나기 위해 자극을 구하며, 자극을 찾지 못하는 경우에는 직접 창조할 수밖에 없다. 인간은 놀이하는 동물이 된다. 놀이란 인간의 정동에 뭔가 할 일을 부여하는 발명인 셈이다. 놀이란 – 예컨대 음악이 그렇듯 – 정동의 자기자극 기예인 것이다. 따라서 예술의 비밀을 인류학적·생리학적 공식으로 표현하면 이렇다. 예술의 어머니는 권태로부터의 도피이다.(8, 432)

이런 표현에서는 예술의 격정이 정말로 사라져 버린다. 이른바 예술의 비밀이란 것이 이보다 더 평범할 수 있을까? 예술에서 얻는 감동과 여기서 수반되는 황홀경이 자극 없는 일상의 황무지에서의 탈출이란 관념으로 진정 남김없이 설명될 수 있단 말인가? 이렇게 해서 예술은 한갓 오락적 가치로 축소되는 것이 아닌가? 하지만 니체는 탈신화적이고 탈격정적인 이런 관점과 그저 유희하는 것일 뿐이다. 그는 자신이 신성시하는 예술을 모독하고 그에 대한 자신의 사랑을 냉각시켜보려 한다. 이를테면 비낭만주의적인 자기치료(2, 371; MA Ⅱ)를 감행하는 것이며, 그리하여 만일 이런 것들을 뒤집어 보면 어떻게 보일지(2, 17; MA Ⅰ) 알아보려는 것이다. 이때 그에게는 도덕적 가치들의 위계질서를 전도시키는 것만이 중요하지 않다. 그에게는 형이상학적 관점을 물리학적 – 생리학적 관점으로 교체하는 것 역시 중요하다.

그렇지만 니체의 사유에서는 권태 또한 그 비밀을 가지며 특유의 격정을 획득한다. 권태 – 이로부터의 도피처를 제공하는 것이 예술이다 – 는 존재의 입 벌린 심연, 다시 말해 끔찍한 무엇이 된다. 권태에서 사람들은 순간순간을 시간의 공허한 흐름으로 체험한다. 외부에서 일어나는 일은 아무런 의미도 없어지며, 사람들은 자기 자신조차 의미 없는 것으로 경험한다. 생의 영위가 지향적 긴장감을 상실하여 너무 일찍 오븐에서 꺼낸 수플레* 마냥 쪼그라들고 만다. 판에 박힌 일상사와 습관적인 것들 - 평소에는 발판이 돼주었던 것들 - 이 돌연 보조적 구성물에 불과한 본연의 모습을 나타낸다. 권태의 으스스한 광경 또한 참된 지각의 순간을 드러낸다. 사람들은 무엇을 해야 할지 전혀 알지 못하며, 그 결과 무Nichts에 완전히 압도되고 만다. 이러한 무를 기반으로 삼아 자기자극의 작품을 만드는 것이 바로 예술이다. 이는 거의 영웅적 시도라 불릴 만한 일인데, 그도 그럴 것이 전락의 위기에 처한 자는 지탱되어야 마땅하기 때문이다. 이런 관점에서 보면, 예술이란 니힐리즘적 이완에 빠져들지 않도록 활시위를 당기는 일이다. 예술은 우리가 살아가도록 돕는다. 예술의 도움이 없다면, 삶은 쇄도하는 무의미의 감정 앞에서 속수무책으로 머물 것이다.

우리가 권태를 일종의 무의 경험이라 이해한다면, 권태로부터의 도피로서의 예술이란 공식은 많은 의미를 함축한다. 하지만 이런 경우 자기자극의 생리학은 다시금 '공허에 대한 공포horror vacui'의 형이상학으로 뒤바뀌고 만다. 니체는 이처럼 물리학과 형이상학의 경계를 오가는 대가이다. 니체는 자신의 생리학적 탈주술화에 새로운 형이상학적 주술을 거는 데 능란하다. 니체에게서는 어떤 것이든 결국은 다시 거대해진다.

모든 것이 - 자신의 삶이건 인식이건 아니면 세계건 - 거대해질 수

• 거품을 낸 달걀 흰자에 치즈와 감자 등을 섞어 넣고 오븐에 굽는 과자나 요리 - 옮긴이

있다. 하지만 거대한 힘에 조율되어 어떤 것이든 견뎌낼 수 있게 해주는 건 음악이다. 그리고 바로 이런 이유에서 거대한 힘은 니체의 평생의 주제, 그의 실험이자 그의 유혹이 된다.

제 2 장

—

글 쓰는 소년. 분할 가능한 것. 번개와 천둥. 삶의 과
정을 발견하기와 고안하기. 「프로메테우스」와 그 밖
의 글. 최초의 철학 시도: 「운명과 역사」. 이념의 바다
와 먼 곳에의 동경.

—

슐포르타의 학교 시설

글 쓰는 소년. 분할 가능한 것. 번개와 천둥. 삶의 과정을 발견하기와 고안하기. 「프로메테우스」와 그 밖의 글. 최초의 철학 시도: 「운명과 역사」. 이념의 바다와 먼 곳에의 동경.

NIETZSCHE

젊은 니체에게 최초로 다가온 거대한 힘은 바로 그 자신의 삶이다. 1858년부터 1868년까지의 학창 시절 동안 니체는 자전풍의 짧은 글을 아홉 편 쓰는데, 이것들은 거의 모두가 한 편의 성장소설처럼 '어떻게 해서 지금의 내가 되었나'를 주제로 삼는다. 후일 그의 이런 글쓰기는 서사적 장르보다는 좀 더 극적인 장르를 선호하게 되며, 자신의 삶에 관한 글쓰기로 널리 포고하는 제스처를 취한다. 그 사이 니체가 자신의 삶을 모범적이라 생각하게 된 까닭이다. 처음에 그는 자신의 삶에 관해 쓰지만, 그 이후엔 자신의 온몸과 생명을 걸고서 쓰며, 끝내는 자신의 삶을 붙들기 위해 쓸 것이다.

　그처럼 일찍부터 스스로에 관해 글을 쓰기 시작하는 사람이 항상 자기도취적 성향을 갖는 것은 아니다. 그리고 그런 사람이 자신을 특별히 문제적 인간이라 느껴야 하는 것도 아니다. 그런 요소들은 오히려 글쓰기에 장애가 된다. 과도하게 자기 문제에 함몰되거나 자기애에 빠져버리면 글쓰기에 필수적인 한 요소, 즉 스스로에게 거리 두기란 요소가 결여되기 때문이다. 니체의 자전적 글쓰기는 어떤 능력을 전제하고 있다. 그것은 자기 자신을 '개체', 즉 분할 불가능한 존재란 뜻의 인디비두움Individuum으로만이 아니라 분할 가능한 존재인 디비두움Dividuum으로도 체험할 수 있는 능력을 말한다.(2, 76; MA) 서양에서 강력한 영향력을 미치고 있는 전통에 따르면, 개체란 인간의 분할 불가능한 핵심과도 같은 것이다. 그러나 니체는 아주 일찍부터 개체의 핵심 분열을 실험해 왔다. 그에 따르면, '자기'에 관해 쓴다는 것은, '자아(나)'와 '자기' 일반의 차이를 생각할 수밖에 없음을 함축한다. 물론 언제나 그렇다는 뜻은 아니며, 누구나가 그런 식으로 생각할 수 있다는 뜻도 아니다. 호기심과 풍부한 사유는 물론 자기도취와 자기혐오도 필요하며, 어떤 균열의 상태, 즉 행복감과 절망감의 공존이 전제되어야 한다. 이런 것들이 분할 불가능한 것의 자기분열, 다시 말해 개체의 분화를 조장하고 촉진하기 때문이다. 어쨌든 프리드리히 니체는 자기 자신과 더불어 지극히 섬세한 관계를 유지하기에는 충분할 만큼 자신이 분열되어 있음을 경험한다. 후일 그가 선언하듯, 그러한 자기관계는 자기형성에 유용한 것이다. 그러나 우리는 우리 삶의 시인이 되고자 한다.(3, 538; FW) 니체의 발전 과정이 잘 보여주듯, 그의 생을 쓰는 시인은 자기 작품의 저작권을 포기하려 들지 않는다. 그 자신의 존재가 지닌 특징적 면모가 그의 작품이 되어야 한다. 그는 자신이 어떤 존재인지 그리고 무엇을 위해 만들어진 존재인지의 근거를 자신 안에서 찾고자 한다. 장차 니체는 이러한 자기형성의 명령을 다음과 같은 말로 표현할 것이다. 너는 너의 주인이 되어야 하며, 또 네가 지닌 미덕의 주인이 되어야 한다. 이전에는 미덕이 너의 주인이었다. 하지만 미덕은 다른 여러 도구와 마찬가지로 너의 도구일 뿐이어야 한다. 너는 너의 찬성과 반대를 지배하는 권력을 획득해야 하며, 그때그때 너의 더 높은 목적에 따라 미덕을 떼어내거나 다시 붙이는 법을 배워야 한다. 너는 일체의 가치평가에서 관점주의적인 것을 터득해야 한다.(2, 20; MA) 니체는 무고한 생성이란 것을 받아들이지 않는다. 그리고 운명애amor fati, 즉 자신의 운명에 대한 사랑 역시 인간을 자기 생애사의 저자로 만들기에는 아직 충분하지 않다. 간섭하고 기획하며 구성하는 사유가 요구되며, 그런 사유는 심지어 과도와 과잉의 정도까지 이르러야 한다. 그처럼 니체는 스스로를 기민하고 침착한 운동선수로 만든다. 모든 충동과 노력과 행동이 주의력의 눈부신 빛 안으로 이끌린다. 그의 사유는 극도로 긴장된 자기관찰로 변한다. 그는 자기 자신의 사유도 주시하고자 하며, 이렇게 해서 그에게서 속마음과 동기와 자기기만 그리고 온갖 종류의 위장으로 이뤄진 깊숙한 다층적 세계가 모습을 드러낸다.

니체는 이미 이른 나이부터 자기 내면의 동기나 의도를 밝혀내는 데 일가견이 있었다. 군복무 중이던 1867년 그는 이렇게 쓰고 있다. 자신의 상태를 예술적인 눈으로 바라볼 수 있다는 것, 심지어 우리에게 닥친 고통과 고뇌 속에서도, 불유쾌한 온갖 일들에 직면해서도 고르곤• 의 눈, 즉 바라보는 모든 것을 석상으로 바꿔버리는 눈, 고통이 없는 세계에서 유래한 그 눈을 가질 수 있다는 것은 훌륭한 능력에 속한다.(J 3, 343)

우리는 자기 삶이 하나의 이미지로 굳어버릴 만큼 삶에 거리를 둘 수도 있다. 그런 경우 삶은 작품과도 같은 무언가를 지니게 된다. 하지만 이때 단점은 그 작품에 삶이 결여된다는 점이다. 이 점을 극복하기 위해 니체는 서사적 방법을 동원해본다. 우리에게 닥치는 모든 것을 교양의 요소로 인식하고 그 자체로 활용하는 것은 또 다른 훌륭한 능력이다.(J 3, 343)

젊은 니체가 최초로 쓴 자전적 수기는 삶을 교양 내지 도야의 역사에 입혀 서사적으로 제어하려는 시도이다. 그는 체험된 삶이 한 권의

• 그리스 신화에 등장하는 흉측한 모습의 세 자매로 머리카락은 뱀이며, 눈을 마주치면 누구든 온몸이 굳어져 돌로 변하게 하는 능력을 지녔다고 전해진다. 세 자매 중의 하나가 메두사이고 흔히 미와 공포를 함께 지닌 현실을 지칭한다. – 옮긴이

책으로 변할 수 있다는 사실에 매혹을 느낀다. 1858년에 집필된 최초의 자서전은 다음과 같은 한탄으로 종결된다. 이런 소책자를 아주 많이 쓸 수만 있다면!(J 1, 32)

젊은 니체는 글쓰기에서 얻는 즐거움에 관해 쓴다. 니체에 따르면, 어린 시절 놀이를 할 때부터 그는 이미 이런 즐거움을 알았다. 그는 놀이를 하면서 일어난 일을 그때그때 소책자에 자세히 기록해두었다가 나중에 놀이 친구들에게 읽어주곤 했다. 그에게는 놀이 자체보다 놀이의 기록이 더 중요했다. 그렇기에 놀이는 나중의 기록을 위한 동기이자 재료가 되었다. 현재의 체험이 장차 쓰일 이야기의 관점에서 관찰되는 것이다. 흘러가는 삶을 굳게 붙들고, 현재적인 것을 미래적 의미의 빛 아래서 빛나게 하는 셈이다. 니체는 삶에 어떤 형상을 부여하는 이런 방법을 이후로도 충실히 지켜나간다. 그는 인용될 만한 문장들을 짓는 것에 만족하지 않는다. 그보다는 자신의 사상을 위해 인용 가능한 토대가 될 수 있도록 자기 삶을 가꾸게 된다. 누구나가 자기 삶에 관해 생각하기 마련이다. 하지만 니체는 생각할 만한 무언가를 제공하는 종류의 삶을 영위하고자 한다. 사유를 위한 실험명령으로서의 삶, 생의 형식으로서의 에세이주의.

니체는 사유할 때면 분명하고 두드러지게 일인칭 단수의 관점을 취한다. 비록 그는 사유의 근저에 독특한 익명성이 있음을 발견한 사람이지만 말이다. 니체에 의하면 '나는 생각한다'라는 말은 문법에 의한 현혹에 불과하다. 모든 술어가 그렇듯, '생각한다'라는 술어에는 주어가 필요하다. 그래서 '나'를 주어로 내세우고는 곧이어 이를 행위의 주역으로 격상시키는 것이다. 그러나 실상 자아(나)의식은 사유의 행위를 통해서야 비로소 산출된다. 사유와 관련해서는 먼저 행위가 있고 행위자가 그 뒤를 따른다고 봄이 타당한 것이다.(5, 31: JGB) 이처럼 니체에게

'자아' 없는 사유란 충분히 사유 가능한 것이다. 그럼에도 불구하고 – 아마 몽테뉴를 제외한다면 – 니체만큼 '나'란 말을 빈번히 사용한 철학자도 없다. 그 이유는 이렇다. 니체는 자신이 니체라는 사실을 잘 알고 있었다. 그는 자신을 본보기라 여겼다. 니체로서는 그 자신으로 존재함이 충분히 가치 있는 일이었다. 또 니체는 자신에게 관심을 갖는 것이 우리에게도 가치 있는 일이 될 것이라 믿었다. 그는 자기 자신을 대상으로 삼아 작업할 때면 그 작업이 인류 전체와도 관계가 있으리란 의식을 버리지 않았다. 자긍심으로 가득한 이런 자기의식은 후일에 이르면 더욱 거침없이 분출한다. 나는 내 운명을 안다. 언젠가는 내 이름에 어떤 엄청난 것에 대한 회상이 결부될 것이다. 지상에 유례없던 어떤 위기에 대한 회상, 지극히 심대한 양심의 충돌에 대한 회상, 지금까지 믿어지고 요구되고 신성시되었던 모든 것에 반발하여 불려 나온 어떤 결단에 대한 회상이.(6, 365; EH)

　　니체는 자신에 관한 글을 쓸 때면 동시적으로 또 순차적으로 다수의 목표를 추구한다. 우선 그는 흘러가는 시간에서 지속가능한 기억의 이미지들을 얻어내고자 한다. 이러한 기억의 작업에는 자신의 친구들과 친척들도 참여시키려 든다. 특히 기억되는 상황에 어떤 식으로든 연관된 사람들에게는 자신의 이 작업에 관해 알리려 한다. 그는 이런 사람들을 독자로 삼아 글을 쓰기는 하지만, 다른 무엇보다 후일 자신이 읽을 것을 염두에 두고서 이런 글을 작성한다. 그는 장차 회고에 젖을 때를 대비해, 그리고 이때 자기감정이 서사적으로 완성될 수 있게끔 미리 소재를 마련해 두고자 한다. 지금은 사건 자체의 난삽함에 휘말려 있는 것 같지만, 후일 그 글을 읽어보면 그로부터 의미심장한 이야기가 나타날지도 모를 일이다. 그가 추구한 것은 의미였다. 그는 살아가는 순간순간의 어둠 속으로 장차 주어질 의미의 빛이 미리부터 스며들기를 원한다. 장래 주어질 이해의 희미한 윤곽을 지금 이 순간, 살고 있는 순간에 이미 체험하려는 것이다. 이런 방식에는 상당한 섬세함이 깃들기 마련이다. 하지만 원칙적으로는 자기 자신을 주제로 삼고 그에 관해 서술할 줄 아는 기량, 즉 얼마간 재능 있는 일기 작가라면 거의 누구에게서나 찾아볼 수 있는 기량만 갖추면 된다. 그런데 니체의 경우에는 여기에 어떤 확신감이 첨가된다. 그것은 자신의 삶과 고뇌와 사유가 본보기의 성격을 지니며, 그렇기에 거기에 모든 사람이 관심을 기울일 가치가 있는 동시에 그 어느 누구도 그럴 가치가 없다는 확신을 말한다.(4, 9; ZA) 장차 니체는 세계의 문제들—좀 더 정확히는 세계—내—존재의 문제들—을 거인 아틀라스* 마냥 홀로 떠맡는 자로 자처할 것이다. 더 나아가 그는 이 무거운 짐을 지고서 춤추고 즐기는 곡예를 완성하려 들 것이다. 그는 노고를 아끼려 들지 않으면서도 노고를 가볍게 만들 줄 아는 예술가로 등장할 것이다. 이 모든 것은 오직 언어가 그를 지탱하기에 가능한 일이 될 것이다. 언어는 사유보다 훨씬 더 신속하고 기민하다. 경쾌한 그의 언어가 그 자신을 움직이며, 자신에게서 언어가 창출하는 것을 지켜보는 그로선 경탄의 마음을 키울 뿐이다. 그리하여 니체에게는 자신의 개성, 즉 '분할될 수 있는 개체dividuale Individuum'가 내면세계사의 무대가 되며, 이 세계사를 면밀히 탐구하는 사람은 니체와 더불어 '인간'이라 불리는 저 내면세계의 탐험가이자 항해자(2, 21; MA)가 될 수밖에 없다. 하지만 여기서 '인간'이란 자신의 시대에 처해 있는 인간이다. 그리고 니체의 탐구가 오늘날 우리에게 여전히 발견의 의미를 지닐 수 있다면, 이는 오로지 니체의 시대지평이 우리의 시대까지 포괄하고 있

• 그리스 신화에 나오는 티탄 신족의 한 명으로, 티탄 신족이 올림포스 신족과 싸워 패한 후 하늘을 떠받치는 벌을 받게 되었다. - 옮긴이

기에 가능한 일이다.

이제 열네 살의 니체에게 돌아가보자. 나움부르크의 집 1층의 어두운 방이다. 그는 모범생다운 글씨체로 한 장 한 장 종이를 채우면서 스스로에게 자신의 인생사를 들려주고 있다. 그는 아주 오래전 기억을 떠올리는 노인네처럼 글을 시작한다. 많은 일이 기억에서 사라졌고 살아온 삶이 혼란스러운 꿈(J 1, 1)처럼 여겨지기에 그는 당혹감을 느낀다. 소년은 시간과 싸워 승리를 거두고자 한다. 자신에게서 흘러나간 것을 조각조각 기억해내고 한 편의 그림과 같은 작품을 창조하려는 것이다. 하지만 소년은 과거를 되불러오는 것에만 만족하지는 않는다. 그는 미래도 획득하고자 한다. 장래 언젠가 자신의 이 수고를 읽게 되면 어떤 느낌이 들지를 상상하며 즐거워하는 것이다. 그는 스스로를 자기 글의 미래 독자로서 상상한다. 훗날 자신의 어린 시절을 영혼 앞에 불러내고, 그리하여 자기 영혼의 발전을 확인하게 된다면, 이는 정말이지 멋진 일이 될 것이다.(J 1, 31) 그는 살고 있는 순간순간 스스로에게서 벗어나 회고에 임할 때에 비로소 자기 자신을 발견하게 된다는 점을 알고 있다. 그럴 때에 자신을 규정하고 무의식중에 인도한 것이 무엇인지를 파악하게 된다. 생의 이 시점에서 니체는 아직 신의 전능한 인도(J 1, 1)가 개입한다고 믿는다. 그는 맹목적 우연이 있어선 안 된다고 확신하기에 유의미한 연관들을 발견하려 애쓴다. 니체의 아버지는 곧잘 피아노 즉흥곡을 연주하곤 했는데, 니체 자신도 이런 즉흥연주에 열정을 보인다. 사랑하던 아버지의 이른 죽음은 니체를 외롭게 만들었다. 그러나 니체는 그럭저럭 견뎌낼 수 있기에 혼자 있어도 슬픔에 사로잡히지는 않는다. 그는 자신이 나이에 비해 너무 진지하다는 점을 잘 알고 있다. 하지만 그가 어찌 진지하지 않을 수 있겠는가? 아버지와 남동생, 고모 한 분 그리고 할머니의 죽음을 극복해야 했는데 말이다. 아버지의 사망 후 가족이 나움부르크로 이주할 때 니체는 뢰켄의 목사관에서 보낸 평화로운 시절과 작별해야 했다. 이 일을 그는 자신의 삶을 두 조각으로 쪼개버린 사건으로 체험한다. 이런 일을 겪고도 어찌 진지해지지 않을 수 있단 말인가? 그는 자신의 진지함에 긍지마저 느낀다. 비록 그런 점 때문에 동급생들이 종종 그를 놀려대지만 말이다. 한번은 폭우가 쏟아지는데도 그는 교칙에 따라 천천히 장터 광장을 건너가며, 그 모습을 본 동급생들은 그를 "꼬마 목사"라 부른다. 어쨌거나 니체는 자신의 진지함을 남들보다 뛰어난 면모라고 여긴다. 1862년 10월 그가 자신의 성격에 관해 쓴 글은 다음과 같은 말로 끝난다. 진지함. 다소 극단에 이를 만큼. 나로선 이런 표현을 쓰고 싶음: 열정적으로 진지함. 아주 다양한 상황에서도. 슬플 때나 기쁠 때나. 심지어 놀 때조차.(J 2, 120) 그는 외부에서 자신을 바라볼 수 있다. 이때 열아홉 살에 불과한 그는 이런 이미지를 발견한다. 나는 묘지 근처에서 태어난 하나의 식물이다. 하지만 그는 경건하고 온순해지려 하지는 않는다. 오히려 그는 자신을 들볶고 자신에게 거친 특색을 부여할 그런 운명이 다가오기를 꿈꾼다. 그렇기에 니체는 자연의 자유로운 신전(J 1, 8)으로 찾아가며, 특히나 천둥과 번개가 치고 하늘에서 폭우가 쏟아질 때면 편안함을 느낀다. 그의 상상력은 번개와 천둥, 한마디로 거칠고 숭고한 것을 즐겨 찾는다. 1861년 7월 니체는 그가 다니던 학교인 슐포르타에서 동고트족의 왕인 에르마나리히Ermanarich에 관한 작문을 짓는다. 대학에 진학한 후에도 그는 이 글을 자신의 가장 훌륭한 작품이라 여긴다. 이 글에서 니체는 자연의 힘과 관련된 요란스런 이미지에 흠뻑 빠져들고 있다. 그에 따르면, 게르만의 전설에서는 단어 하나하나가 번개처럼 엄청난 힘과 무거운 의미를 지니고서 쏟아져내린다. 이 글은 어떤 텍스트의 해석이기는 하지만, 사춘기를 보내는 소년의 꿈이기도 하다. 소년은 우리가 언어를 통해 삶으로 뚫고 들어갈 수 있음을 감지하며, 자신의 언어에도 청중을 압도하는(J 2, 285) 마력이 주어지기를 소망한다. 니체는 기꺼운 마음으로 이 영웅서사시의 한 구절을 인용한다. 우리는 멋들어지게 싸웠다. 우리는 나뭇가지에 앉은 독수리마냥 / 우리가 쓰러뜨린 시체들 위에 앉아 있다.(J 2, 289)

가족의 죽음은 상세히 묘사된다. 이런 묘사는 때때로 예수 수난사와도 같은 어조를 띠는데, 니체가 처음 쓴 자전적 글이 그런 예에 속한다. 이 글에서 그는 고모의 사망 소식을 들었을 때의 상황을 묘사하고 있다. 나는 얼마간 두려움을 품고서 소식이 당도하길 기다렸다. 하지만 첫마디를 듣자마자 나는 밖으로 나가 비통한 울음을 터뜨렸다.(J 1, 20) 하지만 얼마 지나지 않아 그는 이런 성경의 어조를 버리려 애쓴다. 그런 노력은 산문뿐 아니라 – 그가 종종 해설하고 비판하고 또 창작 시기별로 구분하곤 했던 – 창작 서정시에서도 확인된다. 1858년 9월에 쓴 글에 따르면, 처음에 그의 시는 사상의 풍요함을 지녔지만 유연함은 결여되었다. 하지만 이어지는 시기에 니체는 사상을 희생시키는 대신 경쾌한 어조와 장식을 추구했다. 할머니가 돌아가신 날인 1858년 2월 2일 그의 세 번째 시기가 시작되었다. 시적 경쾌함과 사상적 풍요함, 다시 말해 사랑스러움과 힘(J 1, 27)을 결합시키는 데 마침내 성공했다. 그는 저녁마다 이런 새로운 어조로 시 한 편을 쓰겠다고 마음먹으며, 자신이 쓸 서정시의 목록을 작성한다. 여기서 우리는 삶을 경쾌한 단어들에서 산출할 채비를 갖추는 사람을 감지하게 된다.

니체는 작품뿐 아니라 삶 역시 질서 짓고 구분하는 데 힘을 들인다. 대학에 입학하기 직전인 1864년 이 젊은이는 삶을 세 단계로 나눈다. 최초의 시기는 그가 다섯 살 때 종결된다. 당시는 아버지가 세상을 뜨고 그의 가족이 뢰켄에서 나움부르크로 이사한 때이다. 초기에 쓴 몇 편의 자전적인 글에서 니체는 이 유년기의 일을 얼마간 서술한 바 있다. 하지만 이제 그는 자신이 그 일들을 직접 겪은 것인지, 아니면 다른 사람에게 들은 바를 옮겨 적은 것인지 알 수가 없다. 이 체험에 관한 자신의 관점을 복원할 수 없기에 그는 생의 이 국면에 대해서는 차라리 침묵하는 쪽을 택한다. 그 이후 시기와 관련해서 니체가 특히 강조하는 측면은 이런 것이다. 그토록 훌륭하셨던 아버지의 죽음으로 인해 그는 여자들에게서만 보살핌을 받았고 남자의 손길을 고통스러울 만큼 그리워하게 되었다. 그 결과 니체는 호기심과 지식욕(J 3, 67)에 자신을 맡겼고 지극히 다양한 교양의 소재를 지극히 난잡한 방식으로 흡수하게 되었다. 아홉 살부터 열다섯 살에 이를 때까지 그는 보편지식을 얻으려 애썼고, 그 못지않은 거의 편집적인doktrinär 열정을 품고서 놀이에도 열중했으며 그런 놀이에 관해 정연한 기록도 남겼다. 그에 따르면, 이 시기의 형편없는 시들도 그런 성실함에서 탄생한 것이다. 스무 살의 니체를 보고 있노라면, 그가 자신의 정신적 활동이 지닌 근본 특징, 즉 성실하지만 기이한 면도 없지 않다는 점을 스스로 잘 이해하고 있었음을 알 수 있다. 그는 자신의 넘쳐나는 재능을 서툴게나마, 하지만 조숙한 태도로 훈육시키고자 한다. 그에게는 이런 훈육을 담당할 아버지의 권위가 부재하기 때문이다. 하지만 그의 삶이 두 번째 국면에 접어든 시기, 즉 그가 슐포르타 기숙학교에 입학한 때부터 상황은 달라졌다. 그곳 교사들이 이런 무계획적 방황에 종지부를 찍도록 도와주었던 것이다. 이미 어린 시절부터 눈떴던 음악과 작곡에 대한 그의 열정에서도 이와 유사한 발전 과정, 즉 정처 없는 방황에서 훈육으로의 발전 과정이 발견된다. 슐포르타에서 니체는 ― 처음에는 교사들의 도움을 받아, 나중에는 스스로의 힘으로 ― 작곡학을 철저히 배워 '상상력에 근거한 즉흥연주'의 진부한 영향에서 벗어나(J 3, 68)려고 노력한다.

니체는 음악에서는 종종 상상력의 개입을 금하지만 글쓰기에서

는–그 자신의 삶이 주제가 아닌 한–욕망의 상상력을 자유롭게 풀어
놓으며, 그가 자신의 열정과 마주하고 이를 실험해볼 수 있는 인물들
로 스스로를 상상해본다. 예를 들어 1859년 4월 그는 자유운의 형태로
「프로메테우스Prometheus」드라마의 초고를 작성한다. 티탄족의 일원인 프
로메테우스는 인간들이 제우스의 지배 아래 놓이는 것을 용인하지 않
으려 한다. 프로메테우스는 자신이 자유롭듯 인간들도 자유롭기를 원
한다. 그는 제우스를 권좌에 올린 것이 바로 자신임을 자부심에 차서
상기시킨다. 니체는 이미 어린 시절부터 신들보다 신들을 창조한 이들
을 숭모해 왔다. 이 드라마 초고는 인간들의 합창으로 끝나는데, 합창에
서 인간들은 죄에서 자유로운 신들에게만 복종할 것을 세계만방에 선
포한다. 죄를 지은 신들은 인간과 마찬가지로 죽을 수밖에 없는 운명이
고, 따라서 아무런 위안도 줄 수 없기 때문이다. 죽음의 폭풍이 / 그들에
게 몰아쳐 오면 / 그들은 갈대마냥 / 저승세계로 가라앉으리.(J 1, 68) 니체
는 젊은 나이지만 이미 스스로를 성찰할 줄 알기에 자신의 작품에 곧바
로 주석을 덧붙인다. 왜 하필이면 프로메테우스인가라고 그는 자문한
다. 우리는 아이스킬로스 같은 인물이 살았던 시대를 부활시키고자 한다. 혹
은 인간이 더는 남아 있지 않기에 우리는 다시금 티탄족을 출현시킬 수밖에
없다!(J 1, 87) 실제로 젊은 니체는 티탄족에 대한 관심에서 헤어나지 못
한다. 몇 주가 지난 후 그는 두 명의 용감한 영양 사냥꾼에 관한 글을 쓴
다. 스위스의 어느 높은 산에서 이들이 격심한 폭풍과 마주친다. 하지만
이들은 발길을 돌리지 않는다. 무시무시한 위험이 그들에게 거인과 같은
힘을 주었다.(J 1, 87) 프로메테우스와 마찬가지로 그들은 불행한 결말을
맞이한다. 교만은 몰락을 초래한다는 도덕이 여전히 타당성을 갖는다.
하지만 우리는 이 젊은이가 그런 도덕의 현실주의보다 교만을 더 높이
여긴다는 점을 이미 감지할 수 있다. 슐포르타 시절의 어느 저녁 그는

실러의 『도적 떼Die Räuber』를 읽으면서 커다란 흥분에 사로잡힌다. 거기서도 티탄의 투쟁을 발견하기 때문이다. 하지만 이번에는 종교와 덕성에 항거하는(J 1, 37) 투쟁이다. 물론 그는 한동안 종교에 대항하는 사람들보다는 종교를 창시하는 사람들에 더 공감을 품는다. '여러 민족의 유년기'를 다룬 한 편의 글에서 이 열일곱 살의 소년은 세계종교들의 계보학에 몰두한다. 니체에 따르면, 이런 종교들이 가능했던 것은 지고한 신들의 사자로 자처하며 분방한 상상력의 날개에 스스로를 맡겼던 심오한 사람들(J 1, 329) 덕분이었다.

1861년 봄, 종교와 종교 창시자들의 역사를 다룬 이 짧은 글을 작성한 직후 니체는 자신의 생애사를 다시 한 번 집필한다. 얼마 전까지 그가 인류의 풍속과 정신의 발전 과정을 다루었다면, 이제는 그 자신의 발전 과정이 다시 한 번 숙고되고 서술되어야 한다. 하지만 인류로부터 개별 인간으로 전환하는 작업이 이번에는 순조롭지 않다. 생의 이력에 관한 서술을 시작하고 몇 문장도 채우지 못한 지점에서 이미 종교철학의 지대로 미끄러져들기 때문이다. 1859년의 자전적 글은 다음과 같은 경건한 문장으로 끝났다. 하지만 아버지가 약한 아이를 대하듯, 신은 모든 일에서 나를 안전하게 인도했다.(J 1, 31) 그러나 1861년의 글에서는 이 인도하는 신을 철저하게 분석한다. 니체에 따르면, 우리에게 운명을 할당해주는 힘(J 1, 277)의 이성은 불투명하다. 세상에는 너무나 많은 불의와 악함이 있다. 게다가 우연도 커다란 역할을 하며, 때로는 사악한 역할마저 수행한다. 모든 것의 근본에 놓인 것은 맹목적인 힘, 어쩌면 사악한 힘인 것인가? 그럴 리가 없다. 세상의 근원과 본질이 인간 정신보다 더 깊은 곳에 있을 수 없고, 인간 정신은 의미와 의의를 추구하며 선함에 열려 있기 때문이다. 그러므로 세상 전체가 무의미할 수는 없으며, 더욱이 어떤 사악한 원리에 의해 지배받을 리는 만무하다. 세상의 근본은 그것을 해명하려 하는 인간 정신보다 더 임의적일 수는 없다. 우연이란 없다. 일어나는 일에는 모두 의미가 있다.(J 1, 278) '생의 이력'으로 시작된 이 글은 이와 같은 문장으로 중단된다. 얼마 후 니체는 생의 이력을 집필하는 일에 다시금 착수한다. 하지만 "의미"를 찾아야 한다는 강박감이 오히려 그의 의욕을 꺾어버리는 듯하다. 그는 이 작업을 또다시 중단한다. 내 인생의 최초 몇 년에 관해 내가 알고 있는 것, 그것은 굳이 이야기하기엔 너무 의미가 없다.(J 1, 279) 그 직후에 세 번째 단계가 시작된다. 아버지의 죽음 및 뢰켄을 떠나게 된 사건이 이야기의 중심을 이룬다. 그는 이 사건을 낙원에서의 추방인 양 묘사한다. 그것은 최초의 숙명적 시기였는데, 그 후로 내 삶 전체가 다르게 형성되었다.(J 1, 280) 어떤 비애의 감정이 그의 곁을 떠나지 않았고, 그 어떤 고요와 침묵(J 1, 281)이 그에게 스며들었다. 낙원 저편의 낯선 세상에 떨어진 듯한 감정, 고립무원의 감정이 그를 사로잡았다. 그렇기에 니체는 정신적 친화성을 느낄 만한 인물이나 스스로 힘을 내도록 격려해줄 인물이 나타나길 고대했다. 그는 횔덜린과 바이런 경 그리고 나폴레옹 3세에 심취한다.

니체는 교사들에 맞서 횔덜린을 옹호해야만 한다. 이 정신병자의 사상(J 2, 2)에 관해 교사들은 전혀 관심을 보이지 않기 때문이다. 니체는 횔덜린의 산문이 지닌 음악을 칭송한다. 음산한 장송곡마냥 부드럽게 녹이다가도 어느새 신적 위엄을 발하며 승리감을 드러내는 음악이다. 니체는 횔덜린을 아직 발견되지 않은 나라의 왕이라 여긴다. 그리고 자기 자신은 횔덜린의 사도, 어두움에 빛을 가져올 사도라 느낀다. 물론 어두움은 아직 그 빛을 이해하지 못한 상태이다.

바이런 경에게는 옹호자가 필요하지 않다. 바이런 경의 특징을 드러내기 위해 니체는 장차 유명해질 어떤 표현을 여기서 처음으로 사용한다. 즉 그는 바이런 경을 가리켜 정신을 지배하는 초인^{극복인}Übermensch(J 2,

10)이라 부른다. 바이런 경은 어떻게 해서 니체의 눈에 그렇게 비친 것인가? 바이런 경은 전설로 남을 만한 삶을 살았다. 그는 걸출하다 불릴 만큼 자기 삶의 시인이었으며, 그의 마력이 미치는 범위의 사람들을 마치 소설 속의 인물들인 양 변화시켜버렸다. 니체는 이렇게 생을 연출할 줄 알고 스스로를 예술 작품으로 변화시킬 줄 알았다는 점에서 바이런 경에게 경탄의 마음을 품는다. 일기라는 내면의 무대에서 자기 삶에 의미를 부여하고자 하는 젊은 니체는 그저 내면으로 향할 뿐 아니라 대중 앞에서도 자기 자신의 서술자, 자기 삶의 저자가 될 수 있었던 천재들에게 감탄을 금치 못한다. 바이런 경은 남들이 그의 역사를 이야기할 만한 삶을 살았으며, 그런 의미에서 역사를 배태한 인물이었다. 역사를 배태하게 된 인물들은 바이런 경 말고도 있다. 나폴레옹 3세도 개중 하나인데, 이 열여섯 살의 니체는 그에 관한 글 한 편을 쓴다. 1862년의 이 글에서 니체가 개진하는 생각에 따르면, 몽상가적 본능의 소유자였던 나폴레옹 3세는 국민이 원하고 꿈꾸는 바를 감지할 줄 알았고 그에 부응할 줄도 알았기에 자신의 대담무쌍한 쿠데타가 마치 전체 국민의 의지인 듯 보이게(J 2, 24) 할 수 있었다. 니체가 여기서 염두에 두는 인물은 나폴레옹 3세가 아닌 1세인 듯하지만 확인할 길은 없다. 어쨌거나 니체의 주장에 의하면, 나폴레옹 3세도 국민의 마음을 움직여서 마치 자신이 국민 스스로에 의해 선택된 역사의 운명인 것처럼 보이게 할 수 있었다. 젊은 니체는 이런 인물들의 사유 세계에 탐닉한다. 그는 횔덜린에게서는 무력함의 숨겨진 힘에, 바이런 경에게서는 예술적인 생명력에, 그리고 나폴레옹 3세에게서는 정치적 힘의 마력에 매료된다. 세 인물 모두에게 힘이란 운명의 세력범위 안에서의 자기주장이다.

'운명과 역사 Fatum und Geschichte' – 이는 니체가 1862년 부활절 휴가 동안 쓴 글의 제목이다. 그는 스스로 두려움을 품을 만큼 이 글을 대범한 것이라 느낀다. 자신이 나침반과 안내인도 없이 광대무변한 이념의 바다 (J 2. 55)로 표류하는 듯한 느낌마저 든다. 그런 일은 미숙한 두뇌의 소유자들에게는 어리석은 짓이고 파멸의 길이다. 니체는 자신을 그런 부류에 포함시키지는 않는다. 그는 폭풍에 떠밀려가지 않기 위해 젊은 자신이 골똘히 생각했던 바로부터 어떤 결론을 확정짓고자 한다. 니체는 우선 상상의 무대 위에 고도로 극적인 분위기를 연출하고 나서 자신의 생각을 펼쳐 보인다. 그의 생각은 다음과 같은 물음을 맴돌고 있다. 만약 신과 불멸성과 성령과 신성한 영감이 없다면, 만약 수천 년 동안의 믿음이 상상에 근거한 것이라면, 만약 인간이 그토록 긴 세월 동안 허상에 미혹되어온(J 2. 55) 것이라면, 이제 세계상은 어떻게 달라질 것인가? 종교적 망상이 제거되고 나면 어떤 현실이 남을 것인가? 슐포르타의 학생은 이런 물음을 제기하는 자신의 용기에 전율을 느끼며, 스스로 이런 답을 내놓는다. 남는 것은 자연과학에서 논하는 자연, 즉 법칙성을 지닌 우주뿐이다. 그리고 사건들의 연쇄로서의 역사가 남을 것인데, 이 역사에서는 인과성과 우연의 작용이 있을 뿐 어떤 총체적 목표 따위는 인식될 수 없을 것이다. 그럴 것이 신이란 의미와 목표를 지닌 것의 총괄이었기에 신이 사라진다면 자연과 역사에서 의미와 목표도 퇴색할 것이기 때문이다. 이렇게 되면 우리는 양자택일의 기로에 서게 된다. 한편으로 그런 총체적 의미가 삶에 전혀 필요치 않음을 깨닫는 길이 있고, 다른 한편으로 더 이상은 총체적 의미를 초월에서, 즉 상상력이 그런 의미의 장소라 여겼던 곳에서 구하지 않는 길이 있다. 그런데 니체는 의미와 목표를 포기하려 하지 않기에 첫 번째 길은 그에게서 배제된다. 하지만 그는 의미와 목적이 우리에게 주어져 있다는 관념을 계속 수용할 생각은 없다. 오히려 그는 의미와 목적이 우리에게 위임된 과제라고 여긴다. 그는 신심 어린 수용이 아닌 열정적인 창출을 택한다. 소년 니체는 이 글에서 최초로 생을 고양하려는 의지를 일종의 내재적 초월이라 논한다. 여기서 중요한 것은 어떤 피안을 고대하는 경건한 감정이 아니라 생을 창조적으로 형성하려는 열정이다. 하지만 결정론과 인과성만이 존재하는 당시 근대과학의 세계상에 대항해서 어떻게 이런 열정을 견지할 수 있을 것인가? 젊은 니체는 이 문제를 아주 간단히 '풀어버린다'. 게다가 그 해결 방식은 이미 19세기 초의 관념론 철학이 제시했던 것과 – 슐포르타 시절의 니체는 아직 이 철학에 관해 아는 바가 별로 없었는데도 – 동일하다. 즉 니체는 반성하는 이성이란 최소한 그것에 대해 자유의 문제 일반이 제기될 만큼은 자유롭다는 점을 성찰해낸다. 이미 '어떻게 자유가 가능한가?'라는 물음에서는 자유로운 의지가 표명되고 있는데, 이 의지는 비록 결정론의 세계에 속해 있지만 인식에서 이 전체 세계에 거리를 취할 수 있을 만큼은 자유롭다. 자유롭게 풀려난 이 의식에 대해 세계는 거대한 타자로, 즉 결정론의 우주로 나타난다. 니체는 이를 운명^{Fatum}이라 부른다. 자유로운 의식은 이 세계를 저항으로 경험하며, 그 안에서 자신의 유희 공간을 얻기 위한 투쟁을 전개하고, 그렇게 해서 스스로를 자유로운 의지로 경험한다. 물론 이 의지는 오로지 의식의 자기지각에서만 자유롭다. 유희 공간을 지닌 이런 인간을 니체는 후일 확정되지 않은 동물$^{nicht\ festgestelltes\ Tier}$(5, 81; JGB)이라 부르는데, 이 동물은 확정된 것을 추구하고 그것을 '진리'라 부른다. 이때의 '진리'란 행위를 구속하는 도덕으로 이해된 '진리'이며, 또 나아갈 방향을 제시하는 자연과 역사 내의 법칙성에 대한 인식으로 이해된 '진리'이다. 물론 어린 학생의 이 비범한 글에서는 진리를 바라보는 관점이 완전히 전개되지 않지만 그 맹아는 충분히 발견된다. 니체의 설명에 따르면, 운명은 안정적인 것인 반면 자유는 이 규정된 세계 한가운데의 독특한 개방성이자 역동성이다. 이 자유로운 의지를 니체는 운명의 지고한 힘(J 2,

59)이라 부르는데, 운명이란 자신의 대립물, 즉 의지의 자유란 매체에서 스스로를 실현하는 것이다. 당시 니체는 아직 칸트를 알지 못했지만, 만약 알았다면 "자유에서 비롯되는 인과성"을 말했던 이 철학자를 인용할 수도 있었을 것이다. 니체는 세계가 결정론과 자유의 이원론으로 분할되는 것은 피하고자 하며, 어떤 식으로든 통일성이 유지되기를 원한다. 통일성은 양극적 긴장 관계 속에서 유지되고 있다. 오직 자유만이 운명을 강제하는 어떤 힘으로 경험할 수 있고, 오직 운명의 경험만이 자유로운 의지에 생동성과 상승을 자극할 수 있다. 이러한 대립 속에 있는 것이 통일성이다. 니체는 운명을―이른바 인간에게 좋은 것이라는―신의 섭리로 해석하는 것에는 단호히 반대한다. 그렇지 않다. 운명에는 얼굴이 없다. 운명은 인간과 결부되는 무엇이 아니라 어떤 맹목적인 연관인데, 그로부터 우리는 스스로의 행위에 의해 비로소 어떤 의미를 획득하게 된다. 선한 섭리에 대한 믿음을 니체는 신의 의지에 굴종적으로 귀의하는 방식이라 거부하며, 이를 운명에 결연히 맞서지 못하는 태도라고 말한다.(J 2, 60) 니체가 이해하는 운명이란 우연성, 즉 의미 없는 우연이자 필연성이기도 하다. 하지만 세계 과정이 의도적으로 향하는 것은 아닐지라도 결국은 일종의 목표가 있다. 니체가 이 글을 쓸 당시에는 진화론이 시대의 풍조를 이루고 있었다. 다윈주의가 이미 승승장구하고 있었던 것이다. 그렇기에 니체는 자연사가 인간에게서 정점에 이른다는 관념과 인간 내에서 의식의 무대가 열리며 생 자체가 생생한 연극이 된다는 관념을 품고 실험을 벌인다. 연극의 메타포에 매료된 니체는 이렇게 쓴다. 막이 내리면 인간은 다시금 자기 자신을 발견한다. 세계들과 놀이하는 아이처럼, 아침놀이 뜰 무렵 깨어나선 하하 웃으며 무서운 꿈을 이마에서 지워내는 아이처럼 말이다.(J 2, 59) 여기서 무서운 꿈이 가리키는 것은, 우리가 능동적으로 살기보다 삶에 끌려간다는 관념, 우리의 행위

란 의식적이지 않으며 오히려 모든 것이 무의식적 행위에서 비롯된다는 관념이다. 하지만 언젠가 우리가 깨어나 의식을 되찾는다 해도 우리는 여전히 확신할 수가 없다. 우리가 정말로 깨어난 것인지 아니면 그저 다른 꿈을 꾸는 것인지, 이른바 자유란 것도 몽유병자의 꿈속에 사로잡힌 상태인 것으로 밝혀지지는 않을지 말이다. 후일 니체는 이런 글을 쓴다. 내가 발견한 바에 따르면, 예전의 인간성과 동물성, 아니 모든 감각하는 존재자의 태고와 과거 전체가 내 안에서 계속하여 시를 짓고 사랑하고 증오하며 추론하고 있다. – 나는 이런 꿈 한가운데서 문득 깨어나지만, 내가 의식하는 것이라곤 지금 꿈을 꾼다는 사실, 그리고 파멸을 피하려면 계속해서 꿈을 꾸어야 한다는 사실뿐이다. 몽유병자가 넘어지지 않으려면 계속 꿈을 꾸어야 하듯 말이다. (J 3, 416; FW)

　　이런 후일의 생각은 자유의 신비, 즉 운명의 지고한 힘으로 이해된 그 신비에 대한 젊은 날의 통찰에서 전개된 것이다. 그런데 젊은 니체에게서 이런 모든 생각이 지향하는 바는 무엇인가? 만약 자유와 운명의 관계가 이 두 영역을 자기 삶에서 결합시키는 개별자에 의해 좌우되는 것이라면, 개개의 모든 개체는 세계 과정의 무대가 된다. 개개의 모든 개별자가 운명과 자유의 결합이 이뤄지는 구체적 사례가 되는 셈이다. 니체에 의하면, 운명과 자유라는 두 개념은 개별성의 이념(J 2, 60)으로 함께 녹아든다. 참된 개체는 절대적인 자유로 사유될 수밖에 없는 신과 운명론적 원리의 산물인 자동장치 사이에 있다. 이 개체는 신에게 굴종해서는 안 되고 자연에 굴종해서도 안 된다. 또 그것은 흩어져 사라지는 것이어선 안 되지만 구체적 형태로 굳어져서도 안 된다. 그릇된 영혼성과 그릇된 자연성 – 이것들은 이미 젊은 니체가 경계하고 있는 두 가지 위험이다.

　　열일곱 살의 김나지움 학생인 니체가 이런 생각에 의해 완성한 것은, 자기형성이란 어렵고도 감동적인 작품을 위한 내면의 인상적인 시나리오였다. 1862년 부활절 휴가 동안 그는 신과 세계에 관해 숙고해보며, 광대무변한 이념의 바다를 이리저리 항해하다, 마침내 여행이 향할 곳을 예감하게 된다. 우리는 개체가 되어야만 하리라. 자기 스스로를 형성하는 개체, 자기 영역을 확장하면서 가능한 한 높은 곳으로 스스로를 고양시킬 수 있는 개체 말이다. 상승선을 타고 오르는 자기형성 – 바로 이것이 추구해야 할 바이다. 하지만 이런 사유 과정의 결말부에 이르러 니체는 자기형성의 이념을 다시금 기독교와 화해시키며, 이 목적을 위해 기독교를 변형시켜 해석한다. 신이 그리스도에게서 인간으로 육화되었다는 것은 대체 무슨 의미인가? 그것은 인간으로 존재함이 충분히 보람 있는 일임을 확신해도 좋다는 뜻이다. 하지만 우리는 아직 인간이 아니며, 이제 비로소 인간이 되는 중에 있다. 인간이 되려면 다음과 같은 깨달음이 있어야 한다. 우리 자신을 책임져야 할 자는 우리뿐이며, 생의 규정이 잘못된 경우 비난을 돌릴 수 있는 곳은 어떤 더 높은 힘들이 아닌 우리뿐이다.(J 2, 63) 우리에겐 어떤 천상세계에 관한 망상이 필요하지 않다. 인간이 된다는 과제야말로 진정 엄청난 일이기 때문이다.

슐포르타의 학생 니체는 일상 현실에서는 아직 좁은 한계에 갇혀 움직일 수밖에 없다. 기숙학교 생활에서는 엄격한 통제를 받고, 방학이면 나움부르크의 집으로 돌아가 어머니와 여동생과 함께 지내며, 가끔은 포블레스의 친척들을 방문하고, 주말에는 근교, 예컨대 바트 쾨젠으로 소풍을 나가곤 한다. 한번은 바트 쾨젠에서 너무 많은 맥주를 마셔 취한 상태로 기숙학교에 돌아오며 그 때문에 며칠 간 양심의 가책에 시달리는 일도 생긴다. 니체는 자신의 상상력이 펼쳐놓은 무대의 도움을 받아 아직 협소한 현실의 유희 공간을 확장시킨다. 이 무대에서 그는 다양한 역할을 시험해본다. 예컨대 그는 냉소적인 허무주의자가 화자로 등장하는 소설을 한 편 쓰기 시작한다. 사악한 인물인 이 화자는 바이런의 경이나 루트비히 티크Ludwig Tieck의 작중인물인 윌리엄 러벨●을 어렴풋이 연상시킨다. 니체가 쓴 소설의 화자는 삶에서 어떤 문제를 느끼는데, 그것은 자신에게 더 이상 아무런 비밀도 없다는 점이다. 나는 나 자신을 속속들이 알고 있다. (…) 그리고 지금은 ─ 마치 디딜방아의 추처럼 ─ 운명이라 불리는 밧줄을 느긋한 마음으로 천천히 잡아당기고 있다.(J 2, 70) 사춘기의 난잡한 상상에 흠뻑 취한 이 고약한 인물 오이포리온은 자신이 어느 깡마른 수녀를 어떻게 뚱뚱하게 만들었는지 이야기한다. 그러고는 요점이 흐려지지 않도록 수녀의 살찐 오빠도 송장처럼 수척하게 만들었다는 이야기를 덧붙인다. 이 습작은 두 쪽 정도 분량에서 마무리된다. 니체가 그려 보이려 했던 것은, 자기 자신을 너무나 훤히 꿰뚫어보기에 고뇌하는 인물이다. 하지만 이는 니체 자신을 투사한 인물은 아니다. 그가 자기 자신을 생각할 때 발휘되는 마력은 그 자신이 스스로에게 비밀로 남아 있다는 점이다. 그리고 니체는 이런 상태를 유지하겠다고 굳게 결심한다. 그는 예견될 수 없는 것을 조망하려 시도하며, 그렇기에 그에게는 음악이 무엇보다 중요하다. 이 소설을 중단하고 며칠이 지난 날 그는 이렇게 말한다. 우리의 감정생활이야말로 우리 자신에게 가장 분명치 못한 것이다. 니체에 따르면, 바로 그 때문에 우리는 음악을 들어야만 한다. 음악이 비로소 우리 내적 삶의 현을 울리기 때문이다. 물론 그런 후에도 우리는 자신이 누구인지 알지 못하지만, 최소한 자신의 본질을 울림 속에서 어렴풋이 느낄(J 2, 89) 수는 있다.

인간은 자기 자신에게 수수께끼로 머물 때만 창조적이 된다. 후일

● 독일의 낭만주의 작가 루트비히 티크(1773-1853)가 1795/6년 출간한 서간소설 『윌리엄 러벨 씨의 비밀Die Geschichte des Herrn William Lovell』의 주인공 ─ 옮긴이

니체는 이런 인간을 사물들의 수수께끼 같은 성격을 잃지 않으려는 수수께끼의 벗(12, 144)이라 부를 것이다. 하지만 니체가 자신의 수수께끼 같은 면에 늘 만족했던 것은 아니다. 1863년 9월 그는 어머니와 여동생에게 이런 편지를 쓴다. 내가 원하는 게 무엇인지 몇 분이나마 생각해볼 수 있으면, 나는 내가 가진 어떤 멜로디에 어울리는 말과 내가 가진 말에 어울리는 어떤 멜로디를 찾게 됩니다. 그런데 내가 가진 이 두 가지는 같은 영혼에서 나온 것인데도 서로 어울리지 못합니다. 하지만 그런 게 바로 제 운명이지요!(B 1, 153)

1864년 12월 31일 니체는 어느덧 본^{Bonn} 대학교의 학생이 되어 있다. 그는 원고뭉치와 편지들을 정리하고는 따뜻한 펀치 한 잔을 만든다. 그러고는 피아노 앞에 앉아 슈만^{Schumann}의 곡 「만프레드^{Manfred}」 중 진혼곡을 연주한다. 적절한 기분에 젖어들자 그는 ─ 일기에 쓰고 있듯 ─ 다른 모든 것은 제쳐두고 오직 나 자신만을 생각하고(B 2, 34) 싶다는 마음이 된다. 그는 가족들에게 이 섣달그믐에 관해서 쓴다. 그런 시간이면 굳은 결의 같은 것이 생겨납니다. (…) 몇 시간이나마 시간을 초월하게 되고 흡사 자신의 발전 과정에서 벗어나게 되는 게지요. 지나간 시간을 확인하고 인증하게 되며, 다시금 계속해서 자신의 길을 가야겠다는 용기와 단호함을 얻게 됩니다.(B 2, 34) 어머니와 여동생에게 쓴 편지는 다소 관례적이며 두 사람이 이미 맥락을 이해하리란 점을 염두에 두고 있다. 그 섣달그믐에 관해 쓴 일기와 달리 이 편지에서 그날의 사건에 관한 섬세한 서술은 없다. 니체가 일기에 쓰고 있는 것은 유령이라도 나올 것만 같은 장면이다. 그는 한 손에 턱을 괸 채 소파 끄트머리에 앉아 지난 한 해의 장면들이 내면의 눈앞으로 지나가게 한다. 그처럼 지난 시간에 침잠해 있던 그가 갑작스레 자신의 현재를 다시 의식한다. 저쪽 침대에 누군가 누워 있다. 신음을 내고 숨소리도 가쁜 사람이다. 죽어가는 사람인 것이다!

그 사람이 그림자들에 둘러싸여 있다고 느낀다. 사방의 그림자들이 죽어가는 자에게 속삭여댄다. 문득 니체는 깨닫는다. 거기서 죽어가는 것이 바로 지나가는 해임을. 짧은 순간이 지나자 침대는 다시 비어 있다. 방안이 다시 밝아지고 네 벽은 물러나며 어떤 목소리가 들려온다. 너희, 시간의 바보 멍청이들이여! 너희 머리 외에는 그 어디에도 없는 시간에 갇힌 자들이여! 내 너희에게 묻노니, 너희가 행한 것은 무엇인가? 너희가 소망하고 고대하는 바 있어 그리 되고자 하거나 갖고자 한다면, 그렇게 하라.(J 3, 9) 일기에서 니체는 이런 환영을 묘사하고 나서 즉각 해석을 덧붙인다. 침대에서 가쁜 숨을 몰아쉬는 형상은 의인화된 시간인데, 죽어가는 시간이 개인들을 그들 자신에게 되돌려 보내고 있다. 한 개인을 변화·발전시키는 것은 시간이 아니라 개인 자신의 창조적인 의지이다. 우리는 객관적 시간에 자신을 내맡길 수 없다. 자신의 자아를 형성하는 작업은 우리 자신의 손에 맡겨야 한다.

제 3 장

—

자기 검증. 문헌학적 절제. 쇼펜하우어 체험. 자기 극
복으로서의 사유. 이상화된 자연과 천재. 문헌학에
대한 회의. 문체에의 의지. 바그너와의 첫 만남.

—

아르투어 쇼펜하우어(1859년)

자기 검증. 문헌학적 절제. 쇼펜하우어 체험. 자기 극복으로서의 사유. 이상화된 자연과 천재. 문헌학에 대한 회의. 문체에의 의지. 바그너와의 첫 만남.

NIETZSCHE

이미 젊은 니체는 자신이 살아온 삶을 몇 차례 서술한 바 있고 그밖에도 일기에 많은 자기 성찰을 기록해왔다. 그런데 이처럼 자신에게 관심을 집중시키면 여기서 수반되는 문제에서 헤어날 수 없는 법이다. 1868년 그는 '자기관찰Selbstbeobachtung'이란 제목의 글에서 이렇게 쓰고 있다. 자기관찰은 기만한다. / 너 자신을 알라. / 관찰이 아닌 행동에 의해서. / (⋯) 관찰은 에너지의 분출을 방해한다. 관찰은 파괴하고 뭉개버린다. / 본능이 최선의 것이다. 여기서 그는 잠시 손을 놓고 지금까지 쓴 것에 관해 다시 한 번 숙고해본다. 사실인가? 실로 자기관찰은 방해하고 파괴할 뿐인가? 그는 자기관찰을 관찰해보고는 이 또한 자신에게 도움이 되어왔음을 깨닫는다. 그에 따르면 자기관찰은 외부의 영향을 막아내는 무기 중 하나다.(J 4, 126) 자기관찰의 도움이 있었기에 그는 내면의 고유한 것과 외부에서 주어지는 것, 자신이 진정 원하는 것과 타인들이 그에게서 원하는 것을 구별할 수 있었다. 하지만 이런 깔끔한 분리가 항상 가능한 것은 아니다. 고유한 자아의 수수께끼에는 자신이 원하는 바를 정확히 알 수 없다는 점도 포함되기 때문이다. 그렇다면 어떻게 해야 자신이 진정 원하는 것을 알 수 있는가? 자신에 대한 결정적 앎의 획득은 결단의 행위에서야 가능해질 뿐, 결단 이전에는 불가능한 것인가? 1869

년 초 니체는 이런 물음을 스스로에게 제기한다. 당시 그는 스위스 바젤 대학의 초빙 의뢰를 받고선 어떤 선택을 내려야 할지 고민하면서 지금까지 자신의 성장과정을 검토해본다. 초빙을 받아들인다면 그는 장차 고전문헌학에 속박될 수밖에 없으리라. 그런데 그는 왜 고전문헌학에 관심을 갖게 된 것인가? 외적 운명의 바로크적 변덕스러움 때문이었을까? 그에게는 배움의 의욕을 자극하는 모범적인 교사들과 슐포르타의 분위기가 있었고, 스스로의 재능과 근면함이 있었으며, 고문서를 판독하고 추리하는 데서 얻는 즐거움이 있었다. 하지만 이 모든 것만으로는 자신의 성장 과정을 이해하기에 충분하지가 않다. 바젤로 떠나기 직전 그는 다음과 같은 자기이해의 공식을 발견한다. 보편성이란 점에서 근본까지 이르지 못한다는 감정이 나를 엄밀한 학문의 품으로 몰고 갔다. 그 다음으로, 예술적 기질의 급속한 감정 변화에서 벗어나 객관성의 항구로 피신하고 싶은 열망도 생겨났다.(J 5, 250)

자기검증을 통해서 니체가 알게 된 것은 이렇다. 그의 도야 과정을 규정한 것은 외적 강제가 아니고 출세나 직업적 안정에 대한 전망이 아니며 문헌학에 대한 열정도 아니다. 오히려 그는 광대한 지평의 인식과 예술적 열정에 홀리는 것을 피하기 위해 그 훈육 수단으로 문헌학을 선택한 것이다. 본능의 암중모색하는 손(J 5, 250)이 니체를 광대무변의 바다로 내보내는 대신 해안에서 수평선을 바라보는 것에 만족하라고 권한 것이다. 그의 감정이 욕망에 주의하라는 경고를 보냈으며, 그는 스스로 선택한 속박에 순종할 각오가 되어 있었다.

우선 그는 어머니의 뜻에 순종해서 목사가 되기로 결심했다. 돌아가신 아버지의 길을 뒤따라 걸을 생각이었던 것이다. 하지만 본 대학에서 첫 학기를 마치자마자 니체는 신학 공부를 중단하고 오직 고전문헌학에만 몰두한다. 물론 그는 아직 기독교와 결별한 것은 결코 아니다.

하지만 부활이나 은총 그리고 신앙을 통한 정당성의 획득이란 기독교 교의는 니체에게 더 이상 구속력을 갖지 못한다. 1865년 봄, 첫 번째 방학에 그는 나움부르크로 돌아온다. 이때 그는 성찬식 참석을 노골적으로 거부하여 어머니를 경악하게 한다. 아들과 격한 말다툼을 벌이던 어머니는 끝내 울음을 터뜨린다. 그러자 고모 한 사람이 나서서 모든 위대한 성직자에겐 의심과 유혹의 시간이 있었지만 결국은 이를 극복했다는 말로 어머니를 위로한다. 어머니는 잠시 동안 냉정을 되찾았지만 아들에게는 앞으로 신중히 자제하는 태도를 가지라고 요구한다. 그는 어머니 앞에서는 종교적 회의감을 표출하지 않게 된다. 어머니는 오빠인 에드문트Edmund에게 이런 편지를 쓴다. "우리 프리츠*는 나와 견해차가 있지만 기품 있는 아이야. 삶을, 아니 그보다는 차라리 시간이란 것을 참되게 이해하지. 우리 아이는 고귀하고 선한 것에만 관심이 있고 모든 비루한 것을 경멸해. 그런데도 종종 나는 이 아이가 걱정스러워. 하지만 신께서 이런 마음을 알아주시겠지."(Janz 1, 147) 한동안 어머니는 반항적인 아들의 속마음을 굳이 알려고 들지 않는다. 니체는 일상의 사건만 편지에 쓰라는 어머니의 요구에 불만을 품었기에 1865년 5월 3일자 편지에서 다른 것들도 화제에(B 2, 51) 올리자고 어머니에게 청한다. 그는 여동생에게는 솔직한 마음을 드러내는데 1865년 6월 11일 여동생에게 쓴 편지에서 종교와 신앙에 관해 자신이 그간 어떤 생각을 하게 되었는지 토로한다. 그는 누군가에게 위안이 되는 바를 믿는 것은 편안한 일이라 쓴다. 반면 진리를 추구하는 것은 더 힘든 일인데, 참된 것은 아름다운 것 및 선한 것과 반드시 결부되는 것이 아니기 때문이다.

● 프리드리히의 아명 – 옮긴이

진리의 벗은 안식과 평화와 행복을 목표해서는 안 된다. 왜냐하면 진리는 지극히 혐오스럽고 추악한(B 2, 60) 것일 수 있기 때문이다. 그렇기에 이 문제에서 인간은 선택의 기로에 서게 된다. 그대가 영혼의 평화와 행복을 추구한다면, 신앙을 가져라. 하지만 그대가 진리의 사도가 되고자 한다면, 탐구에 매진하라.(B 2, 61) 고전문헌학을 전공하는 학생으로서 니체는 우선 거대한 진리들의 탐색을 포기하며 자기 전문 분야의 작은 몫에 만족하고 거기서 성과도 거둔다. 이런 태도는 그의 정신생활에 좋은 영향을 주는데, 그는 집요하고 일관되게 일에 몰두하면 인간의 마음이 얼마나 편안한 안정과 고양을 얻게 되는지(B 2, 79) 깨닫는다. 게다가 그는 학계에서 상당한 인정도 받게 된다. 당시 고전문헌학 분야를 주도하던 라이프치히 대학의 리츨^{Ritschl}이 니체를 후원한다. 리츨은 일찌감치 니체를 문헌 편집 작업에 끌어들이며, 학술 잡지에 논문을 투고하게 하고, 현상 공모에서 니체의 논문이 상을 받게 해준다. 평소 리츨은 니체에게 칭찬을 아끼지 않으며, 니체만큼 명석한 학생은 본 적이 없다고 말한다. 하지만 고전문헌학계의 이 신동은 진중한 태도를 잃지 않는다. 1865년 8월 30일 친구인 무스하케^{Mushacke}에게 보낸 편지에서 니체는 이렇게 말한다. 리츨 같은 사람들에 의해 운명이 정해지고, 질질 끌려가 아마도 자기 천성과는 거리가 먼 진로에 오르게 되기란 얼마나 쉬운 일인지!(B 2, 81)

하지만 쇼펜하우어^{Schopenhauer}의 책을 접하는 순간부터 니체는 문헌학이 아닌 철학에 마음을 빼앗긴다. 1865년 10월 그는 라이프치히의 한 헌책방에서 두 권으로 발간된 『의지와 표상으로서의 세계^{Die Welt als Wille und Vorstellung}』를 발견하고는 이를 구입해 즉시 통독해버린다. 어느 자전적인 글에서 밝히듯, 그는 이 책을 읽고서 한동안 뭔가에 취한 듯한 상태에서 헤어나지 못한다. 그가 이 책에서 읽어낸 것은, 이성과 역사적 의미와 도덕에 의해 정돈된 세계란 본래의 세계가 아니라는 사실이다. 그런 세계의 배후나 그 아래서 참된 세계가 들끓고 있는데, 그 참된 세계란 바로 의지이다. 니체가 라이프치히에서 보낸 시기, 즉 1866년에서 1868년 봄 사이에 쓴 편지나 일기를 보면 감동의 상태, 거의 개종이라 불릴 만한 내면의 상태가 드러나고 있다. 세계의 본질, 그 실체란 어떤 이성적인 것, 논리적인 것이 아니라 불가해하고 활기 있는 충동이라는 점은 그를 사로잡는다. 하지만 가장 중요한 점은 니체가 음악에 대한 자신의 열정이 예술에 의한 구원이라는 쇼펜하우어의 이념에서 정당성을 확보한다고 느낀다는 것이다. 예술에 대한 열정이 존재한다는 사실, 이 사실 자체를 젊은 니체는 인간 의지의 자연속박에 대한 인간의 정신적 본질의 승리라고 해석한다. 이런 승리가 가능하다면, 인간 핵심 전체의 신성화와 개조(J 3, 298)가 목표로 설정되는 것 또한 가능하리라. 우리는 자기 삶을 제어하는 힘을 획득해야 하는데, 이는 자신에게 무엇인가 금할 수 있다는 것에 의해서도 입증된다. 니체는 14일 동안 밤 2시에 잠자리에 들고 아침 6시에 일어나는 생활을 자신에게 강제한다. 그는 식사도 엄격히 절제하면서 자신만의 수도원을 가꾸고 마치 고행자처럼 생활한다. 그는 냉담한 어투로 자신의 금욕 생활을 묘사한 편지를 보내 어머니를 경악하게 한다. 1865년 11월 5일자 편지에서 니체는 우둔하게 만족하며 사는 길이 있는가 하면, 현명하게 세상을 등지고 사는 길이 있다고 말한다. 사람은 삶의 노예이거나 자신의 주인인데, 우리는 생의 자산을 포기할 때만 자기 삶의 주인이 될 수 있다. 동물성에 갇힌 채로 살려 하지 않는 사람에게는 그럴 때야 비로소 삶이 견딜 만한 것이 된다. 왜냐하면 그가 진 짐이 점점 작아지고 우리를 그 짐에 묶어두는 끈에서 벗어나게 되기 때문이라네. 그러면 생은 견딜 만한 것이 되지. 아무런 고통 없이 생을 던져버릴 수 있으니까 말일세. (B 2, 95f.) 1868년 10월 로데에게 보낸 편지에서 니체는 말한다. 쇼펜하우어에서 자신을 매료하는 요소는 윤리적 분위기와 파우스트적 향기, 십자가, 죽음 그리고 무덤(B 2, 322)이다. 이때 십자가, 죽음 그리고 무덤은 니체에게 우울한 것이 아니라 오히려 생명의 영약 같은 작용을 한다. 니체는 암울한 세계관을 스포츠 경기에서 상대의 도전 같은 것으로 받아들인다. 이런 세계관을 흡수한 니체는 생의 의욕을 잃지 않는 상태로 그것을 얼마나 견뎌낼 수 있는지 시험해본다. 그가 쇼펜하우어를 읽을 무렵의 초기 문건에서는 '힘에의 의지'라는 말이 아직 등장하지 않는다. 하지만 실상 그는 이미 그러한 힘에의 의지를 실험하고 있었다. 그에게 쇼펜하우어의 의지 부정이란 기실 부정이 아니라 고양된 긍정, 즉 자연적 의지에 대한 정신적 의지의 승리라 이해되는 긍정이기 때문이다.

쇼펜하우어의 관점에서 보면 생명력은 – 내적인 것이건 외적인 것이건 – 숭고한 것이라고 니체는 생각한다. 1866년 4월 7일 니체는 어느 뇌우에서 받은 인상에 관해 쓰고 있다. 번개, 폭풍, 우박은 얼마나 다른가! 윤리를 모르는 이 자유로운 힘들은! 이것들은 얼마나 행복하고 힘찬가! 지성에 의해 혼탁해지지 않은 이 순수한 의지는!(B 2, 122) 이제는 주변 사람들을 보는 그의 시각도 달라진다. 니체의 눈을 가리던 낙관주의의 안대를 쇼펜하우어가 걷어간 후로 니체의 시선은 더욱 예리해지며, 그에게 생은 더욱 추악해지긴 했어도 훨씬 흥미로운 것으로 **변했음을** 니체는 1866년 7월 11일 무스하케에게 **쓴다.**(B 2, 140) 1867년 1월 16일 친구인 카를 폰 게르스도르프Carl von Gersdorff가 아끼던 동생의 죽음으로 슬픔에 **빠지자 니체는** 이런 편지를 쓴다. 쇼펜하우어의 가르침에서 무엇이 참된 것인지 자네가 직접 검토해볼 수 있는 시간이 되었네. 그의 주저 제4권이 자네에게 추악하고 음울하며 부담스러운 인상만 준다면, 그 책이 자네를 고양시키고 격한 외적 고통에서 벗어나 고상한 음악을 들을 때 우리를 사로잡곤 하는 저 행복한 기분, 지상의 베일이 벗겨지는 것을 볼 때와 같은 기분으로 이끄는 힘을 갖고 있지 '못하다면', 나는 이 철학과 더는 아무 관계를 맺지 않아도 좋을 것이네. 이런 일에 관해서는 고통에 가득 찬 사람만이 결정적인 무엇을 말할 수 있고 또 그럴 만한 것이지. 그 밖의 사람들인 우리는 사물과 삶의 흐름 한가운데 있으면서 의지의 부정을 마치 행복의 섬인 양 동경하기에 그러한 철학의 위안이 깊은 슬픔의 시간에도 충분한 것인지 판단할 수가 없네.(B 2, 195) 쇼펜하우어의 위안은 친구의 마음에 효과를 발한다. 그리고 프리드리히 니체와 카를 폰 게르스도르프는 철학의 정신에서 의기투합을 보여주는 친구가 된다.

반 년 후 니체는 쇼펜하우어에 관한 논문을 한 편 집필한다. 여기서 그는 쇼펜하우어가 자신에게 단순히 교사가 아니라 교육자였다고 분명하게 말한다. 이 저작에서 니체는 참된 교육자를 해방자(1, 341; SE)라고 정의하는데, 이는 젊은 영혼으로 하여금 진정한 자아의 근본 법칙을 발견하도록 도와주는 사람을 가리킨다. 해방자는 동시에 각성시키는 사람이기도 하다. 니체는 1872년의 연쇄 강연 「우리 교육기관의 미래에 대하여Über die Zukunft unserer Bildungsanstalten」의 다섯 번째 강연에서 쇼펜하우어의 저작과 처음 만났을 때 자신이 얼마나 각성에 목말라 있었고 각성의 용의가 있었는지 서술하고 있다. 니체의 요약된 경험담에 따르면, 대학생 시절 그는 겉보기엔 자유롭게 독립적으로 살고 뭐든 할 수 있는 꿈을 꾸듯 자신만만하게 처신하지만, 실제로는 설명할 수 없는 장애물로 인해 움츠려들어 있었다. 그는 자기 자신을 이끌거나 도울 수가 없다고 느낀다. 물론 그의 내면에선 자부심과 고귀한 결심이 자라나고 있긴 하지만, 이것들을 실행해나갈 힘은 없다. 그 결과 그는 별다른 희망도 없이 일상과 일과의 세계에 빠져들며, 얼마 지나지 않아 그런 사태에 전율을 금치 못하게 된다. 그는 그처럼 이른 나이에 편협하고 작은 전문성으로 가라앉고 싶지는 않다. 하지만 교양으로 이끌어줄 인도자가 없다면(1, 744f.;

BA), 그것 또한 그의 운명일 수밖에 없으리라. 니체에게 쇼펜하우어는 그런 인도자였다. 니체가 진정한 철학자에게서 기대했던 것, 즉 자기 자신보다 더 신뢰하기에 복종할 수(1, 342: SE) 있음이 쇼펜하우어에게서 실현되었던 것이다. 물론 그러한 신뢰가 쇼펜하우어 철학 이론의 모든 세세한 부분에 대한 전적인 동의를 뜻하는 것은 아니다. 니체에게는 이론의 내용보다 인격적 신뢰성이 더 중요하다. 그렇기에 쇼펜하우어를 비판적으로 재독한 후 몇 가지 의심스럽거나 반박할 만한 점을 알고 나서도 이 철학자에 대한 신뢰는 변함없이 유지된다.

쇼펜하우어의 책을 두 번째로 읽었을 때 니체는 이 시기 그가 읽은 또 다른 위대한 책의 영향을 받고 있었다. 그 책은 다름 아닌 프리드리히 알베르트 랑에Friedrich Albert Lange의 『유물론의 역사Geschiche des Materialismus』이다. 이 책은 유물론적 사유와 관념론적 사유를 결합시키려는 시도로서 당시 커다란 영향력을 행사했다. 랑에를 통해 니체는 칸트의 인식비판과 고대 및 근대의 유물론, 다윈주의, 근대 자연과학의 기본 특징을 알게 되었으며, 여기에 예리한 관찰을 더해 쇼펜하우어 체계에 포함된 몇 가지 이론적 취약점도 발견해냈다. 니체에 의하면, 우리는 인식할 수 없는 '물자체'에 관해 어떤 진술도 할 수 없으며, 현상세계에 관한 – 공간, 시간, 인과성 같은 – 모든 술어가 이 '물자체'에서 벗어날 수밖에 없다는 진술 또한 허용되지 않는다. 인식 불가능한 것이 인식 가능한 것의 부정적 상으로 재해석되어서도 안 된다. 왜냐하면 대립의 논리에 근거한다 해도 인식의 규정들을 규정 불가능한 것에서 원용하는 것은 그릇되기 때문이다. 말할 필요도 없지만, '물자체'를 의지로 해석해서도 안 된다. 이는 세계의 규정 불가능한 본질에 관해 지나치게 규정된 진술이 될 것이기 때문이다. 니체는 '의지'가 기본적인 생명력, 어쩌면 심지어 가장 원초적인 생명력이라는 점은 인정하지만, 칸트가 '물자체'를 위해

지정한 범주 안에 '의지'를 놓는 것에는 반대한다.

이처럼 니체는 랑에의 영향 아래 신칸트주의적 입장에서 쇼펜하우어를 비판한다. 하지만 이런 비판에도 불구하고 니체는 쇼펜하우어 철학의 두 가지 근본 관념에는 여전히 찬동한다. 그 첫 번째 관념은 이런 것이다. 세계는 그 본성상 이성적이고 정신적인 것이 아니라 어두운 충동, 역동적이고 – 이성을 기준으로 삼는다면 – 무의미한 충동이다.

니체가 굳게 믿은 두 번째 관념은 쇼펜하우어가 의지의 부정이란 제목 아래 서술했던 것인데, 그것은 초월적 인식의 가능성이란 관념이다. 종교적 의미의 초월이나 피안의 신은 여기서 전혀 논의거리가 되지 않는다. 하지만 일상의 이기적 태도를 극복하는 평정이란 의미의 초월은 있어야 한다. 그것은 의지의 힘으로부터의 해방, 기적에 근접해 있는 과정이며, 이를 쇼펜하우어는 일종의 황홀경이라 서술한 적도 있다. 이러한 부정의 신비론에서 니체를 매혹하는 요소는 '부정'이기보다는 어떤 의지의 힘이다. 이는 자기 자신, 즉 자신의 일상적 충동에 대항하는 의지의 힘을 말한다. 스스로에 반기를 드는 지점까지 치닫는 이런 도도한 상승을 니체는 후일 『반시대적 고찰Unzeitgemäße Betrachtungen』 제3권에서 동물성으로부터의 해방이라 칭하게 된다(쇼펜하우어를 다룬 이 글은 이 대목에서 인용될 만하다. 왜냐하면 1874년에 집필된 이 글의 내용은 – 니체 스스로 말하듯 – 대학 시절의 사상에 근원을 두기 때문이다). 더 이상 동물이 아닌 자들은 이런 해방에서 성공을 거둔다. 그들은 이제 철학자, 예술가 그리고 성자(1, 380; WB)인데, 이들에게서 자아는 완전히 융합되어 그의 고뇌하는 삶이 더 이상 전혀 혹은 거의 개별적으로 지각되지 않고, 오히려 모든 살아 있는 것들 내의 가장 깊숙한 평등감, 공속감, 일체감으로서 지각된다. 성자에게서는 생성의 유희로선 결코 생각지 못할 변신의 기적이 일어난다. 즉 모든 자연이 자신을 구원하기 위해 추동하는 저 궁극적인 최고의 인간화가 일어나

는 것이다.(1, 382; WB)

후일 니체는 의지의 이러한 전도를 금욕이라 해석할 것이며, 또 어떤 의지의 승리, 즉 아무것도 의욕하지 않기보다 차라리 무를 추구하는 의지의 승리라고 해석하게 된다. 이렇게 추구되는 '무'를 니체는 자기 주장을 고수하는 실용적 태도의 부정이라 이해하게 될 것이다. 생에 대한 집착이 소모로 대체되고, 지배가 헌신으로 대체되며, 한정 대신 확장이, 개별화 대신 신비한 통일이 주장되는 것이다. 니체가 쇼펜하우어의 철학을 받아들일 때 주목하는 곳은 다름 아닌 어떤 변화된 삶을 지향하는 지점이다.

잘 알려져 있듯이 쇼펜하우어는 깨달음이나 커다란 변화에 관해서는 사소한 언급밖에 남기지 않았다. 그 자신은 성자가 아니었고 프랑크푸르트의 부처가 되지도 않았다. 쇼펜하우어 스스로 고백했듯이 그는 '단지' 철학과 예술에 대한 사랑까지 도달할 수 있었다. 쇼펜하우어의 생각에 따르면, 철학과 예술은 구원 내지 해탈에 이르는 길의 중간 지점 정도이다. 철학과 예술은 관조에 의해 세계로부터 거리 두기를 실현한다. 여기서 관건이 되는 것은 심미적 태도이며, 그렇기에 쇼펜하우어의 철학은 심미적 거리 두기의 형이상학이다. 그리고 바로 이런 의미에서 니체가 스스로의 비전을 위해 쇼펜하우어의 철학을 수용하는 것이다. 전통 형이상학과 달리, 쇼펜하우어의 심미적 형이상학이 지닌 고통 경감의 측면은 현상세계 배후에서 '본질'로서 발견되는 것의 내용과 연결되지 않는다. 전통 형이상학에서는 이러한 본질인식이 세계의 근본적 선함으로 뚫고 들어가서 그 근거들을 발견해낸다. 그러나 쇼펜하우어에게 세계의 본질내용은 어떤 선한 근거가 아니라 오히려 어떤 심연, 어두운 의지, 고통스러운 존재, 암흑의 핵심이다. "한 번쯤 완전히 자연이 되려고 시도해보라 – 그것은 견뎌낼 수 있는 일이 아니다." 쇼펜하우어는 어딘가에서 그렇게 쓰고 있다. 고통 경감이란 발견된 본질의 '무엇'에 좌우되는 일이 아니라 거리를 유지하는 인식의 행위에, 즉 '어떻게'에 좌우되는 일이다. 세계에 대한 이러한 심미적 거리 두기가 뜻하는 것은 이렇다. 세계를 바라보기는 하되 "결코 능동적으로 거기 엮여 들지는 않기." 이런 심미적 거리 두기는 어떤 초월의 공간을 열어놓지만, 이 공간은 텅 빈 채로 있어야 한다. 거기에는 의지도 없고 당위도 없으며, 오로지 어떤 존재, 즉 완전히 "보기"가 되어버린, "세계의 눈 Weltauge"이 되어버린 그런 존재만이 머문다.

쇼펜하우어가 세계를 좀 더 가볍게 만드는 이런 아르키메데스 지점을 니체는 이상화된 자연verklärte Physis(1, 362: SE)이라 부른다. 이런 표현에서 니체는 아폴론적인 것과 디오니소스적인 것이라는 생의 두 가지 기초적 힘에 관한 자신의 이론을 이미 발전시키고 있다. 따라서 우리는 이 이상화된 자연에서 아폴론적으로 억제되고 정화된 디오니소스적 자연이란 니체의 표상을 재인식할 수 있을 것이다. 쇼펜하우어와는 달리, 니체는 디오니소스적 자연에 더욱 강하게 이끌린다. 장차 그는 그 심연에 좀 더 가까이 다가가려 할 것이다. 왜냐하면 그 심연 속에 더욱 매혹적인 비밀이 숨어 있으리라 짐작하고, 자신은 그런 것을 접해도 현기증을 느끼지 않으리라 생각했기 때문이다. 하지만 당분간 이런 차이점은 쇼펜하우어를 모범으로 삼으려는 그의 태도에 영향을 미치지 못한다.

니체가 쇼펜하우어에서 모범으로 삼는 점은 정확히 무엇일까? 그것은 쇼펜하우어의 자신감에 가득 찬 당당한 태도인데, 이 철학자는 자기 시대의 정신에 맞서는 가운데 삶의 심판관으로서 자신의 판단과 판결을 발언하며, 동시에 그의 부정 철학에 근거해서는 삶의 개혁자로 등장한다.(1, 362) 다시 말해 쇼펜하우어는 후일 니체가 가치전도라 부르게 될 무엇인가를 선취한 셈이다. 그렇다면 쇼펜하우어는 어떠한 지배적 가치들에 이의를 제기한 것인가? 쇼펜하우어가 유죄 선고를 내리고 극복하려 했던 세계를 니체가 묘사할 때 드러나는 것은 바로 니체 자신이 살고 있는 시대이다. 니체에 따르면, 이 시대에는 조바심에 사로잡혀 오직 자기 자신만 생각하는 사람들이 살고 있다. 이제까지 어떤 인간도 이만큼 자기 자신을 생각하지는 않았다. 이들은 자신들의 나날을 위해 짓고 심는다. 사냥될 행복은 그다지 크지 않을 것이기에 반드시 오늘과 내일 사이에 포획되어야 한다. 내일이면 아마도 사냥 시즌이 끝날 것이기 때문이다. 우리는 원자의 시대, 원자론적 혼란의 시대에 살고 있다.(1, 367; SE) 그렇다면, 우리 인간을 동물적인 것 혹은 경직된 기계적인 것으로 강등시키는 원자론적 혁명의 시대에 어느 누가 인간상을 다시금 정립할 것인가?(1, 368)

니체는 숙고 끝에 인간에게 더 나은 가능성을 환기시킬 수 있는 세 가지 인간상을 제시한다. 그 세 가지란 루소적 인간, 괴테적 인간, 그리고 마지막으로 쇼펜하우어적 인간이다. 루소가 중시하는 것은 자연과의 화해 및 문명의 자연화이다. 괴테적 인간은 관조적이다. 그는 지혜롭게 체념하고 세련된 양식을 체화하는 가운데 자신의 생활환경과 평화롭게 공존한다. 마지막으로 쇼펜하우어적 인간이 발견한 바에 따르면, 인간의 모든 질서는 비극적이고 무의미하다는 생의 근본특징을 감지하지 못하도록 짜여 있다. 일상의 삶이란 근본적으로 방심하기이다. 그런데 쇼펜하우어적 인간은 – 설령 그로 인해 절망에 빠질 수 있더라도 – 마야의 베일˙을 걷어낼 것을 요구한다. 쇼펜하우어적 인간은 진실성의 고통을 자발적으로 받아들이며, 그 결과 자신의 고유한 의지를 죽이

˙ 마야는 인도의 베단타 철학에서 환영 또는 허상을 뜻한다. 마야의 베일은 진실 또는 참된 세계를 가린다. 따라서 우리는 이 베일에 의해 가상 세계만을 보게 된다. – 옮긴이

고, 자기 본질의 완전한 변혁과 전도―이것으로 나아감이 삶의 본래적 의미이다―를 준비할 수 있게 된다.(1, 371; SE) 니체는 이런 것을 영웅적 삶의 이력(1, 373)이라 칭한다. 당시 니체는 쇼펜하우어가 괴테에게 보낸 고백투의 편지, 이 철학자가 스스로를 "영웅적"으로 묘사한 편지를 아직 모르고 있었다. 이 편지에는 다음과 같은 대목이 있다. "가슴속에 어떤 의문도 남겨두지 않으려는 용기, 바로 그것이 철학자를 만듭니다. 철학자는 소포클레스의 오이디푸스와 비슷해야 합니다. 그런 사람은 답을 얻고 나면 극도로 참담한 결과에 직면하리란 것을 예감하면서도 자신의 끔찍한 운명의 해명을 얻고자 지치지도 않고 탐구하는 것이지요." 실제로 쇼펜하우어는 스스로를 영웅적이라고 여겼다. 그리고 1874년 니체가 한 논저에서 쇼펜하우어를 천재Genius라 불렀을 때 염두에 둔 것도 바로 그런 영웅적인 면모였다.

천재의 탁월함을 이루는 것은 무엇인가? 니체의 답은 이렇다. 철학에서 천재란 현존재의 가치를 새롭게 확정하는 사상가이다. 철학의 천재는 사물의 척도와 화폐와 중량의 입법자(1, 360; SE)이다. 젊은 니체에게 철학이란 힘차게 삶으로 개입하려는 시도이다. 철학은 삶을 숙고하고 성찰하여 묘사하는 일에 불과한 것이 아니다. 철학은 삶의 변화를 야기한다. 철학 자체가 이미 그러한 변화이다. 사유는 행동이다. 물론 모든 사유와 모든 사상가가 그렇다는 뜻은 아니다. 진리들이 발견되는 것에 그치지 않고 실행도 될 수 있으려면 철학자의 특별한 카리스마가 필요하며, 또 사유된 것이 어떤 활력을 지니고 있어야 한다. 10년 후 니체는 『인간적인 너무나 인간적인Menschliches, Allzumenschliches』에서 그런 사상가들, 자신의 사유를 실행할 수 있는 사상가들을 정신의 폭군들(2, 214; MA 1)이라 부를 것이다. 그리고 그런 폭군들의 가장 순수한 사례를 고대 그리스에서 발견하게 될 것이다. 파르메니데스와 엠페도클레스, 헤라클레이토스, 플라톤 - 이들은 모두가 단 한 번의 도약으로 모든 존재의 중심점에(2, 215)에 다다르려 했다. 우리는 종종 얽혀 있는 기다란 논증의 사슬에 현혹되지 않아야 한다. 앞서 말한 정신의 폭군들은 그러한 논증의 길을 거쳐 그들의 진리에 도달한 것이 아니다. 그런 논증들은 추후 덧붙여진 증명, 장황한 협박, 논리적 방종에 지나지 않으며, 모두가 사전절충과 사후절충에 불과하다. 사실 철학의 영웅들은 진리로 도약한 후에는 대중 속에 뛰어들어 자신들의 명령을 내리려 했다. 그런 명령에 의해 일부 사람 혹은 전체 사회가 삶을 지금까지와는 다르게 보고 체험하고 영위하게 만들려 한 것이다. 하지만 그런 폭군들의 시대는 지나갔고, 이제는 거북이의 복음(2, 216: MA 1)의 시대이다. '진리들'은 더 이상 도약에서 얻어지지 않으며, 더는 사람들에게 명령 투로 강요되지도 않는다. 철학은 힘에의 의지를 상실했다. 그리고 위대한 고대의 '진리들'을 언제부턴가 문헌학적·역사적으로 세심히 다루는 부류의 사람들이 승리를 구가하고 있다.

젊은 니체는 고전문헌학자로서 고대의 위대한 철학적 행위에 관심을 쏟고 있었다. 그런 그가 쇼펜하우어를 통해 앞서 말한 정신의 폭군들의 예기치 않은 귀환을 체험하는 순간 눈앞에 그려 보인 것은 그러한 상황이었다. 쇼펜하우어 체험은 니체의 문헌학적 작업에도 영향을 미친다. 1867년 말 니체는 일기에 이런 말을 쓰고 있다. 무수한 중간치 두뇌의 소유자들이 정말로 영향력이 커다란 일에 종사하고 있다는 것을 생각하면 끔찍할 따름이다.(J 3, 320) 그는 데모크리토스에 관해, 그리고 '고대 및 근대 문헌연구의 역사'에 관해 논문을 쓸 계획을 세운다. 1868년 2월 1일 로데에게 쓴 편지에 따르면, 니체는 이 논문을 통해 문헌학자들에게 얼마간의 쓰디쓴 진리들(B 2, 28)을 들려주고 싶어 한다. 예컨대 우리가 받아들인 모든 계몽적 사상은 소수의 위대한 천재들에게서 비롯된 것이며, 이런 창조성은 문헌학적·역사적 연구에 휘둘리지 않는 사람들에게서 유래한다는 사실이 그런 진리에 속한다. 이런 사람들은 직접 세계 안에 무엇인가를 정립했을 뿐, 다른 저자들의 저작을 풀이하거나 편집하거나 설명하거나 정리하거나 받들어 모시지는 않았다. 일급의 사람들은 어떤 주장을 하고 자기 생각을 내세우는 반면, 이급의 사람들, 즉 문헌학자와 역사학자들은 커다란 것을 세세하게 논한다. 그들에게는 창조적 불꽃이 없기(B 2, 249) 때문이다.

1867년 가을 니체는 주석자와 편집자의 대열에서 빠져나와 ─ 설령 문헌학 분야에 남게 되더라도 ─ 창조적 저술가가 되고 싶다는 갈망을 키운다. 일기에서 그는 틀에 박힌 문헌학적 작업에 대한 불만을 토로한다. 전승된 잡동사니 상자를 뒤지는 일은 이제 그만두어야 하며, 되새김질을 집어치워야 한다.(J 3, 337) 문헌학자들이 알아야 할 것이 있으니, 그것은 이런 것이다. 그들의 재고품 중 진정으로 흥미로운 것들이 소진되어야 하며, 진정 중요한 것은 고대의 몇 가지 위대한 사상에서 뭔가 새롭고 미래지향적인 것을 만들어내는 일이다. 정신들과 사건들과 성격들을 의식적으로 새롭게 시적으로 창조해내는 것이야말로 우리가 할 수 있는 최선의 일이다.(J 3, 336)

니체는 스스로를 천재로 여길 만한 지점까지는 아직 다다르지 못한 상태였다. 물론 훗날 그는 이 시기를 회고하면서 「교육자로서의 쇼펜하우어」란 글은 이미 '교육자로서의 니체'란 제목을 달아도 무방했으리라 말할 것이다. 1867년에는 아직 그런 생각은 하지 않으며, 다만 문헌학자로 머무는 것에 불만을 품었다. 그는 자신이 언젠가 저술가가 되리란 점을 분명히 예감하고 있었다. 그런 예감과 더불어 이제 그의 눈을 가리던 비늘 같은 것이 떨어져나가고 자신에게 고유한 문체가 없음을 깨닫는다. 나는 그토록 오랫동안 문체적 순결을 지키며 살았던 것일세.(B 2, 208) 그렇게 니체는 1867년 4월 6일 카를 폰 게르스도르프에게 썼다. 여기서 니체는 이런 말도 한다. 너는 싫으나 좋으나 써야만 한다라는 일종의 정언명령이 자신을 일깨웠지만, 그 순간 자신이 글을 쓸 수 없다는 사실을 깨닫고는 경악을 금치 못했다고. 갑자기 손에 쥔 펜이 마비되어 버렸네. 그는 레싱Lessing*과 리히텐베르크Lichtenberg**, 쇼펜하우어를 문체의 모범으로 삼고 애를 쓰지만, 우미의 여신들은 그에게 다가오려 하지 않는다. 문체에서 활달한 정신을 얼마간이라도 일깨우려면 무엇부터 해야 하는가? 막막함만을 느끼던 그는 이렇게 결심한다. 스스로 터득할 것이며, 출발점에 서 있다는 의식으로 연습에 매진할 것이다. 그는 내 독일어에는 단적으로 문체랄 것이 전혀 없다는 괴로운 깨달음을 일종의 선물로 받아들이려 애를 쓴다. 저술가가 되려는 사람은 우리의 문체적 기예의 백지 상태를 양심으로(B 2, 214) 받아들여야 하는 것이기 때문이다.

하지만 니체는 여전히 문헌학 분야에 의무를 지고 있다. 그것은 니체가 대학생활을 시작할 때 선택한 분야이고, 박사논문을 끝내기도 전에 바젤 대학의 고전문헌학 교수로 명예로운 초빙을 받은 이후 그를 계속 속박하는 영역이다. 그렇지만 전공 울타리 너머를 기웃거리고 글쓰기와 철학하기에 대한 열정을 발견한 니체는 이제 문헌학자로서도 전공 분야에 생명의 숨결을 불어넣어줄 수 있으리라 자신한다.

● 고트홀트 에프라임 레싱Gotthold Ephraim Lessing(1729년-1781년)은 독일 계몽주의 사조의 극작가이자 비평가이며 주요작으로 『현자 나탄』, 『에밀리아 갈로티』, 『함부르크 희곡론』, 『라오콘』 등이 있다. - 옮긴이

●● 게오르크 크리스토프 리히텐베르크Georg Christoph Lichtenberg(1742년-1799년)는 독일의 물리학자이자 심리학자이며 문예비평가로도 활동했다. 대학 시절부터 써왔던 『잠언집』은 심리학적 인간 관찰의 명저이며, 니체에게도 많은 영향을 주었다. - 옮긴이

자기 뜻과 무관하게 만들어진 것, 그리고 어쩌면 강요된 것조차 좋아하는 것으로 바꾸는 이런 과정을 니체는 제2의 천성(J 3, 291)의 생성이라 명한다. 이 개념을 그는 군복무를 마친 후에 쓴 「생의 이력^{Lebenslauf}」 (1867년)에서 설명하는데, 여기서 그는 보병을 예로 제시한다. 보병들은 훈련 초기에는 의식적으로 절도 있게 다리를 들어올리는 연습을 반복하다가는 아예 걷는 법 자체를 잊게 될까봐 두려워한다. 하지만 행진이 병사의 피와 살로 섞여들고 나면 예전만큼 발걸음이 자유로워진다.(J 3, 291) 제2의 천성이란 개념은 장차 니체에게서 핵심적 의미를 갖게 될 것이다. 1882년 친구들이 니체에게 그의 자유분방한 사유태도는 그의 천성에 어울리지 않으며 다소 과장되게 느껴진다고 비난한 적이 있다. 이때 니체는 친구인 한스 폰 뷜로^{Hans von Bülow}에게 보낸 편지에서 이렇게 말한다. 그래 맞아, 그건 '제2의 천성'일 수도 있지. 하지만 나는 이제 이런 것을 증명해내고 싶네. 이 제2의 천성 덕분에 이제야 내가 제1의 천성을 진정으로 소유하게 되었다는 점을 말일세.(B 6, 290)

제1의 천성이란 우리에게 만들어진 것, 우리를 규정한 것, 우리 자신과 주변에 이미 주어진 것, 말하자면 유전이나 운명, 환경, 성격 같은 것이다. 제2의 천성이란 우리가 스스로에게서 만들어내는 무엇이다. 이미 젊은 니체는 말하기와 글쓰기가 스스로에게서 어떤 것을 만들 수 있게 해주는 힘임을 깨달았다.

언어를 통한 자기형성은 니체에게서 자기사유의 독보적 언어를 주조해내려는 열정의 모습을 취한다. 이런 사유에서는 발견과 창조 사이의 경계가 지워진다. 철학은 언어예술 작품, 즉 문학이 되는데, 그 결과 사상이 언어라는 육체에 깃들어 그와 분리될 수 없게 된다. 니체의 탁월한 언어적 기량이 마법처럼 표현해내는 내용은 만약 다른 언어에 담긴다면 그 명징함을 현저히 상실하게 될 것이다. 니체는 자신의 통찰과 그 독특한 표현의 유착 관계를 분명히 의식하고 있었다. 그렇기에 그는 자신이 어떤 '학파'를 만들기는 불가능할 것이란 생각에 이른다. 스스로를 그리고 자기 자신에게서 만들어낸 것을 결코 모방될 수 없는 것이라 여겼기 때문이다. 그는 전달가능성의 경계선에 있을 때 편안함을 느꼈으며, 거기서 자기형성의 실험을 벌였다.

자기형성의 과정, 즉 제2의 천성의 산출 과정에서는 독특한 언어뿐 아니라 사상도 함께 작용해야 한다. 그럴 때에 사상이 은밀한 향내(5, 239)를 갖게 된다. 우리가 자신의 저작들이란 무대 위에 선 니체를 보게됐을 때 무대 위의 니체는 어떤 사상을 표현하면서 동시에 이 사상이자신에게 어떤 영향을 미치는가를 면밀히 탐구하고 있을 것이다. 그의 저작은 항상 두 가지를 동시에 제시한다. 사유 자체와 사유하는 자를 함께 제시하는 것이다. 장차 니체는 어떤 사상을 개진하는 데만 몰두하지 않을 것이다. 그는 사상이 삶에서 샘솟았다 삶으로 돌아가고 종내는 삶을 변화시키는 과정 전반을 보여줄 것이다. 그는 자신을 괴롭히는 육체적 고통을 사상이 견뎌낼 수 있는지, 사상에 그런 힘이 있는지 검토할 것이다. 그는 사상이란 몸과 하나가 되어야 한다고 요구한다. 그럴 때만 사상이 그에게 가치와 의미를 가진다는 것이다. '나는 내 사상을 어떻게 만들어내며, 내 사상은 나로부터 무엇을 만들어내는가?' 니체처럼 이런 물음을 되묻는 사람이라면 어쩔 수 없이 자기사유의 서술자가 될 수밖에 없다.

이제 니체는 철학 저술가가 되려는 계획을 품기 시작한다. 문헌학에서 출발해 언젠가는 우리가 안식할 수 있는 어떤 목표를 발견하리란 희망을 놓치지 않고서 미지의 영역으로 방랑을 떠나려는 것이다.(J 3, 336) 그런데 니체가 리하르트 바그너와 개인적 친분을 맺게 되는 것도 바로 이 무렵이다. 바그너와의 첫 만남이 있기 몇 주 전인 1868년 10월 8일 로데에게 보낸 편지에서 니체는 바그너를 비판적으로 평가한 바 있다. 바그너를 모든 종류의 예술적 관심을 빨아들여 소화시켜버리는 모던 딜레탕티슴의 대표자(B 2, 232)라 칭한 것이다. 하지만 니체는 자신을 매혹시켰던 쇼펜하우어의 요소, 즉 윤리적 분위기와 파우스트적 향기, 십자가, 죽음 그리고 무덤 등이 바그너에게서도 발견됨을 인정한다. 그로부터 3주 후 니체는 「트리스탄과 이졸데」와 「뉘른베르크의 명가수」의 서곡이 상연되는 연주회장을 찾는다. 그는 거리를 유지하려 하지만 효과를 거두지 못한다. 이 음악에 비판적이고 냉정한 태도를 취하려는 내 의도를 마음이 받아들이지 않고 있네. 내 몸의 신경 하나하나, 힘줄 하나하나가 경련을 일으키지. 황홀한 감정이 그처럼 오래 지속되기도 참으로 오랜만이라네.(B 2, 332; 1868년 10월 27일)

라이프치히 대학을 다니던 시절의 니체는 동양학자인 하인리히 브로크하우스Heinrich Brockhaus의 집에서 하숙을 했다. 이 하숙집에서는 우수한 학생이며 음악애호가인 니체에 관해 칭찬이 자자했다. 그리고 바그너는 라이프치히의 친지를 방문했을 때 이 젊은 문헌학자를 한번 만나보고 싶다는 소망을 표명했다. 모임에 초대를 받은 니체는 엄청난 자랑스러움을 느낀다. 그는 재단사를 찾아가 양복 한 벌을 새로 맞춘다. 양복은 제때 배달되지만, 니체는 대금을 즉각 지불할 수가 없다. 재단사의 조수가 양복을 도로 가져가려 하자 니체가 그를 붙든다. 두 사람이 바지자락을 잡고 실랑이를 벌인다. 승리는 재단사의 조수에게 돌아가며, 그는 옷을 들고 사라진다. 니체는 친구인 로데에게 쓴 편지에서 이런 장면을 묘사한다. 나는 셔츠 바람으로 소파에 앉아서는 검은 양복 상의를 바라보며 생각했네. 저런 차림이면 리하르트를 만나기에 충분할지 어떨지 하고 말일세.(B 2, 340; 1868월 11월 9일) 니체는 소설 작품 속의 고양된 분위기 같은 것에 휩싸여 그 상의를 걸친다. 브로크하우스의 집에서 열린 모임은 편안한 가족적 분위기를 느끼게 한다. 바그너가 다가와 몇 마디 칭찬의 말을 던져주고는 어떻게 해서 자신의 음악을 알게 되었는지 묻는다. 화제가 철학으로 넘어가자 바그너는 이루 표현할 수 없이 부드러운 어조로 쇼펜하우어에 관해 이야기한다. 그는 쇼펜하우어를 가리켜 음악의 본질을 아는 유일한 철학자라 칭한다. 바그너는 「뉘른베르크의 명가수」 몇 소절을 친히 피아노로 연주해보인다. 니체는 마법에 걸린 듯 황홀감을 느낀다. 모임이 끝날 무렵 이 거장이 니체의 손을 따스하게 잡고는 트립셴의 자기 집으로 초대한다. 거기서 음악과 철학을 논해보자는 것이다.

니체는 스위스 바젤로 이사하며, 얼마 후 거기서 멀지 않은 트립셴을 방문할 기회가 찾아온다. 그는 극진한 대접을 받는다. 바그너는 새로운 추종자라면 누구든지 기꺼운 마음으로 받아들이기 때문이다. 1869년 성령강림제 월요일, 이 첫 번째 방문이 있고 나서 니체는 바그너에게 이런 편지를 쓴다. 존경하는 선생님, 제가 선생님께 얼마나 감사하고 있는지 아무 거리낌 없이 말씀드리고 싶다는 뜻을 얼마나 오랫동안 품어왔는지요. 제 삶의 가장 귀하고 값진 순간은 선생님의 이름과 연결되어 있기 때문입니다. 제가 이만큼의 존경심, 종교적이라 할 만큼의 존경심을 품고 생각하는 사람이 또 있다면, 그는 선생님의 위대한 정신적 형제인 아르투어 쇼펜하우어뿐입니다.(B 3, 8)

이 첫 만남 이후 한동안 지속된 트립셴의 행복한 나날에 관해서는 그동안 빈번히 소개되었다. 예를 들어 바그너 부부와 니체가 함께 호숫가를 산책하며, 이때 코지마 바그너Cosima Wagner가 니체와 팔짱을 낀다. 친밀한 사람끼리 모인 어느 저녁, 모두가 함께 E. T. A. 호프만Hoffmann의 『황금 단지Der goldne Topf』를 읽은 후, 바그너가 나서서 아내 코지마를 경이로운 뱀 세르펜티나로, 자기 자신은 악마적인 문서관리인 린트호르스트로, 그리고 프리드리히 니체는 몽상적이고 미숙한 대학생인 안젤무스와 동일시한다.• 성탄절이 되자 니체는 와인 잔과 리본, 금색 별, 둥근 장식, 목제 아기예수상과 여타 인형을 코지마에게 사다 주기 위해 바지런히 바젤 시내를 쏘다니고, 사과와 호두를 금색으로 칠하는 일을 거들며, 바그너의 자서전 원고도 읽어봐준다. 1871년 성탄절 주간의 첫날 아침, 계단참에 모인 작은 악대가 코지마의 생일을 축하하는 연주를 하는데, 후일 「지크프리트 목가Siegfried-Idylle」로 알려질 바그너의 곡이다. 피아노 앞에 앉은 니체가 즉흥곡을 연주하자 코지마는 정중히 경청하며, 리하르트 바그너는 가까스로 웃음을 참으면서 방을 나간다.

　리하르트 바그너는 니체의 재능을 일찌감치 알아보았으며, 무엇보다 자기 목적에 도움이 될 것이라 생각되는 니체의 장점들을 간파해냈다. 바그너는 니체에게 보낸 편지에서 이렇게 쓴다. "당신이 내 소명의 절반쯤은 덜어줄 수 있을 겁니다!" 바그너의 말에 따르면, 니체가 음악에 많은 공을 들이면서도 별다른 성과를 얻지 못하듯, 자신은 문헌학 때문에 고생이 많았다. 하지만 음악이 니체에게 중요한 만큼이나 문헌학은 자신에게 중요하다. 하지만 두 사람은 서로를 훌륭히 보완해줄 수 있을 것이다. 니체는 문헌학자로 머물러 바그너를 "지휘"해야 하리라. 반대로 이 문헌학자는 음악가의 지도를 받고 그에게서 영감을 얻어야 하리라. 1870년 2월 12일자 편지에서 바그너는 이런 말을 한다. "이제 문헌학이 무엇을 위한 것인지 보여주셔야 합니다. 그리고 내가 위대한 '르네상스'를 실현하는 것을 도와주십시오. 플라톤이 호메로스를 얼싸

• 세르펜티나와 린트호르스트 및 안젤무스는 모두 호프만의 소설 『황금 단지』의 등장인물이다. – 옮긴이

안고, 또 호메로스가 플라톤의 이념에 충만하여 이제야 진정 위대한 호메로스가 되는 그런 르네상스 말입니다."(N/W 1, 58)

바그너는 이 젊은 교수에게 고전문헌학 분야에서 뭔가 대담한 일을 감행할 용기를 북돋아주었다. 니체는 감격에 사로잡힌다. 바그너가 말하는 "위대한 르네상스"가 어떤 것인지는 명확하지 않지만, 그는 그 실현을 돕기 위해 비극에 관한 책을 쓰기 시작한다. 그는 이 책으로 자기 분야의 선두에 서지는 않겠지만 스스로를 좀 더 이해하게 되리란 점은 예감한다. 문헌학 분야에서 이 책은 일탈이겠지만, '인간'이라 불리는 저 내면세계의 탐험가이자 항해자(2, 21; MA)의 문체라는 점에서는 의미 있는 시도이리라. 니체는 아직 문헌학의 토대에 머물고 있지만 이미 춤을 추겠단 의지를 품고서 자신의 최초 걸작을 쓴다. 그것이 『비극의 탄생』이다.

제 4 장

—

존재의 소용돌이. 『비극의 탄생』의 탄생. 심연의 잔혹함. 전쟁 중의 니체. 노예. 도덕적 사유 대 심미적 사유. 폭동에 대한 두려움. 문화의 내밀한 비밀에 대한 통찰. 소름 끼치는 것 앞에서의 빛나는 형상과 차단 장치. 디오니소스적 지혜.

—

프리드리히 빌헬름 리츨

존재의 소용돌이. 『비극의 탄생』의 탄생. 심연의 잔혹함. 전쟁 중의 니체. 노예. 도덕적 사유 대 심미적 사유. 폭동에 대한 두려움. 문화의 내밀한 비밀에 대한 통찰. 소름 끼치는 것 앞에서의 빛나는 형상과 차단 장치. 디오니소스적 지혜.

N I E T Z S C H E

1868년 7월 2일 니체는 존경하는 고전문헌학의 스승이자 후원자인 리츨 교수의 부인 조피 리츨^{Sophie Ritschl}에게 편지를 쓰면서 문헌학과 음악을 결합시킬 기회가 오기를 고대하고 있다고 토로했다. 하지만 어쩌면 저는 언젠가 음악적으로 다뤄지는 문헌학적 소재를 찾아낼 것입니다. 그때가 되면 저는 젖먹이처럼 말을 어물거리고 또 고대 비너스의 두상 앞에서 잠이 든 이방인처럼 이미지들을 쌓아올리겠지요. 그리고 '허겁지겁' 묘사를 하겠지만 제대로 해낼 것입니다.(B 2, 299) 이것은 니체가 바그너와 친분을 맺기 전에 쓴 편지이다. 여기서 드러나는 것은, 자기 분야에 충분히 숙달되어 차례로 떠오르는 냉철한 생각들을 ─ 그에 필요한 거리를 유지하는 가운데 ─ 부지런히 써내려가는(B 2, 299) 일에 싫증을 느끼는 젊은 문헌학자의 백일몽이다.

니체에게 문헌학적 소재를 음악적으로 다룬다는 것은 단순히 음악을 주제로 삼는다는 뜻이 아니다. 그보다는 음표가 아닌 말로 쓰는(B 2, 298) 종류의 음악을 산출한다는 뜻이다. 니체는 말로 연주할 수 있는 주제를 찾아내려 한다. 바그너와 만나고 난 후 니체는 이미 얼마 전부터 자신의 손 안에 이러한 주제가 쥐어 있었음을 깨닫는다. 그것은 바로 그리스 비극이다. 니체는 바그너와 만나기 전부터 이 주제를 다루고 있었지만, 그와의 만남이 있고 나서야─『비극의 탄생』의 서문 초고에 나오는 표현을 빌리자면─존재의 소용돌이(7, 351)를 발견한다.

이 최초의 저작을 쓸 때 니체는 문헌학 분야의 동업자들을 의식하고 있었다. 그는 박사학위나 교수자격 논문도 없이 이른 나이에 교수로 임명된 자신을 탁월한 저작의 출간으로 정당화해야 할 의무가 있다고 느꼈던 것이다. 물론 후일인 1886년 발표된 「자기비판의 시도^{Versuch einer} Selbstkritik」(1, Ⅱ; GT)에서는 더 이상 그런 동기가 언급되지 않는다. 회고조의 이 글에서 니체는 아직 '알려지지 않은 신'의 사도로서 학자의 두건을 쓴 채 함께 열광할 사람들을 찾아내어 이들을 새로운 샛길과 무도회장으로 꾀어내는(1, 14; GT) 데만 혈안이 되어 있었던 인물로 스스로를 묘사한다.

따라서 니체에게 그리스 비극이란 존재의 소용돌이로 휘말려들 수 있는 무도회장인 셈이다.

『비극의 탄생』의 생성 과정에서는 개개 작업 단계가 분명하게 구분된다. 우선 두 차례의 공개 강연, 즉 1870년 1월 18일의 강연 「그리스의 음악극^{Das griechische Musikdrama}」과 1870년 2월 1일의 강연인 「소크라테스와 비극^{Sokrates und die Tragödie}」이 있다.

첫 번째 강연에서 니체는 그리스 비극이 디오니소스 축제에서 유래했다는 테제를 개진한다. 이 점에서 그는 당대 고전문헌학의 일반적 견해를 충실히 따른다. 니체는 바젤 대학 도서관에서 그리스 비극에 관한 표준적 저작 한 권을 대출한 적이 있는데, 이는 카를 오트프리트 뮐러^{Karl Otfried Müller}의 『그리스 문학사^{Geschichte der griechischen Literatur}』(1857년)로 이 책은 디오니소스 숭배를 그리스극의 출발점으로 설명한다. 이 저작에서는 축제 당시 무용수가 양과 사슴의 모피로 분장을 하고 가면도 쓰며, 이렇게 해서 "자기 자신에게서 벗어나고 자기 자신에게서 낯설어지려는"(라타츠^{Latacz}, 38) 욕구를 표출했다는 점 등이 아주 상세하게 설명된다. 그렇지만 니체는 서술 대상에 거리를 유지하는 고전문헌학의 기본 태도를 탈피하여 이 축제의 열광 속에 스스로를 이입하려든다. 이때 학식은 그에게 외려 방해물이 되는데, 명료성의 이상으로 인해 어두운 충동에 공감하려는 용의가 지장을 받기 때문이다. 예술의 영역에서 모든 성장과 형성은 깊은 밤중에 이루어져야 합니다.(1, 516) 니체는 바로 이 깊은 밤중으로 들어서려고 한다. 그는 흥분과 열광에 사로잡힌 군중의 황홀과 방종을 묘사한다. 그리고 이러한 황홀과 방종의 상태를 ― 일부 학자들이 집단 전염병이라 칭하는 ― 중세의 무도병과 비교한다. 니체에 따르면, 집단 전염병이라는 폄하의 명칭은 너무나 부당한 것이다. 그 부당성은 고대에는 바로 이런 집단 전염병이란 것, 즉 디오니소스 축제가 그리스 비극을 탄생케 했으며 비극에 그 힘을 부여했다는 점에서 여실히 드러난다. 더 나아가, 니체는 모던 예술의 불행이 비밀스러운 원천으로부터 솟아나지 '않았다'는 점(1, 521)에 기인한다고 말한다. 그런데 방종과 황홀이 어떻게 하여 무대 위의 비극으로 변한 것인가? 니체는 이 과정을 국면별로 나누어 설명한다. 개인들은 도취 상태에서 자신의 개별성에 대한 의식을 상실한다. 개인은 흥분 상태의 축제 군중으로 스며들어 그들과 하나로 녹아버린다. 이 흥분 상태의 집합체 안에서 다양한 환상과 이미지가 떠돌며, 하나로 융해된 개인들은 이런 환상과 이미지를 서로에게 감염시킨다. 디오니소스 축제의 도취된 사람들은 모두 같은 것을 보고 같은 것을 체험한다고 믿는다. 하지만 그런 후에는 언제나 이 도취 상태에서 깨어나는 순간이 오기 마련이며, 이 순간이 되면 모두가 각자의 개별성을 되찾는다. 각성 상태로 돌아가는 이 과정은 어렵고도 위험하며, 그렇기 때문에 이들을 도와주는 제의 과정이 수반되어야 한다. 디오니소스 축제 말미를 장식한 비극 상연은 다름 아닌 집단적 도취 상태로부터 도시의 일상적 삶으로의 이행을 돕는 제의였던 것이다. 니체에 따르면, 그리스극의 생성은 이러한 디오니소스 축제에서 나타나는 자연적 삶이 극장 무대에 어떠한 흔적을 남겼기에 가능한 일이었다.

그렇다면 디오니소스 축제에서 나타나는 자연적 삶의 어떤 측면이 보존된 것인가? 제의적 유희는 두 가지를 연출하는데, 그 하나는 집단적 사건으로의 통합이며, 다른 하나는 개별화이다. 무대에는 주인공들이 등장하며, 합창단도 있다. 비극에서 개인이 몰락하면, 그 개인은 개인이라는 죄를 속죄한다. 이 개인을 넘어 살아남는 것이 바로 합창이다. 그렇기에 무대 위의 주인공들이 마치 합창단의 환영인 양 행동하는 것이다. 그리고 니체에 따르면, 비극작가는 합창을 통해 자신의 비전을 무대에 올린다. 오후 시간 비극을 보기 위해 널찍한 노천 원형극장에 앉은 관객들은 무아지경을 원하며 실제로 그런 체험을 한다. 축제 분위기에 취한 그들은 스스로를 변신시키고 벗어던질 태세가 되어 있다. 이윽고 음악이 연주되며, 리드미컬한 합창이 들려와 노래를 부르는 자와 듣는 자 모두의 몸을 움직이게 한다. 분위기가 무르익고 개개인이 무대에 등장하면, 마치 그런 생동적 분위기로부터 공동의 비전이 태어나는 것만 같다. 합창단 앞에서 주인공들이 연기를 시작한다. 처음에는 단 한 사람이, 그러고는 동시에 여러 사람이.

하지만 일부 개인은 한동안 개별성을 유지하면서 집단적 합창에 대항해 자기주장을 펼친다. 니체의 표현을 빌리자면 그들은 "생생한 불협화음"이다. 불협화음이란 게 원래 그렇듯, 이로 인해 무대 위 팽팽한 긴장 상태가 조성된다. 주인공들은 제각기 목소리를 내며 합창에서 벗어나고 각자 불협화음의 연기를 펼치지만, 종내는 합창의 조화로 다시 섞여든다. 불협화음을 내는 개인은 오래 버티지 못하며, 몰락을 맞은 그는 음악의 품으로 돌아가고, 합창은 그를 다시 받아들인다. 인물들과 그들의 행동은 섬이 바다에서 솟듯 음악에서 솟는다. 합창과 음악은 공연 내내 어디에나 있다. 무대에서 어떤 사건이 벌어지든 그것은 환한 빛 아래 공개되어 있으며, 합창 앞에서는 그 무엇도 숨지 못한다. 개인은 어디에도 숨을 곳이 없으며, 세계의 음악이 결국 그를 삼킬 것이다. 니체에 따르면, 그리스인들에게는 영웅들이 겪는 (…) 고통이 청중들에게서 강렬한 동정심으로 전환되도록 하는 것(1, 528)이 바로 음악의 과제였다.

그리스 비극은 말과 음악 사이의 역학 관계를 무대에서 보여준다. 주인공은 말을 지배하지만, 이 말의 지배자를 지배하는 것은 바로 합창의 음악이다. 말은 오해와 오인을 허용한다. 말은 내면에서 비롯되는 것이 아니며, 내면에 이르지도 못한다. 말은 존재의 주변을 서성이며 살아갈 뿐이다. 음악은 다르다. 음악은 어디서나 이해되는 참된 보편언어로서 직접 심장을 울립니다.(1, 528f.)

이미 이 첫 번째 강연에서 니체는 비극이 어떻게 하여 소멸되는가를 암시한다. 그것은 언어의 변화 때문이다. 로고스가 비극의 파토스를 제압해버리는 것이다. 언어가 음악에서 해방되어 자신의 논리를 과도하게 밀어붙이면 비극은 종말에 이른다. 언어란 무엇인가? 그것은 의식의 한 기관이다. 하지만 음악은 존재이다. 비극이 몰락하면 존재와 의식은 더 이상 조화를 이루지 못한다. 의식이 존재에 대해 자신을 닫아버린다. 의식은 피상적인 것으로 변한다. 니체의 생각에, 파토스의 고대비극이 몰락하면 로고스의 새로운 비극이 시작된다. 우리는 여전히 이 새로운 비극 한가운데 있다고 니체는 말한다.

비극이 디오니소스 축제에서 유래했다는 점만 본다면, 니체의 생각은 당대 고전문헌학의 일반적 견해에서 벗어나지 않는다. 하지만 두 번째 강연의 테제 - 첫 강연을 끝낼 무렵 지성화에 의한 비극의 해체 과정 (1, 530)을 다룰 것이란 말로 암시했던 테제 - 는 고전문헌학자들에게 도발로 비칠 수밖에 없다. 그렇기에 니체 또한 이 강의가 스승 리츨의 눈길을 끌지 않도록 한동안 주의한다. 하지만 리츨도 결국 이 강의에 관해 듣게 되며, 예상대로 탐탁지 않다는 내색을 보인다. 지나치게 분방했던 일시적 일탈을 속죄하기라도 하듯, 니체는 학술지 「라이프치히 문헌학 협회지Meletemata Societatis philologicae Lipsiensis」 합본호에 게재할 논문, 즉 전통적 고전문헌학의 형식을 제대로 갖춘 논문을 한 편 써서 스승에게 제출한다.

1870년 2월 중순 니체가 친구 로데에게 보낸 편지에 따르면, '소크라테스와 비극'에 관한 강연은 경악과 오해를 불러일으켰다.(B 3, 95) 이 강연에서 그토록 경악과 오해를 불러일으킬 만한 점은 무엇이었을까?

니체는 의식에 대한 과대평가를 비판한다. 그는 선하기 위해서는 모든 것이 의식되어야 한다(1, 540)라는 소크라테스적 사유의 전개 과정이 치명적인 것이었다고 생각한다. 그런 사유의 전개로 우선 비극이 소멸했고, 그 다음에는 창조적으로 무의식적인 것 일반이 제약과 방해를 받게 된다. 소크라테스는 음악의 힘을 분쇄하고 그 대신 변증법을 끌어들인다. 소크라테스는 재앙이다. 소크라테스와 더불어 – 존재의 심층에 관해선 더 이상 그 무엇도 알려고 하지 않는 – 합리주의가 시작되기 때문이다. 소크라테스는 지혜 없는 지식의 시작이다. 비극의 경우를 보자면, 이제 운명의 파토스가 계산과 간계와 타산에 의해 배척되었다. 생명력들에 대한 묘사 대신 정교하게 사유된 계략이 등장한 것이다. 원인과 결과의 메커니즘이 죄와 속죄의 관계를 밀어내버린다. 무대 위에서는 더 이상 노래를 부르지 않고 토론이 벌어질 뿐이다. 무대 위의 사건은 그 비밀을 상실하며, 주인공들은 계산 착오로 인해 고통을 당한다. 비극적인 근본 분위기는 사라지고 없다. 니체에 따르면, 마치 이 모든 인물이 비극적 사건 때문이 아니라 논리적인 것의 과잉 잉태로 인해 파멸하지 않았

나 하는 생각이 들 정도입니다.(1, 546)

　니체는 소크라테스를 오늘날까지도 영향을 끼치는 심대한 문화적 전환의 징후로 여긴다. 앎의 의지가 신화와 종교와 예술이 지녔던 생명력들을 압도해버린다. 인간의 삶이 그 본능과 열정의 어두운 근원에서 분리되고 만다. 마치 존재가 의식 앞에서 자신을 변호해야 할 것만 같은 형국이다. 생은 빛을 지향하며, 변증법이 운명의 어두운 음악을 제압한다. 생이 의식에 의해 교정되고 조종되고 계산될 수 있으리라는 낙관주의적 희망이 자라난다. 니체에 따르면, 그 결과 광기와 의지아 고통으로 이뤄진 음악극은 사멸했지만, 영원히 사멸한 것은 아니다. 니체의 이 강연은 그리스 비극의 부활 가능성에 관한 암시적 언급으로 끝을 맺는다. 리하르트 바그너란 이름이 직접 거론되지는 않았지만, 그를 염두에 둔 암시임은 청중 누구나 감지했을 것이다.

　음악극의 부활이 가능할 것인가? 학자들에 의해 조종되는 낙관주의의 시대에 비극적 심연에 대한 감각을 일깨울 수 있을 것인가? – 이런 것이 바로 니체가 강연의 말미에서 제기하는 물음이다. 그의 암시에 따르면, 오늘날 음악극의 운명은 그 적대자인 우리 시대의 소크라테스주의가 얼마나 강한가에 좌우된다. 니체가 트립셴의 바그너 부부에게 보낸 강연 초고는 사실 다음과 같은 문장으로 종결된다. 이 소크라테스주의는 오늘날의 유대인 언론입니다. 더 이상의 말은 하지 않겠습니다.(14, 101) 파괴적인 인식의 힘을 '유대적' 원리로 간주하는 것은 바그너 가에서 공유되는 관점의 하나이다. 니체는 아마 그 집을 드나들면서 이런 관점을 배우게 되었을 것이다. 그렇지만 코지마는 자신의 젊은 숭배자에게 주의를 당부할 필요가 있음을 느낀다. 1870년 2월 5일자 편지에서 그녀는 이렇게 말한다. "당신께 한 가지 부탁드릴 게 있어요. 벌집을 건드리지 말라는 부탁입니다. 무슨 말씀인지 아시겠죠? 유대인이란 말은 입에 올리지 마세요. 특히 무심코 뱉어내는 일이 없도록 주의하세요. 후일 잔혹한 전투를 시작할 때가 온다면, 신의 이름으로 뱉어낼 수도 있겠지요. 하지만 미리부터 그럴 필요는 없어요. 당신이 가고자 하는 길에 온갖 혼란과 어려움이 생기면 안 되니까요. (…) 제 영혼의 근본에서는 당신 발언에 찬동하고 있다는 점이야 당신도 잘 아시겠죠."(N/W 1, 52)

리하르트 바그너 또한 니체의 강연에 커다란 찬사를 보낸다. 그는 모든 점에서 니체에게 찬성을 표명한다. 하지만 니체가 "그처럼 새로운 이념을 전할" 때 보여준 "대범함"에는 무척 놀랐다고 고백한다.(N/W 1, 50) 코지마와 마찬가지로 그는 조심하라고 당부한다. "당신이 염려스럽습니다. 당신에게 좋지 않은 일이 생기지 않기를 온 마음으로 바라고 있습니다." 그러고선 니체가 자신의 생각을 "좀 더 거대하고 포괄적인 작업"으로 발전시키는 게 좋겠다고 제안한다.

몇 가지 전거에서 알 수 있듯, 니체는 이 제안에 자극을 받고서 『비극의 탄생』을 집필할 계획을 세웠다. 그는 어떤 거대한 일이 움트고 있으며 자신이 그 일을 성취하게 되리라는 강한 예감에 사로잡힌다. 1870년 2월 중순 그는 로데에게 보낸 편지에서 말한다. 학문과 예술과 철학이 지금 내 안에서 함께 자라나고 있으니, 어쨌거나 나는 켄타우로스˙를 낳게 될 것이네.(B 3, 95)

1870년 초여름 니체에게 문득 어떤 생각이 떠오른다. 그것은 고대 문화뿐 아니라 문화 일반의 역동성과 활력을 이해하고 판정하는 데서 도움이 될 만한 생각임을 그는 직감한다. 그것은 문화의 양극에 있는 기본적 힘들의 상호유희라는 착상이었다. 니체는 이 양극적인 두

˙ 그리스 신화에 나오는 반인반마의 괴물 ─ 옮긴이.

가지 기본적 힘에 아폴론과 디오니소스란 신들의 이름을 붙인다. 니체는 1870년 여름 동안 집필한 논문 「디오니소스적 세계관Die dionysische Weltanschauung」에서 최초로 '아폴론적'과 '디오니소스적'이라는 쌍개념을 그리스 비극을 해석하기 위한 열쇠로 사용한다.

니체를 이런 착상의 문턱까지 이끈 것은 바로 앞서 다룬 최초의 두 강연이었다. 첫 번째 강연에서 주장된 것은 비극이 디오니소스 축제에서 유래했다는 사실이었다. 두 번째 강연에서 니체가 논한 것은 소크라테스의 아폴론적 명료성(1, 544)이었다. 이제 그는 그리스 비극이 이 두 가지 근본 충동의 타협이라는 생각에 이른다. 열정과 음악은 디오니소스적이며, 무대 위의 언어와 변증법은 아폴론적이다. 이 두 가지가 함께 어우러져서 어두운 운명의 힘들에 관한 깨어 있는 의식의 묘사가 이루어지는 것이다.

니체는 처음에 아폴론적인 것과 디오니소스적인 것을 예술 양식의 특징으로 이해했다. 아폴론은 형식, 명료성, 확고한 윤곽, 밝은 꿈, 그리고 무엇보다도 타인과 구별되는 개성을 주관하는 신이다. 조각, 건축, 호메로스적인 신들의 세계, 서사시에 나타나는 정신, 이 모든 것들이 바로 아폴론적이다. 반면에 디오니소스는 해체, 열광, 황홀, 광란을 주관하는 사나운 신이다. 음악과 춤은 애호 받는 예술 형식이다. 아폴론적인 예술의 매력은 우리가 어느 한 순간도 인위성을 잊지 않고 거리감을 유지한다는 데 있다. 반면에 디오니소스적인 예술에서는 경계가 유동적이다. 음악이나 춤, 혹은 다른 예술에 매혹된 사람은 거리감을 잃게 된다. 이렇게 예술에 도취한 상태에서는 자신이 도취했다는 의식도 사라진다. 디오니소스적인 예술에 열광하는 사람은 자신을 객관적으로 보지 못한다. 하지만 아폴론적 예술에 감동한 사람은 반성적이다. 그는 감동에 매몰되지 않고 감동을 즐긴다. 아폴론적인 것은 개인을 향하지만, 디오니소스적인 것은 그런 제한을 뛰어넘는다.

니체는 심미적 원칙을 분석하는 데서 출발했지만, 이제 이를 바탕으로 인간 존재의 형이상학적인 기본 조건에 관한 대담한 스케치를 발전시켜나간다. 이 과정에서 쇼펜하우어 철학의 영향이 나타난다. 왜냐하면 니체는 디오니소스적인 것을 충동적인 의지의 세계로 이해하고, 아폴론적인 것은 표상, 즉 의식을 관할하는 것으로 보고 있기 때문이다. 쇼펜하우어 철학에 몰두했던 니체에게는 이러한 구분을 통해서 디오니소스적인 것이 가장 원초적이고 기본적인 생명력일 뿐 아니라 더 나아가 이러한 삶의 측면은 창조적이긴 하지만 동시에 잔인하고 고통스럽다는 점이 명확해진다. 이는 쇼펜하우어의 입장과 일치한다.

1870년 여름 니체는 아폴론적이고 디오니소스적이라는 예술 양식을 형이상학적인 생명력으로 재해석함으로써 자신의 지적인 발전 과정에서 결정적인 걸음을 내딛었다. 이제 그는 문화의 내밀한 비밀을 풀고 과거와 미래를 설명할 수 있는 열쇠를 손에 쥐었다고 생각한다.

니체에 따르면, 디오니소스적인 것은 엄청난 힘을 지니는 삶의 과정 그 자체이다. 문화는 그 과정에서 살아갈 수 있는 영역을 만들려는 시도와 다를 바 없는데, 이러한 시도는 취약하고 항상 실패할 위험을 안고 있다. 문화는 디오니소스적인 에너지를 승화시키지만, 문화 기관과 문화 의식儀式, 문화적인 의미 부여는 본래적인 삶 자체에 의지하면서도 이에 대해서 거리를 유지하는 대리인 역할을 한다. 디오니소스적인 것은 문명 이전에 존재하거나 문명의 기저에 깔려 있으며, 위협적이면서도 매혹적인 거대한 힘이다.

디오니소스적인 것에서 매혹적인 점은 자신의 한계를 세 번이나 초월한다는 것이다. 즉 디오니소스적인 것은 세 번에 걸쳐 개별화의 원리 principium individuationis(1, 554)를 극복한다. 우선 인간은 자신의 한계를 넘어 자연과 일체감을 느낀다. 그리고 인간은 광란의 축제나 사랑 그리고 군중의 도취 속에서 자신의 한계를 넘어 주변 사람들과 하나가 된다. 세 번째로 개인의 내면에 있는 한계가 제거된다. 의식은 닫힌 문을 열어 무의식을 받아들이는 것이다. 조바심 내며 자신의 정체성만을 고집하는 자아는 이러한 세 번의 한계 극복을 위협으로 느낄 수밖에 없다. 이와는 반대로 디오니소스적인 것은 자신의 몰락까지도 흔쾌하게 받아들일 각오가 되어 있다.

니체가 「디오니소스적 세계관」을 쓴 1870년 여름, 독일과 프랑스의 전쟁이 시작된다. 니체는 전쟁의 발발을 비극적이고 영웅적인 분위기로 물든 디오니소스적인 것의 분출로 여긴다. 그는 1870년 7월 16일 친구 로데에게 쓴 편지에서 우리의 낡아빠진 문화가 두려운 악령의 품에 안긴다(B 3, 130)고 말한다. 여기에서 악령은 프랑스를 의미하는 것이 아니라, 니체가 다른 글에서 썼듯이 전쟁의 천재(1, 775)를 뜻한다. 전쟁의 천재는 문명의 얇은 껍질을 부수고, 생이 중대한 국면에 처할 때 모습을 드러낸다. 디오니소스적인 것에 대한 니체의 이해에서 이미 암시되었던 것이 전쟁에 대한 그의 반응에서 명백해진다. 즉 이러한 원초적인 의지의 세계는 만물의 아버지로서의 헤라클레이토스적인 전쟁의 세계이다.

진실이 드러나는 순간, 끔찍한 존재의 밑바닥이 드러나는(B 3, 154; 1870년 11월 7일) 바로 그 순간에 니체는 책상에 앉아 있을 수가 없었다. 코지마 바그너가 입대하는 대신 차라리 담배 같은 위문품을 보내라고 충고했지만(N/W 1, 96; 1870년 8월 9일), 그는 위생병으로 지원해서 전선으로 향한다. 그는 9월에 2주 동안만 서부 전선에 머물게 된다. 전사한 군인의 시체를 모으고 부상자를 수송하는 일을 하다가 이질과 디프테리아에 감염되었기 때문이다. 리하르트 바그너에게 보낸 1870년 9월 11

일자 편지에서 그는 다음과 같이 쓰고 있다. 이렇게 해서 나는 짧았던 그 4주 동안의 복무 후에 다시 나 자신으로 되돌아왔습니다.(B 3, 143) 그 이후로 니체는 시체로 뒤덮인 전장과 죽어가는 병사들 그리고 사지가 잘린 병사들의 끔찍한 광경(B 3, 146)을 잊지 못한다. 니체는 이러한 체험을 바탕으로 디오니소스적 세계관을 일컬어 현존재의 위협 수단과 공포를 현존재의 치료제로 변형시키고 예찬하는 것(1, 570; DW)이라고 말한다. 또 니체는 리하르트 바그너에게 보내려고 1871년 2월에 쓴 『비극의 탄생』 서문 초고에서 다음과 같이 쓰고 있다. 나 역시 희망을 품고 있습니다. 이 희망 덕분에 대지가 아레스의 군화 아래서 떨고 있을 때도, 전쟁이 목전에서 무시무시한 영향력을 행사하는 한가운데서도 냉정을 유지하며 내 테마에 몰두할 수 있었습니다. 나는 고독한 밤에 부상병들과 함께 화차에 누운 채 그들을 돌보는 일을 하면서도 비극의 세 가지 심연인 '광기, 의지, 고통'에 대해 사유했던 것을 기억합니다.(7, 354)

여기서 말하는 니체의 희망은 평화로운 석양(B 3, 130)에 시들해져 결국에는 디오니소스적이고 헤라클레이토스적인 삶의 진지함마저 쫓아내버린 당시 서양 문화의 혁신에 관한 것이다. 디오니소스적 힘인 전쟁의 천재가 부르주아적인 현실 속으로 파고들었기 때문에 이제 문화를 혁신할 기회가 온 셈이다.

『비극의 탄생』 초고에서는 생명력을 뜻하는 전쟁에 관한 내용이 많았으나 최종 원고에서는 대부분 삭제된다. 니체는 그리스 국가의 전쟁과 노예제도에 관한 긴 문단을 초고에서 삭제하고, 이를 약간 변형시켜서 아직 시작하지 않았지만 계획하고 있던 '그리스 국가'에 관한 책의 서문에 넣는다. 이 서문에서 디오니소스적 세계와 헤라클레이토스의 세계가 합쳐진다. 디오니소스적인 생명력이 만물의 아버지인 전쟁과 동일시되는 것이다. 이와 유사한 사고는 같은 시기에 니체가 쓰고 있던

「호메로스의 경쟁」에서도 나타난다. 니체는 쇼펜하우어 철학의 입장에서 이해한 의지의 세계를 디오니소스적인 생의 측면과 동일시했는데, 이러한 의지의 세계는 이미 전쟁의 차원을 포함하고 있다. 쇼펜하우어는 세계 의지를 서로 적대적인 개별 의지들의 통합체로 생각했다. 따라서 니체가 생의 기본적인 측면과 문화의 기저에서 이러한 적대성을 발견하는 것은 결코 놀라운 일이 아니다.

디오니소스적인 것 일반과 특히 디오니소스적인 것의 호전적인 측면은 의식화儀式化와 승화에 의해 문화적으로 변형된다. 니체는 고대의 경쟁 제도를 이러한 문화적 변형의 예로 받아들인다. 니체에 따르면, 그리스인들은 잔인성과 호랑이 같은 파괴 충동의 특성(1, 783)을 지니고 있다. 호메로스의 서사시에 나오는 증오의 심연이란 단어가 그 예이다. 『일리아스』에서는 마차로 헥토르의 시체를 끌고 도시를 달리는 아킬레우스의 복수욕이 그 어떤 거부감도 없이 영웅적인 행위로 묘사되고 있다. 니체는 이 예가 이미 호메로스가 묘사한 소름 끼치는 잔인성의 차원을 나타내고 있다고 생각한다. 호메로스 이전의 세계에서는 잔혹함이 더욱 심했을 것이다. 우리에게 전해진 일부 예들은 밤과 전율(1, 785)을 짐작하게 한다.

그리스 문화는 이러한 호전적인 잔혹함이 경쟁에 의해 어떻게 승화될 수 있는지를 보여주는 예이기도 하다. 경쟁은 정치나 사회생활, 혹은 예술에서 늘 벌어졌다. 헤시오도스는 『노동과 나날Werke und Tage』이라는 교훈시에서 서로 상반되는 성격을 가진 두 여신 에리스를 묘사하는데, 하나는 분쟁의 여신이고 또 다른 하나는 질투의 여신이다. 첫째 에리스는 '잔인한 전쟁'을 조장한다. 이 여신은 '어두운 밤'의 나라에서 왔으며 인간에게 마치 운명과 같이 피할 수 없는 '분쟁'을 불러일으킨다. 하지만 제우스는 이 여신의 곁에 두 번째 에리스를 세웠는데, 이 또 다른 에리스는 분쟁을 생산적으로 변모시킨다. 이 두 번째 에리스는 인간들이 서로 싸우면서 죽이는 것 대신에 서로 경쟁하게 한다. 결국 인간들은 서로 경쟁을 통해 발전하는 것이다. 니체는 다음과 같이 헤시오도스를 인용한다. "이 여신(두 번째 여신)은 가장 서투른 사람까지도 일터로 보낸다. 재산이 없는 사람은 부유한 다른 사람을 주의 깊게 바라보고는, 재빨리 같은 방식으로 씨를 뿌리고 재배하고 집을 손질한다. 이웃은 부유해지려고 애쓰는 이웃과 서로 경쟁한다. 이러한 에리스 여신은 인간에게 유익하다."(1, 786)

야코프 부르크하르트Jakob Burckhardt를 통해 상호 경쟁을 긍정적으로 평가하는 그리스 문화의 특성을 알게 된 니체는 전쟁을 경쟁으로 바꾸는 이러한 발상을 디오니소스적인 에너지를 현실성 있는 아폴론적인 형식으로 전환시키는 자신의 체계에 적용한다. 하지만 아폴론적인 형식에서 디오니소스적인 에너지가 소진되는 위험이 존재한다. 이 때문에 니체는 문화의 생명력을 유지하기 위해서는 문화의 무시무시한 토대가 주기적으로 분출되어 ─ 마치 화산의 용암과 같이 ─ 토양을 더욱더 비옥하게 개선시켜야 한다고 주장한다. 이런 맥락으로 니체는 전쟁의 천재(7, 347)가 지닌 문화 창조의 힘을 이해한다.

니체가 추구하는 최상의 목표는 문화의 융성이다. 부르크하르트는 국가, 종교, 문화를 세 개의 거대한 현실 권력으로 정의했는데, 니체는 이 중에서 문화를 가장 중요하게 여긴다. 모든 일은 문화를 중심으로 진행되어야 한다. 문화야말로 최상의 목적이다. 니체는 문화가 국가나 경제의 목적에 종속되는 것을 보면, 분노를 숨기지 않는다.

1872년에 행한 강연 「우리 교육기관의 미래에 대하여」에서 니체의 이러한 분노가 잘 나타난다. 그는 이 강연에서 인격교육을 경제적인 이유나 국가 정치적인 이유 때문에 도구화시키는 것에 반대하면서 완성된 인격의 이상을 옹호하는데, 이러한 도구화는 자신의 눈에는 진정한 교육이 아니다. 모든 것은 문화에 종속되어야 한다. 이는 니체가 처음에 환호하면서 반겼던 프랑스와 독일 사이의 전쟁에도 적용된다. 그가 이 전쟁을 반긴 것도 바로 문화를 위해서이다. 그는 문화의 혁신을 기대했다. 그래서 그는 참전을 결정하는 순간에 친구 로데에게 우리는 다시 수도원을 필요로 하게 될 것이네(B 3, 131)라고 쓴다. 그가 참전한 것은 프로이센의 승리나 강력한 민족국가의 탄생을 위해서도, 국수주의나 프랑스에 대한 증오 때문도 아니다. 전쟁의 승리가 문화에 도움이 되는 것이 아니라, 국가나 돈벌이 그리고 군사적인 오만을 높이는 데 도움이 되는 것으로 드러나자 니체는 거리를 두기 시작한다. 1870년 11월 7일 그는 게르스도르프에게 다음과 같은 편지를 쓴다. 지금의 문화 현상이 대단히 걱정스럽네. 엄청난 국가적 성공을 위해서 여러 분야가 희생되었는데, 그중에서도 가장 많은 희생이 있는 곳은 그 어떤 손실도 일어나지 말아야 하는 분야라네. 우리끼리 말이지만, 나는 현재의 프로이센을 문화에 가장 위험한 권력으로 여긴다네.(B 3, 155) 한 달 후 자신의 어머니에게는 다음과 같이 쓴다. 현재 독일의 점령 전쟁에 대해 저는 점점 동의할 수 없습니다. 우리 독일 문화의 미래는 그 어느 때보다 위험해 보입니다.(B 3, 164)

니체는 전쟁이 문화에 기여할 수 있는 모델을 고대에서 찾는다. 한 편으로 니체는 이미 설명한 바와 같이 호전적인 충동을 문화창조적인 경쟁 형식으로 전환시키는 것을 모범으로 제시한다. 하지만 이보다 더 근본적인 것은 전쟁이 문화의 운명과 더 긴밀하게 연결되어 있다는 점이다. 이와 관련해 니체는 「그리스 국가」에서 토머스 홉스Thomas Hobbes가 주장하는 자연상태, 즉 만인의 만인에 대한 투쟁을 언급한다. 국가는 일정하게 제한된 지역에서 내부의 전쟁을 억제하고, 자신의 에너지를 다른 공동체와의 경계선에 집중하려는 시도에서 생겨난다. 따라서 국가 간에는 늘 무시무시한 전쟁의 폭풍우가 몰아치지만, 이러한 전쟁과 전쟁 사이의 휴전 기간에는 전쟁의 영향력이 내부를 향해 응집됨으로써 사회는 문화의 천재를 화려하게 꽃피울 시간과 기회를 얻는다.(7, 344) 요컨대, 주기적으로 일어나는 전쟁은 디오니소스적이고 헤라클레이토스적인 원천으로 회귀하는 것이며 문화의 융성을 위해서는 필수 불가결하다. 문화는 잔혹한 토대를 필요로 하며, 공포에 멋진 종지부를 찍는다. 전쟁터와 예술 작품(7, 344) 사이의 필연적인 연관성은 문화의 진실을 여실히 드러낸다.

문화가 전쟁의 잔인성만을 필요로 하는 것은 아니다. 니체에 따르면, 문화는 또 다른 잔혹함을 바탕에 깔고 있다. 니체는 이러한 잔혹함을 그가 생각하는 가장 모범적인 문화국가인 고대 그리스의 예에서 숨김없이 거론한다. 그것은 바로 노예제도이다.

모든 고급문화는 착취할 수 있고 일을 시킬 수 있는 인간 계층, 즉 노예 계급을 필요로 한다고 니체는 거리낌 없이 말하며 다음과 같이 덧붙인다. 자신의 삶이 부당함을 알게 된 야만적인 노예 계급이 자신뿐만 아니라 모든 세대를 위해 복수를 준비한다면 이보다 두려운 일은 없을 것이다.(1, 117)

1871년 초 니체는 계획하고 있던 '그리스 국가'에 관한 책의 서문에 이렇게 썼는데, 이 텍스트를 특별판으로 만들어 코지마 바그너에게 건네지만, 정식으로 출판은 하지 않는다. 1871년 5월, 일간지들이 파리 통신원들의 입을 빌려 파리코뮌의 폭동자들이 루브르박물관을 강탈하고 파괴했다는 소식을 전했다(실제로는 튈르리 궁전에 오직 한 건의 방화만 있었다). 니체는 이 사건을 다가오는 야만 시대의 선봉으로 받아들인다. 니체는 시의원인 빌헬름 비셔-빌핑어Wilhelm Vischer-Bilfinger에게 대학위원회 모임에 자신이 참석하지 못했음을 사과하는 편지를 1871년 5월 27일에 쏟다. 지난 며칠간의 소식이 끔찍해서 정신을 차릴 수가 없었습니다. 문화에 몰아닥친 지진과도 같은 사태에 대해 학자로서 어떻게 생각해야 할까요! 정말 무기력함을 느낄 수밖에 없습니다! 평생 동안 온 힘을 다해 한 문화 시대를 이해하고 설명하기 위해 노력해왔습니다만, 불행한 날 단 하루 만에 이러한 시대의 소중하기 이를 데 없는 자료들이 잿더미로 변한다면 이 직업은 과연 어떤 의미를 지닐 수 있을까요! 내 생애 최악의 날입니다.(B 3, 195)

니체는 파리의 방화를 다가오는 미래의 커다란 위기의 전조로 이해한다. 그는 사회적인 갈등의 원인을 악화된 삶의 여건에서 찾지 않고 대중의 요구가 점점 커짐에 따라 덩달아 커진 피해 의식에서 찾는다. 그는 대중이 정치 일선에 나서는 것을 의심의 눈초리로 지켜보며 1869년 가을 하필이면 바젤에서 국제노동자연맹 회의가 열린다는 걸 알았을 때 이미 경각심을 가졌다. 몇 년 후 그는 국제노동자연맹이 바이로이트의 음악 축제를 방해하기 위해 음모를 꾸미고 있다고 의심하면서 극도로 흥분한다. '사회 문제'를 노동자의 관점에서 해결하려는 노력을 니체는 문화에 대한 위협으로 느낀다. 그는 '민주주의자들'이 대중을 해방시킨다는 미명 아래 노동의 존엄과 인간의 존엄(1, 765)이라는 감언이설로 대중을 속이려 한다고 비난한다. 이로 인해 대중은 자신들의 처지를 부당한 것으로 느끼게 되고 정의를 외치게 된다는 것이다. 대중은 자신들의 억눌린 처지를 자신들이 혐오하는 상위 계층의 화려한 문화와 비교하는데, 이러한 문화는 자신들과는 무관하며 자신들의 손으로 노동해 그 물질적인 기반을 만들었어도 자신들은 하찮은 대우를 받는다고 판단한다. 하지만 사회 정의에 대한 요구와 착취 구조의 해방에 대한 요구를 인정해야 하는가? 대중에게는 용납할 수 없는 사치로만 비치는 문화에 대한 증오를 이해해야 하는가? 니체는 이렇게 자문하며 문화와 정의의 관계에 대해 고민하다가 결국 자신의 입장을 정하게 되고 이 입장을 약간의 동요는 있긴 했지만『힘에의 의지』를 집필하는 마지막 작업 시기까지 견지해나간다.

　이미 말한 바와 같이 삶은 비극적이다. 삶은 엄청난 고통과 죽음 그리고 온갖 종류의 잔인성을 드러낸다. 니체는『비극의 탄생』에서 유명한 언급을 한다. 삶과 세계는 오직 심미적 현상으로서만 영원히 정당화된다.(1, 47) 이 말에 내포된 정치적인 뜻은 이『비극의 탄생』에서는 절제된 형태로 표현되고 있지만, 사회적 대중운동과 파리코뮌에 대한 두려움과 대결하는「그리스 국가」나 유고로 남은 이 시기에 쓴 다른 글들에서는 더 명확해진다. 이 글들에서 니체는 문화와 정의의 관계를 테제로 날카롭게 표현한다. 즉 문화의 진정한 의미가 최대 다수의 행복에 있는지 아니면 개인적 삶의 성공에 있는지 선택해야 한다는 것이다. 최대 다수의 행복을 염두에 두는 것은 도덕적인 관점인 반면, 최고치에 도달한 성공한 개인, 즉 화려한 최정상급 개인에서 문화의 의미를 찾는 것은 심미적인 관점이다. 니체는 심미적인 관점을 선택한다.

　1873년 가을에 쓴 미완성 글에서 니체는 개인은 고귀한 개인들의 행복을 우선시해야 한다고 말한다. 그들은 바로 창조적인 사람들(7, 733)이다. 그들은 착취된 노동을 바탕으로 예술과 철학 그리고 학문에서 위대한 문화 업적을 쌓고, 경우에 따라서는 자신을 선망의 대상이 되는 예술품으로 만들기도 한다. 이러한 창조적인 영웅들은 사회적인 유용성에 의해 정당화되는 것이 아니라 그들 자신의 뛰어난 존재 자체에 의해 정당화된다. 그들은 인류를 개선하는 것이 아니라 더 나은 가능성들을 실현해 보여준다. 문화와 국가가 정당화되는 것은 이러한 고귀한 개인이 국가 안에 살면서 창조할 수 있을 때이다.(7, 733) 이러한 고귀한 개인은『비극의 탄생』에서 말하는 – 비극적 생활감정이 지배하는 – 어두운 밤에 드리워진 빛나는 형상Lichtbilder(1, 65)이다.

만일 우리가 최대 다수의 행복과 자유를 선택하면 우리는 대중의 취향이 중시되는 민주주의적인 문화를 얻게 된다고 니체는 주장한다. 보편 복지, 인간의 존엄, 자유, 균형 잡힌 정의, 약자의 보호를 중시하는 민주주의 국가는 위대한 개인의 발전 가능성을 방해한다. 따라서 빛나는 형상은 역사에서 사라지고 이와 더불어 신의 죽음 이후 아직 남아 있던 의미도 사라지게 되는 것이다.

니체는 역사에서 심미적인 뜻을 지키기 위해 1870년대 초에 이미 민주주의를 공격하는데, 이는 그가 신랄한 어조로 민주주의적인 무리 동물의 완전한 순화gänzliche Vergutmütigung des demokratischen Heerdentiers(11, 587)를 비판하기 몇 년 전의 일이다. 니체는 고대 그리스의 노예제 사회를 모범적인 문화로 여긴다. 이 사회는 민주주의적인 무리 동물에 어떠한 양보도 허용하지 않기 때문이다. 니체는 고대 그리스 사회가 번영의 모태가 된 무시무시한 토대를 은폐하지 않을 정도로 솔직했다고 찬사를 보낸다. 고대 그리스 사회가 노예를 필요로 한다고 솔직하게 고백했다는 것이다. 실제로 플라톤과 아리스토텔레스는 여러 저서에서 문화의 존속을 위해서는 노예제도가 필요하다고 공개적이고 공격적으로 옹호한다. 니체에 따르면, 인간이 근력과 정신을 가지고 있듯이 사회도 특권 계급을 위해 일하며 이 계급에게 새로운 욕구의 세계를 생산하고 만족시켜줄 일손이 필요하다.(1, 767) 노예제 사회는 교육과 문화가 잔혹한 토대 위에 서 있다는 사실을 말해주는 극단적인 예이다. 예술을 발전시킬 수 있는 넓고도 깊은 비옥한 땅이 있으려면, 엄청난 수의 사람들이 소수를 위해 봉사하고 자신들의 개인적인 욕구를 넘어 삶의 노고를 노예처럼 감내해야 한다.(1, 767) 근대로 접어들면서 노동의 세계가 귀족화되었지만, 이것은 자기기만이다. 어떤 사람에게는 단순 노동을 시키고 재능이 더 뛰어난 사람에게는 창조적인 일을 부여하는 근본적으로 불공평한 삶의 조건에서는 노동의 존엄을 외치며 개념 환각 작용을 불러일으켜도 변하는 것은 아무것도 없기 때문이다. 노예제 사회는 이러한 불공평을 잔인할 정도로 분명하게 드러내지만, 근대는 노예제에 대해 수치심을 느끼면서도 문화를 떠받치고 있는 착취는 포기하지 않으려 한다. 따라서 예술이 삶을 심미적으로 정당화한다면, 이는 잔인성(1, 768)의 토대 위에서 일어나는 것이다.

니체는 모든 문화의 본질에 속하는 이러한 잔혹성이야말로 삶이 영원한 상처(1, 115)라는 사실을 증명한다고 생각한다. 또 예술이라는 치료제는—심미적 정당화는—이 상처를 드러낸다. 예술의 아름다움을 위해 인간이 희생되는데, 이로 인해 예술은 비참한 세상에 또 다른 불의를 추가한다. 니체는 자신이 세계를 심미적으로 정당화할 수 있는 특권층에 속하기 때문에 노예제도를 옹호하면서도 죄책감을 느낀다. 그는 자신의 삶이 다른 사람들의 희생에 힘입고 있다는 사실을 안다. 니체는 문화에 적대적인 파리의 폭도들을 심할 정도로 거만하게 비난했던 친구 게르스도르프에게 1871년 7월 21일자 편지에서 수세기에 걸쳐 만들어진 뛰어난 작품들을 한순간에 파괴할 수 있는 대중들의 분노를 생각하면 학문적이고 예술적인 삶이 부조리하게 느껴진다고 운을 떼면서 다음과 같이 질책한다. 나는 가난한 사람들 때문에 존재하는 것이 아니라 고귀한 사명을 이행해야 하는 예술의 형이상학적인 가치를 고집해왔네. 하지만 나는 이토록 마음이 아픈데도 저 폭도들에게 돌을 던질 수가 없다네. 저들은 내가 보기에 일반적인 죄를 뒤집어썼을 뿐이지. 이 죄에 대해서는 우리가 정말 많은 생각을 해야 한다네!(B 3, 204)

여기서 말하는 일반적인 죄는 한편으로는 파리코뮌의 폭동을 뜻하지만, 다른 한편으로는 세상의 불의와 심지어 노예제도로부터 이익을 얻는 예술의 죄를 의미하기도 한다. 니체는 문제를 회피하지 않고 다음과 같이 명백하게 자기주장을 펼친다. 우리는 예술이 죄와 연루되는 일을 없애려 한다면, 모든 고급문화의 원칙을 파기해야 한다. 니체에게 한 가지 사실은 확실하다. 즉 평등과 정의의 원칙은 철저하게 적용되면 문화에 적대적인 감정을 불러일으킬 수밖에 없다는 것이다. 하지만 예술이 불의로부터 혜택을 얻기 때문에 예술에 참여하는 특권을 지닌 자는 오만에 빠져서는 안 된다. 그는 예술과 죄의 연루 관계를 의식하고 있어야 한다.

니체가 여기서 거론하는 것은 이미 오래전부터 있어온 문제이다. 그것은 이전에는 신과 세계의 관계, 이제는 예술과 비예술적인 현실 사이의 관계를 다루는 변신론^{Theodizee} 문제이다. 니체는 세계의 심미적인 정당화에 관한 자신의 언급을 변신론과 연결 짓는다. 구약의 욥으로부터 라이프니츠^{Leibniz}에 이르기까지 고전적인 변신론 문제는 '세상의 악 앞에서 신의 존재는 어떻게 정당화될 수 있는가?'로 표현된다. 신이 사라진 다음에 변신론 문제는 이제 예술로 향한다. '세상의 악 앞에서 상대적으로 사치스러운 일로 통하는 예술이 어떻게 정당화될 수 있는가?' 한쪽에서는 고통받고 있는데 다른 한쪽에서는 유유자적 예술에 종사한다는 것은 세상의 불의를 입증하는 파렴치한 증거가 아닐까? 세상의 비탄과 예술의 노래 – 어떻게 이 둘을 조화시킬 수 있는가? 이에 관해 젊은 호프만스탈은 자신의 유명한 시에서 다음과 같이 말한다. "물론 배의 무거운 노가 스치고 지나가는 저 아래에서는 / 많은 이들이 죽어야만 하리라 / 저 위 키 옆에 사는 이들은 / 새의 비상과 별들의 나라를 알고 있으리라."(호프만스탈, 26)

예술이 정의롭지 못한 저 심연에서 자라나고 잔인성과 희생을 그 본질로 하고 있다는 니체의 사고는 예술을 사회 진보에 연결시키고자 하는 이들에게 도발로 비칠 수밖에 없다. 니체는 이러한 도발을 의도했는데, 사실상 그는 사회 진보를 예술에 대한 위협으로 여겼기 때문이다. 개인의 위협에 대항해 억압받는 대중이 반항할 것이다. 이는 문화의 울타리를 무너뜨리는 연민의 외침일 것이며, 정의와 고통 분담의 욕구가 다른 모든 관념들을 뒤덮을 것이다.(7, 340)

이러한 일은 실제로 일어났다. 20세기의 사회혁명 운동에서 약자와의 연대를 강조하면서 예술을 배반하는 일이 발생한 것이다. 공산주의들이 내건 사회적 목표에 동감했던 하이네도 니체와 마찬가지로 이러한 일을 예견했다. 1855년 하이네는 공산주의자들에 대해 다음과 같이 말했다. 그들은 거친 주먹으로 내가 사랑하는 예술 세계의 모든 대리석상들을 파괴할 것이다. (…) 소매상인들은 내 시집 『노래의 책』을 찢어 포장 봉투를 만들고 그 속에 커피나 담배를 담아 미래의 늙은 여자들에게 팔 것이다.(하이네 5, 232) 하지만 문화생활의 댐을 기꺼이 포기하는 예술가들도 있었다. 예를 들면 톨스토이는 말년에 주변에서 일어나는 사회적 고통에 자극을 받아 절필하고 창작보다는 사회에 더 유익한 일을 할 것을 주장했다. 그의 결단은 사회혁명이란 이름으로 문화를 파괴하는 시대를 알리는 전주곡이었던 것이다.

니체는 근대 예술이 두 가지 측면에서 위협받는다고 확신했다. 즉 예술은 사회혁명의 소용돌이 속에서 몰락하거나 아니면 사회적인 유용성을 받아들이면서 본연의 위엄을 잃어버릴 수 있다. 즉 예술은 사회 운동에 흡수되거나 아니면 사회 운동에 적응하면서 정치 참여의 수단으로 전락하고 마는 것이다. 어떠한 경우라도 예술에는 불리한 시대가 도래한다.

이 모든 성찰이 『비극의 탄생』에서 펼쳐지는 것은 아니다. 문화에는 전쟁이나 노예제도가 필요하다는 생각은 암시만 될 뿐, 강연 원고나 유고로 남은 글들에서처럼 도발적일 정도로 명확하게 언급되지는 않는다. 니체에게 중요한 것은 삶의 심층부가 디오니소스적이고 헤라클레이토스적이며, 잔인하고, 활력이 넘치며 위험하다는 자신의 확신이다. 삶은 다정다감한 휴머니즘이 표상하는 것과는 달리 엄청나게 무섭고 잔인하다. 니체는 1872년에 쓴 「비도덕적 의미에서의 진리와 거짓에 관하여」에서 삶의 심층부와 의식의 관계에 대해 다음과 같이 말한다. 언젠가 작은 틈새를 통해 의식의 방에서 내려다볼 수 있었던 저 숙명적인 호기심은 얼마나 저주스러운가. 이제 이 호기심은 인간이 무자비하고, 탐욕적이며, 만족할 줄 모르고 잔인한 것을 토대로 하고 있다는 사실을 예감한다. 인간은 이러한 사실을 모른 채 무관심하며 흡사 호랑이 등 위에서 꿈을 꾸는 것과 같다. 이러한 지경인데, 진리를 향한 욕구는 도대체 어디에서 나온다는 말인가!(1, 877; WL)

여기서 이미지로 나타나는 인식, 즉 무시무시한 삶의 과정 앞에서 인식 행위 자체를 문제시하는 인식을 니체는 디오니소스적 지혜(1, 67)라 일컫는다. 니체는 이후에 시도한 자기비판에서 『비극의 탄생』이 처음으로 학문을 문제가 있는 것으로, 의문스러운 것으로 파악한(1, 13) 점을 자랑스럽게 여기며 이 책에 영감을 준 정신으로 디오니소스적 지혜를 거론한다.

이 디오니소스적 지혜라는 표현으로 『비극의 탄생』은 사실상 결정적인 걸음을 내딛었다. 하지만 아직은 전적으로 초월론 철학Transzendentalphilosophie의 전통에 입각한 사고 작업이 행해진다. 니체는 모든 지식이 결집되고 삶의 모든 활동이 일어나는 지평을 선취하려 한다. 이는 결코 파악할 수 없는 절대적 실재의 선취이다. 그러한 실재는 사변적인 피안Jenseits이 아니라 인식과 삶과 예술이 펼쳐지는 총체적 실재이다. 초월론적 행위는 초월성을 추구하는 것이 아니라, 오히려 무궁무진한 실재를 어느 정도로 인식할 수 있는지 판단하고 상대화하려는 시도이다.

물론 무궁무진한 실재는 인식되지 않는다. 어떻게 이런 일이 가능하겠는가? 그러한 실재는 인식이 불가능하다. 하지만 무궁무진한 실재는 어느 순간에 체험되기도 하는데, 그 순간은 인식이 엄청나게 풍요로운 삶을 속속들이 파헤칠 수 없다는 것을 깨닫게 될 때이다. 그럼에도 불구하고 형이상학은 예로부터 이러한 무궁무진한 실재에 이름을 부여할 뿐만 아니라 그러한 실재를 개념으로 파악하려는 시도를 해왔다. 니체는 이러한 유혹을 뿌리치지 못한다. 칸트는 이런 유혹에 대해 이미 경고한 바 있다. 칸트는 전반적으로 무미건조한 문체로 서술한 『순수이성비판』에서 이러한 유혹에 대해서는 이례적으로 시적인 이미지로 묘사한다. "우리는 지금까지 순수 지성의 땅을 두루 여행하면서 각 지역을 주의 깊게 살펴보았을 뿐만 아니라, 이 땅을 측량하여 각 사물들에게 각자의 위치를 지정해주었다. 하지만 이 땅은 폭풍우 치는 망망대해로 둘러싸인 섬이다. (…) 이 대해에는 짙은 안개가 깔려 있으며, 이내 녹아내리는 많은 빙산들이 새로운 땅처럼 보이기도 한다. 그리고 이 대해는 발견을 위해 열심히 돌아다니는 항해자가 부단히 헛된 희망을 품도록 기만하고 중간에 그만둘 수도, 그렇다고 끝까지 해낼 수도 없는 수많은 모험에 얽어넣는다."(칸트 3, 267)

칸트는 이 섬에 머물렀고 폭풍우 치는 대해를 예사롭지 않은 "물자체Ding an sich"라고 불렀다. 쇼펜하우어는 과감하게 더 나아가서 이 대양을 '의지'라고 명명한다. 그리고 이제 니체에 와서 이 절대적인 실재는 디오니소스적인 것으로 탈바꿈한다. 니체는 괴테의 말을 빌려 디오니소스적인 것을 영원의 바다, 변화무쌍한 활동, 타오르는 생명이라고 말한다.(1, 64) 거듭 말하지만, 이렇게 이해된 디오니소스적인 것은 실재의 어느 한 측면을 의미하는 것이 아니라 인식과 삶과 예술이 펼쳐지는 총체적 실재이다. 디오니소스주의자가 된 니체는 이후에 마치 칸트의 인식할 수 없는 대양이라는 비유에 직접 답하기라도 하는 듯이 『즐거운 학문』에서 다음과 같이 말한다. 드디어 우리의 배가 다시 출항할 수 있게 되었다. 모든 위험을 무릅쓰고 출항할 수 있게 된 것이다. 인식의 모든 모험이 다시 허락되었다. 바다, 우리의 바다가 다시 열렸다. 이렇게 '열린 바다'는 아마도 이전에는 결코 없었을 것이다.(3, 574).

니체는 디오니소스적이라는 표현을 항상 절대적인 실재를 가리키는 말로 사용하지는 않는다. 이 표현은 문명 시대 이전에 폭력적으로 혹은 성적으로 방종한 야만성(1, 31 참조)이나 수준이 낮은 문명에서의 욕망을 의미하기도 한다. 니체가 디오니소스적이라는 개념을 문명 시대 이전이나 수준이 낮은 문명과 연관시켜 문화사적이거나 인류학적으로 사용해도 이 개념의 존재론적이고 형이상학적인 의미의 핵심은 유지된다. 디오니소스적인 것은 근원적 일자Ur-Eine(1, 38), 즉 궁극적으로 파악할 수 없는 포괄적인 존재이다. 이 '디오니소스적'이라는 개념은 결국 근본적인 경험으로 환원되는 이론적 결단을 함축한다. 이미 젊은 니체에게 존재는 활동적인 것이며, 위협적이면서도 유혹적인 것이었다. 니체는 이러한 존재를 번개와 폭풍우와 우박 속에서 경험했으며, 이미 젊은 시절에 쓴 글에서 유희적으로 세계를 건설하고 파괴하는 헤라클레이토스의 세계의 어린아이Weltkind라는 표현이 등장한다. 이런 말을 할 정도면 사실상 존재를 섬뜩한 것으로 경험한 것이 틀림없다. 의식이 각성된 삶은 존재를 조심하게 된다. 존재는 친숙한 것이 섬뜩하게 느껴질 때 디오니소스적 모습을 나타내는 것이다.

디오니소스적 지혜는 이러한 디오니소스적 현실을 견디는 힘이다. 견뎌내야 하는 것은 두 가지이다. 하나는 이전에는 전혀 몰랐던 쾌락이고 다른 하나는 역겨움이다. 개인적인 의식의 디오니소스적 해체는 일종의 쾌락인데, 왜냐하면 이로써 삶의 제약과 한계(1, 56)가 사라지기 때문이다. 이러한 상태가 지나가고 일상적인 의식이 다시 사고와 행동을 주관하면, 냉정을 되찾은 디오니소스적 인간은 역겨움을 느끼게 된다. 이러한 역겨움은 공포로까지 확대될 수 있다. 한 번 보았던 진리를 의식하며 이제 인간은 어디서나 존재의 공포 혹은 부조리만을 보게 된다.(1, 57)

여기서 무슨 일이 일어나고 있는 것인가? 도대체 어디에서 공포가 나타나는가? 디오니소스적 인간이 보았던 진리가 공포인가, 아니면 디오니소스적 해체의 희열을 경험했기 때문에 끔찍한 모습으로 변한 일상적인 현실이 공포인가? 니체는 두 가지 측면에서의 공포를 말한다. 일상적인 의식의 입장에서는 디오니소스적인 것이 공포이고, 역으로 디오니소스적인 것의 입장에서는 일상적인 현실이 공포이다. 의식적인 삶은 이 두 가지 가능성 사이를 오간다. 하지만 이는 오히려 자기 분열과도 같다. 삶은 한편으로 황폐해지지 않기 위해 접촉을 유지해야 하는 디오니소스적인 것에 의해 이끌리고, 또 다른 한편으로는 해체하는 디오니소스적인 것의 힘에 희생당하지 않기 위해 문명의 보호 장치에 의존한다.

니체가 이러한 불안한 상황의 상징을 오디세우스의 운명에서 찾는 것은 놀라운 일이 아니다. 오디세우스는 자신의 파멸을 피하면서도 세이렌의 노래를 듣기 위해서 돛대에 몸을 묶게 한다. 오디세우스는 디오니소스적 지혜의 화신이다. 그는 유혹의 노래를 듣는다. 하지만 자신을 보호하기 위해 문화에 의한 속박을 받아들인다. 문화란 무엇인가?

니체는 다양한 문화가 유혹에 직면해서 어떻게 삶을 조직하는가라는 관점에 따라 일종의 유형학을 펼친다. 그는 다음과 같은 질문을 던진다. 즉 각각의 문화는 위협적인 디오니소스적인 것의 힘에 대항해 어떤 차단 장치를 가동하는가? 또 삶에 필수적인 디오니소스적 에너지를 어떻게 조정하는가?

니체는 이러한 질문을 통해 각 문화의 내밀한 비밀에 접근하려 한다. 그는 삶의 의지가 자신을 실현해나가는 은밀한 행로를 추적하고, 이러한 삶의 의지가 문화마다 얼마나 독창적인가를 발견한다. 삶의 의지는 자신의 피조물들을 삶에 붙잡아두기(1, 115) 위해 광기와 환상으로 무장시킨다. 어떤 이들은 예술에서 아름다움의 너울을 선택하고, 다른 이들은 종교와 철학에서 현상의 소용돌이 속에서도 영원한 삶은 파괴되지 않고 계속된다는 형이상학적 위안을 찾는다. 또 다른 이들은 인식을 향한 소크라테스적 기쁨에 사로잡힌다. 이들은 인식을 통해 삶의 영원한 상처를 치료할 수 있다는 광기에 빠진다.(1, 115) 우리가 문화라고 말하는 것에는 이 모든 요소들이 섞여 있다. 그리고 각 요소가 차지하는 비율에 따라 고대 그리스에서와 같은 예술 문화, 그리스도교가 지배하던 서양과 불교가 지배하던 동양의 전성기에 생긴 종교적이고 형이상학적인 문화, 소크라테스적인 인식과 학문의 문화가 있다.

니체는 이 중에서 마지막에 언급된 문화 유형이 근대를 지배했다고 여긴다. 소크라테스적 원칙이 학문과 계몽을 낳았으며, 그 여파로 민주주의, 정의, 평등의 이념이 등장했다. 이제 사람들은 인식을 통해 운명을 파악하고 바꿀 수 있으며, 모든 분야에서 자신들이 연루된 역사를 직접 만들고 결정할 수 있다고 주장한다. 나아가 사람들은 각기 다른 재능과 운명을 부여하는 불공정한 자연도 수정하거나 아니면 적어도 보완해야 한다고 주장하고 이제 더 이상 착취당하거나 노예로 전락하는 사람은 없어야 한다고 주장한다. 니체는 이러한 주장의 단초들을 소크라테스적인 지식과 인식의 문화에서 찾을 수 있다고 생각한다. 따라서 니체는 소크라테스적 낙관주의적인 인식이 비극적인 삶의 감정을 제압한 때를 자신의 (그리고 우리의) 현재가 시작되는 시점으로 여긴다. 이에 대해서는 다음에 더 언급할 것이다.

여기서 우리가 간과해서는 안 될 점은 앞에서 말한 모든 문화 유형들에서 디오니소스적, 아폴론적 힘들이 작용한다는 것이다. 예술, 종교, 지식은 아폴론적인 형식인데, 여기서는 디오니소스적 현실이 거부되기도 하지만, 조정되기도 한다. 이와 관련해 니체는 『비극의 탄생』의 마지막 장에서 디오니소스적인 것과 아폴론적인 것의 관계에 대해 일종의 존재론적인 기본 법칙을 언급한다. 모든 존재의 토대인 디오니소스적 토대로부터 개별자의 의식에 나타난 것의 크기는 아폴론적 변용 능력이 극복할 수 있는 정확히 그만큼이며, 그리하여 두 예술 충동은 서로 엄격한 비율에 따른 영원한 균형의 법칙에 따라 능력을 펼쳐보인다.(1, 155)

이러한 존재론적인 기본 법칙을 통해서 니체는 힘과 지위에 관한 자신의 개념을 만들어낸다. 자신이 파괴되지 않고도 많은 양의 디오니소스적 힘을 받아들일 수 있는 사람이나 문화는 강하고 지위도 높다. 이처럼 강한 힘을 가지고 있는 사람이나 문화는 아폴론적 변용 능력도 매우 크다. 강한 문화나 개인은 공포로부터 아름다움을 끌어낸다. 이러한 의미에서 그리스 문화는 강하다. 우리는 그리스적 명랑성이라는 말에 속지 말아야 한다. 그리스인들의 기본적인 생활감정은 비극적이고 비관주의적이다. 의식이 각성된 그리스인들의 삶은 우선 저 심연을 응시한다. 정신이 처음으로 경험하는 것은 바로 공포이다. 니체는 그리스인들 사이에서 전승되는 삶의 지혜를 인용하는데, 여기서 디오니소스의 동반자인 현자 실레노스는 미다스 왕이 '도대체 인간에게 가장 좋고 훌륭한 것이 무엇인가?'라고 묻자 다음과 같이 대답한다. 가련한 하루살이 인생이여, 우연의 자식이자 고난의 자식이여, 왜 억지로 말하라고 하느냐? 차라리 듣지 않는 것이 그대에게 가장 이롭다는 걸 모르는가? 가장 좋은 것은 그대가 도저히 얻을 수 없다네. 그것은 이 세상에 태어나지 않는 것, 존재하지 않는 것, 아무것도 아닌 무無가 되는 것이네. 하지만 그 다음으로 좋은 것이 있다면, 그것은 어서 죽는 것이라네.(1, 35)

　이것이 바로 그리스 문화 세계의 비극적인 기본 감정이다. 아폴론적 긍정의 토대는 용감하고 활기찬 '그럼에도 불구하고'의 정신이다. 올림포스 신들의 세계를 탄생시킨 것은 계속해서 살아가도록 유혹하며 삶을 보충하고 완성해가는 예술을 삶으로 불러들이는 충동(1, 36)이다. 이러한 예술 세계는 고문당하는 순교자에게 희열을 주는 비전과 같다. 아폴론적인 문화 의지는 원초적인 생명력에 대항하는 일종의 보호막, 혹은 — 군사 용어로 말하자면 — 항구적인 요새(1, 41)를 건설하는 것이다. 그리고 이러한 문화 의지는 이 요새의 전방이나 내부에 극장을 세워 도시의 신들, 법, 미덕, 조각품, 이야기, 정치적 지혜를 소재로 한 연극 공연을 펼치게 한다. 이와 반대로 광란의 제의나 축제, 희생물을 바치는 의식, 음악, 도취 등에서 표현되는 디오니소스적인 것은 우리가 살펴본 것처럼 이미 '승화'나 '세련화'를 나타내기도 하지만, 전반적으로 삶의 소름 끼치는 심연과 가깝다. 요컨대 고통과 쾌락, 그리고 죽음과 생성에서 나오는 디오니소스적인 생명력은 고대 예술에서 여전히 나타난다. 니체의 『비극의 탄생』은 다음과 같은 수사학적인 질문으로 끝을 맺는다. 이 민족은 이렇게 아름답게 될 수 있기 위해서 얼마나 많은 고통을 겪어야 했던 개(1, 156)

　니체는 지속적으로 디오니소스적인 것에 관심을 가지면서 이 디오니소스적인 것에 기본적으로 이중적 의미를 계속 부여한다. 디오니소스적인 것은 절대적인 실재인데, 그 속에서 개인은 쾌락을 느끼면서 해체되거나 아니면 공포심을 느끼며 몰락한다. 이러한 무시무시한 삶의 과정에 종교, 인식, 예술이라는 보호 장치 없이 접근해서는 안 된다. 니체는 다시 한 번 오이디푸스를 언급한다. 오이디푸스는 분명 너무 멀리 나갔다. 그는 스핑크스의 물음에 대답했고 자연이 제시하는 수수께끼를 풀었다. 하지만 이 수수께끼를 푼 자는 아버지의 살해자이자 어머니의 남편으로서 가장 성스러운 자연 질서를 깨뜨린 자이다. 니체는 다음과 같이 말한다. 이 신화는 우리에게 다음과 같이 속삭이려는 것 같다. (…) 디오니소스적 지혜는 자연에 거역하는 만행이며, 자신의 지식을 통해서 자연을 파멸의 심연에 빠뜨리는 자는 자연의 해체를 몸소 경험해야만 한다.(1, 67) 니체는 덧붙인 지혜의 창끝은 거꾸로 지혜로운 자에게 향한다는 말을 통해서 진리의 문제를 논리적 극단으로 몰고 간다. 인간은 진리로 인해 파멸당하는 일 없이 얼마나 많은 진리를 감당할 수 있는가? 우리는 살아가는 데 얼마나 많은 지식을 지녀야 하는지를 알려 주는 지식이 필요한 게 아닌가?『비극의 탄생』의 요지는 ─ 굳이 말하자면 ─ 다음과 같다. 우리는 예술을 통해 소름 끼치는 삶에 접근하는 것이 좋다. 가장 좋은 것은 음악을 통하는 방법이다.

　　니체는『비극의 탄생』으로 역설적인 것을 이루고자 했다. 즉 그는 디오니소스적인 것을 인식의 빛으로 보냄과 동시에 인식의 각성 효과를 다시 무력화시키려고 한 것이다. 이후에 니체가 이 책은 원래 성부聲部를 위해 썼다고 말한다. 이 책이 문헌학 논문으로 발표되었기 때문에 혹은 이렇게 발표되었음에도 불구하고 문헌학계의 주류 학자들은 처음에는 자신들이 총애했던 이 소장 학자를 용서하지 않았다. 니체의 스승이자 후원자인 리츨 교수는 "재치는 있지만 제멋대로"(얀츠 1, 470)라고 평한다. 그리고 나중에 고전문헌학계의 교황이 된 젊은 학자 빌라모비츠-묄렌도르프Wilamowitz-Moellendorff는 1873년『비극의 탄생』에 대해 혹평을 가한다. 그는 서평을 다음과 같이 끝맺는다. "니체 선생은 입을 다물고, 티르소스˙를 잡고 인도로부터 그리스로 행진하라. 그리고 학문을 가르친다고 주장하는 강단에서 내려와, 고전문헌학을 공부하는 독일 청년들이 아니라 호랑이와 표범을 슬하에 불러 모으라."(얀츠 1, 469)

하루 아침에 그는 문헌학자로서의 명성을 잃는다. 문헌학자들을 은밀한 무도장(1, 14)으로 유혹하는 것은 아무런 벌도 받지 않고 넘어갈 수 없다. 바젤 대학의 학생들은 니체를 멀리하기 시작한다. 하지만 트립셴의 바그너 일가는 그를 칭찬한다. 리하르트 바그너는 자신이 디오니소스의 모습으로 아주 잘 묘사되었다고 생각하고 만족한다. 하지만 니체는 자기 자신과 이 알려지지 않은 신(1, 14)에 대한 자신의 열정을 나타내려고 했다. - 병적으로 자기중심적이었던 저 위대한 인간은 이 사실을 알지 못했던 것이다.

니체는 당시까지만 해도 상대적으로 안전한 심미적 관점에서 디오니소스적인 생명력을 받아들였다. 하지만 유희였던 것이 갑자기 진지해진다. 니체는 이제 자신의 주장이 야기한 사회적인 부담을 져야 한다. - 그는 학계로부터 이탈하고 '죽은 몸'으로 취급된다. 바젤 대학의 강단에 서는 것이 부담스럽게 느껴지기 시작하고, 그는 병이 든다. 하지만 그는 이미 접어든 사유의 길을 포기하지 않는다. 그는 디오니소스적인 삶의 입장에서 '지식에의 의지' 비판을 강화한다. 1872년에 쓴 「비도덕적 의미에서의 진리와 거짓에 관하여」는 다음과 같은 문장으로 시작한다. 수많은 태양계에서 쏟아 부은 별들로 반짝거리는 우주의 외딴 어느 곳에 언젠가 영리한 동물들이 인식이라는 것을 발명해낸 별이 하나 있었습니다. 그것은 '세계사'에서 가장 의기충천하고 또 가장 기만적인 순간이었습니다. 그렇지만 그것도 한순간일 뿐이었습니다. 자연이 몇 번 숨쉬고 난 뒤 그

● 디오니소스의 추종자들이 들고 다닌 지팡이. 끝에는 솔방울이 달려 있고 덩굴과 담쟁이 잎으로 장식되어 있다. - 옮긴이

별은 꺼져갔고, 영리한 동물들도 죽을 수밖에 없었습니다.-누군가가 이런 우화를 지어낼 수 있을 것이다. 그러나 그것만으로는 인간의 지성이 자연 내에서 얼마나 가련하고 무상하며, 얼마나 무목적적이고 자의적인가를 서술하기에는 충분하지 않을 것이다.(1, 875)

삶은 자신을 보호할 무지, 환상, 꿈과 같은 분위기를 필요로 한다. 우리는 살 수 있기 위해 이런 분위기에 빠져든다. 삶은 무엇보다도 음악을 필요로 하고, 바그너의 음악이면 가장 좋을 것이다.

제 5 장

—

니체와 바그너: 신화에 관한 공동 작업. 낭만주의와 문화혁명. 「니벨룽의 반지」. 거장에 대한 니체의 연구. 디오니소스의 회귀. 몰락의 환상과 황홀경의 극치. 바이로이트에서의 환멸.

—

리하르트 바그너와 코지마 바그너

니체와 바그너: 신화에 관한 공동 작업. 낭만주의와 문화혁명. 「니벨룽의 반지」. 거장에 대한 니체의 연구. 디오니소스의 회귀. 몰락의 환상과 황홀경의 극치. 바이로이트에서의 환멸.

젊은 니체는 물질주의, 경제 우선주의, 역사주의에 의해 그리고 정치적으로는 1871년 독일 제국 수립에 의해 독일의 정신적 삶이 심하게 훼손되었다고 느꼈다. 그는 훼손된 독일의 정신적 삶을 바그너의 음악극Musikdrama을 통해 다시 일으켜 세울 수 있으리라는 희망을 품었다. 그는 『반시대적 고찰』 제1권에서 '독일 제국'을 위한 독일 정신의 패배, 심지어 근절(1, 160: DS)을 언급하면서 이는 국수주의, 이익 우선주의 그리고 진보사상의 승리를 뜻한다고 말한다. 이미 살펴본 바와 같이 니체는 전쟁의 천재(1, 775)의 승리에 대해서는 아무런 이의를 제기하지 않았다. 하지만 그는 이 과정에서 문화의 영웅적 부활이 이루어져야만 한다고 생각한다. 문화의 융성이야말로 전쟁의 승리에서도 최상의 목표가 되어야 한다. 니체에 따르면 전쟁을 통해 디오니소스적이고 헤라클레이토스적인 세계가 정치에 침투하여 삶의 진지함을 복원시키고 결국에는 문화도 풍요롭게 만든다. 하지만 전쟁의 승리가 시민 사회의 통속적인 목표만을 추구하는 것으로 드러나자, 니체는 실망해 이러한 발전에 등을 돌린다. 그는 경제 발전과 국력 신장 또는 국가에 순종하는 종교의 강화를 자신이 고대하던 독일 정신의 르네상스로 보지 않는다. 『비극의 탄생』에서는 이러한 독일 정신의 재탄생이 오히려 바그너가 그린 지크프리트의 이미지로 나타난다. 무엇에도 놀라지 않는 당당한 시선으로 무시무시한 것을 향해 영웅적으로 나아갈 자라나는 세대를 생각해보라. 용을 죽인 자의 용감한 행보와 대범함을 생각해보라. 그들은 완전히 '의연하게 살기' 위해 낙관주의를 외치며 온갖 나약한 교리에 등을 돌리는 대범함을 보인다. 이러한 문화를 가진 비극적인 인간은 혹독함과 두려움을 견뎌낼 수 있도록 스스로를 교육해가면서 새로운 예술, 형이상학적인 위안의 예술을 (…) 열망하는 것이 (…) 필요하지 않겠는가?(1, 21)

아직 니체는 형이상학적인 위안을 기대하지만, 바그너와 결별한 후에는 어떤 위안의 필요성도 초월한 삶의 관점을 모색한다. 그런데 바그너와의 결별은 이미 그가 '공식적으로' 여전히 바그너의 추종자였던 시점에서 시작된다. 니체의 회고에 따르면 리하르트 바그너를 다룬『반시대적 고찰』제4권은 집필 당시에 이미 극복한 사유를 담고 있다. 이러한 결별과 관련된 사유의 변화에 대해서는 이후에 살펴볼 것이다.『비극의 탄생』과『반시대적 고찰』제4권인「바이로이트의 리하르트 바그너」에서 니체는 신화를 부활시키고 만들며 의식의 잠재력을 활성화시키는 형이상학적인 위안을 여전히 염두에 두면서 바그너 작품의 신화 창조력을 찬양한다.

『비극의 탄생』에서 니체는 신화를 압축된 세계상(1, 145; GT)이라고 묘사하는데, 이를 통해서 삶은 한층 더 높은 의미를 갖게 된다. 신화는 개인적인 의미를 가질 뿐만 아니라 사회적이고 문화적인 연관성을 만든다. 하지만 신화가 없다면 모든 문화는 자신의 건강하고 창조적인 자연의 힘을 상실한다. 신화로 둘러싸인 지평이야말로 문화 전체의 운동을 통일체로 완결시키기 때문이다.(1, 145; GT) 상상력과 사유는 신화를 통해 정처 없는 방황의 위험에서 벗어난다. 니체는 신화를 갖지 못한 근대인을 뿌리가 없는 인간으로 여긴다. 이러한 근대인은 소유, 기술, 학문 그리고 역사 기록 보관소에 기댄다. 니체는 『반시대적 고찰』 제2권에서 삶에 봉사하는 수단으로서의 역사주의를 비판한다. 하지만 니체는 이미 『비극의 탄생』에서 다음과 같이 말한다. 충족되지 못한 근대 문화의 거대한 역사적 욕구, 수많은 타문화의 수집, 불타는 인식욕은 신화의 상실, 신화적 고향의 상실, 신화라는 어머니 품의 상실을 의미하는 것이 아니라면 무엇을 의미하겠는가?(1, 146)

니체는 한편으로는 종교를 믿을 수 없고, 다른 한편으로는 합리적 이성이 삶에 방향을 제시할 수 있다고 믿을 수 없기 때문에 신화로 눈을 돌린다. 신화는 무엇이고 어떤 정신적 활동으로 생기는 것인가?

신화와 신화화란 그 자체로는 무의미한 것에 형상력이 강한 의미를 부여하는 것이다. 세계의 무관심이야말로 신화를 만드는 의식의 잠재력을 자극한다. 우리가 세상 사람들의 생각에 저항하는 경우는 어떻게든 '관심의 대상'이 된다는 느낌을 가질 수 없을 때이다. 이해하는 사람은 이해받고 싶어 한다. 다른 사람들로부터는 물론이고, 의미가 충만한 우주로부터도. 자연의 일부인 인간은 자신의 의식으로 자연과 거리를 두게 되고, 자신의 외부인 자연에 의식과 유사한 것이 있기를 기대한다. 인간은 의식만 가진 존재로 고립되어 있기를 원치 않으며 자연의 응답을 원한다. 신화는 자연과 대화하려는 시도이다. 자연 현상들은 신화적 의식에 중요한 의미를 지닌다. 자연 현상들은 무언가를 표현하는데, 쇼펜하우어 추종자인 니체의 경우, 그것은 바로 의지라고 말한다. 번개와 폭풍과 우박을 경험한 후, 젊은 니체는 한 편지에 다음과 같이 쓴다. 번개, 폭풍, 우박은 얼마나 다른가! (…) 이것들은 얼마나 행복하고 힘찬가! 지성에 의해 혼탁해지지 않은 이 순수한 의지는!(B 2, 122)

니체가 매우 높게 평가했던 횔덜린은 신화적 경험을 표현하기 위해 당대의 언어를 절실하고도 유창하게 가다듬으려 했다. 하지만 횔덜린은 신화적 경험에 담긴 경쾌함과 자명성이 상실된 것에 크게 슬퍼할 수밖에 없었다. 횔덜린에 따르면 그리스인들이 일상적으로 경험했던 경쾌함과 자명성이 상실되면서 현실을 직시하고 올바르게 경험할 수 있는 관점이 모두 사라져버렸다. 이 때문에 우리는 더 이상 대지를 '보지' 못하고, 새 소리도 '듣지' 못한다. 그리고 인간의 언어도 '고갈되었다'. 횔덜린은 이러한 상태를 '신들의 밤'이라고 말하며 신화적 주제와 이름을 단순한 기교적 유희로 남용하는 '거짓 성스러움'에 대해서 경고한다. 존재에게 풍요로운 축제를 되돌려주는 생명력으로 신화를 발견하는 것은 니체와 마찬가지로 이미 횔덜린에게도 중요한 일이었다. 자연의 무관심 속에서도 의미가 충만한 영역을 창조하는 가장 효과적인 방법은 바로 문화를 통하는 것이다. 문화는 사람들의 만남에서 상호존중을 경험하게 하고 연대를 강화하며 사람들 사이의 의미 있는 관계를 조직하는 규칙과 제도에 대한 신뢰를 높인다. 문화는 세계의 무관심을 적어도 어느 한 분야의 내부에서라도 효과적으로 극복하려는 지속적 노력이다. 하지만 횔덜린과 마찬가지로 니체는 이제 "신들의 밤"이 문화마저 뒤덮고 있다고 느낀다. 압도적인 무관심이 문화의 내부로 밀려들어 사람들 사이의 관계를 파괴하고 있다. 이 때문에 신화적 에너지를 활성화시켜 공동체적 삶의 구속력 있는 가치를 확립하는 것이 급선무이다. 신화란 상호 이해를 바탕으로 사회를 결속시키는 가치 창조인 것이다. 이런 방식으로 신화는 자연의 깊은 침묵과 사회의 의미 파괴에 응답한다.

리하르트 바그너와 프리드리히 니체는 자신들의 시대를 이처럼 의미가 결여되어 위기를 맞은 사회 상황으로 느꼈고 이에 대응하기 위해 새로운 신화를 찾거나 창조하려고 했다. 니체는 원초적인 생명력과 문화의 힘을 이해하기 위해 그리스의 디오니소스 신과 아폴론 신을 끌어들이면서 이 신들을 현상의 축도(1, 145)로 이용한다. – 이 말은 신화에 대한 니체의 정의이기도 하다. 니체와 바그너는 각자의 방식으로 신화의 부활을 시도했고 막스 베버와는 반대의 입장에 선다. 막스 베버는 합리화와 기술 그리고 시민적 경제 관념에 의한 세계의 "탈주술화"를 주장했다. 반면 바그너와 니체는 신화가 없는 시대를 가슴 아파하며 신화의 부활 혹은 재창조의 가능성이 예술 분야에 있다고 믿었다. 그래서 그들은 예술이 경제의 속박 속에서 부속물로 전락하기 시작하는 시대에 예술의 지위 상승을 위해 투쟁하고, 예술을 삶의 가능한 여러 목표 중에서 최고의 위치에 올려놓는다. 리하르트 바그너에게 예술은 종교를 대신한다. 니체는 바그너의 시도에 감동받지만, 결국 바그너의 예술관을 너무 종교적이라고 여기고 삶을 지향하는 예술관으로 방향을 돌린다. 그가 예술에서 찾는 것은 구원이 아니라 삶의 상승이다. 니체는 이것도 저것도 아닌 경우 – 니체는 늘 이런 경우를 염두에 두고 있었다. – 사람들이 자신의 삶에서 자신만의 독특한 예술을 창조해야 한다고 강조한다.

니체와 바그너가 처음의 공통점에도 서로 다른 길을 가게 된 것은 신화의 기능과 관련된 의견 차이 때문이다. 바그너는 신화가 종교적인 권위를 지녀야 한다는 입장인 반면, 니체는 신화가 삶을 지향하는 예술을 촉진하는 심미적 유희라는 입장이다. 하지만 당시에는 두 사람의 의견 차이가 심각한 상태까지 간 것은 아니었다. 아직 니체는 바그너와 하나가 되어 음악 정신에서 새로운 신화를 만들려고 시도한다.

리하르트 바그너와 그의 길을 쫓아가던 니체는 19세기 초의 낭만주의에서 자극을 받는다. 이 초기 낭만주의자들은 이들에 앞서서 신화 창조를 실험해본 적이 있었다.

초기 낭만주의의 신화관을 이해하는 데 도움이 되는 주목할 만한 자료가 있다. 이후에 「독일 관념론의 최고最古 체계 강령Das älteste

Systemprogramm des deutschen Idealismus」이라는 제목이 붙은 문건인데, 1796년경에 씌였으며, 셸링과 헤겔 그리고 휠덜린이 번갈아가며 원저자로 거론되기도 하고, 이 세 명의 공동 작업물로 거론되기도 한다. 이 문건은 다음과 같은 선언으로 끝을 맺는다. "우선 나는 내가 아는 한 지금까지 그 누구도 생각하지 못했던 이념을 이야기할 것이다. 우리는 새로운 신화를 가져야만 한다. 그러나 이 신화는 이념에 봉사해야 하고, 이성의 신화가 되어야 한다."(휠덜린 1, 917)

새로운 신화를 찾게 된 데에는 두 가지 동기가 있다.

첫째, 이성은 계몽주의 시대가 끝날 무렵 현저하게 자기 회의에 빠진다. 이성은 도덕과 종교의 전통을 의문시하고 비판적으로 해체할 수 있을 때 강한 힘을 갖는다. 프리드리히 슐레겔Friedrich Schlegel은 다음과 같이 말한다. "비판 정신은 명백히 정치성을 띠어 시민 세계의 혁명을 시도하려 했으며, 다른 한편으로는 종교를 오랫동안 정화하고 투명하게 만들어 결국 종교가 완전히 증발해 깨끗하게 사라졌다."(슐레겔 3, 88) 하지만 이러한 투명성은 부정적으로 받아들여진다. 왜냐하면 비록 망상에 불과할지라도 더 높은 의미와 목적을 향한 욕구는 늘 존재하기 때문이다. 의미 부여의 새로운 종합Synthese을 이루기 위해서라면 이성이 상상력과 손을 잡는 것이 가장 좋다. 「독일 관념론의 최고 체계 강령」의 저자는 이러한 프로젝트를 "이성의 신화"라고 말한다. 초기 낭만주의자들이 꿈꾼 바에 따르면 이성의 신화는 시인과 철학자, 음악가와 화가의 공동작업을 통해서 생겨나며 힘을 잃어버린 기성 종교를 대체한다. 이러한 "이성의 신화"는 "정신의 가장 깊은 곳에서 형성되는" "무에서 생겨난 새로운 창조와도 같은 작품"이다.(슐레겔 301)

새로운 신화를 찾게 한 두 번째 동기는 19세기 초의 악몽과도 같았던 사회 변혁의 경험이다. 후기 봉건사회가 해체되고 사람들은 사회생활을 주도하는 이념의 상실을 뼈저리게 느꼈다. 분별없는 이기주의와 경제적 공리주의가 판을 쳤고, 이 때문에 새로운 신화의 과제는 "사람들을 공동체적 전망 아래 단결시키는 것"이었다.(프랑크Frank 12)

낭만주의자들은 새로운 신화의 실험을 통해서 이성이 토대를 마련하고 방향을 제시하며 한계를 설정하고 사회 통합을 이룰 것이라고 생각했다. 낭만주의자들은 비록 도움이 되는 전통은 부족하지만 이러한 신화를 인위적으로나 예술적으로 만들 수 있다고 확신했다. 또 전통으로부터 인간이 신화 없이 살 수 없다는 것을 배웠다. 모든 것이 가능하다는 당시의 시대정신은 낭만주의자들에게 이러한 신화를 인위적으로 만들 수 있다는 자신감을 심어주기에 충분했다. 하지만 낭만주의자들은 첫 단계를 넘어서지 못했고 얼마 지나지 않아 전승된 것에서 다시 도피처를 찾았다. 그림Grimm 형제는 전래 동화를 수집하고 『독일 신화Deutsche Mythologie』의 자료들을 정리한다. 브렌타노Brentano와 아힘 폰 아르님Achim von Arnim은 『소년의 마술피리Des Knaben Wunderhorn』라는 노래 모음집을 편찬하고, 횔덜린은 그리스 신들의 세계를 노래한다. 그리고 초기 낭만주의자들보다 반세기 후에 실제로 새로운 신화를 창조하는 대범함을 보인 사람은 바로 바그너였고 니체는 이런 바그너를 경탄한다. 바그너가 새로운 신화를 구상한 것은 1848년의 시민혁명 당시 바리케이드에서였다.

바그너는 드레스덴에서 바쿠닌과 공모해 직접 시가전에 참여했다. 봉기가 진압당한 후 그는 스위스로 도피했는데, 그곳에서 「예술과 혁명」이라는 글을 썼다. 니체는 이 글을 읽고 난 뒤 메모장에 다음과 같이 쓴다. 사회혁명을, 민중의 혁신과 통일을 촉구하지 않는 예술은 타도되어야 한다!(8, 218)

바그너는 이 「예술과 혁명」에서 자신의 니벨룽 프로젝트의 기본 골격을 마련했다. 그는 이 글에서 고대 그리스 폴리스의 이상화된 문화와 초기 사회주의의 반자본주의적 시각에서 본 근대 시민 사회를 비교한다. 바그너에 따르면 고대 그리스 폴리스에서는 사회와 개인, 공적인 이해와 사적인 이해가 서로 화해되어 예술이 진정으로 공적인 일이 되었다. 이로 인해 그리스인들은 공동체적 삶의 의미와 원칙을 예술로 눈앞에 펼쳐 보일 수 있었다. 하지만 바그너는 근대 사회에서 이러한 예술의 공론장이 더 이상 존재하지 않는다고 말한다. 공론장은 시장으로 탈바꿈했고 예술은 상업화와 사유화의 속박을 받게 되었다. 예술이 다른 생산물과 마찬가지로 시장의 상품으로 팔린다. 예술가들도 이제 단순히 돈을 벌기 위해 '생산할' 수밖에 없다. 인간 창조력의 표현으로서 고유한 가치를 지녀야 하는 것이 예술인데, 이런 변화 과정은 타락과 다를 바 없다. 자본주의의 '노예화'는 예술의 가치를 박탈하고 단순한 수단으로 - 대중에게는 오락물로, 부자들에게는 호화로운 사치로 - 전락시킨다. 동시에 "공동체 정신이 수많은 이기적인 방향으로 분산되면서" 예술은 사유화되어 무늬만 남아 있을 뿐이다. 주목받기를 원하는 자는 다른 경쟁자들과 차별화해야만 한다. 예술은 숭고한 진리를 표현해야 한다는 의무감을 더 이상 느끼지 않고 "독자적이긴 하지만 외롭고 이기적으로 계속 무엇인가를 만들어갈" 생각만을 한다.(바그너, 생각 132)

바그너는 사회의 타락이 예술도 타락시켰다고 믿으며, 사회혁명 없이는 예술도 자신의 진정한 본질을 찾을 수 없다고 믿는다. 하지만 예술가는 혁명을 마냥 기다리고 있을 필요는 없고, 자기 활동 분야에서 해방 작업을 시작하면서 당장 사회의 자유에 기여할 수 있다. 예술은 사람들에게 자신의 진정한 존재 목적을 일깨워줄 수 있는데, 바그너에 따르면 그러한 목적은 바로 창조력의 발산에 있기 때문이다. 바그너는 다음과 같이 단호하게 선언한다. "인간의 최고 목적은 예술적인 것이다."(바그너, 생각 145) 혁명이 예술에 봉사하듯이, 예술도 혁명에 봉사해야 한다. 예술가는 진정으로 자유로운 사람이며, 이 때문에 혁명적이기도 한 사람이다.

바그너의 신화『니벨룽의 반지Der Ring des Nibelungen』는 이러한 자유로운 인간상을 기획한다. 리하르트 바그너는 이 작품으로 정치적인 해방에 일조하려 했지만, 혁명 후에야 비로소 작품이 제대로 이해될 것임을 확신했다. 하지만 혁명은 실패했다. 이 때문에 바그너는 이 신화가 미래 혁명의 필요성만이라도 느끼게 하는 것으로 만족해야 했다. 바그너는 생애의 마지막 10년 동안, 즉 니체와 친교를 맺고 있던 시기에 정치적으로 체념한 상태였지만, 자신의 예술에 대한 자부심은 대단했다. 그는 자신의 예술이 혁명의 실패를 보상하거나 심지어 혁명을 대신할 수 있다고 믿었다. 바그너는 예술 체험이 삶의 악으로부터 구원받는 짧은 순간을 환기시키고, 심지어 인류 최후의 날에 이러한 위대한 구원이 도래한다는 조짐이자 약속이 되어야 한다고 하였다.

리하르트 바그너는 『니벨룽의 반지』를 거의 4반세기 동안 작곡한다. 1874년 11월 그는 총 4부작으로 구성된 『니벨룽의 반지』의 마지막을 장식하는 「신들의 황혼Götterdämmerung」을 완성한다. 그는 이 4부작의 마지막 악보에 "더 이상 말할 게 없다"라고 쓴다.

1876년 『니벨룽의 반지』 전곡은 바이로이트의 축제극장 개관에 맞추어 4일 간 초연된다. 바그너에게 이 초연은 예술가로서 최고 영광의 순간이었다. 니체는 바그너와의 관계가 파국에 이른 후에도 이 일을 한 예술가가 성취한 최고의 승리(2, 370)라고 말한다.

『니벨룽의 반지』는 신들의 몰락과 자유로운 인간의 탄생을 이야기한다. 신들은 자신들의 권력욕 때문에 몰락한다. 신들은 삶의 두 가지 기본 원칙인 사랑과 권력을 서로 조화시킬 수 없어서 처음부터 세계를 파괴했다. 신들은 서로 반목하는 삶의 두 권력에 연루된다. 그들은 새로운 시작을 꿈꾸지만, 이러한 시작은 오직 그들의 권력이 사라지고 인간이 자유를 누릴 때만 가능하다. 브룬힐데가 권력의 상징인 반지를 물에, 즉 순수한 자연에 다시 돌려줄 때, 그리하여 사랑의 통제를 벗어난 권력이 세상에서 사라지고 본래의 정의로운 존재 질서가 다시 회복되었을 때 신들의 거처인 발할Walhall은 불타버린다. 이러한 존재 질서를 유지하는 것은 인간의 자유에 맡겨진다.

니체가 그토록 자주 칭송하는 『니벨룽의 반지』의 전야제 악장 「라인의 황금Das Rheingold」의 서곡은 유명한 내림 마장조 3화음으로 시작되는데, 이는 모든 사물의 시작을 음악적으로 표현한 것으로 요동치는 물의 근원적 상태를 나타낸다. 물의 이러한 음악적 이미지는 이후에도 니체의 뇌리를 떠나지 않는다. 요동치며 출렁이는 물은 니체에게 격동의 삶을 상징한다. 이것이 파도의 삶이다. ─ 이것이 우리들, 갈망하는 자들의 삶이다!(3, 546; FW)

첫 화음이 울려 퍼지면서 『니벨룽의 반지』의 모든 화음들이 전개된다. 태양을 상징하는 화음이 등장하면 우리는 창조의 순간을 듣는다. 태양의 불빛이 물을 황금 같이 빛나게 한다. 황금은 물의 바닥에도 있다. 그것은 순수한 아름다움이고, 어떤 '가치'도 지니고 있지 않으며, 권력과 소유의 숙명적인 순환과도 무관하고, 아직 물질적 탐욕에도 물들지 않았다. 라인강의 요정들이 물속에서 즐겁게 노닐며 이 황금을 지킨다.

이때 검은 정령이자 어둠의 제후이며 니벨룽족의 군주인 알베리히가 등장한다. 그는 이 보물의 아름다움을 전혀 알아보지 못하지만, 이 보물을 그대로 놔주지 못한다. 그는 자신의 권력을 키우기 위해 이 보물을 소유하려 한다. 그러나 이 보물을 이용하려고 시도하면서 보물의 가치를 더럽힌다. 이용하려는 욕망은 사랑이 없는 상태를 의미한다. 알베리히는 이 보물을 강탈하기 전에 자기 안에 있는 모든 사랑을 없애고 완전히 냉담해져야 한다. 오직 사랑이 없는 차가운 심장을 가진 자만이 이 보물을 빼앗을 수 있기 때문이다.

이미 이 첫 장면에서 4부작 전체의 갈등이 드러난다. 권력과 사랑, 소유욕과 헌신, 유희와 강제 사이의 긴장 관계가 끝까지 이어진다.

니벨룽족의 제국에서 황금 보물로 반지가 만들어지는데, 이 반지는 소유한 이에게 무한한 권력을 준다. 바그너가 니벨룽족을 통해 산업화 시대의 악마적인 정신을 구현하려고 한 것은 의심할 여지가 없다. 바그너는 런던의 항만 시설들을 둘러본 인상을 자신의 부인 코지마에게 다음과 같이 말했다. "알베리히의 꿈이 이곳에서 실현된 것 같소. 니벨룽족이 사는 지하 세계 니벨하임, 세계 지배, 분주함, 노동, 온 천지를 짓누르고 있는 연기와 안개."(코지마 바그너, 1052)

하얀 정령이자 신들의 우두머리인 보탄 역시 권력과 소유의 세계에 빠져든다. 보탄도 니벨룽족의 반지를 빼앗은 후에 라인강의 요정들에게 돌려주지 않는다. 그는 계약을 통해 니벨룽족의 제국과 하나가 되었기 때문이다. 따라서 그는 존재의 순수함을 회복할 수 없다. 이 때문에 대지의 여신인 에르다는 보탄의 지위를 인정하지 않는다. "네가 스스로 무엇이라 칭해도 너는 그런 존재가 아니다."(바그너, 반지^{Ring}, 240) 권력과 황금 그리고 계약의 횡포가 자연적인 정의로운 존재 질서를 지배한다.

리하르트 바그너의 신화 세계는 세 개의 층에서 펼쳐진다. 우선 아래층에는 아름다움과 사랑의 근원적인 존재가 있는데, 라인강의 요정들과 대지의 여신인 에르다에 의해 구현된다. 그 위층은 권력과 소유를 놓고 투쟁하는 니벨룽족의 세계이다. 그리고 이 니벨룽족의 세계에 제3의 세계인 신들의 세계가 연루되어 있는데, 신들은 자신들의 지하 근원으로부터 멀어진다. 「라인의 황금」의 끝에서 라인강의 요정들은 다음과 같이 탄식한다. "저 아래에서만 아늑하고 충실하다. / 저 위에서 기뻐하는 것은 허위이고 비겁한 것이다!"

그러고 나서 복잡한 계보를 갖고 있는 지크프리트가 등장한다. 그는 용을 죽인 다음, 천진스레 보물을 취하고 브룬힐데에게 사랑의 선물로 반지를 준다. 하지만 그는 영리하지도 않고 지식도 없다. 이 때문에 그는 시기와 권력욕 그리고 소유욕으로 인한 음모의 희생자가 된다. 알베리히의 아들인 하겐이 그를 죽인 것이다. 하지만 이것으로 끝난 것이 아니다. 브룬힐데가 반지를 라인강에 돌려주면서 피날레를 장식한다. 발할은 화염에 휩싸이고 신들은 불에 타 죽는다.

이처럼 신들은 세계의 전반적인 타락에 연루되어 있다. 신들이 세계를 구원하는 것도 아니다. 자유로운 인간만이 세계를 구원할 수 있다. 권력, 소유, 계약의 악순환을 끊고 자유로워진 인간만이 세계를 구원할 수 있다. 새로운 시작은 신들 없이 이루어진다. 신들은 잘못된 창조에 힘을 소진해 인간이 사랑과 아름다움에 눈뜨면 죽게 된다.

사랑과 아름다움으로 이루어진 새로운 세계가 탄생하면 권력욕과 소유욕으로 점철된 낡은 세계는 멸망한다. 리하르트 바그너는 자신의 신화적인 예술 작품으로 이 새로운 시작에 힘을 보태려고 한다. 우리는 이 작품을 어떻게 생각해야 하는가? 이 모든 신화 장치를 허구와 다르게 받아들일 수 있는가? 바그너는 이제는 그 누구도 믿을 수 없는 신화적 소재를 가공했을 뿐인가? 바그너의 작품은 전적으로 심미적 수용만을 겨냥한 것인가? 이 과정에서 신화적 효과는 무효화되는가?

바그너는 이러한 어려움을 잘 알고 있었다. 이는 그가 쓴 많은 이론적인 글에서 드러난다. 바그너는 단순히 심미적인 차원을 넘어서 우리가 '신화적'이라고 말할 수 있고 바그너 자신은 '종교'라고 말하는 의식 상태를 만들려고 했다. 그는 다음과 같이 선언한다. "종교가 예술이 될

때 종교의 핵심을 구하는 것은 예술이라고 말할 수 있을 것이다."(바그너, 생각, 362)

리하르트 바그너는 '종교의 핵심'을 복잡하고 논란의 여지가 있는 도그마와 예식을 지닌 '신화 장치'로 구분한다. 이 신화 장치는 온갖 종교 전통을 담고 있는데, 관습에 의해 뒷받침되거나 국가 권력에 의해 보호받을 경우에만 살아남는다. 바그너는 자신의 예술이 구해야 하는 '종교의 핵심'을 "세계의 취약성에 대한 인식과 그 결과로 나온 세계 해방의 지침"(바그너, 생각, 363)이라고 정의한다. 바그너는 세계를 쇼펜하우어의 시각으로 본다. 바그너가 세계의 취약성이라고 말하는 것은 쇼펜하우어에게는 '의지'의 지배를 받는 개체들이 싸우고 파괴하면서 서로에게 지옥의 고통을 주는 세계를 뜻한다. 이는 자연뿐만 아니라 인간 세계, 그리고 삶의 모든 무차별적 투쟁에도 적용된다. 잘 알려져 있듯이 쇼펜하우어에게도 예술은 구원의 힘이다. 쇼펜하우어에 따르면 우리가 예술에서 참된 즐거움을 경험할 때, "비열한 의지의 충동에서 해방되고, 의지의 강제 노동에서 벗어나 안식을 취하며, 익시온의 바퀴•도 멈춰 버린다."(쇼펜하우어 1, 283)

쇼펜하우어의 이론을 받아들인 바그너는 예술을 통한 구원에 대해 자신의 생각을 다음과 같이 정리한다. "세계의 모든 현상들이 마치 불길한 꿈속에서 사라져버리는 것과 같은 엄숙한 시간이 오면, 우리는 구원을 예감하며 이 구원에 이미 동참하게 된다. 그러면 그 날이!, 아니! 인류 역사 전체가 우리에게 보여주는 저 입을 크게 벌린 심연, 소름 끼

• 익시온은 그리스 신화 인물로, 신들의 초대를 받아 천상에 갔을 때 헤라의 미모에 반해 흑심을 품었다. 이를 눈치챈 제우스가 구름으로 헤라의 형상을 만들자, 익시온은 그 구름을 헤라로 착각해 동침한다. 이로 인해 반인반마인 켄타우로스가 태어났다고도 한다. 제우스는 익시온을 영원히 도는 바퀴에 묶어 영겁의 벌을 주었다. ─옮긴이

치는 바다 괴물, 스스로를 집어삼키는 의지가 낳은 탐욕스런 산물들을 더 이상 두렵워하지 않게 된다. 이제 자연의 한탄만이 순수하면서도 평화를 꿈꾸는 듯이 우리에게 울려 퍼지는데, 무섭지도 않고 희망을 안겨 주며, 모든 것을 진정시키고, 세상을 구원하는 듯이 들린다. 이 한탄에 의해 각성되어 하나가 된 인류의 영혼은 고통을 함께하는 자연 전체를 구원해야 한다는 숭고한 사명을 의식한 채 현상들의 심연에서 멀어진 다. 그리고 지칠 줄 모르는 의지는 속박에서 풀려나 (…) 스스로 해방감을 느낀다."(바그너, 생각 396)

예술이 종교의 핵심을 구하려면, 예술은 인간의 내면을 지속적으로 변화시킬 수 있어야 한다. 일시적으로 예술을 향유하는 것만으로는 충분하지 않다. 하지만 예술을 종교로 여기는 태도는 예술이 단지 심미적 사건일 수밖에 없기에 한계에 부딪친다. 이는 바그너와 같이 예술가이면서 동시에 스스로를 종교 창시자로 느끼는 사람에게는 항상 마음의 상처로 남을 수밖에 없다. 이러한 갈등에서 폭발적인 잠재력을 지닌 적대감이 끓어오른다. 이러한 적대감은 돈과 예술 산업에 의해 지배되는 세계를 향하는데, 이 세계는 바로 단순한 예술, 심지어 오락만을 기대할 뿐이다. 바그너에게 때때로 나타나는 광적인 반유대주의^{Antisemitismus}도 바로 이러한 강력한 예술의지와 세속적이면서도 천박한 세계 사이의 반목에서 비롯된다. 왜냐하면 바그너는 유대인을 경제 원리와 피상적인 오락의 화신으로 여겼기 때문이다. 바그너는 종합예술^{Gesamtkunstwerk}을 통해 구원을 줄 수 있는 신성한 영향력을 얻으려고 했다. 예술은 자신의 모든 역량을 동원해야만 한다. 이 종합예술에는 우선 음악이 있다. 음악은 '말로 표현할 수 없는 것'을 표현하기 위해 감정만을 이해하는 언어를 제공한다. 그다음으로 무대 위에서 벌어지는 배우들의 연기, 제스처, 얼굴 표정, 무대 장치가 있다. 그리고 무엇보다도 예술의 제단에 사람들의 모이는 장엄한 축제 의식도 있다.

리하르트 바그너는 순수 예술의 영역에서 벗어나 신화적인 체험과 종교적인 경험이 이루어질 수 있도록 영향력 있는 모든 요소들을 총동원한다. 그리고 그는 이러한 노력을 하면서 자신이 그토록 증오했던 예술 산업의 대표자가 된다. 이미 동시대인들이 비판했듯이 그의 예술은 모든 감각을 자극하는 총공세에 나선다. 이로 인해 자본주의적 근대성에 저항하는 그의 작품은 독특한 근대성을 얻는다. 충격과 의도된 효과를 우선시하는 것이 이러한 근대성의 특징이고 근대 사회에서는 일반 대중이 시장을 형성하기 때문에 이러한 시장에서는 이제 예술가들도 서로 경쟁을 해야 하고 독창성에 집착하거나 지나치게 인기를 노리는 현상이 벌어진다. 초기에 바그너주의자였던 보들레르는 이러한 상황에서 예술가들에게 광고의 정신을 배우라고 충고한다. "새로운 수단으로 가능한 한 많은 관심을 불러일으켜라. (…) 자극을 두 배, 세 배, 네 배까지 올려야 한다."(욀러Oehler, 48) 시장은 관객을 권좌에 올렸다. 관객은 정치와 예술에서 자신이 주인공이 되고자 한다. 관객은 구애받고 유혹당하거나 심지어 압도되기를 원한다. 시장에 나오는 것은 사람들의 마음을 사로잡을 수 있는 특색을 지녀야 한다. 이제 상품 미학의 시대가 시작된 것이다.

물론 예술은 이전에도 항상 관객의 요구에 맞추어왔다. 하지만 근대에 이르러 초점이 효과 우선 원칙 쪽으로 크게 이동한다. 이는 결국 반대운동을 불러일으켰는데, 예술지상주의나 상징주의에서 나타난 의도적인 밀교적 경향이 그 예이다. 난해함을 추구하는 이러한 경향은 이해를 어렵게 해서 관객과의 거리를 멀게 만든다. 하지만 바그너의 시대에는 인기 영합과 도발 또는 신비화를 통해 관객을 사로잡으려는 노력이 지배적이다. 한스 마카르트Hans Makart나 프란츠 슈툭Franz Stuck의 관능적인 그림, 자연주의자들의 두드러진 노골성, 사실주의자들의 인기 영합 등이 바로 그런 예이다. 예술은 외부를 지향하며 외부에 미치는 영향력에 따라 자신의 위치가 결정된다. 영향력을 미치지 못하는 예술은 존재 근거를 상실한다. 리하르트 바그너가 예술의 영웅이 된 시기에는 데카르트의 그 유명한 선언도 이렇게 바뀔 수 있을 것이다. '나는 영향력을 미친다, 그러므로 나는 존재한다.' 바그너는 자신을 대중적인 신화로 만드는 데 능수능란했다. 신화와 신화 창조 사이에는 필연적인 연관성이 있다. 즉 근대 사회에서 신화 창조는 신화 창조자 자신의 신비화 없이는 불가능하다. 예를 들면 바그너가 파리의 관객을 사로잡기 시작한 것은 작품 공연이 아니라 그가 결코 감당할 수 없지만 대중의 이목을 집중시키기 위해 빌린 호화로운 대저택 때문이었다. 결국 중요한 것은 영향력이다. 바그너는 자신의 가치를 올려주기만 한다면 어떤 것도 거부하지 않는다. 근대의 종교 창시자인 바그너는 자신의 예술을 상품화하기 위한 마케팅 전략가이기도 했다. 니체는 이러한 효과지상주의와 영향력 증대에 집착했던 바그너의 성격을 일찍부터 알아차리고 1874년에 쓴 글에서 바그너의 배우 본성(7, 756)을 거론한다. 이 글은 아직 바그너를 폄하하는 의미는 담고 있지 않지만 이미 회의적인 뉘앙스를 풍기고 있다. 바그너와의 결별 후에 니체는 바그너라는 '배우' 속에서 사기꾼을 발견하고, 바그너를 관객에게 미치는 효과를 계산하는 근대의 칼리오스트로Cagliostro●(6, 23; WA)라고 부른다. 니체는 바그너가 노리는 관객의 취향이 다음과 같은 원칙을 따른다고 말한다. 우리를 놀라게 하는 자는 강하다. 우리를 고양시키는 자는 신성하다. 우리를 예감케 하는 자는 심오하

● 1743년에 태어나 1795년에 세상을 떠났으며 희대의 사기꾼으로 통한다. 연금술과 예언의 기적을 연기해 사람들을 속였다. 괴테와 실러의 작품에서 등장인물의 모델이 될 정도로 유럽에서 큰 화제를 불러일으켰다. −옮긴이

다.(6, 24)

바그너는 『니벨룽의 반지』를 기획할 때 이미 이 음악극이 보통의 오페라 하우스에서 공연되어서는 안 된다는 것을 잘 알고 있었다. 그는 모든 주의를 무대 위의 사건에 집중시키고 관객을 사로잡아 장엄한 분위기에 빠져들게 할 공간이 필요했다. 관객은 일상생활에서 벗어나 며칠 동안 오로지 공연을 감상할 목적으로 한 장소에 모여야 한다. 무대 공연을 중심으로 제한된 기간에 변화된 공동체적 삶이 조직되어야 한다. 이러한 삶은 "자유롭고 멋진 공론장"에서의 삶을 미리 맛보는 것과 같다. 입장료도 무료여야 한다. 바그너는 국가 지원금이나 사적인 후원자를 기대했다. 처음에 그는 라인 강변에 그의 극장을 지어 "대규모 드라마 축제"(뮐러Müller/바프네브스키Wapnewski, 592)를 열려고 했다. 최종적으로 그가 정한 장소는 바이로이트였는데, 이곳은 그의 후원자인 바이에른의 왕 루트비히 2세의 영토여서 지원을 기대할 수 있었다. 바그너의 59세 생일인 1872년 5월 22일 화려한 기공식이 열렸을 때 니체도 자리를 함께했다. 이에 대해 니체는 1876년 『반시대적 고찰』의 마지막 권인 제4권에 다음과 같이 쓰고 있다. 바이로이트의 행사는 그 어떤 사전 예고나 진행 과정, 매개 과정도 없었다. 바그너 이외에는 어느 누구도 목표나 목표에 다가가는 길을 전혀 몰랐다. 바이로이트의 행사는 예술 영역에서의 최초 세계 일주인 것이다. 새로운 예술뿐만 아니라 예술 자체가 발견된 것처럼 보였다.(1, 433)

니체는 예술이 바그너를 통해 근원지인 고대 그리스로 되돌아간다고 생각한다. 예술은 다시 사회의 성스러운 행사가 되어 삶의 신화적인 의미를 기린다. 예술은 사회가 의사소통할 수 있는 무대를 되찾는데, 그곳에서는 공동체가 모든 활동의 의미를 명확하게 공유할 수 있다. 하지만 이러한 '의미'의 본질은 무엇인가?

니체는 바그너 예술의 신화적 요소를 세부적으로 파고들지 않는다. 그는 바그너 예술의 신화성을 오로지 음악에서만 발견한다. 니체는 음악을 참된 감성의 언어라고 말한 바 있다. 니체에 따르면 우리는 문화의 병을 앓은 후에야 비로소 바그너 음악을 감사하는 마음으로 받아들일 수 있게 되었다. 니체에게 음악극은 '문명 속의 불만'으로 인해 겪는 고통에서의 해방을 뜻한다. 사물의 보편적 인식과 개인의 정신적·윤리적 능력 사이의 긴장은 더욱 커지게 된다. 이러한 활시위가 부러지지 않도록 하기 위해 예술이 있는 것이다.(1, 453) 니체에 따르면, 바그너는 언어가 병들어 있으며 과학의 발전으로 더 이상 세계를 명확하게 파악할 수 없게 되었다고 진단했다. 사상의 세계도 전반적으로 불명확해졌다. 동시에 문명은 점점 더 복잡해지면서 한눈에 조망할 수 없게 되었다. 전문화와 분업이 늘어나고, 개인과 전체를 연결해주는 끈은 점점 길어지고 혼란스러워졌다. 자신이 살고 있는 사회 전체를 파악하려는 사람에게 언어는 도움을 주지 못한다. 이러한 과도한 자기 확장으로 문명과 언어는 고갈되고 말았다. 따라서 이제 언어는 자신이 원래 해야 할 일, 즉 가장 기본적인 삶의 곤경(1, 455)에 대해 소통하는 일조차도 수행하지 못하고 있다. 언어는 더 이상 인간이 속한 사회 전체뿐 아니라 개개인들의 내면조차도 담아내지 못한다. 언어는 너무나 빈약하고 한정된 자신의 실체를 드러냈다. 언어에는 무력감이 동반되지만, 사회 조직이 더욱 더 긴밀하게 연결되면서 언어의 공적인 권력이 커진다. 공적인 언어는 이데올로기화된다. 니체는 이러한 현상을 보편적 개념들의 망상(1, 455)이라고 부른다. 이 개념들은 마치 유령의 팔을 휘두르듯이 사람들을 붙잡아 그들이 원치 않는 곳으로 밀어낸다. 말과 행위의 일치가 있긴 해도 감정의 일치는 없다. 니체는 다음과 같이 말한다. 이런 식으로 상처를 입은 인류 속에서 우리 독일 거장들의 음악이 울린다면 과연 무엇이 흘러나올까? 모든 관습의 적, 즉 사람과 사람 사이의 모든 예술적인 소외와 불가해성의 적이라고 할 수 있는 참된 감성이 울려 나오는 것이다. 그러한 음악은 자연으로의 회귀인 동시에 자연의 순화이자 변화이기도 하다. 그러한 회귀의 필요성은 극도로 사랑에 충만한 사람들의 마음속에서 흘러나오고 있으며, 사랑으로 변화된 자연은 그들의 예술 속에서 울려 나온다.(1, 456; WB)

"참된 감성"은 니체가 신화적 생명력으로 여기는 감정인데, 우리는 이미 그 이름을 알고 있다. 바로 디오니소스적인 것이다. 니체가 바그너의 음악극에서 기대하는 것은 인간 감정의 심층부에서 일어나는 디오니소스적 통일이며 예술을 통한 재회이다. 이에 대해 니체는 그리스 비극의 영향력을 예로 들면서 다음과 같이 묘사한다. 디오니소스적인 것의 주술로 (…) 인간과 인간 사이의 연대가 다시 맺어진다. (…) 이제 (…) 인간은 누구나 이웃과 어울려 서로 화합하고 화해하고 융화되었다고 느낄 뿐만 아니라 하나임을 느낀다. 이는 마치 마야의 베일이 갈가리 찢겨 신비로운 근원적 일자Das Ur-Eine 앞에서 나풀거리는 것과 같다.(1, 29f.; GT) 니체는 바그너의 음악극을 위대한 디오니소스적 세계 유희로 체험한다. 이러한 체험을 의식화하기 위해서 그는 아폴론적인 것과 디오니소스적인 것의 구별을 바그너에게 적용한다.

등장인물 개개인의 성격과 운명, 말과 행위, 갈등과 경쟁은 아폴론적이다. 하지만 디오니소스적인 것은 이 아폴론적인 것의 토대에서 음악처럼 울려 나온다. 여기서 차이가 있긴 하지만 – 바그너는 주도 동기Leitmotiv 기법을 통해 이러한 차이를 명확하게 강조한다. – 모든 차이는 항상 울려 퍼지는 음악의 파도 속으로 사라진다. 음악으로 인한 디오니소스적 도취 속에서 등장인물들의 성격은 사라지고 모두가 공감할 수 있는 포괄적이면서도 통일적인 감정이 나타난다. 니체는 바그너의 음악을 신화적인 사건으로 여기는데, 이 음악이 긴장이 가득한 생명체들의 조화를 나타내기 때문이다.

니체가 바그너의 추종자가 된 이유는 바그너의 음악극을 디오니소스적인 것의 회귀이자 삶의 원초적 토대로 향하는 길을 열어주는 매체로 생각했기 때문이다. 바그너와 연계된 니체의 음악철학은 음악적 울림의 세계를 인간에 관한 불가해한 진리의 계시로 이해하려는 시도이다. 이후에 레비스트로스가 『신화학Mythologiques』에서 음악에는, 무엇보다도 멜로디의 본질에는 "인간의 궁극적 비밀"을 푸는 열쇠가 들어 있다고 주장한 것은 니체의 음악철학을 연상시킨다. 레비스트로스에 따르면 음악은 가장 오래된 보편 언어이며, 모든 이에게 이해되지만 그 어떤 다른 말로도 번역될 수 없다. 니체와 레비스트로스가 이야기하는 이 "비밀"은 과연 무엇일까?

음악은 바빌론의 언어 혼란이 있기 이전에 이미 존재했다. 음악은 오늘날에도 유일한 보편적 의사소통 매체이기 때문에, 우리는 음악을 언어 혼란을 이겨낼 수 있는 힘으로 여길 수 있는 것이다. 이와 관련해 음악이, 우리 의식이 만들어내는 그 어떤 다른 산물보다 존재에 더 가깝다는 생각은 그 연원이 인류 역사의 초기로 거슬러 올라간다. 이러한 생각은 오르페우스와 피타고라스의 이론에 근거하며, 케플러가 행성의 궤도를 계산할 때도 영향을 미쳤다. 음악은 우주의 언어이고, 형상화된 의미이며 쇼펜하우어에게는 세계의지의 직접적인 표현이다.

로고스가 말없는 사물의 침묵을 깨지만 이 사물들의 무궁무진한 존재를 개념으로 파악할 수 없다면, 그리고 로고스가 파악할 수 없는 것을 표현하려는 것이 신화라면, 음악은 신화와 아주 긴밀한 관계를 맺을 수밖에 없다. 아마도 음악이야말로 오늘날까지도 강한 생명력을 유지하고 있는 신화의 잔재물일 것이다. 음악은 기술 발달로 인해 어디에나 존재하게 되었다. 음악은 모든 인간관계와 사소한 영역까지 파고든다. 음악은 선율로 짠 양탄자이고 분위기이며 환경이다. 이제 음악은 우리 생활에서 접하는 기본적인 도취가 되었다. 귀에 이어폰을 끼고 지하철에 앉아 있거나 공원에서 조깅을 하는 자는 두 개의 세계를 경험한다. 차를 타고 가거나 조깅을 하는 것은 아폴론적 활동이고, 음악을 듣는 것은 디오니소스적 활동이다. 음악은 이처럼 현실을 초월하려는 행위를 사회화시켜 대중운동으로 만들었다. 디스코텍과 콘서트홀은 과거의 대성당 구실을 한다. 오늘날 13세부터 30세까지의 대대수는 록 음악과 팝 음악의 비언어적이고 비논리적인 디오니소스적 공간에서 생활한다. 음악이 일으키는 물결은 경계를 모르며 1989년의 대변혁에서 드러났듯이 정치적인 영역과 이데올로기까지 파고든다. 음악은 새로운 공동체를 만들고 우리의 의식을 바꾸며 다른 생활 방식의 가능성을 연다. 음악 홀은 개인을 가두고 외부 세계를 차단시킨다. 하지만 다른 한편으로 음악은 청중을 결집시킨다. 청중은 창 없는 단자^{Monade}이긴 하지만, 모두가 같은 음악을 듣기 때문에 외롭지는 않다. 음악은 이전에는 '신화적'이라고 불린 의식의 층위에서 사회적 결속을 가능하게 한다.

니체는 사람들을 분리시키고 서로 싸우도록 만드는 "뻔뻔한 풍조"를 비판한 실러를 인용하면서 "아름다운 신들의 불꽃"이 위대한 화합을 다시 이룰 수 있기를 바라는 실러의 희망에 공감한다. 그리고 바그너의 음악극이 이러한 화합에 기여하기를 기대한다. 니체는 바그너의 음악극이 새로운 세계 화합의 복음으로 울려 퍼지는 가운데 경직되고 적대적인 경계 구분을 제거해줄 것이라고 믿는다.(1, 29)

세계 화합? 아니다. 바그너가 무대에 올린 것은 비극적인 신화이다.

니체는 비극적인 의식과 세계 화합이 함께 등장하는 것이 모순이 아님을 밝히려고 한다. 니체에 따르면 디오니소스적 삶은 비극적이다.

왜냐하면 디오니소스적 삶은 괴테의 '죽어서 되어라Stirb und Werde'라는 방식으로, 장미꽃이 가시덤불에서 피어나는 방식으로, 꽃이 시들고 열매가 맺어지는 방식으로 수행되기 때문이다. 세계 화합은 몰락과 희생이 필연적이라는 의식이 있어야 가능하다. 이러한 의식에서는 근원적 일자가 영원히 고통받고 모순으로 가득 차 있는 것(1, 38; GT)으로 나타나고, 개별 세계의 유희적 건설과 파괴는 근원적 쾌감의 분출로 드러난다. (…) 이는 '어두운 자' 헤라클레이토스가 세계를 만드는 힘을 장난삼아 돌을 쌓았다가 허물고 모래성을 쌓았다가 다시 허무는 어린아이에 비유한 것과 유사하다.(1, 153; GT)

비극이나 음악극을 보는 관객은 자신을 비극의 주인공과 – 예를 들면 지크프리트와 – 동일시한다. 관객은 무대의 전면에서 화려한 조명을 받고 있는 주인공을 본다. 그의 뒤쪽 어두운 배경에는 디오니소스적 삶이 깔려 있다. 이런 구도에서 사물의 토대에서의 삶은 현상의 온갖 변화에도 불구하고 파괴할 수 없을 정도로 강력하고 즐거움이 가득해 보인다.(1, 56) 디오니소스적 삶이 자리한 무대 뒤 어두운 배경에서는 음악이 울려 퍼진다. 니체는『비극의 탄생』에서 음악의 황홀경Musikorgiasmus(1, 134) 이라는 표현을 쓰고 있다. 니체는 음악을, 특히 바그너의 음악을 너무나도 강렬하게 느꼈기 때문에, 음악극의 무대에서 펼쳐지는 행위나 연출된 신화를 빛나는 형상으로 받아들일 뿐만 아니라 순수하고 절대적인 음악의 강력한 힘에 대항하는 일종의 보호 장치로 이해한다. 우리는 음악이 인도하는 저 다른 방식의 삶(1, 134)은 거의 감당할 수 없다. 완화시키는 매개물이 그 사이에 있어야 한다. 이러한 매개물은 무대에 설치되는 여러 소도구나 사건의 이해를 도와주는 무대 장치들, 연출, 작품 해석과 관습적인 취향 등을 포괄하는 문화 산업적 요소들이다. 이 모든 것들은 지나치지만 않는다면 우리가 감각을 잃지 않으면서 세이렌의 노래를 들을 수 있는 상황을 만든다. 이때는 열성적이지만 분별력 있는 관객이 마치 사물의 가장 내밀한 심연이 말하는(1, 135) 것을 알아들을 수 있는 필요한 거리가 마련된다.

예술을 통해서 우리가 갖게 되는 디오니소스적 의식이란 삶의 신성화이자 강한 긍정인데, 이는 우리가 삶의 어두운 심연을 바라봄에도 불구하고 또는 그러한 심연을 바라보기 때문에 생기는 현상이다. 니체는 삶의 심연을 두 가지 측면에서 바라본다. 그 하나는 이른바 세계사의 소름 끼치는 파괴 충동이고, 다른 하나는 자연의 잔인함이다.(1, 56; GT) 디오니소스적 의식은 무시무시한 삶에 관여한다. 하지만 이때에도 삶의 거대한 불협화음이 현세에서 해소될 수 없다는 것은 묵인되는데, 이러한 묵인에 대한 거부감을 줄이는 것이 바로 예술적인 매개물이다. 삶은 개인에게 점점 더 불공정해진다. 개인에게 남은 유일한 희망은 삶의 전체 과정과 교감을 나누는 것이다. 이러한 교감은 개인의 부담을 덜어준다. 니체에 따르면 이것이야말로 예술이 우리에게 주는 형이상학적 위안(1, 56)이다. 이러한 위안은 순수하게 심미적인 성격을 띠는데, 이는 그 효과가 시간적으로 제한된다는 점에서 드러난다. 이에 대해 니체는 다음과 같이 말한다. 우리가 예술의 마력에 사로잡혀 있다고 느끼는 한, 사물에 대한 평가는 꿈속에서처럼 변한다.(1, 452; WB) 하지만 이러한 평가의 유효기간은 우리가 예술의 마력에 사로잡혀 있을 때뿐이다. 우리는 최소한 몇 시간 동안이나마 끔찍한 긴장에서 해방되기 위해 종합예술가를 필요로 한다.(1, 469) 예술의 형이상학적 위안은 피안의 세계에 대한 희망을 주지 않고 보상과 면제 그리고 미래 제국에서의 정의도 약속하지 않는다.

이러한 형이상학적 위안은 형이상학적이고 종교적인 세계의 정당화와는 정반대 입장을 취한다. 삶과 세계는 오직 심미적 현상으로서만 영원히 정당화된다(1, 47: GT)는 디오니소스적이고 비극적인 주장은 도덕적인 태도와도 반대 입장을 취한다. 도덕은 비록 개인에게 향할지라도 세계의 개선과 세계에서 나타나는 대립들의 조정을 목표로 한다. 니체에 따르면 도덕은 세속화된 근대의 기계 장치의 신deus ex machina• (1, 115)으로 전락하고 말았다. 도덕적인 태도는 디오니소스적 지혜가 부족해 대개 삶을 냉정한 시각으로 보지 못한다. 냉정한 시각으로 보면, 어느 한 곳에서 정의를 실현하려는 시도는 항상 다른 곳에서 불의가 생기는 결과를 초래한다는 점이 드러난다. 전체적인 과정은 죄와 희생의 연관관계이다. 누군가가 지금 누리는 행복은 세상의 고통을 생각하면 파렴치한 일이 될 수도 있다. 전체가 곤경에 처해 있는데도 누군가는 일이 잘 풀릴 수도 있는 것이다. 주변의 모든 것이 고통받고 서로 고통을 주는 한, 우리는 행복할 수 없다. 인간사의 진행이 폭력, 기만, 부정으로 점철되는 한, 우리는 도덕적일 수 없다.(1, 452; WB) 니체가 비판하는 것은 도덕 그 자체가 아니라 독선과 세계를 개선할 수 있다는 자의적인 낙관주의인데, 이 둘은 대개 함께 나타난다. 하지만 니체에 따르면 어떠한 경우든 도덕적인 태도는 디오니소스적 지혜가 연 활동 영역을 협소하게 만든다.

이러한 디오니소스적 지혜는 세계 화합의 복음Evangelium der Weltenharmonie을 선포한다. 이 지혜는 종교적이지도 않고 도덕적이지도 않으며 심미적이다. 니체는 이러한 디오니소스적 지혜를 들을 수 있는 심미적 청중(1, 143; GT)을 길러내야 한다고 덧붙인다. 하지만 그리스 비극이나 바그너의 음악극과 같은 위대한 예술 작품들은 자신들에게 호응하는 관객을 길러낼 힘을 이미 가지고 있다.

• 고대의 극에서는 끝부분에 기계 장치로 작동하는 신이 갑자기 나타나 상황을 정리해주었다. – 옮긴이

동시대의 관객이 예술을 진지하게 받아들이기까지는 먼 질적 고양의 길을 가야만 한다. 왜냐하면 예술에 대한 진지한 태도, 즉 예술에 매료당하고 수준 높은 명랑성을 얻으려는 각오는 완전히 다른 종류의 진지함을 요구하기 때문이다. 우리가 심미적 명랑성의 가치를 제대로 평가할 수 있기 위해서는 비극적인 정서를 갖추어야 한다. 우리는 환상을 품어서는 안 되고, 삶의 허무함을 깨달았다고 할지라도 열정적으로 삶을 사랑해야 한다. 니체는 비극을 받아들일 정도로 성숙해진 사람에게 많은 것을 요구한다. 우선 경악과 공포에 마음의 문을 열어야 하고, 그 다음으로는 자신의 삶에서 가장 짧은 순간에, 가장 작은 원자에서도 어떤 성스러운 것과 만나는 경험을 함으로써 이 무시무시한 불안감을 다시 잊을 수 있어야 한다.(1, 453; WB) 심미적인 순간이란 모든 투쟁과 고난을 보상해주는 행복한 순간이다. 니체는 이런 사고 과정을 다음과 같은 말로 끝낸다. 모든 인류가 언젠가 죽을 수밖에 없다면 – 누가 이를 의심할 수 있겠는가! – 다가오는 모든 시대를 위한 최고의 과제가 인류 앞에 제시된다. 즉 인류가 '하나의 공통체'로 성장해, '하나의 전체로서' 목전에 놓여 있는 몰락에 대해 '비극적 심정'으로 맞서자고 하는 과제 말이다. 이 최고의 과제 속에 인간의 모든 고귀화가 포함되어 있다.(1, 453)

따라서 최고의 과제는 하나의 예술 작품이나 한 인간에게서 가장 위대한 성공의 순간들을 만들거나 붙잡는 것이다. 이를 위해 니체는 자신의 메모장에서 단 한 번 자신만의 독특한 표현을 사용하는데, 세계 황홀경의 극치Verzückungsspitze(7, 200)가 바로 그것이다. 이 순간은 다음과 같이 생각해볼 수 있을 것이다. 최고로 위험한 순간에, 예를 들어 물에 빠진 사람의 머릿속에서 영원의 시간이 1초로 압축된다. 죽기 전에 전 생애가 다시 한 번 반추된다면, 최고로 황홀한 순간이며 동시에 최고로 고통스러운 순간이 될 것이다. 빛나는 형상과 천재가 발현하는 것도 이러한 순간이다. 개인이 이런 순간에 자신의 삶 전체를 이해하고 정당성을 부여할 수 있듯이, 인류의 역사 전체도 환하게 비추는 빛을 통해 조명되고 정당화된다. 이러한 황홀경의 극치는 문화의 의미를 실현한다.

니체에게는 바그너의 음악극과 - 당분간이긴 하지만 - 바그너라는 인물도 이러한 황홀경의 극치였다. 니체는 시민 생활의 여러 목적들 중에서 예술을 정점에 놓는 바그너의 대범성과 예술을 부수적인 것으로 여기지 않으려는 바그너의 당돌함, 그리고 사회에 자신의 예술을 받아들이도록 강요하는 바그너의 권력 의지를 경탄했다. 니체는 이러한 나폴레옹적 영웅주의와 현혹, 사제와 같은 예언적 행동과 마술을 경탄한 것이다. 니체는 이와는 대조적인 천박한 세계를 대표하는 사람으로 다비트 프리드리히 슈트라우스David Friedrich Strauss를 꼽는다. 니체는 『반시대적 고찰』 제1권에서 슈트라우스를 숭고함을 통속화시키는 나쁜 예로 비판한다. 슈트라우스에 대한 공격에서 니체가 문제 삼은 것은 슈트라우스 개인이 아니라 당시 점점 강화되어간 독일 시민계급의 기회주의적인 정신 자세였다. 니체는 이러한 정신 자세가 바그너와 바이로이트 행사에 의해서 극복되기를 기대했다. 바이로이트 음악 축제가 개막되기 직전에 니체는 시민 사회에서의 예술의 타락을 다시 한 번 거론한다. 기이하고 혼란스럽게 흐려진 판단력, 무슨 일이 있어도 오락과 예능이면 된다고 하는 천박한 욕망, 학자인 척하는 체면 차리기, 예술의 진지성을 빙자해 잘난 체하고 과시하려는 모습, 기업가들의 무자비한 탐욕, (…) 상류층의 공허하고 정신 나간 행위 - 이런 모든 모습들이 우리의 현재 예술 상태의 답답하고 타락한 공기를 형성하고 있다.(1, 448; WB)

하지만 바이로이트의 행사가 열려도 이런 상태는 달라지지 않았다. 니체는 크게 실망한다. 오히려 니체는 정반대의 상황을 경험한다. 1876년 7월말 축제의 개막 연습 공연에 맞추어 바이로이트를 방문한 니체는 온갖 야단법석을 체험한다. – 독일 황제 빌헬름 1세의 도착, 축제가 열리는 장소와 반프리트 하우스Haus Wahnfried에서의 바그너의 호화로운 생활, 억지스럽고 코미디 같은 연출, 신화를 꾸미는 엉성한 무대 장치, 그 어떤 예술적 해방의 필요성도 느끼지 못하면서 단순히 예술적 이벤트를 즐기기 위해 모여든 들뜨고 자기만족에 빠진 군중, 공연 후에 떼를 지어서 음식점으로 몰려가는 소동 등. 니체는 실망한 나머지 병이 나고 며칠 후에 바이로이트를 떠난다. 니체는 바이로이트를 방문하기 전에 다음과 같은 글을 쓴 적이 있다. 여기서 그대들은 참된 예술을 받아들일 준비가 되어 있고 예술에 모든 것을 바친 관객들을 만나게 될 것이다. 이들은 더욱 지속적이고 고귀한 욕망을 향해 자신을 강화해나가기 위하여 자기 행복의 절정에서도 자신의 모든 존재를 응집시켰다고 느끼는 감동적인 사람들이다.(1, 449; WB) 하지만 니체는 바이로이트에서 이런 관객을 찾을 수 없었다. 그는 이러한 전망이 혼자만의 생각이었음을 고통스럽게 깨닫는다.

니체는 바그너의 음악과 음악극을 과대평가한 나머지 너무나 많은 것을 기대한 것이 아니었을까? 1876년 바이로이트에서 큰 실망을 한 후 니체는 미래에는 실망에도 흔들리지 않도록 자신을 단련하기 위해 『인간적인 너무나 인간적인』을 쓰기 시작한다.

니체가 1872년부터 1874년 사이에 『반시대적 고찰』의 첫 3권을 쓸 때만 해도 이 정도의 상황은 아니었다. 당시만 해도 니체는 바그너의 프로젝트에 대해 수수께끼 같은 깊이, (…) 무한성 그리고 불확실하고 해명할 수 없는 것을 암시하는 (…) 혜성의 꼬리를 가진 것으로 신뢰한다. 그리고 니체는 자신이 힘을 합치면 바그너의 프로젝트가 어마어마한 마력을 펼칠 수 있으리라고 믿는다. 니체는 존재의 헤아릴 수 없는 것(1, 80f.; GT)에 대한 감각이 다시 깨어나기를 희망한다. 니체는 『반시대적 고찰』

에서 시대정신과 대결하는데, 이 시대정신이 형이상학적 위안을 현세적 화합으로, 고유한 기계 장치의 신으로, 말하자면 기계와 용광로의 신으로 대체한다고 비난한다.(1, 115; GT)

제 6 장

시대의 사상가들. 일터의 철학. 탈주술화. 『반시대적 고찰』. 유물론과 역사주의에 대한 저항. 탈출 시도와 해독을 위한 요양. 막스 슈티르너의 수용과 극복.

게오르크 빌헬름 프리드리히 헤겔

시대의 사상가들. 일터의 철학. 탈주술화.『반시대적 고찰』. 유물론과 역사주의에 대한 저항. 탈출 시도와 해독을 위한 요양. 막스 슈티르너의 수용과 극복.

니체가 원했던 것은 거대한 힘이었으며, 이 거대한 힘에 가장 가까운 것은 바로 음악이었다. 그는 비극적 세계 감정의 부활을 원했다. 그가 원했던 것은 학문이 아니라 디오니소스적 지혜였다. 하지만 그가 살았던 시대는 학문이 엄청난 승리를 구가하던 때였다. 실증주의, 경험주의, 경제중심주의 그리고 공리주의가 시대정신을 지배했고, 무엇보다도 사람들은 낙관적이었다. 니체는 독일 제국 수립이 모든 '비관주의' 철학에 치명적인 타격을 가했다(1, 364; SE)고 환호하는 사람들에게 분노한다. 니체는 자신의 시대를 성실하고 정직하지만 천박하다고 진단하며, 자신의 시대가 모든 종류의 현실 앞에서 더욱 예속적이고, 더욱 참되다고 말한다. 또 자신의 시대는 현실적인 것에의 예속을 정당화하기에 적합한 이론들을 찾는다고 주장한다.

니체는 이러한 현실주의의 속물적이고 비겁한 양상을 목격했다. 하지만 19세기 중반부터 유행했던 현실주의는 오직 현실적인 것을 더욱더 완전하게 통제하고 자신의 뜻대로 변형시키기 위해 현실적인 것에 굴종했다. 니체가 이후에 선포할 힘에의 의지가 이미 기세를 떨치고 있는 셈이다. 물론 이는 초인의 고귀한 형태가 아니라 모든 실제적인 일에 과학을 적용하는 문명의 활동, 그 분주한 개미떼의 활동을 뜻한다. 이러한 현상은 시민 사회에서 나타났지만, 노동운동에서도 나타났다. 이미 잘 알려져 있듯이 당시 노동운동이 강력하게 외쳤던 구호는 '아는 것이 힘이다'였다. 교육은 사회적 신분 상승을 가능하게 하고 모든 종류의 허위와 기만에 저항할 수 있게 해주어야 했다. 오직 아는 자만이 쉽게 속지 않으며, 지식을 쌓은 사람은 더 이상 그 무엇에도 감명받을 필요가 없다는 인상적인 특징을 갖고 있다. 또 열광(1, 169)의 유혹을 이겨낼 수 있도록 도와주는 지식이 선호된다. 과도하게 흥분하는 태도는 허용되지 않고, 일을 무감각하고 사무적으로 처리하는 자는 성공하고 자립할 수 있다. 사람들은 일을 축소해서 감당할 수 있는 최소 수준에서 관리하려 한다.

절대정신의 관념론적 비상이 끝난 19세기 중반 이후로 갑자기 사람들을 현실에 예속된 소시민으로 만들려는 욕구가 도처에서 터져 나온 것은 참으로 놀라운 일이다. 당시에 '인간은 단지 …일 뿐이다'라는 사고방식이 유행한다. 낭만주의 시대에는 사람들이 마법의 주문을 읊조리면 세계가 노래하기 시작한다고 상상했다. 19세기 전반기의 시와 철학은 항상 새로운 마법의 주문을 찾아내고 고안하는 매혹적인 기획이었다. 당시에 요구되었던 것은 감정의 토로였다. 니체는 자신이 살았던 시대의 무미건조한 태도를 비판하면서 낭만주의로 빠져드는데, 니체가 이때 보여주는 낭만주의에 대한 집착은 자신이 나중에 동의할 수 없을 정도로 강한 것이었다. 이미 학생 시절에 그는 자신이 좋아하는 시인인 횔덜린을 변호하다가 한 선생과 설전을 벌이기도 했다. 19세기 후반의 정신적 경향은 마법의 무대에서 활동하는 낭만주의자들에게 더 이상 호의적이지 않았다. 사실에 입각한 정신과 '단지 …일 뿐이다'라는 사고방식으로 무장한 현실주의자들의 눈에 이들은 어린아이들로 보였다. 현실주의자들은 이상주의자들과 낭만주의자들이 미친 듯이 행동했고 모든 것을 뒤죽박죽으로 만들었으므로 이제 이를 정리하고 삶의 진지함을 내세우려고 했다. 19세기 후반의 이러한 현실주의는 등장인물들은 왜소하지만 이들이 하는 일은 '위대하게' 그렸다. 우리가 모두에게 이득을 주는 근대 과학 문명에 '위대한'이라는 수식어를 붙일 수 있다면 말이다. 어쨌든 19세기의 마지막 3분기에 무절제하고 환상적인 것을 모두 반대하는 초기 모더니즘이 시작되었다. 당시에 냉철한 실증주의의 정신이 어떤 엄청난 결과를 초래할지를 예감한 이는 소수에 불과했는데, 그중 하나가 니체였다.

19세기 중반에 지극히 조야한 형태의 유물론이 등장해 독일 관념론의 에너지를 약화시켰다. 냉철함을 강조하는 책들이 갑자기 베스트셀러가 되었는데, 카를 포크트의 『생리학 서한』(1845년)과 논박서 『맹신과 과학』(1854년), 야코프 몰레쇼트의 『생의 순환』(1852년), 루트비히 뷔히너의 『힘과 물질』(1855년), 하인리히 촐배의 『감각론의 새로운 해설』(1855년) 등을 들 수 있다. 촐배는 힘과 충격과 내분비선 기능에서 나오는 유물론의 에토스를 다음과 같이 특징지었다. "초감각적인 세계를 고안해 우리가 아는 세계를 개선하려고 하거나 인간에게 초감각적인 특성을 부여해 인간을 자연 위에 선 존재로 만들려고 하는 것은 바로 (…) 월권과 허영의 증거이다. 정말 그렇다. 현상의 세계에 만족하지 못하고 초감각적인 것에 의지하는 가장 큰 이유는 (…) 도덕적으로 허약하기 때문이다. (…) 있는 그대로의 세계에 만족해야 한다."(랑에 2, 557) 하지만 이런 사고방식에 '있는 그대로'라는 말이 무슨 의미가 있는가! 생성Werden하는 세계와 존재Sein하는 세계는 물질의 구성분자들이 이합집산한 것에 불과하고 에너지의 변환일 따름이다. 그것은 바로 원자론자 데모크리토스의 세계이다. 니체는 데모크리토스의 세계를 당대 유물론자들의 공격으로부터 보호해야 한다는 의무감을 느낀다. 이 유물론자들에게 아낙사고라스의 '지성Nous'이나 플라톤의 '이데아'는 더 이상 필요하지 않으며, 그리스도교인들의 '신Gott', 스피노자의 '실체Substanz', 데카르트의 '코기토cogito', 피히테의 '자아Ich', 헤겔의 '정신Geist' 등도 더 이상 필요하지 않다. 그들에게 인간의 정신이란 단순한 뇌의 기능일 뿐이다. 인간의 사유와 뇌의 관계는 담즙과 간, 오줌과 신장의 관계와 같다. 과거에 위세를 떨쳤던 형이상학자들 중에서 아직도 명맥을 유지하고 있던 소수의 인물 중 하나인 헤르만 로체는 이들의 사유에 대해 "다소 여과가 덜 된 것"이라고 논평했다.

분별 있는 이의 제기에도 불구하고 유물론의 약진은 막을 수 없었다. 이렇게 된 이유는 무엇보다도 이러한 유물론에는 특별한 형이상학적 요소, 즉 진보에 대한 믿음이 가미되었기 때문이다. 이러한 믿음에 따라 우리가 사물이나 생명체를 가장 기초적인 성분까지 분석해 들어간다면, 자연을 움직이는 비밀을 발견하게 된다. 그리고 우리가 사물이 어떻게 구성되어 있는지 밝혀낸다면, 이를 모방할 수도 있을 것이다. 바로 여기서 사물의 비밀을 알아내려는 의식이 작동한다. 자연의 경우도 마찬가지이다. 우리가 자연의 작동 원리를 – 실험을 통해 – 파헤칠 수 있다면, 자연의 본질을 알아낼 수 있는 것이다.

이러한 정신 자세는 19세기 후반에 마르크스주의에도 중요한 자극을 준다. 마르크스는 세심하게 공들여 작업한 저작에서 사회구성체를 해부하고 그 영혼을 끄집어냈는데, 그것이 바로 '자본'이다. 하지만 최종적으로 프롤레타리아의 메시아적 사명(1850년 이전 독일 관념론에 대한 마르크스의 기여)이 자본의 냉혹한 법칙성(1850년 이후 결정론의 정신에 대한 마르크스의 기여)에 대항하는 또 한 번의 기회를 가질 수 있을지 여부가 더 이상은 분명하지 않게 되었다. 마르크스도 예전에 고상하고 숭고한 것으로 기세를 떨쳤던 정신을 면밀히 분석하려고 한다. 그는 상부구조로서의 정신을 사회 노동이라는 토대로 환원시킨다.

결국은 노동이다. 노동은 실천적 의미를 훨씬 넘어서 점점 더 삶의 여러 측면들을 해석하고 평가하는 기준점이 된다. 인간은 어떤 노동을 하느냐에 따라 정체성이 결정되고, 사회는 노동 사회이다. 그리고 자연도 진화 과정에서 노동을 한다. 노동은 새로운 성역, 즉 사회를 결속시키는 일종의 신화가 된다. 개인을 작은 바퀴와 나사로 만드는 거대한 사회라는 기계는 인간의 자기해석을 좌우하고 개인이 나아갈 방향을 제시한다. 니체가 19세기 후반의 대중 계몽운동가 다비트 프리드리히 슈트라우스를 비판할 때 정조준한 것은 바로 이러한 관점이다. 다비트 프리드리히 슈트라우스는 첫 저서인 『예수의 생애』(1835년)에서 그리스도교를 합리주의적 관점에서 비판했고, 말년에는 신앙고백서인 『옛 신앙과 새 신앙』(1872년)을 출간했는데, 두 권 모두 대중의 큰 주목을 받았다. 그는 바그너의 새로운 예술 신화, 특히 예술을 종교의 자리로 끌어올리려는 바그너의 시도에 강력하게 반대했다. 이 때문에 그는 끊임없이 바그너에게 미움을 받았으며, 바그너의 영향을 받은 니체는 『반시대적 고찰』 제1권에서 슈트라우스를 노동에만 혈안이 되어 있는 과학 문화와 효용성을 추구하는 문화의 징후라고 비판한다.

슈트라우스는 현 시대와 현 시대가 이룬 성과에 – 철도, 예방주사, 용광로, 성경 비판, 제국 수립, 비료, 신문, 우체국 등에 – 만족해야 할 이유는 충분하다고 주장한다. 따라서 현실을 떠나 형이상학과 종교에 빠질 이유가 전혀 없다. 물리학^{Physik}이 하늘을 나는 법을 배운다면, 초월의 세계를 날아다니는 형이상학$^{Meta-Physik}$은 땅으로 내려와 품위 있게 살아가는 데 적응해야 한다. 따라서 현실 감각이 요구된다. 현실 감각은 미래의 기적을 낳을 것이다. 예술에 너무 현혹되어서도 안 된다. 그러나 예술은 잘 정제되기만 하면 유용하고 좋을 뿐만 아니라 꼭 필요하다.

우리 세계가 거대한 기계가 되었기에, 다음과 같은 비유는 유효하다. 이 기계에는 바퀴들만 무자비하게 돌아가는 것이 아니라 윤활유도 흐른다.(1, 188) 이 윤활유가 바로 예술이다. 슈트라우스는 하이든의 음악을 정직한 수프, 베토벤의 음악은 사탕이라고 말한다. 슈트라우스는 베토벤의 「영웅」을 들으면 규범을 일탈해 모험을 하고자 하는(1, 185) 욕구가 생겼지만 곧 다시 통일 독일 수립의 열기로 들떠 있는 일상으로 되돌아오고 말았다. 니체는 슈트라우스에게서 나타나는 양털 실내화를 신었을 때와 같이 은근히 데워지는 감격(1, 182)에 온갖 조롱과 조소를 퍼붓는다.

우리는 니체에게서 예술, 특히 음악을 통해 세상의 중심에 서게 된다고 믿는 사람의 분노를 느낀다. 그는 예술의 마력에서(1, 452) 자신의 참된 존재를 발견한다. 이 때문에 그는 예술을 아름다운 부속물로 여기거나, 심지어 가장 아름답긴 하지만 그래도 결국은 부속물에 지나지 않는 것으로 생각하는 사람들에 맞서 싸운다.

예술에 대해 신성모독을 범하는 시민계급을 향한 분노는 ─니체는 이런 신성모독을 범하는 이들을 교양 속물Bildungsphilister이라고 부른다.─ 이미 낭만주의 작가들에게도 익숙한 모티프였다. E. T. A. 호프만의 『요하네스 클라이슬러 악장의 음악적 고뇌』에서 크라이슬러 악장은 사람들이 "편안한 오락과 기분 전환"을 원하는 저녁 음악회에서 바흐의 「골드베르크 변주곡」을 지나칠 정도로 격렬하게 연주해서 청중을 내쫓아 버린다. 또 다른 호프만의 작품 『스퀴데리 양』에서는 보석을 세공하는 예술가가 등장하는데, 그는 살인까지 저지른다. 호프만은 관객 모독에서 관객 살인으로 나아가고 있는 것이다. 이는 예술의 아우라를 고집하는 예술가와 효용성을 추구하는 예술 속물 사이의 전쟁을 그리는 낭만주의적인 이야기들이다. 그리고 니체가 슈트라우스를 비판하는 것도 이러한 전통에 서 있다. 니체도 분노하는 예술 애호가로서 복수극을 펼치고 있는 셈이다. 저 젊은 호랑이가 (…) 사냥에 나서기만 하면, 허영심 강한 모든 지식인들과 심미적 천국 전체가 끝장날 것이다!(1, 184; DS) 젊은 호랑이라고? 이 이미지는 이미 『비극의 탄생』에 등장했는데, 거친 디오니소스적 예술 정신을 상징했다. 니체가 분노하는 이유는 교양 속물들이 거대한 힘을 온화하고 친근한 것으로 무력화시키기 때문이다.

이는 예술은 물론이고 자연에도 적용된다. 슈트라우스는 당시에 강력한 위력을 떨치던 다윈주의를 그 어떤 부작용도 없는 단순한 현상으로 여기고, 이로부터 파생될 심각한 결과에 대해서 전혀 고려하지 않는데, 니체는 바로 이러한 점을 비판한다. 슈트라우스는 여기서 출발해 무신론을 기꺼이 받아들인다. 이제 신이 아니라 원숭이가 주제로 대두된다. 슈트라우스는 원숭이 계보학이라는 털이 수북한 옷(1, 194; DS)을 입었다. 하지만 그는 이 자연계보학에서 윤리적 결론을 도출해내기를 꺼린다. 그는 그럴 용기가 있었다면 만인에 대한 만인의 투쟁과 강자의 특권에서 삶을 위한 도덕 지침을 도출해낼 수 있었을 것(1, 194)이며, 이를 통해 속물들을 자신의 적으로 만들었을 것이다. 하지만 슈트라우스는 안정과 편안함을 원하는 속물들의 욕구를 충족시키기 위해 유물론에서 허무주의적인 결론 도출을 피한다. 그 대신 그는 자연에서 새로운 "영원한 선의의 계시"(1, 197)를 발견함으로써 자신의 생각을 사람들이 받아들이기 편하게 바꾼다. 하지만 니체에게 자연은 거대한 힘 그 자체이다.

『반시대적 고찰』 제3권에서 니체는 자신을 자연주의자들이나 유물론자들과 구분하기 위해 자연을 디오니소스적으로 해석하는데, 이러한 해석은 교양 속물들의 진부한 낙관주의와는 정반대 입장을 취한다. 니체에 따르면 무생물에서 식물과 동물에 이르는 자연의 전체 위계질서 중에서 인간에서만 의식이 나타난 것은 정말 놀라운 일이다. 왜 자연은 인간에게만 의식을 주었을까? 돌은 자신이 존재한다는 것을 알지 못한다. 동물은 자신의 환경을 지각하기는 하지만 그러한 환경에 불가분하게 얽매여 있다. 오직 인간만이 자신이 지각한다는 사실을 지각하며 이로써 거리를 두는 의식이 생겨나는 것이다. 인간은 자신의 주변 환경에 적응하며 살 뿐만 아니라 세계를 열린 공간으로 체험한다. 인간이 동물적인 실존의 혼미한 상태에서 벗어나는 순간, 세계는 투명성을 얻게 된다. 의식을 가진 인간은 모든 생명체의 충동과 속박을 알게 되고 자신의 구역질 나는 탐욕뿐만 아니라 생명체들이 맹목적이고 미친 듯이(1, 378; SE) 다른 생명체를 이용하고 파멸시키려고 수단과 방법을 가리지 않는다는 사실도 알게 된다. 따라서 의식이 처음으로 알게 되는 것은 현상 세계에 대한 기쁨이 아니라 존재의 고통이다. 이는 우리가 병에 걸리듯이 의식에 의해서 감염되는 것을 의미하는 게 아닐까? 자연적인 존재가 이러한 의식을 잘 견딜 수 있을까? 의식은 혹시 저주가 아닐까? 갑작스럽게 나타난 광명 속에서 우리는 몸을 떨며 주변과 뒤를 바라본다. 거기에 날렵한 맹수들이 달리고 있고 우리도 그들 가운데에서 달린다. 거대한 지구에서 펼쳐지는 인간의 엄청난 활동, 도시와 국가를 건설하고 전쟁을 벌이고 쉬지 않고 축적하고 분배하며, 서로 뒤엉켜 질주하고 서로에게서 배우며, 서로를 속이고 짓밟으며, 고난으로 비명을 지르고 승리로 환호성을 울린다. ― 이 모든 것은 동물성의 연속이다.(1, 378; SE) 혼미한 상태에서 깨어나 이러한 광경을 보면서 우리의 의식은 두려움을 갖게 되고 본능의 무의식 상태로 되돌아가려고 한다. 일상적인 삶을 살아가는 데에는 의식으로 각성한 상태가 아닌 무의식 상태가(1, 379) 더 좋지 않을까? 그렇다. 이와 같은 각성은 일상적인 삶과 일에 충실한 현실주의자들에게는 고통의 근원이 될 수도 있다. 니체는 다음과 같은 질문을 던진다. 왜 자연은 우리에게 볼 수 있는 눈을 주었으며 왜 우리의 의식이 자신의 존재를 느낄 수 있게 만들었을까?

니체는 이렇게 질문함으로써 일종의 자연목적론을 내세우며 다음과 같은 주장을 덧붙인다. 자연 전체가 인간에게로 달려들면서 자신들이 동물적 삶의 저주로부터 구원되려면 인간이 필요하다고 알린다. 또 마침내 자신들의 동물적 삶에 거울을 비추어보니 삶이 더 이상 무의미하지 않고 형이상학적 의미를 가진 모습으로 나타난다고 알린다.(1, 378) 이러한 형이상학적 의미는 무엇인가?

여기서 말하는 형이상학적 의미란 사물들의 토대에서 나타나는 보편적인 조화도 아니고, 포괄적인 형이상학적 질서나 정의도 아니다. 형이상학적 의미는 오직 의식으로 깨어난 삶에서 자연이 단 한 번 도약을, 그것도 기쁨의 도약을 한다는 사실에 있다. 니체는 수수께끼 같은 말로 자신의 목적론적 주장을 이어간다. 자연은 이제 처음으로 목표에 도달했다고 느낀다. 다시 말해 자연은 목표를 가진다는 생각 자체를 잊어버려야 한다는 것과 자신이 삶과 생성의 게임에서 판돈을 너무 많이 걸었다는 것을 깨닫는다.(1, 380) 이는 오해할 소지가 있는 주장이다. 니체는 자연이 '주체'가 될 수 없다는 사실을 안다. 즉 자연은 무언가를 배우거나 잊어버리거나 혹은 판돈을 너무 많이 걸 수 있는 주체가 될 수 없다. 니체가 자연에 신성을 부여하려는 것도 아니다. 자연이 무엇을 배운다거나 잊어버린다고 말하는 것은 자연 존재인 인간의 의식에서 나타나는 반성을 뜻한다. 즉 인간 속에서 스스로를 의식하는 자연을 뜻하는 것이다. 인간의 자의식에서 자연은 목표 지향적인 욕망으로 나타나는데, 이 욕망은 결코 충족될 수가 없다. 왜냐하면 욕망은 목표에 도달하자마자 자신이 원하는 것은 목표에 도달하는 것이 아니라 오직 자기 자신이라는 사실을 깨닫기 때문이다. 따라서 욕망 추구는 지속될 수밖에 없다. 의식이 이 욕망에 자신을 되돌아볼 수 있는 "거울"을 비추면 욕망 추구는 멈출 수 있다. 이는 지치거나 절망해서가 아니라 결국 목표가 존재하지 않는다는 깨달음 때문이다. 우리는 항상 목표에 이미 도달해 있는 것이다. 목표에 도달한 순간은 미래에 있는 것이 아니라 항상 이미 와 있다. 우리는 정신을 바짝 차리고 침착하게 대응하는 법을 배워 이 순간을 붙잡아야만 한다. 불길한 미래를 예상하면서 이익을 얻기 위해 인생을 건 "게임"을 한다면, 판돈을 "너무 많이" 건 셈이 된다. 우리는 이런 식으로 인생을 걸고 도박을 할 수 있겠지만, 삶 그 자체는 도박을 하지 않는다. 삶은 선형 축적이나 점진적 증강의 원칙을 따르는 것이 아니라 괴테의 '죽어서 되어라 Stirb und Werde'라는 방식의 순환이다. 이 순환의 각 지점은 중심에서 같은 거리만큼 떨어져 있다. 이 때문에 삶은 늘 목표에 이미 도달해 있거나 항상 같은 거리만큼 목표에서 떨어져 있다. 자연은 이러한 목표에 대한 환상이 극복될 때 인간 속에서 기쁨의 도약을 한다. 의식으로 깨어난 인간은 바로 자기 자신이 목표이며 목표에 도달한 순간이라는 사실을 깨닫는다. 니체는 다음과 같이 말한다. 인간 속에서 자연은 이러한 인식을 통해서 아름답게 변모된다.(1, 380; SE) 니체는 이러한 흥분을 동반하지 않는 신기한 감동(1, 381)을 위대한 계몽이라고 부르는데, 바로 이를 통해서 현실은 아름다움(1, 380)의 외양을 갖추게 되는 것이다.

이처럼 아직은 쇼펜하우어의 영향이 완연하게 드러나는 니체의 사유는 현실의 변용을 지향한다. 그 전제는 다비트 프리드리히 슈트라우스가 주장한 자연에서 발견하는 새로운 "영원한 선의의 계시"가 아니라, 인식하는 자의 내부에서 일어나는 변화이다. 자신의 관심이나 욕망에 따라 현실을 관찰하는 대신, 의식은 의지와의 결속을 풀고 세계가 편안하게 자신의 내부로 들어오도록 자신의 문을 연다. "형이상학적 의미"는 오직 이러한 시각의 변화, 즉 욕망의 대상을 엿보는 태도에서 사물의 좋은 면을 보는 태도로의 변화에 있다. 여기서 니체는 아직 쇼펜하우어의 형이상학 개념에 의존한다. 이에 따르면 형이상학적 의식은 의지에 구속된 혼미한 상태에서 깨어나 세계를 다르게 본다. 따라서 관건은 우리 세계의 배후나 위에서 형이상학적 세계를 발견하는 것이 아니라, 비일상적인 다른 상태, 즉 앞에서 말한 흥분을 동반하지 않는 신기한 감동인 것이다.

니체는 이러한 사유에서도 계속해서 자신의 멘토인 쇼펜하우어와 아주 가까운 입장을 취한다. 니체는 쇼펜하우어의 이론을 받아들여 세계를 보는 시각 변화의 전제로서 욕망의 극복을 이야기한다. 하지만 니체는 이 과정의 능동적인 계기를 강조함으로써 쇼펜하우어와 차이를 나타낸다. 의지는 소멸되는 것이 아니라, 이러한 "도약"을 하는 인간 속의 무엇이 보통의 의지를 제압한다. 인간 속의 무엇이 저 불안정하고 '의식 없는' 다른 무엇을 지배하는 것이다. 결국 진정시키는 작용을 하는 이 무엇은 이례적으로 강한 의지이며, '의식 없는' 삶의 광기를 억제한다. 그것은 바로 우리가 잘 아는 "디오니소스적 지혜"인데, 심연을 직시할 정도로 강하고, 심연에 부딪혀 파멸하는 것이 아니라 신비롭고 명랑한 안정을 유지한다.

니체는 1873년에 쓴 「그리스 비극 시대의 철학」에서 디오니소스적 지혜의 유형에 대해 헤라클레이토스의 예를 들면서 다음과 같이 말한다. 유일하고 영원한 생성, 즉 헤라클레이토스가 가르치고 있듯이 끊임없이 작용하고 생성될 뿐 존재하지 않는 모든 현실적인 것의 철저한 비영속성은 우리를 마비시키는 공포의 표상이며, 이 표상이 미치는 영향을 놓고 보면 지진이 일어나 확고부동한 땅에 대한 믿음을 상실할 때 느끼는 감정과 가장 유사하다. 이 작용을 정반대의 것, 즉 숭고하고 행복한 경이로 옮기는 데는 놀라운 힘이 필요했다.(1, 824f.) 격동의 존재를 특정한 시각으로 견뎌내는 것은 단순히 쇼펜하우어의 말처럼 정관靜觀이나 의지를 소멸시키는 문제가 아니라, 다른 의지, 즉 구성의지를 활성화시키는 문제이다. 압도하느냐, 아니면 압도당하느냐가 관건인 것이다. 여기에는 투쟁적인 존재론적 관계가 작용한다. 최고로 능동적인 구성의지는 압도하려는 '의식 없는' 생명력에 도전한다. 이러한 구성의지는 예술적인 의지이며, '의식 없는' 충동의 단계를 넘어서서 상승하는 삶의 의지에 봉사한다. 이 때문에 니체는 헤라클레이토스를 심미적 인간이라고 부를 수 있는데, 이 심미적 인간이란 예술가와 예술 작품의 생성 과정을 지켜보면서 (…) 예술 작품을 탄생시키기 위해서는 필연성과 유희, 투쟁과 조화가 어떻게 짝을 이루어야 하는지를 터득한 자이다.(1, 831; PHG) 예술적 구성의지에서도 전체를 하나의 이미지로 압축하는 것이 중요하다. 그리고 이 이미지, 즉 헤라클레이토스의 세계상Weltbild은 시간의 흐름을 단 한 순간으로 압축하는 것과 다르지 않다. 이처럼 하나의 이미지로 압축하는 경험에서는 역사가 제거된다. 그리고 우리는 항상 목표에 이미 도달해 있기 때문에 목표를 가질 필요가 없다는 것을 깨닫는다.

니체가 맞서 싸운 시대정신의 첫 번째 측면이 유물론이라면, 두 번째 측면은 역사를 지나치게 강조하는 풍조이다. 니체에 따르면 역사주의는 독일에서 제국 수립 시기에 독특한 색채를 띠긴 했지만 결국에는 소크라테스적이고 알렉산드리아적인 지식 문화의 산물이다. 역사주의는 인류가 얼마나 영광스럽게 발전해왔는지를 의식하기 위해 역사를 되돌아본다. 이와 동시에 사람들은 생활감정과 양식에서 나타나는 불확실성을 보상하려 했다. 하지만 사람들은 자신들이 누구인지 그리고 자신들이 원하는 것이 무엇인지 제대로 알지 못했다. 따라서 역사주의는 진짜가 아닌 것에서 즐거움을 구하는 태도를 취하게 되었다. 이제 '마치 ~처럼'의 정신이 대세를 이룬다.

그럴듯하게 보이는 것이 사람들에게 감명을 주었다. 사용되는 모든 소재가 자신 이상의 것을 가장하려 했다. 소재상의 기만이 횡행했던 시대인 것이다. 대리석은 도색된 나무였고, 미광을 발하는 설화석고는 실상 석고에 불과했다. 새로운 것이 예스럽게 보여야 했으니, 주식거래소의 그리스식 주랑과 중세 성 모양의 공장 시설, 신축된 폐허가 그런 예였다. 역사적 연상이 인기를 끌어 법원청사는 총독의 궁전을 연상시켰고, 시민의 거실은 루터식 의자와 주석잔, 그리고 알고 보면 바느질 상자인 구텐베르크 성경을 갖추고 있었다. 독일 황제가 베르사유 궁전 거울의 방에서 독일 제국의 수립을 선포한 것처럼 당시의 정치 권력도 가짜 장신구의 광채를 발산했다. 이러한 권력에의 의지는 진실한 것이 아니었고 권력이라기보다는 의지였다. 당시 사람들은 연출Inszenierung을 원했다. 이 사실을 리하르트 바그너만큼 잘 알았던 사람도 없었는데, 그는 무대에서 게르만족의 선사 시대를 묘사하기 위해 온갖 연극 기법을 총동원했다. 이런 모든 것은 현실 지향적인 정신 태도와 잘 어울렸다. 이러한 정신 태도 내지 감각은 아주 효과적이었기 때문에 그럴듯한 외양과 유효성을 갖추기 위해 얼마간 미화되고, 치장되고, 장식되고, 세공되어야 했다.

니체는 역사주의가 부족한 생명력을 보충하려 한다는 의심을 떨칠 수 없었다. 생명력이 약해진 것은 소크라테스적인 지식의 문화에서 사회 통합의 구심점을 잃어버렸기 때문이다. 『비극의 탄생』에서 니체는 다음과 같이 말한다. 확고하고 신성한 고향도 갖지 못한 채 모든 가능성을 탕진하고 온갖 문화들에 기생하면서 겨우 연명해나갈 운명에 처한 문화를 생각해보라. 이것이 바로 신화를 파괴하려 했던 소크라테스주의가 초래한 오늘의 현실이다. (⋯) 충족되지 않은 근대 문화의 저 엄청난 역사적 욕구, 수많은 다른 문명의 수집과 불타는 지식욕은 신화의 상실, 신화적 고향의 상실, 신화적 모태의 상실이 아니라면 무엇을 의미하겠는가?(1, 146)

니체에게 이러한 역사주의는 지식과 인식으로 인한 생명력 마비 현상을 두드러지게 보여주는 예이다. "삶에 대한 역사의 공과"라는 제목을 달고 있는 『반시대적 고찰』 제2권에서 니체는 우리의 삶이 역사의식의 과잉으로 어떠한 병을 앓을 수 있는지를 설명한다. 이 사고는 당시에는 매우 이례적이었지만, 니체가 보편화시켰기 때문에 오늘날에는 더 이상 대담하게 여겨지지 않는다. 니체는 우리의 삶이 활기를 유지하기 위해서는 환상, 열정, 사랑에서 나오는 삶을 감싸는 분위기(1, 323)가 필요하다고 말한다. 이 생각은 현실주의에 대한 비판과 연결되는데, 당시 현실주의는 조야한 사실관계에 종속되어 체념적이고 무기력하며 냉소적인 태도를 취해 결국 허무주의적인 이기주의, 즉 경제적인 이득이 없다고 생각되는 모든 것에 무관심해지는 이기주의로 귀결되었다.

니체는 시대정신에 대한 비판을 지식 세계나 학문적인 교육과 관련된 것 같은 문제에서 시작한다. 즉 니체는 그의 시대가 역사와 과거에 존재했던 것과 형성되어온 것에 집착하고 역사 정보를 과도하게 수집하며 전반적으로 오직 학문 활동의 현상 유지에만 신경 쓰면서 세부 문제로 힘을 분산시키는 것 등을 문제로 삼는다. 니체는 학문 세계에서 역사주의가 기승을 떨치는 현상을 시대 비판의 출발점으로 삼고 이에 맞서 생삶을 강력하게 옹호한다. 이 글을 통해 이후 수십 년 동안 지속될 '생철학'이 탄생한다. 이 때문에 이 글은 니체의 저작 중에서 영향력이 매우 큰 저작으로 꼽힌다.

역사학과 자연과학은 수 세기 동안 수많은 지식을 양산했다. 그리고 지식과 인식이 최고의 이상으로 간주되었기 때문에 당시 지식인들은 가능한 한 많은 지식을 받아들이려고 했다. 그 결과로 근대인은 엄청난 양의 소화되지 않은 지식 돌멩이들을 몸에 달고 다니는데, 이 돌멩이들은 동화에서처럼 때가 되면 본격적으로 몸 안에서 덜커덩거린다. 이 덜커덩 소리를 통해 현대인의 고유한 특성이 무엇인지 밝혀진다. 외면과 일치하지 않는 내면 그리고 내면과 일치하지 않는 외면이라는 기묘한 대립이 현대인의 특성인데, 고대인들은 이를 알지 못했다.(1, 272) 이처럼 니체는 내면과 외면의 대립을 당시 독일 문화의 특성으로 여긴다. 사람들은 소화되지 않은 지식을 심오한 내면성이라고 여기고, 외면적으로는 취향과 정신을 포기한다. 외면적인 야만인을 위해 내면적 교양(1, 274)을 쌓는 셈인데, 문제는 이러한 내면적 교양이 실속이 없다는 점이다. 이러한 교양은 삶에서 구체화되지 못하고, 니체가 즐겨 말하듯 우리 몸에 동화된 것도 아니다. 이러한 태도의 특징은 예술과 건축에서 나타나는 저속성과 지나친 인기 몰이와 모방 그리고 사회생활에서 나타나는 천박한 매너이다. 사람들은 자신들이 자연스러움을 지니고 있다고 자랑하고 프랑스의 교양과 세련미에 비해 우월감을 느낀다. 하지만 자연 상태로 되돌아간다고 믿었지만, 실제로는 단지 방종, 안락함 그리고 아주 미미한 정도의 자기 극복을 선택한 것이다.(1, 275) 니체는 '문화'로 오해되는 이러한 조야한 내면성의 허세에 맞서 '문명'을 옹호한다. 하지만 니체는 이 문명 또한 신선한 창조력의 관점에서 다시 사회적 관습에 불과하다고 비판하기도 한다. 따라서 이후에 불거진 독일적 "문화"와 프랑스적 "문명"을 둘러싼 논쟁에서 – 이 논쟁에 대해서는 이후에 다시 살펴볼 것이다. – 대립적인 입장을 취한 양측이 똑같이 니체를 근거로 제시하게 된다.•

개성을 형성해나가는 데 방해가 되는 이러한 소화되지 않은 지식 돌멩이들은 역사주의와 대중화된 자연과학에서 유래한다. 니체는 사회 생활에서 만연하는 역사의 과잉을 천박해진 헤겔주의의 뒤늦은 영향 탓으

• 이 "문화 대 문명" 논쟁은 제1차 세계대전 전후에 본격화된 것으로 민족정체성과 문화유형론에 근거한 이데올로기 논쟁이었다. 독일의 심오한 문화 대 서구의 피상적 문명, 유기적 공동체 대 기계적 사회, 영웅 대 장사치, 감정 대 감상, 덕성 대 계산적 사고와 같은 이분법이 주요 쟁점이었다. – 옮긴이

로 돌린다. 헤겔주의는 역사적인 권력이 바로 강력하기 때문에 이성적이라고 여겼고, 또 이 때문에 존재하는 권력에 대해서는 존경심을, 역사의 전유•에 열과 성을 다할 것을 요구했다.

헤겔이 원래 의도한 바는 이와는 전혀 다른 것이었으며, 니체도 이를 안다. 잘 알려져 있듯이 헤겔은 역사를 사랑한 철학자였다. 헤겔에게 역사는 이성적이긴 하지만, 사랑에 빠진 이들에게 늘 그렇듯이 매력적이고 매혹적인 것이었다. 그에게 역사는 "모두가 만취 상태에 빠져 있는 디오니소스 축제의 흥분의 도가니"(헤겔, 39)였다. 시작은 튀빙엔 신학교Tübinger Stift에서였다. 바스티유 감옥이 무너졌다는 소식을 들은 헤겔과 그의 기숙사 동료인 횔덜린과 셸링은 네카 강변에 자유의 나무 한 그루를 심었다. 그것은 역사를 직접 만들어가려는 젊음의 열정, 또 역사를 살아 있는 최고의 이성으로 이해하고 변화시키려는 젊음의 열정이었다. 니체가 역사 의식과 학문의 과잉으로 병든 자신의 시대에 대해 요구한 것도 바로 이러한 젊은이들의 저항이었다. 헤겔의 세대는 역사에서 혁명적인 정신을 발견할 수 있었다. 그리고 이 때문에 역사의 전유가 요청된 것이다. 역사는 비약하기는 했지만, 그렇다고 사람들을 짓누르지는 않았다. 역사는 사람들을 모험적인 여행으로 이끌었다. 하지만 프랑스 대혁명이 일어난 지 4반세기 후에 역사가 자신의 열광적 추종자들에게 많은 실망을 안겨주자 역사 이성의 이미지도 달라졌다. 당시 노년의 헤겔은 자신이 이제는 더 이상 실망하지 않도록 역사 이성에 대한 믿음을 어떤 형태로든 확립하려 했다. 배신당한 애인은 "이성의

• 전유Aneignung는 "자기화"로 번역되기도 하는데, 역사 속에서 스스로 세계를 인식하고 자기 것으로 변화시키는 주체를 강조하는 개념이다. 나의 것으로 만드는 것 또는 나에게 적용해 의미 있는 것으로 만드는 것을 의미한다. ─ 옮긴이

간계"에 공범이 되는 것으로 위안을 찾는다. 그는 지혜를 짜내 더 이상 실망을 허락하지 않는 역사 이성의 체계를 기획한다. 이성은 역사로 향하고, 역사는 고통스런 갈등을 겪지만 결국 이성으로 향한다. 헤겔의 체계에서는 이러한 과정이 묘사되며 결국에는 인간의 자의식에도 각인된다. 따라서 역사의 신비가 헤겔 철학의 의식에서 드러나는 것이다.

니체에 따르면 헤겔은 자유 쟁취의 영웅사가 끝난 데 대한 비애와 기억만 할 뿐 더 이상 행동하지 못하는 후예라는 의식을 갑자기 뒤집어 이를 오히려 미화시키고 우상화하는 묘수를 부린다. 스스로가 잘 알고 있는 자신의 비참함을 세계사의 완성으로 치부하는 것이다. 따라서 독일에서는 "세계사의 진행Weltprozess"이라는 말이 등장하고, 현재는 이러한 세계사 진행이 필연적인 결과로 정당화된다. 이와 관련해 니체는 다음과 같이 말한다. 이런 고찰 방식으로 인해 역사는 예술과 종교와 같은 다른 정신적 힘들을 대신해 유일하게 절대자의 위치를 차지하게 되었으며, 이제 역사는 '스스로를 실현하는 개념'이자 '민족 정신의 변증법' 그리고 '최후의 심판'이 된다.(1, 308)

헤겔은 역사를 철학적인 용어로 귀족화시켰을 뿐만 아니라 현실 진단에도 철학적인 권위를 부여했다. 또 헤겔은 정치적인 투쟁을 위해, 즉 미래를 위해 철학하도록 고무하기도 했다. 따라서 헤겔의 유명하면서도 악명 높은 "이성적인 것은 현실적이고, 현실적인 것은 이성적이다."라는 명제도 철저히 정치적으로, 그것도 서로 반대되는 두 가지 방향으로 영향을 미쳤다. 한편에서는 이 진술을 현실의 정당화로 해석했고, 다른 한편에서는 – 예를 들어 아르놀트 루게, 브루노 바우어, 프리드리히 엥겔스 그리고 카를 마르크스의 경우 – 단순히 존재하기만 하는 것을 이전에는 사유하기만 했던 이성과 일치시킴으로써 현실로 만들라는 요청으로 이해했다. 따라서 이 명제는 한편으로는 존재를, 다른 한편으로는 당위를 말했다. 하지만 양쪽 모두 사회와 역사가 진리 현현의 무대라는 점에 대해서는 공감하고 있었다.

이는 오늘날에는 당연하게 받아들여지고 있지만, 헤겔 이전에는 그렇지 않았다. 헤겔 이전의 사람들은 신과 세계, 인간과 자연, 그리고 인간과 존재와 같은 이분법적 사고를 했다. 헤겔 이후 이 둘 사이에 사회와 역사라고 하는 중간 세계가 등장해 모든 것을 자신에게로 끌어들인다. 예전의 총체적인 것의 형이상학, 즉 신, 존재, 인간의 형이상학은 사회와 역사의 형이상학으로 바뀌고, 개인에 대한 이야기는 의미가 없어졌다. 왜냐하면 개인이란 늘 사회와 역사에 종속된 존재로 여겨지기 때문이다. 이 사회적이고 역사적인 중간 세계를 초월하는 것은 오직 자연, 즉 인간적인 자연과 인간 외적인 자연뿐이다. 하지만 인간은 자연에 속한 존재로서 개인이라기보다는 훨씬 더 보잘것없는 견본에 불과하다. 과거의 형이상학은 인간에게 영적인 공간을 만들어주려는 시도였다. 하지만 이제 이 공간은 점점 좁아진다. 인간은 사회적이고 역사적인 필연성과 자연적인 필연성 사이에서 어찌할 바를 모르고 허둥댄다. 결국 19세기 후반기에 이르러 이 필연성들 사이의 주도권을 놓고 다툼이 벌어진다. 헤겔과 이후 마르크스는 사회적 필연성과 역사적 필연성의 승리를 믿는다. 헤겔은 "자기 자신을 찾는 정신"을, 마르크스는 "자연의 지양"을 주장한다. 이는 이 두 사람에게 자유로 향하는 길을 의미하는데, 이들에게 자유란 역사의 사회적 산물이다. 이들과는 반대로 유물론자들은 자연적 필연성의 주도권을 인정한다. 하지만 이들도 대개 예전의 형이상학이 약속했던 구원을 세속화하고 자연의 진화사를 더 높은 발전으로 받아들인다.

기계화 시대 초기에 철학은 존재의 남은 차원, 즉 자연과 역사를 일종의 기계로 변화시키기 시작한다. 니체의 동시대인들 중에서 낙관주의자들은 기계에 성공적인 삶의 생산을 맡길 수 있다고 생각한다. 물론 사람들이 기능에 맞게 행동한다는 전제 조건이 있긴 하지만 말이다. 니체는 헤겔의 "세계사의 진행"이 기계적인 전개와 공장 시설로 전환되는 과정을 자신의 전문 분야인 문헌학 분야에서 섬세하게 포착한다. 대학은 젊은이들을 교육시켜서 학문의 노동시장으로 보내는데, 이곳에서 그들 각자는 처리해야 할 세부 주제나 문제를 할당받는다. 전체적으로 보면 학문 공장이며 어느 누구도 자신들이 열심히 생산하는 것이 도대체 무엇에 유용하게 쓰이는지 알지 못한다. 어쨌든 이들은 자신들의 주인을 먹여 살리고 있는 것이다. 니체는 이러한 상황을 서술하다가 어느 한 구절에서 멈추고 자신이 쓰고 있는 용어에 대해 숙고한다. 하지만 내가 최근의 젊은 지식인 세대를 묘사하려고 하면 나도 모르게 '공장, 노동시장, 공급, 실용화' 같은 말들이 ─ 그리고 이기주의와 관련된 모든 조동사들이 ─ 내 입가에 맴돈다.(1, 300f.)

니체는 이처럼 역사를 일터로 여기며 세계사의 진행을 벌처럼 일하는 모습으로 사유하는 자로 당시 많이 읽히던 철학자 에두아르트 폰 하르트만Eduard von Hartmann을 선택한다. 하르트만 역시 쇼펜하우어를 자신의 스승으로 생각하고 있었다. 쇼펜하우어를 추종하는 니체는 하르트만이 "세계사의 진행에 개인이 전적으로 헌신해야 한다"고 주장하자 이를 도발로 느낀다. 묘하게도 하르트만이 생각하는 세계사의 진행은 대규모로 행해지는 부정의 과정이다. 쇼펜하우어에게 의지의 부정은 위대한 금욕주의자나 성인들에게서 볼 수 있는 신비를 의미하지만, 퇴역 장교 출신인 하르트만은 의지의 부정을 체계적으로 실행에 옮겨야 하는 과제로 생각한다. 하르트만은 이러한 체계를 수립하기 위해 헤겔 철학에서 도움을 얻는다. 이렇게 쇼펜하우어 철학과 헤겔 철학이 결합되어 나온 것이 방대한 『무의식의 철학Die Philosophie des Unbewußten』(1869년)이며,

이 책에서 하르트만은 삶의 의지가 어떻게 환멸을 느끼게 되는지에 대한 3단계 이론을 자세하게 설명하고 있다. 요약하면 다음과 같다. 삶의 의지는 스스로 자신을 부정할 수 없으므로 차라리 우리는 이 문제를 헤겔처럼 세계사의 진행에 맡겨야 한다. 하르트만은 인간의 염세주의적인 의식의 힘을 칭찬한다. 이러한 염세주의적인 세계정신은 처음에는 무의식적으로 작동하다가 결국 스스로에게로 향한다. 이때 세계정신은 행복의 모든 환상을 – 현재와 미래의 그리고 저 세상에서의 행복의 환상을 – 제거하고 세계를 자신의 품에 다시 받아들이면서 사라진다. 염세주의적인 세계정신의 이러한 열의는 코미디와 같은 인상을 주는데, 미래를 환호하다가 부정으로 치닫는 민첩함이나 긍정에서 부정으로 넘어가기 위해 모든 환상을 제거할 때 보여주는 관료적인 엄격함도 코미디와 같은 인상을 주기는 마찬가지이다. 그리고 이 책의 저자가 결국 부정에 당도해 세계사의 진행을 종결지을 때 묘한 소시민적인 안락함이 나타난다. "세계사의 진행"에 관한 모든 말은 본모습을 알 수 없을 정도로 왜곡된다. 하르트만은 세계사의 진행을 무無로 향하게 하는데, 이로써 의도와는 다르게 "세계사의 진행"을 무의미한 상투어로 전락시키고 만다.

니체는 늘 자신의 핵심 사상으로 돌아가는데, 그의 핵심 사상이란 생명력은 지식에 의해, 그리고 과거의 힘에 대한 믿음에 의해 손상되거나 심지어 파괴된다는 것이다. 그의 처방은 관계를 역전시키는 것이다. 우리는 역사의 원칙을 역사로 돌려야 하고 역사 지식을 통해 역사의 권력을 깨뜨려야 한다. 니체는 이러한 생각을 다음과 같이 인상적으로 표현한다. 역사는 역사의 문제를 스스로 해결해야 한다.(1, 306)

니체는 아직 역사적으로 생각하지 않았던 고대 그리스 시대로 되돌아가 그곳에서 역사에 의해 압도당하지 않는 삶의 기술의 척도를 구한다. 이로써 니체는 역사를 역사에 대항하게 하는 것이다. 니체는 그리스인들도 낯선 것과 과거의 것으로 넘쳐나는 역사의 카오스에 빠진 적이 있었음을 기억한다. 셈족과 바빌론, 리디아, 이집트의 문화 요소와 전통이 몰려왔으며 그리스 종교는 전 오리엔트 신들의 투쟁(1, 333)이었다. 그런 만큼 그리스 문화가 지닌 힘은 더더욱 경이로웠다. 그리스 문화는 이런 힘을 통해 카오스를 조직하는 법(1, 333)을 배워 참된 풍요로움을 이룬 것이다. 그리스 문화는 제한적이긴 했지만 여유로운 지평을 구축하고 신화를 창조했으며 삶을 채워나갈 공간을 만들었다.

니체는 역사는 역사의 문제를 스스로 해결해야 한다는 말을 떠올렸을 때 즉각 역사뿐만 아니라 지식의 문제에도 적용할 수 있는 공식을 찾았음을 깨달았다. 우리는 지식과 소위 진리라고 주장하는 것들의 자가동력에 압도당하지 않기 위해서 어떻게 해야 하는가? 삶이 지식에 질식당하지 않으려면 어떻게 스스로를 지켜야 하는가? 니체는 방금 인용한 구절에 연이어 바로 답을 제시한다. 지식은 자신의 가시를 자신에게로 돌려야 한다.(1, 306)

니체는 한 친구에게 1840년대에 살고 싶다고 고백한 적이 있다. 바로 이 시기에 한 저술가가 자유롭고 활기찬 정신에 대한 책을 쓰면서 역사주의적이고 자연주의적인 논리로 무장한 기계주의자들에게 반기를 들었다. "자유롭고 활기찬 정신은 사람들이 신뿐만 아니라 권리, 국가, 법 등과 같은 다른 사상들에 대해서도 종교적이거나 신봉하는 태도를 보이는 것을 알고 있다. 즉 이러한 정신은 도처에서 신들린 듯이 맹신하는 태도를 확인하고 사고를 통해 사상들을 해체하려고 한다."(슈티르너, 164) 여기서 우리는 니체가 행한 철학적 도발을 연상할 수 있다. 슈티르너는 니체 이전에 니체와 유사하게 전복 사유를 실험한 철학적 선동가였다. 그는 니체가 태어난 해에 출간된 책에서 자연과 역사와 사회가 표방하는 일견 확고해 보이는 논리에 대해 아나키즘무정부주의적 저항을 표시했다. 베를린의 "상류층 딸들을 위한 사립학교"의 교사였던 요한 카스파르 슈미트는 막스 슈티르너란 가명으로 1844년에 『유일자와 그의 소유Der Einzige und sein Eigentum』를 출간했는데, 이 책은 당시에 많은 화제를 불러일으켰으나, 개인주의적이고 아나키즘적인 과격성 때문에 중도 성향의 철학계뿐만 아니라 주류 철학계에서 이탈한 사상가들로부터도 공개적으로 터무니없는 상식 밖의 책이라는 혹평을 받았다. 하지만 많은 사람들은 은밀하게 이 책에 열광했다. 마르크스는 이 책에 대한 비판의 필요성을 느껴 서평을 쓰다가 이 책보다 더 많은 분량의 글을 썼지만 결국 발표하지는 않았다. 루트비히 포이어바흐는 자신의 동생에게 쓴 편지에서 슈티르너는 "내가 알고 있는 가장 천재적이고 자유로운 저술가"(라스카, 49)라고 말했다. 하지만 그 역시도 슈티르너에 대해 공개적으로 언급하지는 않았다. 슈티르너를 둘러싼 이러한 비밀주의는 이후에도 계속되었다. 에드문트 후설도 슈티르너가 지닌 "유혹적인 힘"에 대해 언급했지만 자신의 저서에서 거론하지는 않았다. 카를 슈미트는 젊은 시절에 그에게 매료되었다가 1947년에 감옥에서 다시 그의 매력에 "사로잡힌다". 게오르크 지멜Georg Simmel은 이러한 "특이한 종류의 개인주의"와 접촉하기를 거부한다.

슈티르너에 대한 니체의 침묵도 주목할 만하다. 니체는 자신의 저서에서 슈티르너의 이름을 단 한 번도 거론하지 않는다. 하지만 니체가 정신적으로 붕괴되고 나서 몇 년 후에 독일에서는 니체가 그를 알고 있었는지, 또 그로부터 영향을 받았는지의 여부를 놓고 치열한 논쟁이 펼쳐졌다. 페터 가스트, 니체의 여동생, 니체의 오랜 친구인 프란츠 오버베크Franz Overbeck 그리고 에두아르트 폰 하르트만 등이 참여했던 이 논쟁에서 가장 극단적인 주장은 니체가 표절을 했다는 것이었다. 예를 들면 하르트만은 니체가 슈티르너의 작품을 알고 있었을 것이라고 주장한다. 니체가 『반시대적 고찰』 제2권에서 하르트만의 작품에 나오는 한 구절을 비판하는데, 이 구절이 바로 슈티르너의 철학을 명확히 논박하는 것이기 때문이다. 어쨌든 니체는 이런 경로를 통해서라도 슈티르너에 대해 알고 있었음이 틀림없다는 것이다. 하르트만은 계속해서 이 두 사상가의 사고가 유사한 점을 언급하면서 도대체 왜 니체가 슈티르너의 영향을 받았음에도 자신의 작품에서 그의 이름을 철저하게 침묵했는지를 질문한다. 동시대인의 그럴싸한 대답은 다음과 같다. "만일 니체가 거칠고, 남을 전혀 배려하지 않으며, 노골적인 이기주의와 아나키즘적인 성격을 띠는 슈티르너 철학에 대한 자신의 호감을 어떠한 방식으로든 다른 사람들이 알아차리게 했다면 그는 더욱더 지식인 사회에서 신용을 잃었을 것이다. 베를린의 엄격한 검열관청이 슈티르너의 책을 인쇄하도록 허용한 것은 그 책의 내용이 너무 과장된 것이기 때문에 어느 누구도 동의하지 않을 것이라고 믿었기 때문이다."(라덴, 485)

슈티르너의 악명을 생각하면 니체가 그와 나란히 이름이 거론되는 걸 원치 않았던 것은 충분히 이해할 수 있다. 프란츠 오버베크가 조사한 바에 따르면 1874년에 니체는 분명 자신의 제자인 바움가르트너에게 바젤 도서관에서 슈티르너의 책을 빌려오라고 시킨 적이 있다. 학생을 보낸 것도 그의 조심스러움을 나타내는 것이 아닐까? 어쨌든 대중은 프란츠 오버베크의 조사 결과를 이런 식으로 받아들였다. 이 조사 결과는 70년대에 니체와 가까이 지냈던 이다[Ida] 오버베크의 기억에 근거한 것이다. 그녀는 다음과 같이 회고한다. "언젠가 남편이 외출했을 때, 그(니체)는 나와 잠깐 이야기했는데, 그때 그는 요사이 읽고 있는, 자신의 사상과 유사점을 갖고 있는 저자 두 명의 이름을 거론했어요. 그는 내적인 연관성을 의식할 때면 언제나 매우 들뜨고 행복해 보였어요. 잠시 후 그는 옆에 놓여 있는 클링어^{Klinger}의 책을 보았지요. 그러자 그는 말했어요. '아! 내가 클링어를 잘못 봤어요. 그는 속물입니다. 나는 그와는 아무런 연관성도 느끼지 못합니다. 하지만 슈티르너, 이 사람과는 연관성을 느끼지요! 그러면서 그의 표정이 밝아지더군요. 내가 긴장해서 그를 바라보자 그의 표정은 다시 변하더니, 무엇인가를 방어하듯이 손사래를 치면서 다음과 같이 말했습니다. '말하지 않으려 했는데, 결국 당신에게 말하고 말았군요. 잊어버리세요. 사람들은 내가 표절했다고 떠들어 댈 겁니다. 하지만 당신은 그러지 않으리라 믿습니다.'(베르누이, 238) 이다 오버베크의 회고에 따르면, 니체는 제자 바움가르트너에게 슈티르너의 책을 "홉스 이후 가장 대담하고 일관성 있는 책"이라고 말했다. 잘 알려진 바와 같이 니체는 인내심이 있는 독자는 아니었지만 나름대로 정독을 하는 편이었다. 그가 책을 끝까지 읽는 경우는 많지 않았다. 하지만 설득력 있고 자극을 주는 부분은 본능적으로 챙겨 읽었다. 이에 대해서 이다 오버베크는 다음과 같이 말한다. "그는 나에게 작가의 사상을 잘 나타내는 짧은 글귀 위주로 독서를 하고, 이 글귀에 자신의 생각을 덧붙이며, 이렇게 해서 나온 기둥을 바탕으로 새로운 구조를 만든다고 말했어요."(베르누이, 240)

슈티르너를 철학계의 기피 인물로 만든 것은 무엇인가? 또 니체에게 자극을 주거나 자신의 사상과 연관성을 느끼게 한 것은 무엇인가? 이후 니체는 자신도 배척당한 자의 아우라를 풍기기도 한다. 그는 슈티르너의 사례를 통해 이미 추방자의 거울로 자신의 기획이 겪을 운명을 내다볼 수 있었다.

슈티르너는 19세기 철학에서 니체가 나타날 때까지 의심의 여지없이 가장 과격한 유명론자였다. 그가 유명론적 해체를 추구하면서 보여준 논리적 철저함은 특히 철학계의 기득권층에게는 터무니없는 것처럼 보였을지 모르지만, 실제로는 천재적이었다. 슈티르너는 중세의 유명론자들이 보편 개념을, 특히 신과 관계되는 보편 개념을 아무런 실체 없는 공허한 '입김'이라고 여긴 것에 동의했다. 슈티르너에 따르면 인간의 본질에는 창조적인 힘이 있는데, 인간은 이 힘을 통해 환영을 만들지만 결국 자신이 만든 환영에 의해 억압당하고 만다. 이러한 생각은 이미 포이어바흐가 종교를 비판하면서 발전시킨 것이었다. 그리고 마르크스는 생산자가 자신의 생산물에 의해 속박당하는 이런 생산의 구조를 노동과 사회에 적용시킨다. 이렇게 보면 슈티르너는 헤겔 좌파의 전통에 서 있다. 즉 인간의 해방이란 스스로 만든 환영과 사회적 관계의 속박에서 풀려나는 것이다. 그런데 슈티르너는 비판을 강도를 더 높인다. 인간이 "우리 밖에 있는 피안의 세계Jenseits außer Uns", 즉 신과 신에 근거한다고 전해지는 도덕을 파괴한 것은 당연히 옳은 일이라고 슈티르너는 말한다. 이로써 "계몽의 기획"이 성취된 것이다. 하지만 이러한 "우리 밖에 있는 피안의 세계"가 없어지더라도 "우리 내부에 있는 피안의 세계Jenseits in Uns"는 여전히 남아 있다.(슈티르너, 192) 신은 죽었다. 우리는 신이 환영이라는 것을 알게 되었다. 하지만 우리를 괴롭히는 더 지독한 환영들이 남아 있는 것이다. 슈티르너는 신의 살인자인 헤겔 좌파가 저 낡은 피안의 세계 대신에 서둘러 다른 피안의 세계, 즉 내적인 피안의 세계를 앉혔다고 비판한다. 슈티르너가 말하는 "우리 내부에 있는 피안의 세계"는 무엇을 뜻하는 것일까? 우선 그것은 프로이트가 "초자아Über-Ich"라고 부르게 되는 것을 뜻한다. 그것은 가족과 사회를 통해서 우리에게 이식된 타율적인 짐이다.• 또 내적 피안의 세계는 우리

• 프로이트의 초자아는 도덕적 태도, 양심, 죄의식을 나타내는 정신기능이다. 이것은 개인이 속해 있는 사회의 윤리적 기준을 내재화함으로써 생긴다. − 옮긴이

내부에서 일어나는 보편 개념의 지배, 예를 들면 인류, 휴머니즘, 자유 등과 같은 보편 개념의 지배를 뜻한다. 의식으로 깨어난 자아는 규범적인 강제력을 지닌 이러한 개념들의 네트워크에 갇혀 있다. 또 자아는 이러한 개념들을 통해 이름도 없고 의미도 없는 자신의 실존을 해석한다. 이미 슈티르너에게서 실존이 본질에 선행한다는 실존주의적인 원칙을 확인할 수 있다. 슈티르너가 목표하는 것은 개인을 그 어떤 이름도 없는 실존 상태로 되돌려 보내 그를 실재론^{본질론}의 감옥에서 해방시키는 것이다.

이러한 감옥들 중에서 슈티르너가 우선적으로 해체하려 한 것은 종교이다. 하지만 종교는 이미 충분히 비판받아 해체되었다. 아직도 해체되지 않은 것은 다른 실재론적 환영들의 지배이다. 이러한 환영의 예는 역사 '논리', 이른바 사회 법칙, 휴머니즘과 진보 그리고 자유주의의 이념들이다. 이 모든 것들이 유명론자인 슈티르너에게는 보편 이념인데, 이 보편 이념은 아무런 실체도 갖고 있지 않지만 만일 우리가 그것들에 사로잡히면 심각한 실체적 어려움이 생길 수 있다.

무엇보다도 흔히 좋은 의미로 말하는 '인류'라는 이념이 슈티르너를 격앙시킨다. 인류는 없다. 오직 수많은 개인들만 있을 뿐이다. 우리는 모든 개인들을 인류라는 개념만으로 파악할 수 없다. 그렇다면 예를 들어 인류의 '평등'이라는 말은 도대체 무엇을 의미하는가? 누구나 죽을 수밖에 없다는 말일까? 하지만 우리는 결코 누구나 죽을 수밖에 없다는 사실을 체험할 수 없다. 우리가 체험하는 것은 자기 자신의 죽음뿐이다. 나는 다른 사람이, 비록 그가 바로 내 옆에 있을지라도, 그의 죽음을 결코 체험할 수가 없다. 나는 나를 벗어날 수가 없는 것이다. 나는 오직 다른 이의 경험을 간접적으로만 경험할 뿐이지, 그 경험을 직접 경험하지는 못한다. '인류'의 또 다른 보편 개념인 '박애'는 어떤가? 내가 이러한 감정을 얼마나 널리 확장시킬 수 있을까? 지구 끝까지 확장시켜서 모든 인류를 다 감싸 안을 수 있을까? 그 어떤 감정도 이러한 확장을 견딜 수 없다. '자아'는 허울 좋은 수사 속으로 사라져버렸다. 또다른 유명한 보편 개념인 '자유'는 신의 자리를 차지했다. '세계사의 진행'에 대해 사유하는 사상가들은 사회 기계와 역사 기계를 조립하고, 결국에는 자유까지도 마치 공산품을 생산하듯이 만들어내려고 하는데, 슈티르너는 이 사상가들을 반어적으로 신랄하게 묘사한다. 하지만 자유를 얻을때까지 우리는 당에 소속된 일꾼으로서 이러한 해방 기계의 노예로 머물 수밖에 없다. 따라서 자유롭고자 하는 의지는 '논리'에 봉사하려는 각오로 바뀐다. 이러한 역사 '논리'에 대한 믿음이 얼마나 파괴적인 결과를 초래할 수 있는지는 마르크스주의의 역사가 근래에 우리에게 충분히 보여주었다. 슈티르너는 해방의 보편적인 구성에 대한 비판에서 마르크스에 견주어 확실히 타당성을 얻었다.

슈티르너의 유명론은 "사고를 통해 사상들을 해체하려고 한다."(슈티르너, 164) 하지만 이를 오해해서는 안 된다. 그가 원하는 것은 사상들을 없애는 것이 아니라 창조적 사고를 위한 자유이다. 이는 사고된 것의 힘에 굴복해서는 안 된다는 것을 의미한다. 우리는 자기 사고의 창조자가 되어야 한다. 사고는 창조력이고, 사상은 피조물이다. '사고의 자유'가 의미하는 바는 창조자가 자신의 '피조물' 위에 있어야 한다는 것이다. 사고는 힘이며, 바로 이 때문에 사고된 것보다 우위에 있다. 능동적인 사고는 사고된 것, 즉 사상의 포로가 되어서는 안 된다. "매 순간 너는 존재하므로 너는 너의 피조물이다. 그리고 바로 이 피조물에서도 너는 창조자인 너 자신을 잃어버리면 안 된다. 너는 너 자신보다 더 고귀한 존재이며, 너는 너 자신을 능가한다."(슈티르너, 39)

중세의 유명론은 신을 개념망에 가두려고 한 이성에 대항해 무한히 창조적인 신을 옹호했다. 이제 유명론자인 슈티르너는 종교적이고, 인본주의적이고, 자유주의적이고, 사회학적인 보편 개념에 대항해 무한히 창조적인 '자아'를 옹호한다. 중세의 유명론자들에게 신은 자기 스스로와 세계를 '무'에서 창조하고, 자신의 자유를 통해서 모든 논리와 심지어는 진리까지도 초월하는 거대한 힘이었다. 이와 마찬가지로 슈티르너에게 "말로 표현할 수 없는 개인individuum ineffabile"은 '무'에서 자유의 상태를 만든다. 이러한 '자아'도 예전의 신처럼 거대한 힘이다. 이와 관련해 슈티르너는 다음과 같이 말한다. "나는 비어 있다는 의미로서의 '무'가 아니라 창조적인 '무'이며, 나는 창조자로서 이 '무'에서 모든 것을 만들어낸다."(슈티르너, 5) 마르크스는 너무도 값싼 조소를 보내며 소시민 슈티르너의 창조성이 제약된 사회적 출신 환경을 비웃을 수 있었다. 하지만 여기서 마르크스는 우리가 사물에 의해서 영향을 받는 것이 아니라 사물에 관한 우리의 의견에 의해 영향을 받는다는 스토아학파의 금언을 미처 생각하지 못했다. 또 마르크스 자신의 행동을 이끈 것도 프롤레타리아가 아니라 자신의 환상이었다. 자아의 창조성을 강조하는 슈티르너가 전적으로 옳은데, 왜냐하면 이러한 환상은 생각의 여지를 만들어도 자신을 – 이론적으로 – 지지해주는 것만을 허락하기 때문이다.

슈티르너의 철학은 탈출구를 찾기 위한 야심적이고 통쾌한 시도였으며, 놀라우면서도 약간은 어처구니없는 시도이기도 했다. 또 슈티르너의 철학은 아주 독일적인 의미에서 철저하기도 했다. 니체도 아마 슈티르너의 철학을 탈출구를 찾는 시도로 받아들였을 것이다. 당시 니체는 자신의 사고를 위한 공간을 확보해야만 했고, 삶의 활기를 위해 지식과 진리의 문제를 숙고하며, 어떻게 "지식의 가시를 지식에게로 돌려야 할지"를 고민하고 있었다.

물론 한 가지 측면에서 니체는 슈티르너에게서 완전히 낯설고 확실히 자신에게도 거부감을 불러일으키는 점을 인지했을 것이다. 그렇게도 열심히 창조성을 강조하는 슈티르너가 정작 소유물을 자신의 것으로 완강하게 선전하는 태도에서는 결국 소유물에 모든 것을 거는 소시민의 모습이 그대로 드러나고 있기 때문이다. 니체 역시 '환영'에서 벗어나려 하고, 언젠가 편지에서 말한 대로 자신을 참되게 소유하기 위해(B 6. 290) 온갖 노력을 경주하려 한다. 하지만 니체의 태도는 슈티르너보다 덜 방어적이다. 니체는 자신을 풀어놓으려고 한다. 슈티르너가 폭로전에 뛰어든다면, 니체는 운동 속으로 들어간다. 슈티르너는 단절을 추구하지만 니체는 새로운 출발을 추구한다.

"지식의 가시를 지식에게로 돌리는 것" – 이는 니체에게 다음의 사실을 의미한다. 즉 지식은 그 자체가 거대한 힘에 대한 보호장치라고는 더 이상 생각하지 않는다. 자신을 넘어선 지식은 자신의 한계를 알 뿐만 아니라 도취와 현기증도 느낀다. 니체는 이제 우리가 알다시피 이러한 더 많은 지식Mehr-Wissen의 유형을 지혜, 때로는 수식어를 붙여 디오니소스적 지혜라고 말한다. 그렇다면 이 지혜는 세계를 어떻게 파악할까?

지혜는 한편으로 세계를 격동적인 '생성'으로 파악한다. 이 생성은 늘 이미 목표에 도달해 있는데, 왜냐하면 최종 목표가 없기 때문이다. 다른 한편으로 – 우리가 「비도덕적 의미에서의 진리와 거짓에 관하여」에서 이미 보았듯이 – 세계를 우주에 떠 있는 별로 파악한다. 이 별에서 영리한 동물들이 인식이라는 것을 발명해냈다.(1. 875; WL) – 한 순간일 뿐이었지만.

우주의 침묵은 당당하게 생각해낸 "세계사의 진행"에 결국 종지부를 찍을 것이다. 이러한 비극적인 기본 분위기로 인해 니체는 「삶에 대한 역사의 공과」의 끝부분에서 불, 도전, 자기 망각, 사랑(1, 323)을 가지라고 응원한다. 여기서 후기 니체의 전형적인 사고방식이 암시된다. 즉 직접성에의 의지Wille zur Unmittelbarkeit가 강할수록 자극과 사고는 더욱더 성찰적이 된다. 결국 모든 자극은 "~에의 의지"라는 공식과 연결되고, 또 이로써 굴절되어 약해진다. 명랑성에의 의지, 희망에의 의지, 삶에의 의지, 긍정에의 의지 등등, 이 모든 것들은 힘에의 의지에 대한 서곡에 불과하다. 니체는 이미 삶의 위생학(1, 331)의 작업에 들어갔는데, 그 핵심은 '매개된 직접성vermittelte Unmittelbarkeit'의 원칙과 제1의 천성에서 제2의 천성으로의 개조에 관한 원칙이다. 우리는 새로운 습관, 새로운 본능, 제2의 천성을 심어서 이 첫 천성이 시들어 죽게 만들 수 있다.(1, 270) 이 제2의 천성은 비역사적인 것과 초역사적인 것(1, 330)을 다시 배워야 한다. 비역사적인 것은 활기찬 직접성이다. 그리고 니체는 초역사적인 것을 현존재에 영원성과 동일성을 부여하는 것(1, 330)이라고 정의한다. 이것은 바로 형이상학이다. 하지만 지금까지 언급된 니체의 모든 말을 종합해보면, 단 하나의 형이상학만이 더 있을 수 있다. 그것은 '마치 ~처럼의 형이상학Metaphysik als ob'이다. 이는 절대적으로 유효한 형이상학이 아니라, 다른 종류의 시각으로서 캄캄한 우주의 작은 별에서 한 순간만 유효한 형이상학이다.

지크프리트의 죽음에 관한 바그너의 음악에서 느낀 것을 니체는 다음과 같이 쓴다. 인간은 누구나 언젠가 죽을 수밖에 없는 것을 누가 의심할 수 있겠는가? 그런 만큼 개인이 음악을 통해 이러한 경험에 접근한다는 것은 정말 놀라운 일이다. 자기 삶의 가장 짧은 순간일지라도 우리는 모든 투쟁과 고난을 넘칠 정도로 보상해주는 그 어떤 성스러운 것과 만날 수 있다.(1, 453; WB)

성스러운 것? 이에 대해서는 곧 듣게 될 것이다. 니체에게 이것은 어떠한 경우에든 음악이다. 음악을 연주할 수 있는 동물은 이미 형이상학적인 동물이다. 음악을 제대로 들을 수 있는 이는 음악이 끝나는 것도 듣는다. 니체에 따르면 진정한 음악은 모두 '백조의 노래'*이다.

---

* 백조는 죽을 때 마지막으로 단 한 번 노래한다는 전설이 있다. 흔히 예술가의 마지막 작품을 의미한다. ─옮긴이

제 7 장

—

바그너와의 결별. 소크라테스가 떠나가지 않음. 지식의 보편적 치유력. 필수적인 잔인함. 냉정한 시도. 빈 공간에 떨어지는 원자. 『인간적인 너무나 인간적인』.

—

프리드리히 니체(1873년)

바그너와의 결별. 소크라테스가 떠나가지 않음. 지식의 보편적 치유력. 필수적인 잔인함. 냉정한 시도. 빈 공간에 떨어지는 원자. 『인간적인 너무나 인간적인』.

『인간적인 너무나 인간적인』의 1권이 이미 출간되고 바그너와 결별한 1878년 여름에 니체는 다음과 같이 말한다. 바그너의 천성은 우리를 시인으로 만든다. 우리는 바그너를 통해 더 높은 천성을 생각해낸다. 이것은 그의 가장 훌륭한 영향력들 중의 하나인데, 결국에는 이것도 그에게는 독이 된다.(8, 543) 니체가 바그너의 영향으로 생각해낸 더 높은 천성 중에는 형이상학적인 비전으로서 초역사적인 것을 체험하거나 사고하는 방식도 있는데, 이는 피안의 질서를 불러내지는 않지만 현존재 속에서 영원성과 동일성(1, 330; WB)을 발견한다. 1873년에 쓴 미완성 글 「그리스 비극 시대의 철학」에서 니체는 소크라테스 이전의 철학자인 탈레스를 통해 초역사적인 시각을 설명한다. 탈레스가 "모든 것은 물이다"라고 말하면, 인간은 벌레처럼 개별 학문들을 일일이 기어다니면서 타진해보는 행위에서 느닷없이 벗어나게 된다. 그는 사물들의 궁극적 해답을 예감하며, 이 예감을 통해 더 낮은 단계의 인식에 비천하게 묶여 있던 것을 극복한다. 철학자는 세계의 전체 음을 자신의 내면 속에서 다시 울리도록 하며, 이 음을 자신에게서 꺼내 개념으로 표현한다.(1, 817) 이러한 세계의 전체 음을 자신의 내면 속에서 울리게 하고, 참된 철학으로 이러한 음의 개념을 표현하게 하는 자는 비유적인 의미에서 뿐만 아니라 실제적으로도 음악, 즉 세계의 내적 연관성이 울려 퍼지는 음악에 주목하게 된다. 우리는 이미 니체에게 이러한 세계의 음악은 바그너의 음악이라는 것을 알고 있다.

1870년대 중반의 니체 사상에는 세 가지 측면이 결집된다. 우선 니체는 삶을 직접적으로 경험하기 위해 전적으로 슈티르너 식으로 지식을 지식에게로 돌리고자 한다. 이렇게 해서 비역사적인 것이 실현된다. 또 사고는 도약을 통해 초역사적인 것을 얻는다. 이것이 두 번째 측면이다. 조감도로 보면 삶의 안정적인 구조와 연관성이 드러난다. 물론 우리는 이러한 시각으로 삶을 서술하는 것이 너무 추론적이라고 여기거나 그 '대상'을 너무 지적이라고 생각해서는 안 된다. 왜냐하면 — 이제세 번째 측면이다. — 이러한 개념적인 서술은 니체의 입장에서는 경험을 서술하는 열등한 방식인데, 이러한 경험은 오히려 음악의 언어를 사용할 때 더 잘 표현되기 때문이다. 니체는 바그너의 영향으로 더 높은 천성을 생각해내는 사고를 직관적인 인식이라고 부른다. 하지만 위에서 인용한 1878년의 성찰은 바그너의 영향이 지닌 전도 효과를 암시하는데, 니체는 바그너의 영향에 대해 가장 훌륭하긴 하지만, 결국에는 이것도 그에게는 독이 된다고 말한다. 우리는 이 말을 어떻게 이해해야 하는가?

니체는 1880년 1월 14일 말비다 폰 마이젠부크^{Malwida von Meysenbug}에게 다음과 같은 편지를 쓴다. "나는 늘 감사하는 마음으로 그(바그너)를 생각하고 있습니다. 왜냐하면 내가 정신적으로 독립해야겠다는 강한 자극을 받은 것은 그의 덕분이기 때문입니다."(B 6, 5) 얼핏 보기에 이 말과 정반대의 내용을 담고 있는 1878년에 쓴 메모인 바그너는 사람을 교제에서 자유롭고 위대하게 만드는 힘을 갖고 있지 않다(8, 496)를 함께 놓고 보면, 정신적으로 독립해야겠다는 강한 자극이 의미하는 바는 니체가 온 힘을 다해서 바그너의 영향권에서 벗어나려고 하며, 바그너의 힘이 자신에게 독립을 강요했기 때문에 바그너의 이런 힘을 고맙게 생각한다는 것이다. 니체는 '바그너 시대'가 끝날 무렵 클링조르*의 정원에서 탈출구를 찾았고, 이 마법사와의 힘겨루기를 통해서 자기 자신을 발견한 것을 자랑스럽게 생각한다. 1877년 여름 니체는 다음과 같은 단호한 글을 일기에 쓴다. 나의 이전 저서를 읽은 독자들에게 분명히 말하고자 한다. 나는 이전 저서들에서 핵심을 이루었던 예술가 형이상학을 포기했다. 이 예술가 형이상학은 편하긴 하지만 더 이상 타당성이 없다.(8, 463)

니체에게는 예술가 형이상학을 포기하게 만든 결정적인 생각과 경험이 있다.

우선 예술가 형이상학에 등을 돌리게 한 결정적인 사건부터 시작해 보자. 니체 자신은 1876년 여름에 열린 제1회 바이로이트 음악 축제에서의 실망스런 경험을 지적한다. 1878년의 어느 일기에서 그는 다음과 같이 쓴다. 내가 갖고 있었던 바그너의 이미지는 실제 바그너와는 달랐다. 나는 그를 '이상적인 괴물'로, 예술가에게 영감을 불러일으킬 수 있는 괴물로 생각했다. 하지만 실제 바그너, 실제 바이로이트는 마치 싸구려 종이에 맨 마지막으로 찍어낸 형편없는 동판화처럼 실망스러운 인물이었다. 참된 인간의 모습과 그의 예술적 동기를 보려던 나의 의도는 이 수치스러운 경험을 통해 엄청나게 자극되었다.(8, 495) 니체는 세계의 전체 음을 다시 울리도록 하는 대신, 앞에서 탈레스의 예를 통해 이야기한 더 낮은 단계의 인식으로 자신을 끌어내리려 하는가? 또 니체는『인간적인 너무나 인간적인』을 쓰면서 벌레처럼 기어다니면서 타진해보려는 태도를 취하기로 결정한 것인가? 이에 대한 답은 곧 알게 될 것이다. 어쨌든 그는 1876

---

* 바그너의『파르지팔』에 나오는 마법사 – 옮긴이

년의 바이로이트 체험을 꿈에서 깨어나게 한 경험이라고 말한다. 하지만 이러한 실망이 갑자기 생긴 것은 아니다. 복잡다단했던 바그너와의 관계에서 몇 가지 단계를 살펴보기로 하자.

니체가 바그너와 가장 강한 유대감을 느낀 때는 『비극의 탄생』을 집필할 때와 이 책이 출간된 직후였다. 니체는 1872년 1월 28일 친구 로데에게 다음과 같은 편지를 썼다. 나는 바그너와 일종의 동맹을 맺었다네. 우리가 얼마나 가깝게 느끼고, 또 우리의 계획이 얼마나 많은 공통점을 갖고 있는지 자네는 상상할 수 없을 걸세.(B 3, 279) 이 해에 – 이미 2년 전, 바그너와의 첫 만남이 이어질 때의 열광적인 단계와 마찬가지로 – 니체는 바이로이트 음악 축제 준비에 봉사하려는 계획을 세웠다. 그는 전국을 돌아다니면서 강연을 하고, 후원회를 조직하고, 원고를 쓰고, 교정하고, 적합한 언론을 골라 기고하려 했으며, 아마 잡지까지 창간하려 한 것으로 보인다. 니체가 이런 모든 계획을 포기한 것은 1873년 가을인데, 바그너 주변의 인물들이 자신이 초안한 성명서 「독일인들에게 고함」에 동의하기에는 너무 소심하고 저속하다는 것을 알고 난 후였다. 이 성명서는 다음과 같은 내용을 담고 있었다. 독일인들에게는 그 어느 때보다도 참된 독일 예술의 숭고한 마력과 공포에 의한 정화와 헌신이 필요하다.(1, 897) 이 "성명서"의 목적은 바이로이트 음악 축제를 위해 후원금을 모집하려는 것이었는데, 니체의 글은 마치 죄를 심판하는 판결문처럼 작성되었다. 니체는 대중의 취향을 심하게 비판했고, 민족의 위대성과 문화의 품위를 상기시켰으며, 마지막으로 바그너의 이 위대한 문화 사업에 모두 동참할 것을 강한 어조로 경고했다. 결국 바그너 후원회 모임에서 이러한 니체의 초안이 거부되자 코지마 바그너는 일기장에 다음과 같이 썼다. "후원회 회원들조차 이 강한 어조에 동의할 수 없다고 느끼는데, 도대체 누가 이 글에 서명을 하겠는가?"(N/W 1, 187) 이때까지만 해도 바그너 부부는 니체를 무조건적으로 신뢰하고 있었기 때문에 오히려 후원회 사람들의 소심함을 탓하고 니체에게는 그 어떤 비판도 하지 않았다. 아직은 1872년 6월 25일에 리하르트 바그너가 니체에게 보낸 편지가 유효하다. "정확하게 말하자면 당신은 내 아내 다음으로 내 삶이 내게 허락한 유일한 소득입니다."(N/W. 190) 바그너 부부는 특히 크리스마스와 연말 휴가 기간에 간곡하게 니체를 초대했는데, 니체가 이 초대에 응하지 않자 섭섭해한다. 코지마 바그너는 니체의 머뭇거리는 소극적인 태도에서 풍기는 미묘한 기류에 대해서도 자세하게 적는다. 1871년 8월 3일, 니체가 트립셴에서 며칠간의 휴가를 보낸 후에 코지마 바그너는 니체가 집안의 손님들 중에서 재능이 가장 뛰어난 사람이라고 쓴다. "하지만 그의 부자연스럽고 소극적인 태도 때문에 기분이 별로 좋지 않다. 니체는 마치 바그너의 인격이 내뿜는 압도적인 힘을 거부하는 듯하다."(N/W 1, 168)라고 쓴다. 코지마가 본 것이 옳았다. 실제로 니체는 리하르트 바그너로부터 자신의 자유를 지키기 위해서 약간의 거리를 두었다. 나중에 바그너가 연말의 초대에 응하지 않은 것을 비난하자, 니체는 친구인 게르스도르프에게 다음과 같이 썼다. 나는 모든 중요한 문제에서 바그너에게 나보다 더 충성하고 깊이 따를 수 있는 사람이 있다고는 생각할 수 없네. (…) 하지만 나는 사소한 문제에서는 자유를 유지해야 한다네. 그리고 나는 빈번한 개인적 접촉을 절제하여 이런 자유를 유지하지. 거의 '위생적인' 절제라고 말할 수 있을 정도로 내게 필수적인 일이라네. 이는 정말 고차원적인 의미에서 충성을 지키는 방법이지.(B 4, 131)

이러한 위생적인 절제에서 점차 조심스러운 반감이 생겨나기 시작한다. 1874년 초 니체는 바젤에서 브람스가 작곡한 「승리의 노래」의 공연을 본다. 니체는 감동을 받은 나머지 여름 방문 때 악보를 들고 바이로이트로 향했고, 바그너가 브람스를 좋아하지 않는다는 것을 알면서도 바그너 앞에서 연주를 한다. 바그너 집에 모인 사람들은 분노한다. 코지마는 일기에 다음과 같이 쓴다. "오후에 우리는 브람스의 「승리의 노래」를 들었는데, 우리의 친구 니체가 칭찬한 이 곡은 끔찍할 정도로 형편없는 것이었다. (…) 리하르트는 몹시 불쾌해했다."(N/W 1, 191) 4년 후, 브람스를 둘러싼 논쟁을 회고하면서 니체는 바그너에 대해 다음과 같이 쓴다. 모든 위대한 이들을 향한 심한 질투. (…) 그가 범접할 수 없는 것에 대한 증오.(8, 547)

니체는 바그너와 친밀한 관계를 유지하고 있는 동안에도 바그너의 오만을 매우 명백하게 인지했고, 또 때로는 고통스럽게 받아들였다. 하지만 니체는 바그너와 같은 천재라면 이 정도의 독단은 감수해야 한다는 생각으로 용인했다. 눈에 띄는 것은 니체가 바그너 방문을 앞두고 점점 더 자주 병에 걸렸다는 점이다. 제1회 바이로이트 음악 축제가 열리기 전인 1876년 여름의 몇 주는 정말로 심각했다. 이 중대한 음악 행사가 열리기 몇 주 전에 바그너에 대해 쓴 『반시대적 고찰』 제4권이 출간되었고, 바그너는 자신에게 보낸 사전 홍보 증정본*을 보고는 니체에게 다음과 같은 편지를 썼다. "당신의 책은 정말 대단합니다! 도대체 어떻게 나를 그렇게 잘 알게 되었는지 궁금합니다."(N/W 285) 따라서 니체는 바그너를 방문하면 환영받을 것이 분명한데도, 그의 몸이 말을 듣지 않았다. 바이로이트로 출발하기 하루 전에 게르스도르프에게 쓴 편지에 따르면, 건강이 하루가 다르게 나빠지고 있었다!(B 5, 178) 니체는 몰려드는 방문객들을 맞이하기 위해 바이로이트에서 어떤 준비를 하고 있는지를 들었을 때, 바이로이트에서 디오니소스 정신의 부활을 경험하

• 정식 출간 이전에 홍보나 비평을 위해 먼저 보내는 책 - 옮긴이

지 못할 것이며, 자신이『반시대적 고찰』제4권에서 예측한 예술에 모든 것을 바친 관객들도 보지 못하게 되리라고 예감한다. 니체는『반시대적 고찰』제4권에서 바이로이트가 무슨 일이 있어도 오락이면 된다고 하는 태도(1, 448: WB)로 예술을 착각하는 풍조에 종지부를 찍어주길 희망했다. 하지만 바이로이트에서는 숙소, 음식, 도시와 축제극장을 왕래하는 마차의 가격이 터무니없이 비쌌다. 또 왕족, 제후들, 은행가들, 외교관들, 사교계 여자들만이 관심의 대상이었다. 이들은 대부분 공연을 지루해하고, 사교적인 모임에만 관심을 나타냈다. 나중에 니체는 바이로이트에서 벌어진 이러한 일들에 대해 다음과 같이 쓴다. 당시에 나는 바그너가 내세우는 '이상'이 완전히 환상이고 사람들에게 대수롭지 않게 받아들여진다는 것을 분명히 알았을 뿐만 아니라, 심지어 가장 가까이서 관여하는 사람들조차도 그 '이상'을 중요하게 여기지 않고 완전히 다른 일에 더 신경을 쓴다는 것을 알았다. 게다가 후원자들의 모임은 그야말로 한심하기 그지없었다. (…) 유럽의 빈둥거리는 한량들이 다 모였으며, 제후들은 마치 운동경기를 하듯 앞을 다투며 바그너의 집을 들락거렸다.(14, 492) 니체가 본 것은 연습 공연과 주요 인사들이 거창하게 역에 도착하는 광경이었으며, 바그너의 집에서 행해지는 요란한 손님 접대였다. 니체는 바그너에 관한 자신의 글이 이 축제를 빛낼 가장 중요한 지적 기여로 여길 만큼 자부심이 대단했다. 이 때문에 니체는 바그너가 이 소란 속에서 자신에게 합당한 관심을 보이지 않자 마음이 상한다. 코지마의 일기에는 니체의 방문이 단 한 번만 짧게 언급될 뿐 아무런 부연 설명도 없다. 니체는 조연을 맡았을 뿐이고 이에 만족하지 않았다. 마음이 상한 그는 며칠 후 보헤미아 지방에 있는 클링엔브른으로 여행을 떠났다가, 초연이 있던 1876년 8월 12일 다시 바이로이트로 돌아온다. 그는 8월말까지 머무르면서 몇 개의 공연만을 보고 계획보다 일찍 바이로이트를 떠난다. 그는 이미 연습 공연을 보고 나서 여동생에게 이 긴 저녁 공연을 생각하면 몸서리치게 된다(B 5, 181; 1876. 8. 1)고 편지를 쓰기도 했다.『이 사람을 보라』에 따르면 그는 파리에서 온 매력적인 여인에게서 위안을 얻는다. 아마도 그녀는 루이제 오트^{Luise Ott}였을 것이다. 그녀는 알자스 지방의 부유한 집안 출신인데, 그녀의 집안은 독일이 알자스 지방을 점령하자 파리로 이주했다. 그녀는 바그너의 열렬한 추종자였으며 니체가 쓴 바그너에 대한 글도 감탄하며 읽었다. 음악 축제가 끝난 후에도 그들은 몇 통의 편지를 주고받는다. 9월 22일 니체는 그녀에게 다음과 같은 편지를 쓴다. 이 새로운 우정은 마치 새 포도주처럼 기분을 좋게 하지만, 약간은 위험하기도 합니다. 적어도 나에게는 그렇습니다. 하지만 당신이 어떤 종류의 자유정신을 만났는지를 생각하면 당신에게도 위험하기는 마찬가지입니다! 매일 편안한 위안을 주는 믿음을 잃어버리기를 원하는 사람, 매일 점점 더 큰 정신의 해방에서 행복을 찾는 사람을 만난 당신에게도 말입니다. 어쩌면 저는 제 자신이 감당할 수 있는 것보다도 더 큰 자유정신을 원하는지도 모릅니다!(B 5, 185f.)

니체는 인간의 실체와 동기를 새롭게 발견하고 자유정신을 추구하도록 이끈 경험을 했다고 말하는데, 바이로이트 음악 축제에서의 실망이 바로 그러한 경험의 배경이다.

바그너와의 거리 두기와 마찬가지로 니체 철학에 새로운 변화를 주고 바그너의 정신세계로부터 벗어나게 하는 결정적인 사고의 형성도 서서히 진행되었다. 이러한 사고의 형성도 1876년 이전에 시작되었지만, 니체는 이 사고를 이후에 가서야 단호하면서도 도발적으로 명확하게 표현한다. 1878년 7월 15일에 써서 마틸데 마이어^{Mathilde Maier}에게 보낸 편지가 그러한 예이다. 마틸데 마이어는 루이제 오트처럼 바그너 추종자이다. 이 편지에서 니체는 모든 진실하고 단순한 것의 형이상학적 은

폐, 모든 것에서 기적이나 불합리한 것만을 보려는 이성에 대한 이성의 투쟁(B 5, 337f.)은 치명적인 오류였으며, 자신을 병들게 했다고 말한다. 이러한 언급은 얼핏 보면 슈티르너에 의해 촉발된 지식의 공식, 즉 자신의 가시를 자신에게로 돌리는 지식의 공식을 연상시킨다. 이 공식을 통해 니체는 삶에 제2의 직접성을 얻기 위한 자리를 마련하려고 했다. 이 공식은 생기론적^{vitalistisch} 의미를 지녔다. 삶에 봉사하기 위하여 인식과 지식의 힘이 제한되어야 한다는 것이다. 하지만 이제 니체는 이러한 지식에 의한 지식의 무력화를 이성의 자기기만으로 여긴다. 이성에 대항하여 이성으로 싸우는 것은 그에게 정직하지 못한 것으로 보인다. 그는 신화에 (그리고 바그너에) 열광하면서 의도적인 그리고 신화적이고 심미적인 자기마법화에의 의지를 발견한다. 니체는 『비극의 탄생』에서 다음과 같이 말한 바 있다. 하지만 신화가 없다면 모든 문화는 자신의 건강하고 창조적인 자연의 힘을 상실한다. 신화로 둘러싸인 지평이야말로 문화 전체의 운동을 통일체로 완결시키기 때문이다.(1, 145; GT) 하지만 어떤 조건에서 신화가 그러한 힘을 발휘할 수 있는 것일까? 그것은 오직 신화에 진리의 가치가 있다고 여길 때에만 가능하다. 만일 어떤 시대가 신화의 영역을 넘어서서 사고해 더 이상 신화와 일치하지 않는 인식을 얻었다면, 신화와의 관계를 근본적으로 변화시키는 단절이 이루어진 것이다. 이렇게 되면 신화의 진리 가치는 사라지고 신화는 아마도 심미적인 가치를 얻을 것이다. 하지만 심미적으로 받아들여진 신화는 문화 운동을 통일체로 완결시킬 힘을 더 이상 지닐 수 없다. 이러한 일은 심미적인 분야를 넘어서서 인식의 전체 영역을 포괄하는 정신을 통해서만 가능하다. 전성기 때의 기독교가 그러했는데, 당시에 기독교는 예술, 지식, 도덕 등 모든 분야를 포괄했다. 이는 신화의 힘이 지배하던 때의 고대 그리스에도 해당된다. 니체는 이러한 과거를 꿈꿀 수는 있지만, 그 부활은 오직 자기기만을 통해서만 가능하다는 것을 깨닫게 된다. 근대의 신화 의식은 이성적 사고를 통해서 속이 텅 비게 되었으며, 결국 체계화된 위선으로 전락했다. 바그너는 무대 위에서 신들을 죽였으며, 니체는 이를 위대한 행위로 여겼다. 하지만 바그너는 신화를 통한 마법화에의 의지를 놓지 않았고, 니체도 이를 따랐다. 이제 니체는 신들의 죽음 이후에 오직 심미적인 사건만 남았으며 이를 신화적으로 조작할 수는 있지만 종교적인 사건으로 개조할 수는 없다는 사실을 서서히 깨달았다.

예술이 종교를 대신하는 것이 불가능하다는 생각이 니체에게서 구체적인 형태를 띠기 시작하는데, 이것은 1876년 성스러워야 할 예술 행사가 저속하게 추락하는 것을 경험했던 바이로이트에서의 충격 이전에 생겨났다. 니체는 바이로이트 계획의 핵심 사상, 즉 고통으로 가득한 이 현실 세계에서 예술의 힘이란 바로 "현실의 자리에 의식화된 환상을 앉히는 것"이라는 바그너의 예술관을 공격하기 시작한다. 바그너는 자신의 저서 『국가와 종교』에서 다음과 같이 주장한다. 예술의 마력에 사로잡힌 사람은 예술의 유희에 빠져들어, 이른바 삶의 진지함을 단지 유희로서만 체험한다. 예술 작품의 감상을 통해 우리는 "환상으로 해체되며, 이 환상 속에서 저 진지한 현실은 다시 우리에게 환상으로 나타난다."(바그너, 생각, 315) 1873년 3월 2일까지만 해도 니체는 친구 게르스도르프에게 바그너의 이 책을 읽으라고 권하면서 그(바그너)의 저작 중에서 가장 심오하고(B 4, 131) 가장 숭고한 의미에서 '교화적'이라고 칭찬한다. 하지만 2년 후인 1875년에 쓴 글에서 니체는 우리가 지적인 성실함을 전혀 손상하지 않으면서 "의식화된 환상"을 통해 자신을 속일 수 있다는 생각을 비판한다. 우리는 그 어떤 환상도 없이, 예술을 만드는 힘의 실체를 파악해야 한다고 니체는 주장한다. 그러한 힘은 바로 허위, 불투명한 것, 상징적인 것을 추구하는 욕망(8, 92)이다.

니체는 이제 더 이상 세련된 성찰, 즉 이성의 힘을 빌려서 이성을 무력화하려는 시도나 심미적인 신화의 꿈을 펼쳐 사람들로 하여금 이 꿈을 믿게 만드는 일은 하지 않으려고 한다. 니체는 다음과 같이 말한다. 종교적인 숭배에는 이전 시대의 문화가 어느 정도 남아 있다. 이는 "잔여물"이다. 이를 찬양하는 시대와 만들어낸 시대는 서로 다르다.(8, 83) (비극의) 종교적인 숭배가 행해지지 않고 단지 심미적으로만 향유하는 시대는 그 기원으로부터 얼마나 멀리 떨어져 있는가? 우리가 현재 비극을 통해 하는 일들은 모두 어설픈 흉내일 뿐이다. 니체는 마치 머리에 깊이 새기기라도 하는 듯이 강조 부호를 넣어가며 다음과 같이 쓴다. 우리의 '고대 문화의 토대'가 철저하게 소멸되었다는 점이 우리를 고대 문화로부터 영원히 분리시킨다. '그리스인들의 비판'은 그런 점에서 기독교의 비판이다. 왜냐하면 정령 숭배, 종교 문화, 자연의 마술에서의 토대는 동일한 것이기 때문이다.(8, 83)

니체는 10년 후 신화와 비극이 바그너를 통해서 부활할 것이라는 꿈을 갖고 있었던 시기를 회고하면서 메모장에 다음과 같이 쓴다. 나의 '제1의 시기' 배후에는 '예수회'의 얼굴이 엿보인다. 다른 말로 표현하면 나는 당시에 의식적으로 환상에 매달렸으며, '문화의 토대'로서 이 환상을 강제적으로 내 몸에 받아들였다.(10, 507) 10년 후가 아니라 이미 1870년대 중반에 쓴 글에서 니체는 − 이미 그 실체를 꿰뚫어 본 − 환상에 의도적으로 매달리는 태도를 날카롭게 비판한다. 그는 이 글에서 불순한 사고를 언급하는데, 이는 과거에 연연하면서 합리주의와 계몽주의가 야기한 순수성의 파괴를 다시 회복시킬 수 있다고 믿는 사고를 의미한다. 우리가 상황을 냉정하게 살펴보면, 신화적 동경이 원하는 것과는 다른 모습으로 나타난다. 환상이 환상에 의존하듯, 정말이지 모든 것을 진지하게 받아들이는 것은 우스꽝스러울 뿐이다. 모든 고대 철학은 이성의 기묘한 미궁

속을 걷는 길이다.(8, 100)

이는 1875년에 출간 예정이었던 "우리 문헌학자들"을 위해서 쓴 메모 글이다. "우리 문헌학자들"은 『반시대적 고찰』 제5권으로 구상되었는데, 이 작업은 니체가 당시에 이미 완성한 바그너에 대한 글*을 출간하면 안 되겠다는 생각을 하면서부터 시작되었다.(B 5, 114; 1875년 9월 26일) 그는 "우리 문헌학자들"에서 고전문헌학과 일대 담판을 지으려고 했다. 그는 이 글에서 고전인문학의 중요한 교육학적 역할이 잘못된 고대 해석에 근거하고 있으며, 잘못을 알고 있음에도 교육학 분야에 영향력을 계속 유지하기 위해 그러한 해석에 매달리고 있다는 것을 밝히려고 한 것이다. 니체에 따르면, 여전히 영향력을 갖고 있으며 교육 목표의 이론적 근거가 되는 고대의 이미지는 빙켈만Winckelmann이 말한 '고귀한 단순성과 고요한 위대성Edle Einfalt und stille Größe'이다. 이 이미지에서 고대 그리스는 진선미의 통합이 실현되는 이상적인 장소가 된다. 하지만 고대가 온화한 휴머니즘의 시대라는 것이 허상이라는 니체의 주장은 『비극의 탄생』을 읽은 독자에게는 더 이상 놀랍지 않다. 왜냐하면 니체는 이미 이 책에서 빙켈만적인 고대상을 파괴하고, 고대 그리스 문화의 거칠고 잔인하며 비관적인 성격을 강조했기 때문이다. "우리 문헌학자들"을 위한 메모 글들에서 암시되는 새로운 것은 오히려 지식의 의미에 대한 변화된 해석 그리고 지식이 신화 및 종교와 어떤 관계를 맺고 있는지에 대한 변화된 해석이다. 니체는 지식에 부당한 입장을 취해선 안 된다(8, 47)고 말한다. 이로써 니체는 바그너와의 결별 이전에 이미 생각을 바꾸기 시작한다. 『비극의 탄생』에서 지식앎에의 의지의 화신으

---

* 『반시대적 고찰』 제4권인 "바이로이트의 리하르트 바그너"를 말한다. – 옮긴이

로 비극 몰락의 주범으로 몰렸던 소크라테스가 복권되는 것인가? 소크라테스는 비극적인 향연 이후에 다시 환영받는 손님으로 부상할 수 있을 것인가? 1875년 여름에 쓴 메모 글에서 니체는 다음과 같이 말한다. 고백하자면 나는 소크라테스를 무척 가깝게 여기지만 거의 언제나 그와 싸운다.(8, 97) 니체의 소크라테스에 대한 변화된 관계를 살펴보기 위해서 『비극의 탄생』에서 그가 어떻게 묘사되었는지 살펴보기로 하자.

니체가 『비극의 탄생』에서 묘사한 소크라테스는 인식에서 가장 소중한 것을 기대하고, 진리와 더불어 사는 것을 기능하게 여겼을 뿐만 아니라, 진리가 없는 삶은 살 가치가 없는 것으로 여긴 사람이었다. 니체에게 소크라테스는 서양에서 지식과 진리에의 의지의 전통을 만든 선구자이다. 소크라테스는 비극에 대항해 지식과 진리의 원칙을 구현한다. 이 원칙이 비극에 적대적인 이유는 존재를 인식할 뿐만 아니라 심지어 수정하도록(1, 99: GT) 요구하기 때문이다. 존재가 수정될 수 있다면, 고통이나 불안, 고난 그리고 불의는 더 이상 비극적으로 감내할 필요가 없다. 우리는 이것들을 당장 오늘이 아니라 할지라도 내일은 제거할 수 있다. 인식은 여유와 행복을 낳는다. 소크라테스에게 있어서 현존재를 수정한다는 의미는 자기인식을 통해서 자신의 존재를 변화시키고, 또 그럼으로써 세계의 본질을 해명하는 것이다. 이렇게 되면 우리는 불안 없이 현존재를 신뢰하며 삶을 영위할 수 있다. 니체는 소크라테스를 자연의 궁극적 해명 가능성에 대한 믿음과 지식의 보편적 치유력에 대한 믿음 (1, 111)을 가진 학문의 천재로 등장시킨다.

역사적으로 볼 때 소크라테스에게 이러한 학문의 정신이 실제로 있었는지의 여부에 대해서는 더 자세하게 다룰 필요가 없다. 왜냐하면 여기서 관건은 니체가 소크라테스에 의해 대표되는 '힘'을 어떻게 규정하는지를 이해하는 것이기 때문이다.

자연의 궁극적 해명 가능성이 의미하는 바는 자연이 본질적으로 인식하는 인간 정신과 동일하다는 확신이다. 자연은 지적으로 인식 가능한데, 플라톤의 말을 빌면 비슷한 것은 비슷한 것을 인식할 수 있기 때문이다. 육체적 감각은 세계의 물질적인 측면에 반응하며, 정신은 세계의 영원한 표본을 만드는 이념을 해명한다. 인식 행위를 통해서 인간은 진정한 존재와 연결되며 이미 존재하는 자신이 된다. 인간은 집에 도착하는 것이다. 인식에서 중요한 것은 인식하는 자아와 세계 사이의 일치 가능성이다. 이 모든 과정이 플라톤에게는 사유의 세계에서만 이루어지고, 아직 세계 통제로 구체화되지 않는다. 하지만 이런 세계 통제가 먼 미래의 일은 아니다.

(플라톤이 전하는) 소크라테스에게 지식의 보편적 치유력이 잘 드러나는 것은 죽음과 관련해서이다. 소크라테스의 죽음에 관한 이야기는 플라톤주의를 만든 일종의 창립 자료와 같다. 여기서 인식하는 정신은 진리의 시험을 거친다. 죽어가는 소크라테스는 불안과 공포를 극복하고 비극에 승리를 거둔다. 니체는 지식과 논거를 통해 죽음의 공포에서 벗어난 인간인 죽어가는 소크라테스의 이미지를 문장紋章이라고 말한다. 이 문장은 학문의 입구 위에 걸려 모든 이에게 학문의 사명을 상기시키는데, 학문의 사명이란 존재를 이해 가능한 것으로 또 그렇게 함으로써 정당한 것으로 보이게 만드는 일이다.(1, 99: GT) 물론 여기서 이해되고 정당화되는 이유는 소크라테스의 인식이 현대의 경우보다 더 많은 것을 포괄하기 때문이다. 소크라테스의 인식은 단순히 경험적이고, 자연적이고, 모방적인 것에 그치지 않는다. 그것은 알려지지 않은 사실을 탐구하지 않으며, 현대 학문에서와 같이 목표 지향적이지도 않다. 니체가 말하는 지식의 보편적 치유력은 우선 (플라톤이 전하는) 소크라테스가 죽음을 맞이해 분명하게 보여준 참여 정신과 관련된다. 소크라테스가 보여준 바와 같

이, 인식이란 경험적 자아를 초월하는 정신에 참여하는 것이다. 우리는 늘 이런 정신에 얽매여 있지만, 관건은 이러한 정신을 자신의 내부에서 발견하는 것이며 이러한 정신이 죽음에 이르기까지 자신의 삶을 주도하도록 허용하는 것이다. 우리가 참여하긴 하지만 우리를 초월하는 정신의 이러한 자기발견을 일컬어 소크라테스는 "오직 자신만의 영혼을 갖는다"라고 말한다. 우리가 이러한 이해를 바탕으로 영혼을 바라보면, 우리의 영혼이 세계와 분리된다거나 세계 없는 내면성으로 침잠한다는 말은 있을 수가 없다. 우리의 영혼은 보편 존재와 연결되어 있으며, 개별적인 존재인 육체가 우리를 이러한 보편 존재로부터 분리시킬 뿐이다. 이를 오늘날의 말로 표현하면 다음과 같다. 즉 영혼은 객관성을 대표하며, 내실 있고, 세계의 본질을 구현한다. 반면 육체와 우리의 감각은 단지 주관적이고 일시적인 것에 불과하며 본질이 없고 따라서 세계에 뿌리를 내리지 못한다. 하지만 우리가 소크라테스가 이끄는 대로 영혼으로 물러나면, 우리는 세계를 상실하는 것이 아니라, 정반대의 현상을 경험한다. 즉 우리는 영혼에 집중할 때야 비로소 제대로 세계에 접근하거나 올바른 세계에 도달할 수 있다. 소크라테스의 죽음에 대한 플라톤의 서술은 모든 이가 오직 자신만을 위해서 죽는 것은 아니라는 것을 증명한다. 죽음은 최대의 외로움을 겪는 순간이 아니다. 소크라테스는 혼자가 아니다. 오히려 소크라테스는 사고와 인식의 자기경험을 통해 개인적인 죽음을 초월하는 존재를 확인한다.

여기서 문제는 소크라테스가 제자들과의 마지막 대화에서 말하는 불멸성의 여러 증거들이 아니다. 여러 '증거들'이 있다는 사실 자체는 개개 증거의 신빙성에 의문을 제기한다. 이 때문에 소크라테스는 이 증거들을 사람들을 태우고 "삶을 헤쳐 나가는"(플라톤 4. 339) "구명선"에 비유한다. 오히려 결정적인 것은 살아 있는 존재가 육체로 인한 고립의 한계를 초월하게 하는 정신의 자기발견이다. 정신의 이러한 자기확신을 경솔하게 모든 현상으로 확대할 필요는 없다. 달리 말해, 진리는 사고의 자기 경험에, 즉 행위에 있지, 우리가 생각해낼 수 있고 어느 정도 설득력이 있는 여러 논거들에 있는 것이 아니다. 이 때문에 불멸성의 여러 '증거들'은 단지 제한적인 신빙성을 지닐 뿐이다. 또 바로 이 때문에 소크라테스는 신화에 기대는 것도 주저하지 않는다. 소크라테스에 따르면, 이미 자신이 지닌 이성의 힘을 사용한 사람은 신화를 믿는 위험을 감수할 수 있다. 소크라테스는 신화에 – 특히 영혼의 윤회에 관한 신화에 – 대한 믿음을 "훌륭한 모험이며, 이와 같은 것들은 자신에게 주문을 외듯 해야만 한다"(플라톤 4, 339)고 말한다. 소크라테스에 따르면 사고, 즉 이성의 자기경험과 신화 사이에는 근본적인 모순이 없다. 소크라테스는 이성적인 정신을 통해 존재의 깊은 근원까지 도달했고 신화에서 자신의 존재를 확인한다.

니체는 자신을 확신하는 정신과 신화 사이의 결합, 현존재의 규명을 가능하게 하는 이러한 결합으로 인해 (플라톤이 전하는) 소크라테스를 학문의 사제[•] 라고 부른다.(1, 99; GT) 니체에 따르면 소크라테스적인 인식과 비극적인 인식 사이의 차이는, 소크라테스가 인식이 해명할 수 없는 것을 응시하는(1, 101) 한계점을 알지 못한다는 것이다. 소크라테스적인 정신의 세계는 늘 밝다. 그리고 만일 어둠이 있다면 그것은 잠시 동안의 현상이다. 소크라테스적인 낙관주의는 어둠이 있더라도 언젠가는 밝아질 낮이 온다는 것을 믿는다. 그 정도로 인식을 신뢰하는 것이다. 이러한 신뢰는 도대체 어디에서 오는 것일까? 그것은 바로 소크라테스

• Mystagoge: 신비스러운 이론을 선포하는 사람 – 옮긴이

적이고 플라톤적인 직관에서, 즉 이 세계의 본질은 선한 것이라는 직관에서 유래한다. 따라서 어둠의 원인은 오직 인식의 결핍에서만 찾을 수 있다.

(플라톤이 전하는) 소크라테스에게서 인식은 아직 명확히 경험적이고 실제적인 세계 통제를 추구하지 않는다. 하지만 니체에 따르면 이러한 방향으로의 발전 가능성은 지식의 보편적 치유력이 나타내는 인식 낙관주의 속에 이미 들어 있다. 한 세대 후 아리스토텔레스에게서는 인식과 자연 지배 사이의 연관성이 한층 더 분명해진다. 니체가 소크라테스적이고 플라톤적인 존재론을 근대의 자연 인식과 연결하는 공식이 바로 현세적 화합(1. 115)이다. 이는 인식의 주체와 객체가 자신들의 공통된 토대가 정신에 있든지 아니면 물질에 있든지 간에 동일한 유형이라는 것을 의미한다. 이 둘 사이에는 어떠한 균열도, 건너지 못할 심연도 없다.

근대적 자연 인식의 발전은 이러한 현세적 화합의 가설에 의해 강력하게 추진되어 결국 형이상학의 옛 신이 실제로 기계 장치의 신에 의해 대체되기에 이르렀다. 이러한 기계 장치의 신은 더 이상 비극이 필요 없으며, 지극히 실제적인 지식에 의한 세계의 개선을 약속하는 기계와 용광로의 신(1. 115)으로서 성공적으로 기능한다. 학문에 의해 인도되는 삶의 이상이 우위를 차지하고, 인간은 원칙적으로 해결될 수 있어 보이는 과제들이라는 협소한 영역 안에서 활동한다. 이제 지식의 낙관주의가 전성기를 구가한다. 세계의 원칙적인 인식 가능성과 예지적 성격에 대한 믿음은 기본적으로 세계의 화합적인 관계를 전제한다. 불화와 어둠은 이미 존재하고 있는 올바른 방법을 통하거나 장차 지식의 발전을 통해 극복 가능한 것으로 여겨진다. 만일 소크라테스의 원칙이 역사 발전의 이념과 결합된다면 이론적인 호기심의 승리는 더 이상 어떤 방해도 받지 않을 것이다. 현실이 점점 더 분석 가능하고 통제될 수 있는 것으로 파악되고, 기술, 생산, 의학 그리고 사회생활의 분야에서 이러한 지식 문화의 첫 번째 물질적인 성공이 나타나며, 지금까지 공포의 대상이었던 자연의 힘이 자연스러우면서도 예측 가능한 그리고 원칙적으로 통제 가능한 인과관계의 결과로 파악되면, ─ 요컨대 이 모든 것이 일어나면, ─ 낙관적인 감정이 낮은 사회 계층으로까지 확산된다고 니체는 말한다. 그리고 이 사회 계층은 이제 만인의 현세 행복(1, 117)을 꿈꾸기 시작하는 것이다. 자연이 학문을 통해서 점점 더 통제 가능하게 된다면, 도대체 왜 사회에 내재하는 불의가 제거되지 않는 것인가? 우리가 자연의 신비를 인과관계를 매개로 풀어 나가고, 원인과 결과의 사슬의 일부분이라도 손에 쥘 수 있다면, 사회적 운명의 힘을 깨뜨리는 것이 왜 불가능한 것인가? 때때로 운명에 대한 저항이 성공함으로써 지금까지 운명에 자신을 맡겼던 사람들에게서도 삶을 편안하게 해주는 혜택을 누리려는 욕구가 커진다. 삶의 기회와 발전의 기회를 공정하게 배분하는 문제가 다양한 사회조직의 현안이 된다. 불행한 사람은 자신의 운명을 불공정한 대우을 받은 결과로, 즉 불의로 여기고, 이에 저항한다. 니체는 학문이 그 결과물을 통해서만이 아니라, 그 에토스에 의해서도 민주주의의 선동적인 정신과 연결된 것으로 여긴다. 소크라테스는 사회의 지배적인 의견을 무시함으로써 이를 입증한다. 폭력이 논쟁의 장으로 들어온다. 찬반 논쟁에서는 논리로 무장한 진리 주장들이 힘을 잃는다. 변증법은 어떤 주도적인 언사도 허용하지 않는다. 소크라테스적 로고스는 헤아릴 수 없는 것을 불신하며, 비극의 어마어마한 마력(1, 81; GT)을 불의로 여긴다. 이러한 어마어마한 마력은 자신을 숨기기 위해서 항상 어둠을 찾았던 것이 아닌가? 이 때문에 소크라테스에게 어둠은 의심스러운 것이다. 해명할 수 없는 것에 대해 이야기하는 사람은 숨길 것을 갖고 있는 게 아닌가? 니체는 결국 다음과 같이 분명하게 말한다. 이러한 소크라테스적 문화의 품안(1, 117: GT)에서 민주주의 정신이 부화되었다. 왜냐하면 소크라테스적인 유형의 학문에서 진리는 인물의 평판과 무관하기 때문이다. 천재와 위대한 인물들이 학문에서 중요한 역할을 수행할 수는 있지만, 학문적인 진리와 발견은 어디까지나 – 오늘날의 말로 표현하면 – "상호 주관적"이다. 진리의 의미는 그것을 주장하는 사람의 지위와는 무관하다. 진리는 그 자체로 독립적이며, 보편적으로 검증 가능해야 한다. 일반화될 수 없는 특수한 경험은 결코 진리의 지위를 차지할 수 없다. 진리는 원칙적으로 모든 이에게 열려 있다. 진리 앞에서는 모두가 평등하다. 어느 누구도 진리에 접근하는 특권을 누리지 못한다.

이처럼 니체는 소크라테스적 정신과 학문의 발전 그리고 민주주의적 변혁이 서로 연결되어 있다고 본다. 그렇다면 이러한 발전이 왜 니체에게 불만족스러운 것인가? 왜 그는 민주주의에 대해 두려움을 갖고 있는가? 이에 대한 대답은 이미 니체의 노예제도에 대한 옹호를 설명할 때 나왔다.(4장 참조) 여기서 다시 한 번「그리스 국가」에 나오는 중요한 구절을 인용해보자. 예술을 발전시킬 수 있는 넓고도 깊은 비옥한 땅이 있으려면, 엄청난 수의 사람들이 소수를 위해 봉사하고 자신들의 개인적인 욕구를 넘어 삶의 노고를 노예처럼 감내해야 한다.(1, 767) 만일 이러한 사람들에게 지식과 인식이 확산된다면, 문화를 파괴하는 끔찍한 봉기가 일어날 것이라고 니체는 두려워한다. 왜냐하면 야만적인 노예 계급이 자신뿐만 아니라 모든 세대를 위해(1, 117) 복수하기 때문이다. 니체에게는 이러한 소름 끼치는 복수가 바로 이론적인 문화의 품 안에서 잠들어 있는 재앙이다.

니체의 주장에 따르면, 고대의 또는 근대의 노예제 사회 질서는 모두가 인간 삶의 비극적 기본 구조를 사물의 자연적 잔인성(1, 119)으로 받아들일 때에만 유지될 수 있다. 노예들은 이러한 잔인성을 감수한다. 이 것이 디오니소스적 지혜의 한 측면이다. 문화적인 엘리트들은 이러한 잔인함을 알고 예술의 보호막 뒤에서 은신처를 찾는다. 이것은 디오니소스적 지혜의 또 다른 측면이다. 그런데 니체는 왜 자신의 이러한 생각에 들어있는 냉소적인 함의를 깨닫지 못하는 것일까? 그것은 아마도 그가 문화를 창조하는 엘리트들도 – 이들이 진정한 엘리트라면 – 존재의 잔인성으로 인해 고통받으며, 이러한 비극적인 인식을 통해서만이 예술의 보호막을 펼칠 수 있다고 믿었기 때문일 것이다. 노예들은 잔인한 사회의 밑바닥에서 비극을 온몸으로 겪고, 문화적인 엘리트들은 이 비극을 잘 안다. 따라서 일종의 평등이 이루어진다. 한쪽은 불행 그 자체이고, 다른 한쪽은 그것을 바라본다. 이러한 맥락에서 생각하면, 니체가 자신의 비극적인 세계관을 일상 정치에 적용한 일은 아마 언급할 필요가 없진 않을 것이다. 당시 바젤에서 1일 노동 시간을 12시간에서 11시간으로 줄였는데, 니체는 이러한 노동 시간 단축에 반대했다. 그리고 역시 바젤에서 12세부터 1일 11시간까지의 노동이 공식적으로 허용되었는데, 니체는 이러한 어린이 노동에 찬성했다. 또 그는 노동자들을 교육시키는 단체에 반대했다. 물론 니체는 이러한 잔인함을 노동자가 감당할 수 있는 수준으로 한정해야 하고, 지나치게 확대해서는 안 된다고 말한다. 그렇게 함으로써 노동자와 그의 후손이 우리의 후손을 위해서도 일을 잘할 수 있게 된다.(2, 682: WS)

물론 니체는 『비극의 탄생』에서 묘사한, 거의 고대의 사회민주주의자로 나타나는 소크라테스의 모습으로 자신이 안고 있던 '소크라테스 문제'를 완전히 해결한 것은 아니다. 니체는 아직 소크라테스와 해결해야 할 문제가 많으며, 아마 죽을 때까지도 소크라테스와 씨름하게 될 것이다. 니체가 고백한 나는 소크라테스를 무척 가깝게 여기지만 거의 언제나 그와 싸운다는 말은 이미 『비극의 탄생』에 대해서도 유효하다. 원래 니체는 소크라테스의 공적을 논하는 제15장으로 이 책을 끝낼 예정이었다. 그러다가 특히 바그너에 의한 디오니소스적인 비극의 혁신을 다룬 열 개의 장이 추가되었다. 이 열 개의 장에서 소크라테스에 대한 날카로운 비판이 펼쳐진다. 하지만 원래 마지막 장으로 예정되었던 제15장에서 니체는 소크라테스에 대해 호의적으로 말한다. 니체는 어떤 관점에서는 소크라테스에게 감사할 수도 있다고 지적한다. 소크리테스는 세계사의 전환점이고 소용돌이다.(1. 100) 왜냐하면 소크라테스는 파괴적인 에너지를 인식욕과 결합시키는 데 도움을 주었기 때문이다. 놀라울 정도로 높게 축적된 현재의 지식 피라미드 역시 인간이 자살을 통해서 자기 종족을 없애는 위험을 막아주는 방어벽이다. 니체는 엄청난 힘이 인식을 위해서가 아니라 개인과 민족의 실천적인, 즉 이기적인 목표를 위해서 사용되는 경우를 생각해보자고 말한다. 그렇다면 아마도 파괴적인 전투가 벌어지고 민족 이동이 끊임없이 일어나면서 삶을 향한 본능적 욕망은 약화되었을 것이다. 그 결과로 자살이 일상화된 가운데, 개인은 피지 섬의 원주민처럼 자식이 부모를, 친구가 자신의 친구를 목 졸라 죽이면서 아마도 마지막 남은 의무를 다했다고 느껴야 했을 것이다. 소크라테스적인 인식욕이 한 일은 동정심에서 민족 학살이라는 끔찍한 윤리까지도 만들어낼 수 있는 실천적 비관주의를 막은 것이다.(1. 100: GT)

니체는 1875년경과 그 이후에 쓴 글에서 지식에 대해 부당한 입장을 취해선 안 된다(8. 47)고 스스로에게 경고하는데, 이는 두 가지로 해석이 가능하다. 한편으로는 소크라테스가 이론적인 호기심을 대표하는 한 그를 너무 심하게 비판할 필요가 없다는 것이고, 다른 한편으로는 소크라테스의 지식에 관한 입장이 충분히 과격하지 않으므로 이제 그를 비판단다는 것이다. 니체는 소크라테스를 다른 고대 철학자들과 비교한다. 니체가 소크라테스의 상대자로 선택한 이는 데모크리토스이다. 왜 데모크리토스인가? 그는 냉정하고, 객관적이며, 진정으로 학문적이고, 소크라테스와는 달리 개인적 행복론을 추구하지도 않으며, 행복에 대한 뻔뻔한 자만심도 없다.(8, 103)

데모크리토스는 근대의 자연과학과 매우 유사한 세계관을 실험했는데, 니체는 이런 세계관에 점점 더 호감을 가진다. 니체는 『이 사람을 보라』에서 바그너와의 결별 이후의 시기에 어떻게 살았는지를 다음과 같이 회고한다. 나는 완전히 메마르고 굶주려 있는 내 자신을 연민의 눈으로 바라보았다. 내 지식에 '실재성'이 없는데, '이상성'은 무슨 쓸모가 있단 말인가! 타는 목마름이 나를 엄습했다. 이때부터 나는 사실상 생리학과 의학 그리고 자연과학에만 몰두했다.(6, 325; EH) 고전문헌학자인 니체는 고대 자연과학을 통해 근대 자연과학에 접근한다. 원자론자인 데모크리토스는 그의 냉정한 태도로 니체의 관심을 끌었다.

사실상 데모크리토스는 유래가 없을 정도로 대담하게 신인동형론*과 단절했으며, 세계상에서 모든 도덕적인 투영을 제거한다. 따라서 그의 세계상은 중립적이고 객관적이며 '냉정해' 보인다. 텅 빈 공간에서 떨어지는 원자들만이 존재할 뿐이다. 이 원자들은 크기가 달라 떨어지는 속도도 다르기 때문에, 당구공처럼 서로 충돌하고 밀치면서 임의적인 형태를 만든다. 인간의 영혼과 정신 역시 지극히 작은 원자들의 결합일 뿐이다. 데모크리토스에 따르면 "존재하는 것은 오직 원자와 빈 공간뿐이다. 그 외의 것들은 모두 의견에 지나지 않는다."(랑에 1, 18)

● 神人同形論(anthropomorphism): 의인관擬人觀이라고도 하며 인간 이외의 존재나 자연 현상을 인간적 특성에 견주어 해석하려는 학설로, 자연계의 만물에 대해 영혼을 인정하는 애니미즘 등도 이 학설의 변형이다. - 옮긴이

사물의 본질을 나타내지 못하는 이러한 "의견"들 중의 하나가 바로 자연은 목적인目的因:사물이 생성되는 궁극적인 목적에 의해, 즉 목표에 의해 결정된다는 이론이다. 이러한 목적론을 데모크리토스는 신인동형론적 투영이라고 폭로한다. 사람들은 목표를 세우고 뜻한 바를 추구하며 이에 따라 행동하는 것과 똑같은 방식으로 우주도 상상한다. 하지만 데모크리토스는 이렇게 상상해서는 안 된다고 말한다. 만물은 원자가 떨어지고 충돌하며 결합하는 것처럼 인과성에 따라 움직이지만, 작용인作用因:변화를 가져오는 실질적인 행위에 따른 것이지, 목적인에 따른 것은 아니다. 어떤 목표도 지향하지 않고, 그러므로 어떤 '의미'도 추구하지 않는 '눈 먼' 필연성이 있을 뿐이다. 데모크리토스의 원자로 이루어진 우주에는 어떤 '의미도 없다'. 니체는 데모크리토스에 대해 다음과 같이 평한다. 세계에는 이성과 충동이 전혀 존재하지 않으며 온통 붕괴되어 있다고 봄. 모든 신들과 신화는 아무런 소용이 없다고 봄.(8, 106) 인간이 사물에 부여하는 성질은 허구이며 "달콤함, 차가움, 색채 등은 오직 의견"에 지나지 않는다. "실제로 존재하는 것은 원자와 빈 공간일 뿐"이라고 데모크리토스는 말한다.

　데모크리토스가 자신의 이론으로 당시 사람들에게 친숙한 세계상 전체를 파괴한 것은 마치 오늘날 자연과학이 하는 것과 흡사하다. 우리는 해가 뜨는 것을 보지만, 실제로 해가 뜨는 것은 아니라는 사실을 안다. 데모크리토스부터 시작해서 현대에 이르기까지 과학이 우리에게 가르치는 바에 따르면, 우리는 우리의 감각을 믿을 수 없다. 우리는 원자로 이루어진 세계의 실체를 볼 수 없고, 기껏해야 유추할 수 있을 뿐이다. 데모크리토스의 주장은 당시에 이미 수학을 기초로 하고 있었다. 물론 우리 인간들은 계속해서 지각할 것이고 도덕적인 신념을 가질 것이다. 하지만 이 모든 것은 작은 물체인 원자의 복잡한 운동에 불과하다고 데모크리토스는 말한다. 데모크리토스의 우주에는 모든 것을 종합하고 이끌며 도덕적인 중요성을 지니는 정신은 존재하지 않는다. 선과 악은 우주에 존재하는 실체가 아니라 단지 인간의 도덕적인 상상에서 나오는 것이다. 데모크리토스의 세계상은 도덕에 기초한 보편적인 목적론적 의미를 부인하기 때문에 허무주의적이다. 니체도 데모크리토스를 이렇게 이해했고, 당시의 이상주의적인 반대파에 속했던 플라톤 역시 이렇게 이해했다. 심지어 플라톤이 데모크리토스의 저서를 불태웠다는 말까지 전해지고 있다.

정신이 제거된 데모크리토스의 우주론에 대한 플라톤의 대답이 이데아론인데, 이에 따르면 보편 개념은 본질이 된다. 즉 현실을 개념으로 추상화한 이 보편 개념이 현실보다 더 실재적인 것으로 여겨진다. 나무의 이데아는 모든 개개의 나무보다 더 실재적이고, 선의 이데아는 모든 개개의 선한 행동보다 더 실재적이며, 미의 이데아는 모든 개개의 아름다운 사물보다 더 실재적이다. 이러한 이데아들은 우리의 감각을 넘어설 뿐 아니라 우리의 감각으로 파악되는 현실까지 뛰어넘기 때문에, 점점 더 빈 것이 된다. 하지만 플라톤은 이데아에 큰 애착을 가져 이데아의 도움으로 윤리적인 삶을 혁신하려 했기 때문에 이 이데아에 신화적인 외양을 부여하고 이데아의 존재에 참여하는 독특한 신비주의를 발전시키기도 했다. 사유는 성공적인 삶을 위해 필요한 연습이 된다. 사유는 개념의 체계를 통해 추상화라는 신성한 사다리에 올라타 높이 비상한다. 어디로 비상하는가? 존재가 전체적으로 잘 정돈된 선으로 나타나는 지점까지 비상한다. 플라톤은 영혼이 충만한 우주, 사유가 한데 어우러진 공간적인 조화를 묘사한다. 플라톤적인 인식은 세계의 선을 발견하고, 이를 통해서 스스로 선하게 되는 것을 의미한다.

원자와 어떤 의미나 의도도 없는 운동만 있는 데모크리토스의 빈 공간에 이보다 더 날카롭게 대립되는 경우는 상상하기가 어렵다. 데모크리토스에게 자연은 초연할 정도로 무관심하며 선악의 저편에 있다. 하지만 플라톤의 경우는 전체가 선이다. 악은 인식의 결핍인데, 이러한 결핍은 개별자가 전체와 조화를 이루지 못하는 것을 의미한다. 플라톤이 표방하는 선의 존재론은 데모크리토스의 중립화된 우주론에 대한 응답이다. 그것은 세계 본질을 재도덕화하고 재신화화하는 강력한 시도이다. 그렇다면 플라톤주의는 왜 이렇게 완전히 이상주의적으로 반응했을까? 니체의 대답은 다음과 같다. 자신에 대한 두려움이 철학의 영혼이 되기 때문이다.(8, 106) 의식으로 깨어난 인간은 자신이 냉정한 원자적 우주에 존재하는 것을 견딜 수 없다. 그는 집에 있다는 감정을 갖길 원한다. 철학은 집으로 돌아가려는 동경과 다를 바 없다. 이러한 의미로 니체는 데모크리토스와 플라톤을 비교하면서, 플라톤의 철학은 모든 것을 끝까지 사유해 해결자가 되려는 시도(8, 106)라고 말한다. 니체는 폴리스의 역사를 잘 알고 있었기 때문에 플라톤의 이상주의가 정치적인 두려움에 대한 반응이라는 사실을 깨뚫어 보았다. 민주주의에 의한 존재를 탈주술화하고 객관화하는 계몽주의의 승리는 폴리스의 도덕적인 토대를 해체할 수도 있었던 것이다. 플라톤은 도덕적 허무주의의 유령과 유물론적 가치 평가 절하에 대항해 싸웠다. 니체는 이러한 플라톤주의가 서구의 기독교 세계에서 거둔 성공에 대한 놀라움을 자신의 메모장에 처음으로 표시하는데, 이러한 일은 이후에 자주 반복된다. 플라톤은 작은 규모의 폴리스를 정신적으로 안정시킬 의도였지만, 결과적으로는 수 세기 동안 세계적인 규모의 문화 공동체에게 정신적인 일체감을 제공했다. 그 이유는 플라톤적이고 기독교적인 이론이 변화를 보이긴 했지만 지배력을 계속 견지해 나갔기 때문이다. 이 이론에 따르면, 선과 악은 본래적인 진리가치가 없는 관습적인 가치판단으로서가 아니라 객관적인 세계의 '참된' 측면으로 통한다. 니체는 이제 '의미가 없는' 우주라는 말을 과학적으로 파악된 세계를 적절하게 표현한 것으로 여긴다. 하지만 소크라테스가 (플라톤도 역시) 냉정한 인식을 견디지 못하고 세계를 다시 도덕화하고 이상화했기 때문에, 니체는 소크라테스의 영향이라는 제목으로 과학을 파괴했다(8, 108)는 놀라운 말을 한다. 이 말이 놀라운 이유는 니체가 – 이미 설명한대로 – 『비극의 탄생』에서 소크라테스를 과학적이고 이론적인 정신의 대표자로 제시했기 때문이다.

니체가 1875년경에는 의도적인 자기마법화, 재신화화 그리고 종교적인 파토스에 대항해 지식에의 의지를 옹호했다면, 이제 소크라테스에 (그리고 플라톤에) 대한 니체의 비판이 변하기 시작한다. 소크라테스가 비판받아야 하는 이유는 그가 인식하려 했기 때문이 아니라, 충분히 과격하고 냉정하게 인식하려 하지 않았기 때문이다. 소크라테스는 인식의 대담함이 부족했고, 너무 낭만적이고 감상적 이상주의에 빠져 있었다. 데모크리토스가 증명해보인 것과 같이, 참되게 인식하는 자에게는 끔찍한 우주의 모습이 드러난다. 이러한 끔찍한 우주에 대해 파스칼은 – 이때부터 파스칼은 니체가 존중하는 저자 중의 하나가 된다. – 다음과 같이 말한다. "나는 내 자신도 모르며 나에 대해 아는 바도 없는 무한히 넓은 공간에 갇혀서 전율한다. (…) 이 무한한 공간의 영원한 침묵이 나를 전율하게 한다."(파스칼, 113) 그리고 파스칼의 말은 다음과 같이 이어진다. "인간이 우주의 한구석에 미아처럼 방치되어 있다는 것을 생각하면, 전율이 나를 엄습한다."(파스칼, 321)

이러한 공포의 도피처를 종교에서 찾지 않고 (파스칼이 그랬던 것처럼), 또 신흥종교처럼 인위적인 신화나 예술을 보호장치와 치료제(1, 101; GT)를 사용하지 않고 버텨내는 것 – 이것이 이제 당분간 냉정한 시각을 유지하려던 니체의 이상이 된다. 10년이 지난 후에 쓴 『인간적인 너무나 인간적인』2권 서문에서 니체는 이러한 변혁의 시기를 회고한다. 당시 나는 개별적인 사적 경험을 보편적 판단으로, 즉 세계에 대한 판단으로 설정하고 해석하려는 모든 낭만적 비관주의의 비과학적인 근본 경향에 맞서 길고 끈기 있는 싸움했다.(2, 374f.: MA)

인식이 끔찍한 것을 발견한다고 해도 동요하지 않고 잘 관찰한다면 승리할 수 있다는 것, 바로 여기에 인식의 행위에 내재하는 낙관주의가 있다. 인식하는 자는 당당하게 말한다. 나는 죽음을 무릅쓰고라도 나의 인식을 버텨낼 것이다. 니체는 비극에 중독된 의식의 치료제로서 그리고 음악이 멈추고 세이렌이 사라진 후 빠져든 슬픔의 치료제로서, 자신에게 이러한 낙관주의를 처방한다. 너희는 그것이 언젠가 다시 한 번 비관주의자가 될 수 있기 위한 재건의 목적을 가진 낙관주의라는 것을 이해할 수 있겠는가?(2, 375)

제 8 장

—

『인간적인 너무나 인간적인』. 개념의 화학. 논리적 세계부정과 삶에 충실한 실용주의. 사회적인 것의 엄청난 힘. 동정. 쾌활한 자연주의. 형이상학 비판. 인식 없는 존재의 수수께끼. 자유 대신 인과관계.

—

니체의 어머니 프란치스카 니체(1850년)

『인간적인 너무나 인간적인』. 개념의 화학. 논리적 세계부정과 삶에 충실한 실용주의. 사회적인 것의 엄청난 힘. 동정. 쾌활한 자연주의. 형이상학 비판. 인식 없는 존재의 수수께끼. 자유 대신 인과관계.

NIETZSCHE

세계, 삶, 자기 자신 - 이들은 어마어마한 것을 원하기도 하고 비극적인 것을 원할 때도 있다. 하지만 니체는 비극적이지 않은 인식과 낙관주의를 통해 새로운 시도를 하려고 한다. 이로써 얼마나 이룰 수 있을까? 가능한 몇 가지 발전 노선을 따라가면 어떤 일이 생길까? 하지만 대개 비밀을 알고자 하는 욕구는 충족되지 않는 법이다. 세계의 불가사의한 성격(12. 142)을 높이 평가하고 수수께끼를 좋아하는 니체는 잠시 요양을 취하려고 한다. 니체는 애매모호함의 유혹에 맞서 명확함과 냉정함에의 의지를 강화하고자 한다. 파토스와 감동에 맞서 냉철한 시선을 가지려는 것이다. 인식의 지배하에 있는 (…) 조금 더 높은 단계의 문화에서 필요한 것은 감정의 큰 각성과 모든 말의 강렬한 압축이다.(2. 165) 말의 강렬한 압축이 의미하는 바는 다른 서술 방식을 고르는 것이다. 각성은 호흡이 길어서는 안 되고, 일관성이 없거나 한탄조를 띠며 도취에 빠져서도 안 된다. 니체는 과거를 회고하며 지금까지 자신이 쓴 글들이 바로 이런 성격을 띠었다고 판단한다. 니체에 따르면, 『비극의 탄생』은 성부聲部를 위해 씌어졌는데, 그렇다면 결코 각성된 상태에서 쓴 책은 아닐 것이다. 각성은 예리하면서도 정확하고 놀라운 통찰력을 보여주어야 한다. 니체가 원하는 말의 강렬한 압축은 아포리즘 형식을 암시한다.

그럼에도 니체는 아직 아포리즘 형식의 책을 쓰려고 생각하지 않았다. 1875년과 1876년 사이의 변혁기에 니체는 여전히 『반시대적 고찰』을 계획하고 있었다. 그는 제목과 주제를 잡아 나가며, 1874년 10월 25일에 말비다 폰 마이젠부르크에게 보내는 편지에서 『반시대적 고찰』을 위한 50개의 고찰 소재를 갖고 있다고 말한다. 모두가 비교적 긴 글이 될 것이며 앞으로 몇 년 동안 몰두하게 될 것이라고 했다. 니체는 마침 일종의 해독解毒요양을 하려던 시점에 이러한 계획을 세웠다. 내 속에 숨어 있는 모든 부정적이고 반항적인 것을 끄집어낸다면, 내 기분이 어떨까요?(B 4, 268) 이어지는 편지에서 니체는 자신의 목표는 '현대 사회'를 이루고 있는 지극히 복잡한 갈등 구조를 파악하는 것(B 4, 269)이라고 말한다. 그리고 이 모든 것은 창작을, 자신만의 고유한 창조 행위를 위해서 필요하다고 말한다. 하지만 어떤 창작인지는 분명하지 않다. 그는 작곡을 하려고 했을까, 시를 쓰려고 했을까? 새로운 세계관을 발전시키려고 했을까? 아니면 가치의 전복을, 새로운 법안을 꿈꾸었을까? 무엇을 창작하려고 했는지 그는 말하지 않았다. 아마 그 자신도 몰랐을 것이다. 하지만 그는 한 가지만은 분명히 알고 있다. 그는 타인에 대한 글을 쓰는 2차적 작가에서 타인들이 자신에 대한 글을 쓰는 1차적 작가가 되려 한 것이다.

니체는 1875년 『반시대적 고찰』 제5권의 자료를 "우리 문헌학자들"이라는 제목으로 정리하면서 다음과 같이 쓴다. 나는 쪼그려 앉아 한 작가를 연구하기보다는, 문헌학자들이 자신들의 작가를 읽듯이, 읽혀도 좋을 만한 무엇인가를 쓰는 것을 더 좋아한다. 그래서 대체로 – 창작된 것에 대한 잡담보다는 아주 보잘것없을지라도 창작이 더 귀중하다.(8, 123) 하지만 그는 자신만의 창작을 할 수 있을 정도로 성숙해지려면 우선 몇 가지 성공적인 전략이 있어야 한다는 사실을 알고 있다. 내가 '자유로웠다면' 그 모든 싸움을 하지 않은 채 나의 모든 힘을 시험해볼 수 있는 어떤 작품이나 행위에 전념했을 텐데. ─ 이제 나는 점차 자유롭게 되기를 희망해본다. 지금까지는 점점 더 그렇게 될 것이라고 느끼고 있다. 본래의 '일'을 하는 날이 올 것이다.(8, 94) 이 글을 쓴 것은 1875년 여름이다. 이미 살펴본 대로 당시는 그의 전환기였다. 명확한 지식에의 의지와 냉정한 인식에의 의지가 중요해진다. 따라서 니체는 여전히 창작을 꿈꾸고 있었던 이 여름에 다음과 같이 쓸 수 있다. '그 어떤 수치심 없이 인간의 비이성을 조명하는 것 (…) 인간의 지식을 진전시키는 것!(8, 45) 이러한 지식의 지향점은 무엇인가? 이러한 지식의 목적은 무엇이어야 하는가?

이러한 질문들에 대해 니체는 놀라울 정도로 실용적인 대답을 하는데, 이 대답에서 바그너의 비관주의와 심미적인 구원의 신비주의에 대한 거리두기가 분명하게 나타난다. 니체는 자신의 연구가 인간의 어떤 악이 근본적이고 개선 불가능한지, 또 어떤 악이 개선 가능한지를 구분하는 데 도움을 주기 위한 것이라고 말한다. 따라서 니체가 원래 의도했던 계획, 즉 개인적인 해독요양을 하려던 계획이 보편적인 계몽 프로그램으로 변한다. 니체는 인간의 지식을 진전시키는 작업에 기여하려고 했던 바로 그 순간에, 이러한 유형의 작업이 개별적인 탐색과 주도권들에 의해서만 이루어질 수 있다는 사실을 깨닫게 된다. 그가 어떻게 갑자기 자신 앞에 나타난 이 엄청난 일을 체계적이고 완벽하게 펼칠 수 있단 말인가! 그는 이런 일을 하기에는 너무 참을성이 없고, 스스로 고백하듯이, 너무 잔인하다. 니체는 공격하려고 한다. 그가 이후에 말하듯이, 공격할 때만 승리의 함성이 울려 퍼진다. 하지만 그는 더 이상 다비트 프리드리히 슈트라우스나 에두아르트 폰 하르트만 등과 같은 동시대인들을 공격하지 않으려고 한다. 그 대신 그는 인간적 '진실'의 확대를 가로막는 '의견'들의 덤불을 제거하려고 한다. 그는 지금까지 신화의 ─ 이를 테면 바그너의 예술 신화의 - 의미와 중요성을 옹호해왔다. 하지만 이제 니체는 이 신화를 신비화로 여기고 공격에 나서게 된다.

우선 니체는 잔인한 공격욕이 어디에서 유래하는지를 알기 위해 스스로를 성찰한다. 그는 1876년 9월, 바이로이트에서 돌아와 메모장에 다음과 같이 쓴다. 압박받는 기분의 가치: - 내적인 압박 아래에 사는 사람들은 탈선하는 경향이 있다. - 또 사유에서도 탈선한다. 잔인함은 흔히 마취를 열망하는, 평화롭지 않은 내적인 신념의 표시다; 마찬가지로 사유의 어떤 잔인한 무자비함이다.(8, 315) 니체의 무자비한 계몽 프로그램은 1876년 여름이 되자 13개의 논문을 쓸 계획을 포괄하게 된다. 니체는 "재산과 노동", "종교", "여성과 아이", "사교성", "국가", "해방", "자유정신", "교사", "낙천적인 사람들" 등의 주제에 관해 글을 쓰려고 한다. 니체는 비교적 긴 글을 쓰려고 했지만 아포리즘 형식의 글은 염두에 두지 않았다. 아포리즘은 각 주제에 대한 고찰 끝에 후기(8, 290)로 덧붙여질 예정이었다.

니체는 몸의 통증, 신경쇠약, 시력 약화, 편두통이 심해지자 1876년 가을부터 1년 동안 휴가를 신청해 허락을 받는다. 그는 이 기간에 새로운 친구인 파울 레Paul Rée를 비롯한 여러 친구들과 함께 소렌토에 있는 말비다 폰 마이젠부크의 집에서 보내려고 한다. 바이로이트에 머물기 시작해서 남부 이탈리아로 여행을 떠나기까지 몇 주 동안에 니체는 "쟁기 날"이라는 제목으로 "자유정신"을 위한 메모글을 모았다. 그는 이 작업을 하면서 이 자료들과 연관된 고찰로 묶기가 어렵고 아포리즘 형식이 어울릴지도 모른다는 판단을 했음에 틀림없다. 이제부터 니체는 아포리즘 형식을 취하게 되면 실패를 인정하는 것이 아닐까 하는 의구심에 시달려야만 했다. 전체를 하나로 묶어서 체계적으로 구성할 능력이 부족한가? 이 인간적인, 너무나 인간적인 엄청난 일은 - 나중에는 초인간적인 일도 추가된다. – 완결된 형식, 심지어 체계적인 형식으로 서술할 수 없다는 말인가? 어쨌든 니체는 새로운 문제를 떠안게 된다. 이후에 그는 『우상의 황혼』에서 다음과 같이 주장한다. 나는 체계론자들을 모두 불신하며 피한다. 체계를 세우려는 의지는 성실성의 결여를 의미한다.(6, 63: GD) 하지만 실제로는 사실 관계가 그렇게 분명하지 않다. 니체는 1880년대 중반에 "힘에의 의지"를 쓸 때 자신의 출판업자에게 다음과 같은 편지를 쓴다. 나는 앞으로 몇 년 동안 절대적 안정이 필요합니다. 왜냐하면 나는 지금 내 모든 사상의 체계를 세울 계획을 갖고 있기 때문입니다.(B 8, 279) 그런데 사상의 체계라고? 분명 헤겔식의 완결된 체계는 그를 질리게 했겠지만, 사상의 연관성을 구축하는 것은 여전히 그의 목표로 남았다. 여기서 관건은 명시적인 체계가 아니라 암시적인 체계이다. 너희는 어떤 것이 단편적으로 주어지면 (그리고 주어질 수밖에 없다면) 그 때문에 그것이 불완전하다고 생각하는가?(2, 432: MA) 아포리즘이 불완전하다고 오해해서는 안 된다. 하지만 아포리즘은 완결된 체계적 작품을 쓰기에는 아직 시간이, 어쨌든 니체의 시간이 무르익지 않았다는 사실도 드러낸다. 니체는 이러한 인정을 자신에게 요구하지만, 그것을 인정하는 것은 쉽지 않다. 니체는 방대한 작품을 쓰길 원한다. 흡사 그 안에서 거주할 수 있을 정도로 규모가 큰 작품 말이다. 그의 심미적인 감각이 바로 이러한 작품을 원하는 것이다. 그는 이러한 유혹을 강하게 느꼈다. 그렇지 않았다면, 다음과 같이 감정을 이입해서 체계론자들에게 경고할 수 없었을 것이다. 그들은 하나의 체계를 보완해 완성하려 하고 이 체계 주변에 지평선을 둘러친다. (…) 그들은 완전하면서도 강한 성격을 가진 사람의 역할을 맡으려 한다.(3, 228: M) 니체는 당분간 강한 성격을 가진 사람인 척하려는 유혹에 저항한다.

니체는 1876년 가을, 소렌토로 출발하기 전에 ("쟁기 날"이라는 제목으로 쓴) 메모글을 모으는 작업을 끝냈으며, 이 메모글은 거의 『인간적인 너무나 인간적인』의 1권을 채우게 된다. 마침내 아포리즘 형식을 취하는 결정이 내려졌다. 그 후 1년 반 동안 계속해서 다른 장들을 쓰는데, 이 장들의 제목들은 그가 계획했던 고찰 주제들이 모두 거론되었음을 보여준다. 『인간적인 너무나 인간적인』의 1장 "최초와 최후의 사물들에 대하여"는 1875년에 있었던 위태로운 변화, 즉 예술과 신화에의 의지를 거부하고 인식에의 의지를 받아들이는 변화와 밀접한 관계가 있다. 니체는 이 제1장에서 진리의 문제를 중점적으로 다루면서 풍부한 상상력을 동원해 다양한 측면으로 성찰한다. 그는 사유의 무대를 만들어, 더 이상 이 무대를 벗어나지 않으면서 순차적으로 다양한 입장과 시각을 시험한다.

니체가 「비도덕적 의미에서의 진리와 거짓에 관하여」에서, 존재의 진리에 내맡겨진 의식의 불안정한 상황을 표현한 인상적인 이미지를 ─ 호랑이 등 위에서 꿈을 꾸는 것과 같은(1, 877; WL) ─ 다시 한 번 기억해보자. 우리가 의식의 방에서 내려다보면 인간이 무자비하고, 탐욕적이며, 만족할 줄 모르고 잔인한 것을 토대로 하고 있고 또 이를 모른 채 무관심하다는 사실을 알게 된다면, 우리의 호기심은 정말 저주스럽게 된다. 이는 다음을 의미한다. 과격하고 가차 없는 진리에의 의지는 우리로 하여금 참을 수 없는 것을 경험하게 한다. 참을 수 없는 진리가 역설적으로 오직 의식의 방을 떠난 의식에게만 나타난다면, 이러한 진리는 어떻게 파악되는가? 어떻게 의식은 자신을 초월해, 있는 그대로의 비원근법적 현실을 파악할 수 있단 말인가?

니체는 저 엄청난 실재에 직면한 의식의 개념을 『비극의 탄생』에서나 「비도덕적 의미에서의 진리와 거짓에 관하여」에서 보다 더 정확하게 파악해야 한다고 깨닫는다. 이미 살펴본 대로 (4장 참조) 니체는 이 초월적 의식을 디오니소스적 지혜라고 명명했는데, 그때 그는 인식론의 논리적이고 이론적인 복잡한 문제들은 고려하지 않았다. 이 문제들은 칸트의 "물자체"와 관련된 것이다. 인식의 한계에 관한 성찰은 이루어지지 않는다. 따라서 이러한 한계를 넘어서는 일도 없다. 초월론적인 분석은 절대 실재의 암시적인 개념을 사용해야 하는데, 이 절대 실재란 비록 우리의 의식 과정과 지각 과정이 관계하는 불분명한 어떤 것으로만 파악되더라도 존재한다는 데에는 의심의 여지가 없다. 우리는 절대 실재의 개념을 추가적인 이론적 잔재나 잔여 범주로 도입할 수 있다. 하지만 니체가 『비극의 탄생』을 쓸 당시에는 이런 것이 아니었다. 당시에 니체는 황홀경이나 두려움과 놀라움의 감정 그리고 예감과 비전 속에서 절대적인 것의 현존을 규명하려고 했다. 이러한 현존은 단순한 사유보다도 더 강한 것으로 간주되었고 의식 속으로 파고들 뿐만 아니라 존재 속으로까지 뚫고 들어간다. 니체가 원했던 결과는 모방적인 관계가 아니라 참여적인 관계다. 우리는 니체의 디오니소스적 철학이 모든 것을 포괄하는, 엄청난 실재에 참여하는 데 초점을 맞추고 있다는 사실을 잊어서는 안 된다. 그러한 참여는 황홀한 일치이며 이른바 음악의 황홀경을 낳는다. 니체의 테마는 엄청난 실재의 존재론인데, 이는 단순히 이론적인 것이 아니라 전율과 황홀경으로 체험되는 존재론이었다.

하지만 이제 니체는 이러한 존재론으로부터 거리를 유지할 필요성을 느낀다. 그는 자신에게 다이어트 처방을 내린다. 더 이상 심미적이거나 형이상학적인 방탕함은 없다! 『인간적인 너무나 인간적인』에 실린 고찰들에서 절대 실재는 논리적으로 추론된 세계의 본질(2, 30)이라고 냉정하게 정의된다. 이러한 개념으로 니체는 종교와 예술과 도덕으로부터 벗어나려고 하는데, 이 종교와 예술과 도덕은 제각기 예감과 지각과 황홀경 속에서 세계의 비밀과 어떤 형식으로든 가깝게 느낀다. 하지만 니체에 따르면, 이러한 것들은 환상이며 이것들을 통해 우리는 '세계의 본질 자체'와 접촉할 수 없다. 우리는 상상의 영역에 머물러 있기 때문에 어떤 예감도 우리를 더 이끌어갈 수 없다. 그렇다고 우리는 추론된 세계의 본질이라는 개념을 포기할 수 없다. 이 개념은 논리적인 요청으로 현실 접근의 상대성과 전망성을 파악하기 위해서 필요하다. 우리는 이러한 추론된 세계의 본질에 대해 더 이상 아무것도 알 수 없다. 그것은 세계상^像의 감옥에서 우리를 해방시키는 데만 쓰인다. 추론된 세계의 본질은 일종의 비어 있는 점이지만, 소실점이며 불확정한 것으로의 탈출구이다. 하지만 우리가 불확정한 것을 통해 모든 확정된 것을 상대화시킬 수 있기 때문에 이러한 불확정성의 소실점은 아르키메데스의 점이 된다. 이 아르키메데스의 점에서 세계상이 근본적으로 바뀌게 되는데, 우리가 이 세계상의 진리가치에 대해 이의를 제기하기 때문이다. 이후에 니체는 이러한 사유를 다음과 같이 표현한다. 즉 오직 해석만이 있을 뿐이며 우리는 원문을 알지 못한다. 원문이 있다는 것은 모든 해석의 논리적 요청이다. 하지만 이러한 추론된 원문을 아는 이는 없다. 추론된 세계의 본질도 마찬가지 경우이다. 분명 니체는 디오니소스 시기에 자신을 자극하고 매료시켰던 것으로부터, 즉 절대 실재에의 황홀한 참여로부터 벗어나려고 노력한다. 이러한 과정을 그는 동결^{Vereisung}(2, 16)이라고 말한다.

1870년대 중반에 니체는 철학자 아프리칸 슈피르^{Afrikan Spir}의 이미 오래전에 잊힌 저서 『사고와 현실』을 읽고 영향을 받는다. 『인간적인 너무나 인간적인』의 18번째 아포리즘에서 니체는 슈피르를 인용하는데, 이때 니체는 그의 이름은 말하지 않고 어느 뛰어난 논리학자의 명제(2. 38)라고만 덧붙인다. 슈피르의 철학에 따르면 '실체'라는 개념은 어떠한 실재도 갖지 않는데, 현실에서는 오직 끊임없는 '생성'만 있을 뿐이기 때문이다. 동일성을 뜻하는 명제 A=A는 오직 논리적으로만 유효할 뿐 현실에서는 불가능하다. 현실에서는 단 한 순간일지라도 동일성을 유지하는 것은 존재하지 않기 때문이다. 따라서 슈피르에게 있어서 논리와 언어에 의해 은폐되는 추론된 세계의 본질은 '절대적 생성의 세계'이다.

디오니소스에 대한 열광 이후에, 추론된 세계의 본질을 단지 논리적인 요청으로서만 받아들이고자 했던 니체가 생성의 세계를 절대 실재라고 주장하는 논리학자에게 매료된 것은 자명한 일이다. 왜냐하면 이 철저한 논리학자는 니체에게 헤라클레이토스적 세계의 비전을 상기시켰기 때문이다. 그럼에도 니체는 당분간 비전이나 이미지에 열광하지 않으려고 한다. 대신 그는 급진적인 유명론을 통해 새로운 시도를 하려고 한다. 이러한 유명론은 「비도덕적 의미에서의 진리와 거짓에 관하여」에서 이미 암시되었는데, 이 글에서 진리는 유동적인 한 무리의 비유(1, 880)로 불린다. 이제 니체는 슈피르에게 고무되어 이러한 유명론적인 비판을 전개한다. 언어란 과연 무엇인가? 그것은 존재의 집이다. 하지만 우리는 이 집이 언어가 없는 광활한 공간에 위치하고 있다는 사실을 잊어서는 안 된다. 유명론을 통해 니체는, 존재와 이 존재를 언어로 표현한 것 사이의 차이를 충분히 의식하지 못하면서도 사고가 전능한 힘을 지니고 있다고 믿는 환상에 작별을 고한다. 인간은 오랫동안 사물의 이름과 개념을 '영원한 진리'로 믿어왔기 때문에 동물보다 우월하다는 자부심에 빠져 있었다. 실제로 인간은 언어로 세계를 인식할 수 있다고 믿었다.(2, 30; MA) 인간은 자신의 인식 세계에서 활동하면서 이 인식 세계를 바탕으로 여타의 다른 세계도 근본적으로 바꿀 수 있다는 자부심을 가지고 있다.

유명론이 인간의 이러한 자기기만을 꿰뚫어 본다면, 그 역도 통하지 않겠는가? 즉 지금까지 확고하다고 받아들여졌던 인식 세계가 근본적으로 바뀔 수 있지 않겠는가? 그렇다면 모든 것이 무효화되고 불확실해지지 않을까? 인식의 꿈에서 깨어나 불확실성의 바다에서 항해하게 된 인간은 존재론적인 멀미를 하지 않을까? 인간이 언어에 대한 믿음으로 인해 생긴 엄청난 오류(2. 31)를 없애려고 한다면, 현실은 어떻게 될까? 물론 이런 일은 상상할 수 없겠지만, 이런 일이 일어난다면 주체도, 객체도, 실체도 그리고 사물의 성질도 존재하지 않을 것이다. 우리는 이 모든 것이 문법의 허구라는 것을 인정해야 한다. '나는 생각한다'라는 말에도 문법의 유인술이 작용한다. 술어인 '생각한다'는 모든 술어가 그렇듯이 주어를 요구한다. 따라서 우리는 '나'를 주어라고 선언하면서 '행위자'로 만든다. 하지만 실제로 '나'라는 의식이 생기게 하는 것은 사고 행위이다. 사고 과정에서는 행위가 먼저 있고, 그 다음에 행위자가 따른다. 우리는 언어와 문법에 의해 너무도 철저히 속아왔기 때문에 이러한 기만을 현실로 받아들인다.

니체는 기존의 비극적인 사고와는 다른 사고 실험을 하는 『인간적인 너무나 인간적인』의 1권에서 다음과 같은 견해를 피력한다. 다행스럽게도 그러한 믿음에서 나오는 이성의 발전을 다시 되돌리기에는 이미 너무 늦었다.(2. 31) 왜 여기서 다행스럽게도라는 말을 하고 있을까? 왜냐하면 이러한 오류들이 우리의 모든 부를 낳았기 때문이고, 우리가 살고 있는 이 세계나 우리를 그러한 오류들로부터 자비롭게 보호해주는 베일도 모두 이 오류들로 짜여진 것이기 때문이다. 세계의 본질을 폭로하는 자는 우리 모두에게 가장 불쾌한 실망을 안겨줄 것이다. 물자체로서의 세계가 아니라, 표상으로서(오류로서)의 세계가 그만큼 의미심장하고 깊이가 있으며, 경이롭고 행복과 불행을 안고 있는 세계인 것이다.(2. 50) 이러한 성찰의 결과는 무엇일까? 진리에의 의지를 끝까지, 그래서 결국 저 지독한 실망을 맛볼 때까지 좇아야 하는가? 우리에게 친숙한 세계가 공중분해되어 사라져버릴 때까지, 그리고 확신과 방향을 잃어버려 예견할 수 없는 상황에 처할 때까지 우리의 인식을 확장시켜 나가야 하는가?

니체는 급진적인 진리에의 의지가 논리적 세계부정(2. 50)을 초래한다는 사실을 추호도 의심하지 않는다. 여기서 니체가 말하고자 하는 것은 의지에의 부정을 뜻하는 쇼펜하우어적인 세계부정이 아니라, 인식의 자기반성을 통해서 얻어진 통찰이다. 즉 우리에게 알려진 세계는 참된 세계가 아니라 단지 우리가 짜 맞춘 세계일 뿐이다. 논리적 세계부정은 우리에게 널리 알려진 세계의 진리가치를 부정한다. 이러한 논리적 세계부정은 전율과 황홀로 경험하는 디오니소스적 세계와는 달리 극적인 것이나 비극적인 것을 지니지 않는다.

또 이러한 논리적 세계부정은 칸트의 '물자체'와 다소 유사하다. 물자체는 안심하고 그대로 내버려 둬도 되는 것이다. 물자체는 모든 인식이 항상 '우리를 위해서' 존재하지만, 결코 사물 '그 자체'를 알 수는 없다는 것을 우리에게 상기시킨다. 그것은 냉정한 초월인데, 우리 상상의 보이지 않는 이면裏面 그 이상도 그 이하도 아니다. 우리의 상상 너머의 세계는 때때로 칸트의 호기심을 자극했지만, 칸트는 우리 이성의 이율배반적인 성격에 대한 예리한 연구를 통해 이러한 호기심을 잠재웠다. 즉 칸트는 우리의 이성이 거부할 수도 없고 그렇다고 대답할 수도 없는 형이상학적 질문 때문에 고생한다는 점을 지적한다. 이성은 절대적인 것에 대해 질문해야 하지만, 사실 그것이 무엇인지 모른다. 따라서 이성은 모순에 직면한다. 우리는 이러한 모순을 견뎌내야 하고 또 견뎌낼 수 있다. 왜냐하면 우리는 선험적으로 제한된 인식을 가지고 그 '자체'가 알려지지 않은 세계에서 아주 잘 지낼 수 있기 때문이다. 우리는 절대적인 인식을 지니고 있지는 않지만, 심지어 자연까지도 지배할 수 있는 효과적인 통찰력을 지니고 있다.

이러한 칸트의 '물자체'는 잘 알려진 대로 독특하게 진화해왔다. 그것은 닫힌 인식 세계에서 환풍구 역할을 했는데, 이 환풍구를 통해 불안을 야기하는 외풍이 들어왔다. 헤겔, 피히테, 셸링과 같은 칸트의 후계자들은 이러한 '물자체'를 내버려 두려고 하지 않았다. 그들은 이 물자체를 어떤 대가를 치르더라도 파악하려고 했으며, '자아'(피히테), '자연'(셸링), '정신'(헤겔)이라고 부르며 이른바 '사물의 핵심'을 꿰뚫어 보려고 했다. 그들은 마야의 베일 뒤를 보려고 했으며, 만일 그곳에 그들이 찾는 마법의 주문이 없으면 마치 낭만주의자들이 했던 것처럼 새로운 말을 만들어내려고 했다.

이전에는 니체가 '디오니소스'를 세계의 잠을 깨우는 마법의 주문으로 이용했다면, 이제 니체는 칸트의 평정심을 활용한다. 니체는 이러한 논리적이고 유명론적인 세계부정(이는 인식된 세계의 절대적 진리가치를 부인한다.)이 실천적 세계긍정(2, 50)과 아무런 갈등 없이 양립할 수 있다고 강조한다.

『인간적인 너무나 인간적인』의 16번째 아포리즘의 제목은 현상과 물자체(2, 36)이다. 여기서 니체는 경험의 세계와 물자체 사이의 차이에 대해 반응하는 몇 가지 방식을 분석한다. 우리는 소름 끼치는 은밀한 방식으로 우리의 지성을 포기하라(2, 37)는 압박을 느껴, 인식 불가능한 본질과 동일시할 수 있다. 우리는 인식 불가능한 것을 실행하려고 하고, 스스로 본질적이 됨으로써 본질적인 것에 도달하려고 한다. 여기서 분명 니체는 자신이 경험했던 디오니소스적 열정을 서술하고 있다.

또 다른 가능성은 지성을 유죄라고 비난하는 대신에 세계의 본질을 비난하는 것인데, 이 세계의 본질이 숨어서 우리를 잘못된 길로 유혹하기 때문이다. 우리는 이 모든 것으로부터 벗어나려고 하며 존재로부터의 구원을 갈망한다. 이로써 니체는 쇼펜하우어적인 대응 방식을 특징짓는다.

세 번째 가능성은 지금 니체 자신이 시도하는 방법이다. 경험 가능한 세계와 세계의 본질 사이의 차이점을 내버려 두고 경험적인 사유의 형성사로 눈을 돌리는 것이다. 이 긴 역사에서 사람들이 수많은 시각으로 세계를 들여다보고, 세계 속에서 정열과 환상과 도덕과 인식을 가지고 활동해왔다. 이런 과정을 거치면서 우리의 현재 세계가 만들어진 것이다. 이 세계는 이상할 정도로 다채롭고, 끔찍하며 의미심장하고 감정이 넘치게 되었다. 세계가 색채를 띠게 된 것이다. 물론 색을 칠한 사람은 우리 자신이다. 지금 우리가 세계라 부르고 있는 것은 유기체의 발전 과정 전체의 축적된 보물로서 지금 우리에게 상속된 수많은 오류와 상상력의 결과이다. ―보물이라고 한 것은 우리 인류의 가치가 이런 축적물에 기초하고 있기 때문이다.(2, 37) 우리는 이러한 경험의 역사를 보물로 여길 수 있으려면, 절대적인 기준점을 포기할 각오가 되어 있어야 한다. 우리는 '최초의 사물'과 '최후의 사물'에 대해 궁리하는 것을 중단하고, 수평적인 시각을 얻기 위해 수직적인 사고의 틀을 탈피해야 한다. 물론 수평적인 학문은 지각이 지닌 오래된 습관의 위력으로부터 우리를 완전하게 해방시키지는 못할 것이다. 또 이는 결코 바람직하지도 않다. 지각이 고상해지고, 인식이 비록 기본적으로 한계가 있긴 하지만 점차 나아진다면 그것으로 충분하다. 문제는 초월이 아니라 거리두기이다. 고유한 역사, 습관, 인식 그리고 지각, 이 모든 것을 우리는 학문적 조율을 통해 해명해 나갈 수 있다. 그리고 적어도 얼마간은 그 과정 전체를 넘어서까지 우리들을 고양시킬 수 있다.(2, 37f.) 니체는 이 아포리즘을 다음과 같이 끝맺는다. 아마도 그러면 우리는 물자체를 두고 호메로스의 웃음*을 터뜨리게 될

---

* 호메로스의 서사시에 등장하는 것으로 신들이 우스꽝스러운 상황에 처해 터뜨리는 웃음에서 유래한다. 흔히 파안대소를 뜻한다. ―옮긴이

것이다. 즉 대단하게, 아니 절대적인 것으로 보여도, 사실상 공허한 것이며 무의한 것임을 깨닫게 된다.(2, 38)

『인간적인 너무나 인간적인』에서 니체는 저 무시무시한 세이렌의 노래와 비극적인 감정에 맞서 실천적인 진리의 중요성을 강조하려고 한다. 니체는 실용적인 학문을 칭찬하기 시작하는데, 이 학문은 자연과학과 분리해서 더 이상 생각할 수 없다.(2, 23) 니체는 자신의 연구를 통해 인간에 대한 우리의 지식을 넓히는 데 기여하고자 한다. 하지만 니체의 이러한 실용주의는 얇은 얼음 위를 걷는 것과 비슷하다. 언제 얼음이 깨질지 모를 정도로 기반이 취약한 것이다. 그럼에도 그는 이러한 걸음을 내딛으려 한다. 그는 아주 위험한 영역에서 몰락할 때 느끼는 쾌락을 알기 때문이다. 앞으로 살펴볼 것이지만 그는 "네가 죽고, 죽어서 부활하는"(벤Benn 3, 345) 것에 매혹된다. 그는 신비에 매료되며, 음악의 황홀경에 빠지는데, 이는 그가 황홀경의 상태를 원하고, 디디고 설 수 있는 땅보다는 심연을 더 사랑하기 때문이다. 그는 한동안 실용적인 학문을 추구하긴 하지만 기본적으로는 은밀하면서도 섬뜩한 낭만주의자이다.

한때 니체는 포괄적인 의미에서 존재의 신비라고 할 수 있는 엄청난 실재, 즉 거대한 힘을 배제하려고 했다. 하지만 니체는 이제 이보다는 제한적인 성격을 띠지만 또 다른 거대한 힘의 도전을 받는다. 즉 사회적 삶의 거대한 힘이 그것이다. 이 힘에 대해서도 니체는 예민한 감수성을 보이며 여기서도 고양되기를 원한다. 즉 거리두기와 안전거리를 확보하려는 것이다.

사회적인 삶의 거대한 힘에 대한 니체의 열린 자세는 그가 별로 좋아하지 않고 나중에는 심지어 분노조차 했던 감정으로 인해 초래된 것이다. 그것은 바로 동정심이다. 동정심을 느낄 수 있는 예민한 능력을 지닌 자는 사람들 사이에서 주고받는 고통의 폭넓은 인과관계를 직관적으로 파악한다. 이곳에서의 어떤 행위와 저곳에서 그 행위가 악행으로 받아들여지는 결과 사이의 인과관계에서 연결고리가 짧으면, 우리는 죄라고 말한다. 하지만 이 연결고리가 조금 더 길면, 우리는 비극이라고 말한다. 이 연결고리가 더 길어지면, 죄와 비극은 단순한 불쾌감만 줄 정도로 강도가 약화된다. 예민한 정의감을 지닌 사람은 이런 모호한 불쾌감을 느끼면서도 스캔들을 발견한다. 즉 자신의 생존은 다른 이들의 고통과 죽음에 힘입고 있다는 것이다. 비극에 대한 열정과 연민에 대한 천부적인 감정을 지니고 있는 니체는 이러한 사회적인 삶의 거대한 힘이 모든 인간적 삶에 작용하는 '죄의 보편적 연관성'임을 깨닫는다.

니체는 자신의 예민한 동정심 때문에 고통을 겪는다. 이후에 연민의 도덕과 싸우게 되는 철학자가 지금은 강한 동정심을 드러내고 있는 것이다. 니체는 이후에 초인에게 요구하는 것과 같이 잔인하거나 강하거나 가혹하지 않다. 그는 날씨에 예민할 뿐만 아니라 사람에 대해서도 다정다감하다. 이러한 성격은 나쁜 결과를 초래한다. 어머니와 여동생이 이해심의 부족으로 그의 마음을 아프게 하고 기를 죽여도, 그는 그들과의 관계를 유지하기 위해 노력한다. 그는 너무 쉽게 용서하는 태도로 인해 고통받는다. 자신의 입장을 유지하기도 어려웠다. 어머니에게 다시는 편지를 쓰지 않겠다고 다짐하면, 마침 때맞춰 나움부르크*에서 양말과 소시지를 보냈다. 프리츠는 정중하게 감사를 표시하고, 여동생과 다시 화해할 것을 요구하는 어머니에게 복종한다. 그는 자신이 원했던 것과는 달리 마음이 따뜻한 천재이며, 동정하지 않고는 견딜 수 없

---

* 니체의 고향 – 옮긴이

는 성격은 분명 자신의 제1의 천성이자 본능이다. 동정심은 그가 때때로 자신에게 다짐하고 다른 사람들에게 주장하듯이 쇼펜하우어에게서 받아들인 도그마는 아니다. 1883년 7월 그는 말비다 폰 마이젠부르크에게 다음과 같은 편지를 쓴다. 하지만 쇼펜하우어의 '동정심'은 나의 삶에서 지금까지 항상 커다란 어려움을 야기했습니다. (…) 이것은 위대한 그리스인이라면 모두 비웃을 허약함을 의미할 뿐만 아니라 심각한 실천적 위험을 뜻하기도 합니다. 우리는 자신이 생각하는 인간의 이상을 관철시켜야 합니다. 우리는 자신의 이상에 따라 자신의 주변 인물에게 자기와 같이 가도록 강요하거나 제압해야 합니다. 즉 창조적으로 영향력을 행사해야 하는 것이지요! 그렇게 하기 위해서는 자신의 동정심을 억제하고 우리의 이상과는 다르게 행동하는 사람을 (…) 적으로 대해야 합니다. 당신은 내가 너무 당연한 것을 말한다고 생각할지 모르겠군요. 하지만 이러한 '지혜'를 얻기까지 나는 거의 내 전 생애를 바쳐야 했습니다.(B 6, 404)

니체의 제1의 천성에는 분명 남을 적대시하는 재능은 부족했다. 그는 제2의 천성을 만들어 키워나가야 했다. 이제 그는 적대시하는 태도를 대규모로 펼친다. 때때로 니체는 여전히 제1의 천성에 얽매여 쇼펜하우어주의자로 남았다. 따라서 그는 무시무시하고 살인적인 삶의 과정을 지켜볼 뿐만 아니라 동정심을 무시무시한 거대한 힘에 노출된 열정으로 인정하기도 한다.

『인간적인 너무나 인간적인』 1권의 흥미로운 두 아포리즘에서 사회적 삶의 무시무시한 측면, 즉 인간 사회의 잔인한 총체성이 주제로 부각된다. 니체는 정의의 결핍을 서술하며 누구나 자기보존을 위한 욕망에 사로잡힌 포로 신세임을 밝힌다. 개인은 자신을 여타의 세계보다 더 중요하게 여기기 때문에 세계를 견딜 수 있다. 개인은 마치 문틈을 통해 바깥을 내다보듯이 세계를 바라본다. 개인은 상상력이 크게 부족한 탓으로 다른 사람의 입장에서 느낄 수 없으며 투쟁에서 단호한 면모를 보인다. 개인은 보편적인 고통에 반드시 공감해야 하는 것은 아니다. 반면 진정으로 다른 사람의 운명과 고통에 공감할 수 있는 자는 삶의 가치에 절망할 것이다.(2, 53) 개인적인 의식의 관점주의는 여기서 사회적인 면역 조치로 입증된다. 니체에 따르면, 인류의 총체적인 의식은 독일 관념론, 특히 헤겔의 생각과는 달리 숭고하지 않고 오히려 파괴적으로 작용할 수밖에 없다. 니체는 "인류여, 포옹하라"고 당당하게 외치는 실러Schiller에 대해 도대체 자신이 무엇을 말하는지도 모르는 사람이라고 비난한다. 만약 이러한 총체적인 의식이 있다면, 인간은 서로가 서로에게 가하는 무수한 고통을 느낄 수밖에 없고, 집합체로서의 인류는 그 어떤 목표도 갖고 있지 않다는 통찰을 외면할 수 없을 것이다. 개인은 각자 자신의 관점에 따라 축소된 자신만의 목표를 가질 수는 있다. 하지만 인간 전체는 항상 이미 목표에 도달해 있다. 왜냐하면 인간 전체는 이미 '전체'이기 때문이다. 따라서 진보 사상에서 찾을 수 있을지도 모르는 위로와 의지는 사라진다. 단순한 자기보존의 울타리를 넘어서 더 높은 곳을 바라보는 사람은, 사회적 삶의 과정에 나타나는 낭비라는 특징을 발견할 수밖에 없다. 니체는 다음과 같은 말로 자신의 고찰을 끝낸다. 우리가 개개의 꽃이 자연에 의해 낭비되고 있는 것을 보듯이 (단순히 개인으로서만이 아니라) 인류로서 자신이 낭비된다고 느끼는 것은 모든 감정을 넘어서는 감정이다.(2, 53) 이 글의 바탕이 된 메모글은 다음과 같은 체념조의 문장으로 끝난다. 거기서는 본래 모든 것이 끝난다.(8, 179) 그런데 니체는 『인간적인 너무나 인간적인』에서는 이러한 사유를 다음과 같이 계속 전개한다. 도대체 누가 이 감정 중의 감정을 감당할 수 있는가? 분명 시인뿐이다. 시인들은 언제나 자신을 위로하는 법을 알고 있다.(2, 53; MA) 하지만 『인간적인 너무나 인간적인』에서 진리에의 의지가 환상을 누르고 승리하는 것을 서술하려 하고, 참을 수 없는 것을 은폐하는 심미적이고 신화적인 눈가리개를 포기하려는 니체는 시인들의 위로에 관한 언급만으로 만족할 수 없다. 따라서 이어지는 아포리즘은 다음과 같은 질문으로 시작한다. 우리는 의식적으로 비진리에 머무를 수 있을까?(2, 53f.; MA) 이처럼 비진리에 머문다는 것은 우리가 시인이 만드는 아름다운 가상에 빠져드는 경우만을 뜻하는 것이 아니다. 인식이 개인적 삶을 보존하려는 이해관계와 실용적으로 연결되는 것도 비진리이다. 그렇다면 다음과 같은 두 가지 가능성만 있는 것인가? 즉 한편에는 미학적이고 학문적인 자기주장만 있고, 다른 한편에는 동정심의 결과인 절망만 있는 것인가?

　니체는 이러한 가능성들과는 달리 제3의 가능성을 찾는데 그것은 느긋하고 거의 명랑하기까지 한 자연주의이다. 여기에는 결정적인 전제 조건이 있다. 즉 인간이 자연 이상의 존재라는 과장(2, 54)을 탈피하는 것이다. 이것은 일종의 정화된 인식인데, 그렇다고 이를 쇼펜하우어의 의지의 부정과 동일시해서는 안 된다. 니체는 이제 이러한 의지의 부정을 형이상학적인 폭력으로 여긴다. 니체의 정화된 인식은 구체적인 존재를 겨냥하지 않는다. 그것은 자연적인 본능인데, 이를 통해서 인간의 본성이 고귀하게 변한다. 자연적인 본능은 형이상학적인 세계 극복이나 연민으로 인한 파멸 그리고 예전처럼 디오니소스적 황홀경을 통한 일체감을 초래하지 않으며, 맹목적인 자기주장을 펼치지도 않는다. 이 모든 것들은 피해야 한다. 니체의 의식에 맴도는 명랑한 자연주의라는 제3의 길은 진실로 떠도는 것이다. 조금 더 과격한 욕망이라는 낡은 동기는 약화될 수밖에 없다. 따라서 영혼은 가벼워지고, 자기주장하려는 의지는 무력화되며, 소란함과는 거리를 두고, 지금까지는 공포만 느껴야 했던 많은 것을 연극을 보는 듯 보고 즐기면서 살아가게 될 것이다.(2, 54) 니체는 이렇게 가벼워진 영혼의 상태를 인간과 관습과 법칙과 사물에 대한 관습적 평가를 넘어서서, 자유롭게 두려움 없이 떠도는 것(2. 55)이라고 서술한다.

우리는 『인간적인 너무나 인간적인』에서 니체가 마치 두려움 없이 떠도는 태도로 인간과 관습과 법칙을 고찰하려는 실험을 시작한다고 말할 수 있을 것이다. 물론 우리가 여기에 덧붙여야 할 말은, 니체가 이러한 떠도는 태도로 하늘 위에서 원을 그리며 돌다가 지상에 있는 먹이를 낚아채기 위해서 급강하하기도 한다는 것이다. 그는 인간의 모든 상황을 지켜보며 떠돌다가 급강하해서 먹이를 낚아채면, 이 먹이를 악의에 찬 미소를 지으며 뒤집어본다. 그는 이러한 사물들을 뒤집으면 이들이 어떻게 보이는지(2, 17; MA) 알고자 한다. 악의에 찬 미소는 의외의 효과를 원한다. 현상의 이면에 숨겨진 것이 아무것도 없거나 있더라도 대단한 것이 아닌 경우가 있고, 이면에 나쁜 것이 숨겨져 있거나 대부분 실제보다 과장되어 보이는 경우도 있다. 하지만 의외의 효과는 점차 약화된다. 니체는 학문의 중요한 진리도 평범해지고 저속해질(2, 208f.) 수 있다는 점을 두려워한다. 아무리 다른 사람들이 냉담해져 무감각해진다고 할지라도 그들 내부에는 아직도 상처받을 부분은 남아 있는데, 그것은 바로 가득찬 경외심으로 낭만적으로 형이상학을 갈망하는 부분이다.

『인간적인 너무나 인간적인』은 형이상학적인 사고방식의 비판으로 시작되며 니체 자신도 비판의 대상이 된다. 니체는 이른바 최초와 최후의 사물들로부터 벗어나려고 한다.

니체는 시작, 근원, 생성의 근거가 진리를 담고 있고, 그것들에는 참된 존재, 완전무결함, 순수함, 충만함이 있다는 형이상학적인 원칙으로부터 시작한다. 형이상학적인 사고가 가정하듯이 근원이 진리를 담고 있다면, 시간의 혼돈과 구체화된 형식들에서 원래의 형태와 참된 구조를 다시 찾는 것이 중요하다. 니체는 시작이 완전무결함과 진리를 담고 있다는 형이상학적인 허구에 대항해 개념과 감각의 화학(2, 23)을 요구하는데, 이 화학은 근원적인 것을 연구해 가장 화려한 색채도 알고 보면 보잘것없고 형편없는 재료에서 나온다(2, 24)는 결론을 내린다. 니체는 이 화학의 원칙에 따라 ― 예를 들어 ― 도덕의 근원은 도덕적인 것이 아니며 인식이라는 것도 결국 조작과 기만을 통해서 발전했다고 설명한다. 니체의 '의심의 심리학'도 이러한 종류의 화학에 힘입고 있다. 행동, 말, 감정, 사상 ― 이 모든 것은 자신의 실체보다 더 과장되어 있다. 이것들의 기원을 살펴보면 이들의 실체는 겉으로 자처하는 위엄이나 진리와 거리가 상당히 멀다.

니체에 따르면, 반형이상학적인 '과학적' 원칙은 시작, 최초, 근본적인 것을 더 높은 것, 더 가치 있는 것, 더 풍부한 것으로 여기기를 거부한다. 근원에 대해 어떤 태도를 취하는지가 형이상학적인 방법으로 대상에 접근하는지 아니면 과학적인 방법으로 접근하는지를 결정한다. 형이상학은 숭고한 근원을 높이 평가하지만, 과학은 이와 반대로 근원이 단지 우연이자 비활성 상태일 뿐이며 여기서 더 세분화되고 더 복잡하며 더 의미 있는 구조가 생겨난다는 가설에서 출발한다. 오랫동안 존속하는 모든 사물은 점차 이성에 물들기 때문에 그것이 원래는 비이성에서 기원했다는 사실이 믿기지 않게 된다.(3, 19; M) 과학은 숭고한 근원이 있다고 믿는 형이상학적인 환상에 속지 말아야 한다. 이러한 환상은 근원에서 순수한 형식을 찾는 플라톤적인 유산이다. 니체에 따르면, 이러한 플라톤주의는 사물의 근원을 알거나 근원을 유추할 수 있다면 그 사물을 파악할 수 있다고 주장하는 사고에서 여전히 나타나고 있다. 이러한 유형의 사고는 근원을 사물의 본질에 관한 정보를 제공하는 것으로 중요하게 여긴다. 기원을 찬양하는 것 ― 이것은 (…) 만물의 시작에는 가장 가치 있고 가장 본질적인 것이 있다고 생각하게 하는 형이상학의 여진餘震이다.(2. 540) 우리가 이러한 형이상학의 여진을 극복하면, 자신의 본질적인 근원에서 유래하는 것도 아니고 충만한 목적에 도달하지도 않는 역사가 드러난다. 이 역사에는 혼돈이 있을 뿐이며, 이따금씩 절정이 있고, 쇠퇴가 있다. 또 이 과정을 거치며 무엇인가가 다시 생겨나고 역사가 계속 이어진다. 의미, 중요성 그리고 진리는 근원에 있는 것도 아니고 목표에 있는 것도 아니다. 모든 것은 끊임없이 변화한다. 우리 자신들도 변화한다. 우리는 변화를 인식하고 결국에는 인식의 대상뿐만 아니라 인식 행위 자체도 변화한다는 사실을 깨닫는다. 모든 철학자들은 유전적 결함을 지니고 있다. 다시 말해 이들은 인식 능력 역시 생성되어왔다는 점을 알려고 하지 않는다. 반면 그들 가운데 일부는 이러한 인식 능력에서 세계 전체를 만들어내려고 한다.(2. 24: MA) 인간의 인식 능력은 오랫동안 생물학적인 발전 과정을 거쳐서 형성된 것이라는 사실을 인정해야만 한다. 만일 인간이 이러한 인식 능력을 통해 세계 전체를 만들어낸다면, 인간은 자신을 만들고, 자신에게 인식 능력을 부여한 것이 바로 세계라는 사실을 발견하게 될 것이다. 인간은 자신에게 인식을 부여한 자연을 인식한다. 인간은 자연의 자기인식에서 유래하는 자연사적 사건이다. 자연은 인간에게 자신이 등장할 수 있는 무대를 마련한다. 아주 짧은 순간에 자연은 영리한 동물인 인간에게 자신을 보여준다. 이와 관련해 니체는 「비도덕적 의미에서의 진리와 거짓에 관하여」에서 다음과 같이 말했다. 그것이 바로 세계사에서 인간이 가장 기고만장한, 그러나 가장 기만적인 순간인데, 이러한 순간은 오래 지속되지 않는다. 자연이 몇 번 숨을 쉬고 난 후에 우주는 바로 굳어지고 우리 영리한 동물은 죽어야만 했다.(1. 875: WL) 인식은 인간과 함께 태어나서 인간의 죽음과 함께 끝난다.

그렇다면 아직도 인식에 반영되지 않거나 혹은 더 이상 인식에 반영되지 않는 세계는 도대체 무엇인가? 우리는 살아 있는 자연 혹은 그 자체로는 인식이 없는 죽은 자연을 인식한다. 돌은 자신이 존재한다는 사실을 알지 못한다. 식물도 마찬가지이고 아마 동물도 마찬가지일 것이다. 이들에게는 반응과 수용이라는 원시적인 지각 형태만 있을 뿐이다. 하지만 인간의 인식은 이와 다르다. 인간은 자신이 지각하는 사실을 인식하고, 자신이 인식하는 사실을 지각한다. 인간이 지닌 인식 능력의 이러한 이중성과 자기반성의 한 측면이 바로 인식 능력의 역사성에 대한 통찰이다. 이러한 통찰의 과정에서 인식은 우선 자신이 유래한 어둠 속을 꿰뚫어 보려고 한다.

완전하게 인식이 없는 상태를 어둠이라는 말 외에 달리 어떻게 상상할 수 있겠는가? 인식 능력이 생물학적으로 발전해왔다는 주장은 우리를 인식이 없는 세계의 어둠으로 이끈다. 우리는 이러한 어둠의 세계를 전혀 상상할 수 없다. 왜냐하면 우리는 상상할 수 없는 상태를 상상할 수 없기 때문이다. 우리는 인식할 수 없는 상태를 인식할 수가 없다. 태양계 구석의 한 별에서 영리한 동물이 인식이라는 것을 발명해내고(1, 875), 자연이 몇 번 숨쉬고 난 뒤 영리한 동물들이 죽고 그 별도 꺼져갔다면, 자연은 – 인식되지 않고도 – 어떻게 계속 살아갈 수 있는가? 인간의 인식하는 시선이 도달하기 전에 이 자연은 어떻게 존재했을까?

우리는 보통 어떤 사물이 그저 존재하는 것은 세상에서 가장 단순한 사실이라고 믿는다. 하지만 곰곰이 생각하면 이것이야말로 가장 수수께끼 같은 일이다. 차라리 신이나 완전히 살아 있는 자연을 상상하는 것이 더 간단하고 자명한 일이다. 왜냐하면 우리는 이렇게 상상하면서 우리 자신의 특징을, 즉 정신과 의식과 영혼을 외부 세계에 부여하기 때문이다. 맹목적이고 투명하지 않은, 단순히 존재하는 것을 생각하는 일은 엄청난 도전이다. 자신이 존재하는 사실을 알지 못하는 돌은 어떻

게 존재하는 것일까? 이 돌은 과연 존재하기는 하는 것일까? 이 돌은 -
시간과 공간의 좌표가 바탕이 되는 원근법적인 의식이 없다면 - 공간과
시간 속에서 어디에 존재하는 것인가? 돌은 어떻게 '사는' 것일까? 우
리는 그것이 단지 돌일 뿐 더 이상 아무것도 아니라는 사실을 알게 될
때, 이를 견딜 수 있을까? 노발리스^{Novalis}는 눈물이 굳어서 된 것이 돌이
며, 어떤 산들은 인간을 처음 보고 겁에 질려 굳어진 것처럼 보인다고
말했다. 미켈란젤로는 이미 돌 속에 조각상의 이념이 내재하고 있다고
확신했다. 불필요한 부분을 깎아내기만 하면 그러한 이념이 나타난다
는 것이다.

　　니체는 인식의 특성을 파헤치는 과정에서 인식 없는 존재의 수수께
끼를 접한다. 니체의 주장에 따르면, 인식의 고유한 원칙을 자연 전체에
서 다시 발견하는 것은 인식의 자연스러운 경향이다. 왜냐하면 인식 없
는 존재는 원래 상상할 수 없고 친숙하지도 않기 때문이다. 인류의 긴 선
사 시대에 사람들은 정신이 모든 것들 속에 존재한다고 전제했지만, 그 정
신을 인간의 특권으로 존중하려는 생각은 하지 않았다.(3, 41; M) 사람들은
정신적인 것을 자연의 공유 재산으로 만들었기 때문에 자신들이 동물
이나 나무 혹은 돌로부터 유래한다는 사실을 부끄러워하지 않았다. 살
아 있는 자연이나 정신이 어디에나 존재한다는 상상은 인간 자의식의
과장이 아니라 오히려 겸손의 표현이었다. 니체는 『아침놀』에서 다음
과 같이 쓴다. 우리는 정신을 통해 자연과 분리되지 않고 자연과 결합된다
는 것을 깨달았다. 따라서 사람들은 겸손하게 스스로를 교육해나갔다.(3, 41)
자연이 뒤돌아볼 것이라는 믿음을 가지고 자연을 들여다보는 것은 불
경한 것이 아니다. 자연의 이러한 뒤돌아보는 시선을 받아들이는 자에
게 자신의 근원과의 만남이 이루어진다. 근원에 진리가 있을 것이라고
추측하기 때문에 근원을 찾는 자는 근원을 인식하게 해주는 것을 인식

하려고 한다. 근원이란 이러한 경험, 즉 인식은 인식되는 것을 의미한다는 경험과 다를 바 없다. 나를 보는 자연의 거대한 눈, 나를 지탱해주는 자연의 의미, 이러한 살아 있는 세계가 – 이 세계가 나에게 맡기고 보여준 것을 나는 이 세계에 되돌려 주고, 되돌려 보여준다. – 바로 내가 유래한 근원이자 결코 벗어날 수 없는 근원이다.

자연이 정신으로 가득 찼으며 영혼이 깃들어 있다는 사실을 자명하게 받아들이는 인식은 아직 자기 자신을 돌아보지 않는다. 이 인식은 거리낌 없이 자신을 떠나 자연에서 자신과 유사한 것을 발견한다. 인식하는 존재인 인간은 신들을 만들어내고, 이 신들의 시선을 느끼면서 이 신들을 바라본다. 신들은 인간이 그들을 바라보면 뒤돌아 봐주는 자연의 모상이다. 이러한 상황은 우리에게 부담스럽게 작용할 수도 있다. 우리가 추적당하고 관찰당한다고 느끼기 때문이다. 하지만 이러한 상황은 우리에게 자부심을 안겨주기도 한다. 인간은 우주를 바라보며 우주의 눈들이 사방에서 망원경을 통해 자신의 행위와 사유를 지켜보고 있다고 생각한다.(1, 875f.: WL) 그러면 가장 겸손한 인간이라도 자부심에 넘쳐 곧바로 마치 고무 튜브처럼 부풀게 된다.(1, 875)

하지만 우리의 인식이 더 이상 거리낌 없이 자신을 떠나 자연에서 자신과 유사한 것을 찾지 못한다면, 그래서 인식이 오히려 자기 자신에게로 향한다면, 인식은 인식 없는 자연 속에서 스스로를 외로운 원칙으로 여기는 일이 생길 수 있다. 이러한 인식은 자기 지향적이며 자폐증과 다르지 않다.

이 경우에는 인식하는 동물과 여타의 자연 사이의 연결고리가 끊어진다. 자연은 소통할 수 없고 단지 설명의 대상인 낯선 타자가 된다. 물론 우리는 이러한 자연 인식을 가지고도 잘 지낼 수 있고 심지어 자연을 예전보다 더 잘 지배할 수도 있다. 하지만 이 경우, 우리는 자연으로부터 완전하게 분리된다. 자연은 이제 더 이상 종교적이고 주술적 행위에 대답하듯 우리에게 답하지 않는다. 우리를 보호하고 우리에게 의미를 부여하는 근원으로서의 자연은 더 이상 존재하지 않는다. 그리고 근원과 더불어 우주의 궁극적인 의도라는 이념이 사라진다. 모든 생성을 지배하거나 커다란 목표로 주어진 존재라는 관념도 효력을 잃는다. 생성 이전과 생성 이후에 존재는 없다.

존재의 배후 세계에 탐닉하는 형이상학적 전통은 세계를 마치 텍스트를 읽는 것처럼 영적으로, 이중적 의미로(2, 28f.; MA) 읽으려고 한다. 하지만 세계는 인식하는 시선으로 보면 비형이상학적으로 존재한다. 즉 이 세계는 의미를 만드는 시작도 없고 의미가 충만한 종말도 없는 생성이다. 자연은 역동적으로 발전하지만, 이러한 발전을 추진하는 인과관계는 아무런 의도도 없기 때문에 '맹목적'이다. 게다가 이 인과관계는 지향성을 띠지 않는다. 하지만 우리가 이 인과관계를 파악한다면, 우리의 목적을 위해 이용할 수 있다. 종교적이고 주술적인 의식의 의미는 영적인 맥락을 매체로 자연에 영향을 미치는 것이었다. 과학적인 자연 인식에서 이러한 맥락은 해체되지만, 대신 우리는 자연을 그 법칙성을 이용함으로써 우리의 목적에 맞게 이용할 수 있다.

과학 문명은 우리에게 실용적인 편리함을 가져다주었다. 니체도 이를 인정한다. 도덕적인 일에 있어서도 부담이 줄어들었는데, 이는 자연적인 인과관계에 대한 인식이 늘어남에 따라 환상적이고 도덕적인 인과관계의 영역이 축소되기 때문이다. 예를 들면 번개는 기상학적으로 설명되면서, 더 이상 신의 처벌로 우리의 양심에 부담을 주지 않는다. 자연적인 인과관계의 발견으로 도덕적인 문제에서 조금씩 불안과 강제가 사라진다.(3, 24)

과학적 인식에 의한 자연의 탈주술화로 의도적인 사건이라는 예전의 믿음, 즉 자연에서 발생하는 모든 것은 의미가 있어서 시작되는 것이며 의미가 충만한 종말이 있고 그 중간 과정은 목표를 향해 나아간다는 믿음이 더 이상 유효하지 않게 된다. 이러한 모든 것은 이제 우주 안에서 인과관계의 사슬 현상으로 축소되는데, 이 사슬은 서로 교차하며 얽히고 예기치 않게 새로운 인과관계를 낳는다. 또 종교적이고 형이상학적인 사고의 또 다른 성역인 인간적인 자유의 이상도 사라진다. 왜냐하면 외적인 자연에서 인과관계가 발견되어 점점 더 성공적으로 이용됨으로써, 이러한 인과관계의 원칙이 결국에는 인식하는 주체에게도 영향을 미치기 때문이다. 이전에는 가득찬 정신으로 영혼이 깃들어 있는 전체가 있었다면, 다시 말해 전체가 영혼화되었다면, 이제는 다른 극단적인 현상이 벌어진다. 즉 전체가 자연화되는 것이다. 이전에 자연은 구체화된 정신이었지만, 이제 정신은 단지 숭고한 자연에 불과하다. 영혼화에서 자연화로 나아가는 과정에서 자유의 이상은 사라져버린다. 하지만 자유가 사라진다면, 자유의 대가인 행위를 책임질 능력과 책임감도 사라진다.

니체는 "예지적 자유에 대한 우화"라는 제목의 글에서 책임감이 없어지는 과정을 다음과 같이 서술한다. 이렇게 사람들은 자신의 행위의 결과에 대해, 다음에는 동기에 대해, 궁극적으로는 자신의 본질에 대해 차례차례 책임을 묻는다. 결과적으로 인간들은 이 본질 역시 필연적인 결과이며, 과거와 현재의 사건들의 여러 요소와 영향으로 결합되어 있는 이상, 그것에 대해 책임을 질 수 없다는 사실을 발견한다. 곧 인간은 어떤 것에 대해서도 자신의 본질, 동기, 행위, 나아가 결과에 대해서도 책임을 질 이유가 없다는 사실을 발견한다. 이로써 도덕적 감각의 역사는 오류의 역사이자 책임성에 관한 오류의 역사라는 인식에 이르렀다.(2, 64: MA) **니체는 이러한 주장의 의미를 잘 알고 있다.** 자신의 행위와 본질에 대해 전적으로 무책임하다는 것은 인식하는 자가 삼켜야만 하는 가장 쓴 물약이다.(2, 103; MA) 그에게 그토록 쓰게 느껴지는 이유는 이러한 무책임의 전제하에서는 인간 행위에 대한 칭찬과 비난이 마치 자연과 필연성을 칭찬하고 비난하는 것처럼 무의미하기 때문이다.

하지만 니체는 계속해서 인간사를 마치 인간이 선택하고 결정할 수 있기라도 한 것처럼 판단해 나간다. 니체도 칸트가 명명한 자유의 이율배반 문제에 얽매이게 된다. 니체는 자유가 있다는 사실을 부정하면서도 동시에 – 심지어 부정하는 행위 자체에서도 – 자유를 요구한다. 그는 자유를 부정할 만큼 자유롭다. 자유의 이율배반은 우리가 이중적인 시각으로 자유를 경험한다는 것을 의미한다. 자발적으로 행동하는 존재로서 나는 나의 내면의 무대에서 행동의 자유를 경험한다. 하지만 나의 지성은 인과법칙을 통해 자연을 도약하지 않으며, 나 자신도 도약하지 않고 모든 것이 인과관계에 따라 결정된다고 가르친다. 우리는 지금 행동하지만, 항상 이후에 가서야 우리 행위의 필연성과 인과성을 찾을 수 있다. 물론 행위와 선택의 순간에는 인과관계가 우리에게 도움을 주지 않지만, 그럼에도 우리는 결정해야 한다. 자유의 경험은 회전무대와 같다. 즉 우리는 자유롭게 살지만, 우리가 자유를 개념적으로 분석하려고 하면, 자유를 파악할 수 없다. 이러한 이율배반은 칸트 철학 전체의 비밀스런 중심점이다. 칸트 자신도 한 편지에서 바로 이러한 자유의 문제를 통해서 자신이 "교조적인 잠"에서 깨어났으며, 이성 비판의 길에 들어서게 되었다고 인정했다.

"인간은 자유롭다. 반면에 자유는 없다. 모든 것은 자연법적 필연성이다."(굴리가Gulyga, 143)

니체도 어쩔 수 없이 이러한 자유의 이율배반에 얽매이게 된다. 이는 특히 인간은 자신의 운명을 사랑해야Amor fati 한다고 주장하는 영원회귀 사상과 관련해서 명확해진다. 필연을 사랑한다는 것은 이 필연이 변화하도록 이 필연에 무언가를 추가하는 것을 의미한다. 운명은 더 이상 있는 그대로의 운명, 즉 단순히 감당해나가는 운명과는 다른 것이다. 따라서 우리가 확신할 수 있는 것은 악의에 찬 미소를 지으며 자유를 사라지게 한 자유정신이 곧 자유를 다시 불러들일 것이라는 점이다.

제 9 장

—

교수직을 그만둠. 사고, 몸, 언어. 파울 레. 『인간적인
너무나 인간적인』에서 『아침놀』로. 도덕의 비도덕적
인 토대. 신전모독과 같은 행동. 시험대 위에 선 종교
와 예술. 문화에 관한 두 개의 방 이론.

—

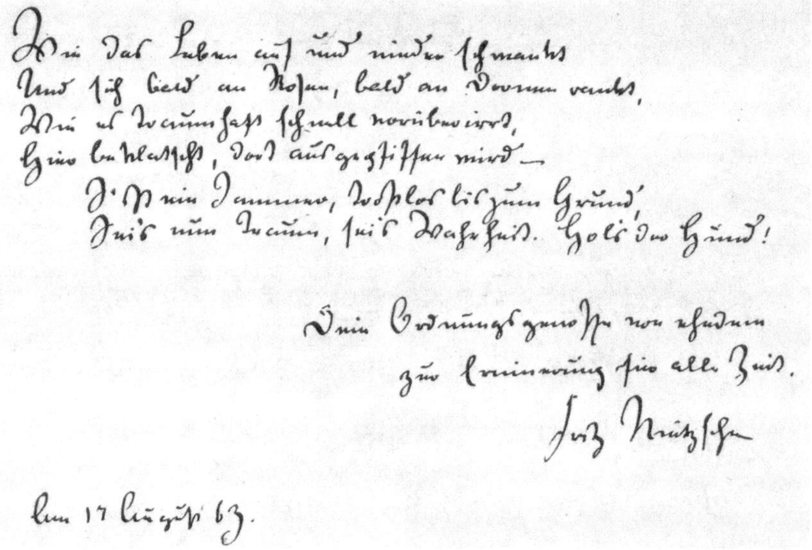

니체의 필체

교수직을 그만둠. 사고, 몸, 언어. 파울 레. 『인간적인 너무나 인간적인』
에서 『아침놀』로. 도덕의 비도덕적인 토대. 신전모독과 같은 행동. 시험
대 위에 선 종교와 예술. 문화에 관한 두 개의 방 이론.

1880년 1월 초에 니체는 자신의 주치의인 오토 아이저^{Otto Eiser}에게
다음과 같은 편지를 쓴다. 나의 삶은 끔찍한 짐입니다. 만일 내가 바로 이
런 고통의 상태에서, 그리고 거의 절대적인 체념의 상태에서 정신적이고 도
덕적인 분야의 매우 교훈적인 시험과 실험을 하지 않았다면 나는 오래전에
내 삶을 내던져버렸을지도 모릅니다. 이러한 인식을 갈구하는 기쁨은 나를
고양시켜서, 나는 모든 고통과 절망을 이겨낼 수 있답니다. 전체적으로 나
는 그 어느 때보다도 행복합니다.(B 6, 3) 이는 니체가 자신의 육체적 고통
과 정신적인 승리 사이의 연관관계에 대해 보고한 수많은 편지 중의 하
나이다. 1877년과 1880년 사이에 그의 건강은 특히 좋지 않았다. 니체
는 규칙적으로 오는 심한 두통, 구토, 어지러움, 눈 통증, 거의 실명에 이
를 정도의 시력 약화 등으로 시달렸다. 소렌토에서 보낸 1876년에서
1877년 사이의 겨울에는 어느 정도 상태가 좋아졌다. 하지만 니체가
1877년 여름 학기에 바젤 대학에서 강의를 시작하자 고통도 다시 시작
되었다. 그는 이후 몇 학기 동안 고통을 참아가며 의례적인 주제로 강
의를 계속해나간다. 하지만 김나지움의 수업은 면제받는다. 친구들이
걱정을 하기 시작한다. 이다 오버베크^{Ida Overbeck}는 니체의 여동생과 나눈
대화를 일기에 남긴다. 이 일기에 따르면, 니체의 여동생은 "자신의 오

빠를 어쩌면 정신병원으로 보내야 될지도 모르는"(15, 76: 연대기^{Chronik}) 몇 가지 이유를 말했다. 니체 자신도 두려워했는데, 왜냐하면 이제 자신도 아버지가 뇌에 관한 병으로 죽은 나이가 되었기 때문이다. 그는 자신의 아버지와 같은 운명을 겪게 될까 봐 두려워한다. 니체의 계몽적인 입장 변화에 큰 실망을 한 바이로이트에서는 니체의 최신작이 "정신분열의 시작"(15, 86: 연대기)을 알리고 있다는 의사 오토 아이저의 진단이 회자되었다.

니체는 1879년 초까지 대학교수직을 힘들게 유지한다. 하지만 그는 『인간적인 너무나 인간적인』 2권의 작업을 열심히 해나간다. 그는 1879년 3월에 드디어 제2권을 끝내고 페터 가스트에게 다음과 같은 편지를 쓴다. 정말 다행이네. 이 책이 아마도 나의 마지막 작품이 될지도 모르겠네. 이 책에는 왠지 대담한 고요함이 있는 것처럼 느껴진다네.(B 5, 389) 특히 『인간적인 너무나 인간적인』 2권의 아포리즘에서 우리는 니체가 자기 격려의 말을 하는 것을 느낄 수 있는데, 이로써 그는 자신을 괴롭히는 육체적인 고통에 정신적인 대항마를 만들려고 한다. 모든 좋은 것들은 삶에 강한 자극제가 된다. 삶을 반박하는 것으로 씌어진 모든 좋은 책들조차도.(2, 386: MA)

이 말은 니체가 사고에서 무엇을 기대하는지에 대한 중요한 단서를 제시한다. 그가 사고에서 기대하는 것은 명제적 진리만은 아니다. 육체적 고통에 대한 투쟁이라는 내면의 무대에서는 다른 진리의 기준이 적용된다. 우리는 이러한 진리의 기준을 실존적이며 실용적인 기준이라고 말할 수 있을 것이다. 다시 말해 어떤 한 사고가 진리의 가치를 지니려면 모든 주의를 기울여야만 하는 저 고통의 독재에 대항해서 무언가를 내세울 수 있도록 상상력이 풍부하거나 활기차야만 한다. 이러한 사고의 자기암시적인 측면은 이후에 영원회귀 사상에서 중요한 역할을 하게 된다. 우리가 영원회귀 사상을 단지 우주론적인 혹은 형이상학적인 억측이라고 무시한다면, 이 사상을 제대로 이해할 수 없다. 물론 니체는 이 사상의 명제적 진리를 믿었다. 하지만 니체가 더 중요하게 생각한 것은 이 사상이 지닌 실존적으로 변화시키는 힘이다. 니체는 이 사상을 매 순간 다시 돌아오더라도 아무런 두려움을 갖지 않을 수 있도록 살라는 요청으로 이해했다. 이 사상은 매 순간을 빛나게 하고, 삶에 위엄을 부여한다. 이에 대해서는 나중에 자세히 다룰 것이다.

니체에 따르면 하나의 사상이 인간의 몸과 관련해 변화시키는 힘을 가질려면 언어를 통해 아름답고 인상적인 외관을 갖추어야만 한다. 니체는 문체 감각을 우리가 육체를 통해 얻게 되는 느낌과 다르지 않다고 생각한다. 그는 언어를 유연하고 활기 찬 상태에서 피곤하고 구토가 나오는 상태에 이르기까지 육체적인 징후로 반응한다. 그는 자신과 다른 이들을 움직이게 하는 문장을 추구했다. 그는 이 문장들을 대개 걸으면서 만들었고 리듬을 부여했다. 종종 그는 자신이 어떻게 사유하고 말을 만드는지 드러낸다. 새로운 명제를 듣거나 발견하게 되는 바로 그때에 우리 자신에게 몰래 들어가 조용히 귀기울여보라. 그 명제는 매우 완고하고 거만한 태도로 나타나기 때문에, 아마 우리 마음에 들지 않을 것이다. 그리고 우리는 무의식중에, 그 명제에 대한 적수로 어떤 반대 명제를 내세울 수 있을지 혹은 '아마', '때로는'이라는 말을 그 명제에 덧붙일 수 있을지의 여부에 대해 스스로 의문을 제기하게 된다. 그러면 '아마'라는 간단한 말조차도 우리에게 위안을 주게 될 것이다. 왜냐하면 그것은 절대적인 것이 가진 사적이고 부담스러운 폭력을 깨버리기 때문이다. 이와 반대로 그 새로운 명제가 조금 더 부드러운 형태로, 즉 반박하는 자의 품속에 참을성 있고 겸손하게 몸을 맡기는 형태로 다가오게 되면, 우리는 우리의 독재적인 마음을 다른 시험을 통해 모색하게 된다. 어떻게 우리는 이 약한 존재에 도움이 될 수 있을까? 그것을 애무하고 양육하며 그것에 힘과 충만함, 게다가 진리와 절대성까지 부여할 수는 없을까?(2, 389: MA)

명제의 아름다움과 힘은 그 진리가치와 거의 동일하다. 어쨌든 지식에의 의지는 문체와 리듬에 대한 감각과 조화를 이루어야 한다. 이렇게 될 때 명제는 섬세하고 주목을 끌며 경외심을 환기시키고 유혹적인 상상을 불러일으킬 수 있다. 게다가 사상도 마치 그 사상이 맞서 싸우고 관여하고 보호하고 돌봐주며 키워야만 하는 개인들이거나 한 것처럼 활기차게 된다.(2, 389: MA) 이렇게 우리 내부에서 사상은 마치 사람처럼 움직이고 투쟁한다. 이러한 내적인 사상의 무대에 관련해서는 니체가 그리스 비극에 대해서 말한 것이 그대로 적용된다. 이 투쟁을 지켜보는 사람 또한 투쟁에 끼어들 수밖에 없는 것이 이 투쟁의 마법이다!(1, 102: GT)

니체에게 사고는 최고의 강도를 지닌 감정적 행위이다. 니체는 다른 이들이 어떻게 느끼는지를 생각했다. 그의 사고에 살아 숨 쉬는 열정과 흥분은 사고의 무대를 결코 삶의 단순한 반영이나 일상적인 반복 행위로 변질시키지 않는다. 나는 아직 살아 있다. 나는 아직 사고한다. 나는 아직 살아야만 한다. 아직 사고해야만 하니까.(3, 521) 여기서 도덕적인 의무는 전혀 문제가 되지 않는다. 니체에게 사고는 유래가 없는 즐거움이다. 그는 어떤 상황에서도 이러한 즐거움을 포기할 수 없으며, 삶이 그에게 즐거움을 허락하기 때문에 삶에 감사한다. 그는 살려고 하는데, 그래야만 사고할 수 있기 때문이다. 그는 사고함으로써 그에게 삶의 고난을 주는 저 육체의 공격을 견딘다. 그는 말과 사고를 갈고닦아 모든 것에 반항하는 것, 심지어 불멸의 것(2, 391: MA)을 창조한다. 니체는 이처럼 잠깐 동안 경험할 수 있는 영원성을 꿈꾸면서 자신의 섬세한 사상을 통해 ─ 물론 이 사상이 끔찍할지도 모르지만 ─ 자기 자신에게 경의를 표한다고 말한다. 우리는 자신의 사상을 마치 독립적인 힘과 같이 동등하게 취급해야 한다.(2. 391) 니체와 그의 사상 사이에는 열정적인 사랑 이야기가 있다. 여기에는 우리가 일반적인 사랑 이야기에서 흔히 볼 수 있는 오해, 갈등, 질투, 욕망, 혐오, 분노, 불안, 황홀 등과 같은 복합적인 감정이 나타난다. 니체는 사고에 대한 열정으로 자신의 삶에서 무언가 생각할 거리를 얻을 수 있도록 삶을 설계하고 영위해 나간다. 그는 단순히 인용될 수 있는 문장을 만드는 것이 아니라, 자신의 삶을 사고를 위해 인용 가능한 토대로 만들려고 한다. 즉 자신의 삶은 사고를 위한 시험 무대가 되는 것이다.

니체가 앞에서 인용한 편지, 즉 주치의에게 육체적 고통과 정신적인 승리에 관한 편지를 썼을 때인 1880년 1월에 『인간적인 너무나 인간적인』이 완료되었고, 메모장에는 1년 반 후에 출간될 『아침놀』을 위한 자료가 이미 쌓이고 있는 중이었다. 니체에게 이 두 작품은 동일한 창작 시기에 속한다. 이 두 작품이 니체에게 육체적으로 심한 고통에 시달리는 가운데서도 인식을 갈구하는 기쁨을 주었기 때문이다. 니체는 『이 사람을 보라』에서 다음과 같이 쓴다. 내가 가장 아프고 고통스러웠던 시기에 나는 가장 큰 행복을 누렸다. 『아침놀』이나 「방랑자와 그의 그림자」(『인간적인 너무나 인간적인』 2권, 2장)를 보면 알 것이다.(6. 326; EH)

이 두 작품에는 또 다른 공통점이 있다. 니체는 이 두 작품에서 도덕과 예술 그리고 종교를 뒤집어보려는 실험을 한다. 이들은 역사적으로 진리에 접근하는 특권을 지녔다고 주장되어 왔지만, 니체는 이들을 그러한 특권을 지니고 있지 못한 현상으로 여기는 것이다. 니체는 자신의 주장을 뒷받침해주는 인상적이고도 영감을 떠오르게 하는 이론을 당시 자신의 친구인 파울 레^{Paul Rée}에게서 찾는데, 레는 도덕과 관련해 다음과 같이 말한 바 있다. "도덕적인 인간이라고 해서 육체적인 인간보다 예지적인 (형이상학적인) 세계에 더 접근해 있는 것은 아니다. 왜냐하면 예지적인 세계는 존재하지 않기 때문이다." 니체는 이 명제를 『인간적인 너무나 인간적인』(2, 61; MA)에서 처음으로 인용하지만, 『이 사람을 보라』(6, 328; EH)에 이르기까지 계속해서 인용한다. 하지만 니체는 파울 레보다 한 걸음 더 나아간다. 그는 도덕 감정뿐만 아니라 종교와 예술까지도 형이상학적인 진리의 근원을 갖지 못한다고 주장한다. 1877년 『도덕 감정의 기원Der Ursprung der moralischen Empfindungen』이라는 책을 출간한 파울 레는 니체가 보내준 『인간적인 너무나 인간적인』 1권을 받고 나서 니체의 이러한 대범함을 경탄하며 니체에게 다음과 같은 편지를 쓴다. "나는 내 자신이 크게 확대되어 바깥으로 투사되는 것을 본다네."(15, 82; 연대기)

니체는 파울 레를 1873년에 처음 알게 되었다. 폼머른 지방의 부유한 유대인 지주 가문의 아들인 파울 레는 법학을 공부하다가 철학으로 전공을 바꾸었다. 그는 바젤로 와서 자신보다 불과 몇 살 연상인 니체의 강의를 들었다. 두 사람의 우정은 1876년에서 1877년 사이의 겨울에 소렌토의 말비다 폰 마이젠부르크의 집에 함께 머물 때 최고조에 달했다. 두 사람은 긴밀하게 공동 작업을 했는데, 각자 자신이 쓴 원고를 낭독하고 서로 조언과 비판을 주고받았으며 원고를 수정해주기도 했다. 이러한 우정은 5년 후인 1882년 늦은 가을에 루 살로메Lou Salomé를 둘러싼 사랑에 얽히면서 깨진다. 파울 레는 니체와 결별한 후에 도덕철학에 관한 저서를 몇 권 더 발표했으며, 그 후에는 의학을 공부해 아버지가 사는 곳으로 가서 개업의가 되었다. 그는 톨스토이의 추종자로서 농부들을 도왔는데, 그들 사이에서 특이한 사람, 거의 성인으로 통했다. 니체가 죽자 그는 질스마리아Sils-Maria 근처로 이사해 그곳에서 산골 사람들을 위한 의사로 활동했다. 니체가 죽은 지 1년 후에 그는 알프스 산을 등산하다가 절벽 아래로 떨어져 죽었다. 사고였는지 아니면 자살이었는지는 확실치 않다. 파울 레는 죽기 직전에 다음과 같은 말을 했다. "나는 철학을 해야만 한다. 만일 철학할 소재가 더 이상 없다면 차라리 죽는 것이 가장 좋을 것이다."(얀츠 1, 644)

니체와 결별한 후에도 파울 레는 자신의 저서 『양심의 생성Die Entstehung des Gewissens』을 예전의 친구 니체에게 헌정하려고 했다. 하지만 니체는 거절했다. 니체는 나중에 파울 레와의 이론적 입장 차이를 강조했으며, 『도덕의 계보』 서문에서는 『도덕 감정의 기원』에 대해 이 책만큼 명제 하나하나, 결론 하나하나(5, 250)를 단호하게 부정할 정도로 그렇게 읽은 책은 없었다는 주장을 하기도 했다. 그럼에도 니체는 파울 레에게서 받은 영향까지 부인하지는 않았다. 니체가 파울 레의 의견에 동의한 부분은 도덕을 형이상학적으로 기초하는 데 대한 비판이었으며, 니체가 받아들일 수 없었던 부분은 도덕이 인간의 이타적인 본성에 힘입고 있다는 레의 의견이었다. 이런 레의 의견과는 정반대로 니체는 『인간적인 너무나 인간적인』에서, 그리고 특히 『아침놀』에서 도덕의 자취를 추적하고, 결국 비도덕적인 토대까지 거슬러 올라간다. 도덕의 역사는 도덕적이지 않다. 도덕 감정은 인간의 선에서 유래하는 것이 아니라 오랜 역사 속에서 형성된 문화적인 습관과 각인의 결과이다. 생리학적인 요소도 중요한 역할을 한다. 도덕적으로 행동하는 사람이 도덕적으로 보일지는 모르지만, 사실상 이러한 사람 안에서 '행동하는' 것은 바로 몸과 문화의 역사이다. 이러한 역사는 어떻게 '행동하는가?' 우선 그것은 인간을 분열시킨다. 『인간적인 너무나 인간적인』에서 니체는 도덕은 자기 자신을 분할하는 인간의 능력(2, 76: MA)을 전제한다고 주장한다. 우리 안의 무엇이 우리 안의 다른 무엇에 명령을 내린다. 이 과정에서 양심의 소리가 울려 퍼지고 끊임없이 계속되는 자기 점검과 자기 평가가 펼쳐지는 것이다. 인간을 '개인', 즉 인간의 분할할 수 없는 핵심으로 여기는 강력한 전통이 있지만, 니체는 개인의 핵분열에 대해 숙고하며 다음과 같이 주장한다. 도덕 문제에서 인간은 자신을 분할할 수 없는 존재 Individuum로서가 아니라 분할할 수 있는 존재Dividuum로서 다룬다.(2, 76) 분할할 수 없는 존재Individuum는 독립체가 아니기 때문에 내면세계사의 무대가 될 수 있다. 그리고 이러한 분할할 수 없는 존재를 탐구하는 자는 '인간'이라 불리는 저 내면세계의 모험가이자 세계 항해자(2, 21; MA)가 되는 것이다. 니체처럼.

니체는 평생 도덕 문제에 집착했다. 니체는 도덕에 관해 성찰하면서 기본적인 인간 조건은 결국 자기 자신에 대한 관계라는 사실을 깨닫기 시작했다. 인간은 – 분할할 수 있는 존재dividuum는 – 자기 자신에 공감할 수 있고 또 공감해야 한다. 인간은 한 목소리를 내는 조화로운 존재가 아니라 여러 목소리를 내는 불협화음의 존재이며 자기 자신을 대상으로 실험을 해야 하는 저주를 받음과 동시에 그런 실험을 할 특권도 부여받았다. 따라서 개인적인 삶이나 문화적 삶은 자기 실험의 연속이다. 인간은 아직 확정되지 않은 동물(5, 81; JGB)이다. 우리가 확정되지 않았다면, 관건은 우리가 우리 자신을 어떻게 다루느냐이다. 니체는 자유가 제기하는 엄청난 요구에 응답하지만, 곧 응답을 최소화한다. 니체는 우리 내면에 여러 목소리가 있음을 잘 알고 있다. 이런 목소리들은 우리에게 어떤 목소리에 결정력을 부여할지 선택을 요구한다. 우리는 내부에 있는 여러 목소리를 풍요로움으로 여기는 경향이 있다. 하지만 이는 잘못된 것이 아닐까? 아마도 애초에는 강자와 약자만이 존재했을 것이고, 이들은 만장일치의 원칙에 따라, 그러다 보니 당연히 의지의 강도에 따라 서로 구분되었다. 강한 의지는 약한 의지를 굴복시키고 명령할 수 있었다. 약한 의지는 복종했지만, 명령의 가시는 이물질로 그들에게 남았다. 이들은 점차 자라나 몸에 동화되어 결국 양심이 되었다. 아마도 분할할 수 있는 존재Dividuum, 즉 명령의 가시로 상처를 입은 분열된 존재는 이렇게 해서 생겨났을 것이다. 이 존재는 복종의 수난을 명령의 집착으로 변화시키는 법을 어렵게 배우지만, 양심의 가책으로 고통받는다. 우리는 지금까지 복종하는 것을 배웠지만, 이제부터는 명령하는 것, 무엇보다도 자기 자신에게 명령하는 것을 배워야 한다. 하지만 그렇게 하기 위해서는 우선 자기 자신을 존중할 수 있어야 하며, 자신 안에서 주인을 찾아야 한다. 복종하는 것이 완전히 몸에 배인 사람은 자신 안에서 명령을 할 수 있을 만큼 대담한 주인을 찾지 못한다. 내면화된 명령은 개인을 분열시킬 뿐만 아니라 자기 의심도 불러일으킨다. 이러한 복잡한 과정을 거쳐서 이후 세기에 의식의 깊이라고 말하는 것이 생겨났다. 즉 숨겨진 의미, 심오한 의미, 불합리가 내면에서 한 데 어우러진 미로 말이다.

니체는 이제 '분할할 수 있는' 존재 방식이 불가피하다는 사실을 알고 있다. 선사 시대의 한 목소리를 내는 인간 내면의 조화로 – 이러한 상태가 있었다면 – 되돌아가는 길은 차단되었다. 인간 내부의 균열과 부조화는 이제 인간 조건Conditio humana의 일부가 된 것이다.

그럼에도 불구하고 니체는 자신에게서 온전한 개인을 만들어내도록(2, 92) 계속 요구한다. 하지만 이러한 온전함은 '분할할 수 있는' 존재 방식의 극복을 – 이러한 극복은 불가능하다. – 의미하는 것이 아니라, 효과적인 자기형성이며 자기 도구화이다. 우리는 자기 삶의 감독이 되어야 하고, 내적 균열을 조정해야 하며 자기 내부의 다양한 목소리들을 지휘해야 한다. 논란이 된 힘에의 의지는 – 뒤에 살펴보겠지만 이후에 우주적인 설명 원리이자 위대한 정치의 지침으로까지 승격된다. – 항상 표준음에 맞춰져 온건해지고 단순히 자기 자신에 대한 힘을 얻는 것을 의미한다. 니체의 작품은 전체적으로 자기 자신에 대한 힘을 얻는 시도에서 나타나는 복잡한 사건들의 연대기이다. 다시 한 번 (2장 참조) 니체의 도덕적 명령을 인용해보자. 너는 너의 주인이 되어야 하며, 또 네가 지닌 미덕의 주인이 되어야 한다. 이전에는 미덕이 너의 주인이었다. 하지만 미덕은 다른 여러 도구와 마찬가지로 너의 도구일 뿐이어야 한다. 너는 너의 찬성과 반대를 지배하는 권력을 획득해야 하며, 그때그때 너의 더 높은 목적에 따라 미덕을 떼어내거나 다시 붙이는 법을 배워야 한다. 너는 일체의 가치평가에서 관점주의적인 것을 터득해야 한다.(2, 20; MA) 여기서 추구되는 자기 자신에 대한 관계는 주권을 지닌 자의 관계이며 시민 도덕은 더 이상 발붙일 틈이 없다. 왜냐하면 시민 도덕은 신뢰성, 지속성, 예측 가능성을 요구하기 때문이다. 니체는 온전한 개인이 되는 것을 개인이 자신의 삶에서 성취할 있는 최상의 과제로 여긴다. 이러한 과제 설정은 도덕의 역사에서 나온 것이 아니다. 왜냐하면 도덕의 역사에서는 온전한 개인이 되는 것은 중요하지 않기 때문이다. 도덕의 역사는 피로 물든 허튼 짓이며, 그 속에서 인간은 자신의 힘을 소진해왔다. 이러한 역사에도 불구하고 자신을 온전한 개인으로 만든 사람은 성공한 셈이다.

이렇게 환멸감을 주는 도덕 역사의 윤곽이 『인간적인 너무나 인간적인』에서 처음으로 제시되고, 『아침놀』에서 이어진다. 그리고 도덕의 비도덕적인 역사에 대한 분석은 『도덕의 계보』에서 완료된다.

이미 『인간적인 너무나 인간적인』에서 니체는 이후 자신의 작품에서 많이 다루어질 주장을 검토한다. 그것은 다음과 같다. 선과 악의 도덕적 구별의 배후에는 고귀함 vornehm 과 비천함 niedrig(2, 67; MA)의 구별이 숨어 있다. 고귀함은 무엇인가? 니체의 대답은 다음과 같다. 강하고, 결단력이 있으며, 공격을 받았을 때 보복을 할 만큼 겁이 없는 사람은 고귀하다. 고귀한 사람은 자신을 주장할 수 있고 자신을 보호하며 보복할 수 있다. 고귀한 사람이 하는 일은 선한데, 왜냐하면 그 자신이 선한 성품을 갖고 있기 때문이다. 반면에 비천한 사람은 나쁘다. 그가 나쁜 이유는 비록 그가 제한된 수단을 가지고 있다고 해도 자신을 방어하기에 충분할 정도로 자존감을 느끼지 못하기 때문이다. 따라서 고귀함과 비천함은 결국 자기 존중의 차이에 대한 명칭이다. 고귀한 사람의 시각에서 볼 때, 나쁜 사람은 하찮은 사람이다. 우리는 이러한 사람들에 대해 두려워할 필요가 없다. 왜냐하면 이들은 자신조차도 존중하지 않기 때문이다.

하지만 하찮은 사람들은 – 고귀한 사람의 시각에서 볼 때 – 위험할 수 있다. 이들이 자신들의 약점을 반란을 통해 상쇄하고자 공격에 나선다면, 무력을 동원하는 노예 반란이든, 정신적인 반란이든, 가치와 덕의 위계질서를 전복하고 주인의 덕을 인내와 겸양의 도덕으로 대체한다. 니체는 이미 『인간적인 너무나 인간적인』에서 도덕관념인 원한^{르상티망} Ressentiment에 대한 그의 비판을 암시하고 있다. 그는 도덕 비판의 중점을 동정심에서 동정심을 유발하는 행위로 옮기면서 쇼펜하우어적인 '동정심 도덕'을 분석하고 비판하기 시작한다. 니체는 타인에게 동정심을 유발하는 것이 약자들의 무기라고 여긴다. 그들은 강자들의 약점, 즉 동정심을 느낄 수 있는 능력을 찾아내어 이 강자들의 약점을 이용한다. 동정심을 유발하는 힘, 이것이 바로 약자들의 힘이다. 이로써 고통받는 자가 다른 사람에게 고통을 주는(2, 71) 수단을 가지게 되는 것이다.

니체는 이러한 동정심의 변증법 – 고통 받는 자가 타인에게 동정심을 유발해서 그에게 고통을 준다. – 을 감싸고 있는 감상적인 외피를 벗겨내, 그 밑에 숨어 있는 힘의 투쟁을 드러내려고 한다. 니체는 동정심의 변증법을 주인과 노예의 투쟁으로 여긴다. 동정심을 유발하는 자는 자신이 세상에 고통을 줄 정도로 중요한 사람이라는 자만심이 커진다.(2, 71) 하지만 동정심을 느끼는 자는 비록 주인 역할을 하고 있어도 자신이 옳지 못한 일을 하고 있으며 덫에 걸린 것처럼 느낀다.

도덕에서 얼마나 비도덕적인 일이 벌어지는지 그리고 배후에서 얼마나 많은 투쟁이 벌어지는지를 보여주는 또 다른 예가 바로 감사이다. 니체의 도발적인 주장에 따르면, 감사는 복수의 부드러운 형식이다. 사람이 무엇을 받으면, 그것을 주는 사람의 힘을 느낀다. 이러한 힘은 호의적이긴 하지만, 개운한 기분을 주지 않는다. 왜냐하면 상대방에게 빚진 기분이 들기 때문이다. 빚을 진 사람은 감사를 표시하고 빚을 갚는다. 심지어 받은 것보다 더 많이 갚는 경우도 있을 것이다. 빚을 진 사람은 채무자 관계를 역전시켜 다시 자유로워지려고 한다. 니체는 이러한 맥락에서 스위프트Swift의 말을 되새긴다. 인간은 같은 상황에서 복수심을 품기도 하고 그만큼 감사하는 마음도 가진다.(2, 67; MA)

니체의 도덕 분석은 도덕의 탈을 쓴 원시적인 잔인성을 폭로하는 데 집착한다. 이 때문에 니체에게는 잔인성이 드러나는 것이 바로 진리의 순간이다. 적대성의 원시 역사가 모습을 드러내고 원초적인 힘이 문명의 껍질을 뚫고 나오는 것이다. 우리는 현재의 잔인한 사람들을 아직도 남아 있는 '원시 문화'의 단계에 있는 자로 여길 필요가 있다. 인류라는 산맥은 그렇지 않으면 덮여 있을 깊은 지층을 열어 보여준다.(2, 66)

니체는 『아침놀』에서 인간관계에 내재하는 잔인성에 대한 분석을 계속한다. 그는 세련된 잔인성(3, 40; M)이 어떻게 인정받는 덕이 될 수 있는지 설명한다. 만일 어떤 사람이 칭찬할 만한 방법으로 자신의 우월성을 나타내려고 한다면, 그는 자신의 높은 지위를 이용해 다른 사람에게 고통을 주려고 하는 게 아닐까? 또 그는 자신이 유발하는 시기심을 즐기려 하는 게 아닐까? 예술가의 창작에 대한 열광에는 경쟁자들을 물리칠 수 있다는 선취된 쾌감(3, 40)이 작용하는 게 아닐까? 문화의 투쟁적인 성격은 전체적으로 잔인한 전투 준비가 승화된 것이 아닐까? 수녀의 순결에는 어떤 비밀스런 즐거움이 숨겨져 있는가? 그녀는 어떤 비난의 눈길로 다르게 사는 여인들의 얼굴을 들여다보는가! 그녀의 눈에는 얼마나 많은 복수의 쾌감이 담겨 있는지!(3, 40)

니체는 잔인성이 문명의 창조적 원천이라는 주장을 펼치며 종교에서 자신의 주장을 뒷받침해줄 수 있는 수많은 증거를 찾는다. 많은 문화권에서 신들을 잔인하다고 믿었다. 따라서 사람들은 제물을 바쳐 신들을 달래야 했다. 분명 그들은 신들을 고통과 도살을 보며 기쁨을 느끼는 존재로 생각했다. 기독교의 신조차도 아들의 희생을 통해 만족을 얻었다. 신들을 즐겁게 하려는 사람은 잔인한 축제를 벌여야만 한다. 신들의 즐거움은 인간의 즐거움이 확대된 것이다. 따라서 잔인성은 인류의 가장 오래된 축제에 속한다.(3, 30)

니체는 도덕 감정의 역사를 오류(2, 63; MA)의 역사라고 지적하지만, 이 오류가 문화를 형성하는 작용을 했고 지금도 여전히 하고 있다는 사실을 부정하지는 않는다. 도덕 감정은 진리의 기관이자 인간의 참된 운명에 관한 안내자로 이해되는 한 오류이다. 하지만 바로 이러한 종류의 오류는 인간이 문화적으로 스스로를 만들어나가는 데 필요하다. 도덕 법칙은 제 아무리 억압적이라고 할지라도 독특한 자부심을 낳는다. 근친상간에 대한 금기가 좋은 예이다. 우리는 이러한 금기를 위반할 수도 있지만, 본능이나 생리학과 같은 천성으로 이 금기 위반을 막을 수는 없다. 자제를 요구하는 것은 물리적인 제한이 아니라 도덕적인 제한이다. 복종은 결국 문화에서는 없어서는 안 되는 자기통제로 진화한다. 자기 자신을 지배할 수 있는 자만이 자부심을 가질 수 있다.

수많은 문화적 계율과 금지는 실용적인 목적, 즉 우생학적이고 경제적이며 정치적인 목적에 봉사한다. 하지만 니체는 흔히 시간이 흘러감에 따라 드러나는 실용성을 원래 의도된 목적으로 호도하는 태도에 대해 경고한다. 이는 자기통제의 입장에 대해서도 적용된다. 자기통제도 교육적인 강령으로 의도된 것이 아니라 객관적인 도덕 계율에서 나온 주관적인 결과물이다. 관습은 특정 개인에게 이익을 주는 것이 아니라, 인류 전체의 문화 네트워크의 보존과 발전을 위한 것이다. 이 과정에서 주체는 누구인가? 그것은 개인이나 지배층이 아니라 문화 과정의 주체 없는 '주체'이다. 주체 없는 주체는 관습과 금기의 체계에서 구체화된다. 이 체계는 실용적인 목적과 무관하게 주목할 만하다. 따라서 완전히 의미도 없고 비실용적인 것처럼 보이는 수수께끼 같은 금지들이 이해되며 그러한 금지들은 니체로 하여금 다음과 같이 성찰하게 한다. 야만적인 종족들에게는 관습 그 자체를 위한 관습의 유형이 있다.(3, 29: M) 그 예로 니체는 몽골족의 일종인 캄차카인들의 관습을 언급한다. 이들은 신발에 묻은 눈을 칼로 긁어내거나 칼로 석탄을 찌르거나 쇠를 불 속에 넣는 자들을 사형에 처한다. 이러한 금기는 분명 관습이 항상 가까이 있고 관습을 항상 따르지 않으면 안 된다는 사실을 끊임없이 의식시키며, 어떤 관습이라도 관습이 없는 것보다는 낫다는 위대한 명제를 주입하는 것을 목표로 삼는다. 이러한 명제를 통해 문명이 시작된다.(3, 29)

관습은 우리의 충동을 통제하는 체계로 작동한다. 이러한 충동은 특정한 관습의 압력에 의해 비겁이라는 고통스러운 감정으로 경험될 수도 있고, 예를 들어 기독교 도덕에 따를 경우에는 겸손이라는 유쾌한 감정(3, 45)으로 발전할 수도 있다. 충동 자체는 처음에 어떠한 도덕적인 성질도 지니고 있지 않다. 이러한 도덕적인 성질이 점차 이러한 충동에 더해져 제2의 천성(3, 45)으로 발전한다. 고대 그리스 문화와 같이 투쟁적인 문화는 시기심에 대해 평등을 강조하는 문화와는 다르게 평가한다. 고대 그리스인들은 신들이 시기심을 지니고 있다고 인정하는 것을 결코 불경스럽게 여기지 않았다. 고대 이스라엘에서 분노는 가장 확실한 생명력의 증거였다. 따라서 성스러운 분노는 유대인의 신이 선호하는 성질이었다.

도덕은 여러 문화권에서 선과 악뿐만 아니라 참과 거짓을 구별하는 체계로 이해된다. 니체에 따르면, 도덕 체계들은 드러난 혹은 암시적인 자기 정당화의 형이상학과 연결되어 있다. 하지만 문화 비교에서는 개개의 형이상학적 진리 주장은 더 이상 타당성을 유지할 수 없다. 거대 진리들은 다수의 문화 기술로 조각이 난다. 타 문화와의 접촉으로 생기는 이러한 상대화는 이미 고대 그리스에서 계몽주의의 토대를 마련했다고 니체는 기억한다. 헤로도토스의 비교 역사학적인 연구는 신화적으로 밀폐된 그리스 문화권을 해체하는 데 기여했다. 근대에서는 누구보다도 몽테뉴가 진리 요구를 무력화하기 위해 문화 비교를 이용했다. 니체는 이러한 전통에 서 있다. 니체는 도덕에 내포된 형이상학이 유효성을 상실했다는 이유로 도덕 원칙까지 포기하지는 않는다. 왜냐하면 도덕은 필수적이기 때문이다. 니체는 충동을 통제하고 제2의 천성을 만드는 도덕의 힘을 높이 평가하기 때문에 다음과 같이 주장할 수 있다. 도덕의 가정에서 오류가 없었다면, 인간은 동물에 지나지 않았을 것이다.(2, 64; MA)

도덕의 형이상학적이고 종교적인 자기 정당화에 대한 니체의 비판은 충동을 통제하는 작업과 제2의 천성이 이룩한 성과에 대해서는 불문에 부치려고 한다. 니체는 이에 대해서는 미래에 한층 더 계몽적인 방식으로 다루고 신중하게 접근하기를 원한다. 도덕 체계는 뜨겁고 혼탁한 프로젝트에서 냉정하고 명확한 프로젝트로 진화해야 한다. 많은 사람들에게는 이와 같은 관찰 방법의 입김에서 마치 겨울 같은 기분이 들 것이다.(2, 61) 하지만 우리는 문화의 내밀한 비밀을 조사하는 데 있어서 어떠한 두려움도 없이 문화 자체를 계몽해 나가야 한다. 자기 계몽을 차단하는 문화에서는 내부 온도가 올라간다. 우리는 이러한 온도를 보금자리의 열이라고 명명할 수 있다. 만일 자유와 형이상학적 고향 상실 Obdachlosigkeit에 대한 두려움이 공포심을 불러일으킨다면, 이 따뜻한 보금자리는 용광로가 될 수 있다. 이 때문에 니체는 점점 불길에 휩싸여가는 시대의 '더욱 정신적인' 사람들에게 학문을 불을 끄고 식히는 수단으로 이용하도록 그리고 시대정신의 거울과 자기반성으로(2, 62) 활용하도록 요청한다.

『인간적인 너무나 인간적인』에서 니체는 이러한 자기반성에 커다란 희망을 거는데, 이러한 자기반성은 개인적인 차원에만 국한되는 것이 아니다. 니체는 문명 전체가 스스로를 통찰하고 운명과 관련해 과거의 종교적인 믿음에 작별을 고함으로써 전 지구를 포괄하는 보편적 목표를 세울 수 있으리라는 가능성을 타진한다. 만일 인류가 이러한 의식적인 전체적 통치에 의해 파멸되어서는 안 된다면, 지금까지의 수준을 모두 넘어서는 '문화의 조건들에 대한 지식'이 보편적 목표를 위한 학문의 척도로서 사전에 발견되어야 한다.(2, 46)

여기서 니체는 이후 막스 베버가 강조한 차이점에, 즉 가치 결정과 이를 실현하는 수단에 대한 합리적 지식 사이의 차이점에 접근한다. 학문이 가치 결정을 할 수는 없다. 하지만 학문은 문화의 작동 구조를 설명함으로써 수단의 합목적성을 판단할 수 있는 행동 기준을 제공한다. 마찬가지로 니체도 학문이 보편적 목표의 실현 가능성을 판단할 수 있는 문화의 조건들에 대한 통찰을 제공하기를 기대한다. 이러한 목표와 관련해서 니체는 자신이 『비극의 탄생』을 쓸 시기에 가졌던 전망에서 벗어나지 못했다. 여전히 인류와 역사는 오직 천재의 탄생에 의해서만 정당화된다는 그의 인정론Anthropodizee의 원칙이 유효하다. 역사의 의미는 위대한 개인이나 위대한 작품에서 나타나는 황홀경의 극치이다.

학문적인 관찰 방법이 형이상학적인 진리의 토대를 파괴한다면, 도덕도 파괴되고 나아가 종교는 물론이고 결국 예술도 파괴될 수밖에 없다. 니체는 『인간적인 너무나 인간적인』과 『아침놀』에서 종교를 국민을 위한 형이상학이라고 말하는데, 이는 당시의 계몽된 종교 비판에서 행해지던 전형적인 표현 방식이다. 니체는 재앙이 다른 방식으로 제거될 수 없을 때 종교가 사람들을 마취시키는(2, 107: MA) 역할을 한다는 단순한 주장을 펼친다. 자연에 관한 우리의 지식이 발전하고 공상적인 인과관계(3, 24: M) 대신에 참된 인과관계가 발견된다면, 우리는 예를 들어 병이 났을 때 더 이상 신의 벌이라고 여겨 기도하거나 제물을 바치지 않고 대신에 이 병에 적합한 약을 먹는다. 운명의 힘은 ─ 모든 종류의 종교적인 상상력의 출발점은 ─ 완전히 사라지는 것은 아니지만 제한된다. 또 성직들과 비극 작가들(2, 107)의 힘도 약화된다. 고통도 이제 치유될 수 있게 됨으로써 이전에 지녔던 어둡고 의미심장한 파토스를 잃어버린다.

종교가 제거될 수 없는 재앙과 주술적인 자연 지배에 대한 단순한 보상이라면, 종교에 대한 비판은 손쉽게 끝났을 것이다. 하지만 니체는 종교적 감정은 이와는 또 다른 측면이 있음을 지적한다. 니체는 이러한 측면을 살펴보기 전에, 확고한 근거를 마련하기 위해 자신에게 설득력이 있는 계몽된 종교 비판의 결과를 단호하고도 냉정하게 확인한다. 종교는 아직까지 한 번도 간접적으로나 직접적으로나, 교의로서나 비유로서나 진리를 가진 적이 없었다.(2, 110: MA) 우리는 학문적인 인식과 교화적인 사변을 뒤섞는 신학자들의 재주에 현혹되어서는 안 된다. 또 반대로 학문이 종교적인 혜성의 꼬리를 자신의 마지막 전망 너머에 있는 어둠 속에서 반짝이게 내버려 둔다면(2, 111), 이 학문은 비판받아야 한다. 종교는 학문인 양 행세하면 안 된다. 그리고 학문은 자신이 더 이상 논증할 수 없는 문제들에 대해서 종교처럼 얼버무려서는 안 된다. 니체는 분명한 선을 요구한다. 하지만 니체는 종교에서 비록 오류만이 발견된다고 해도 종교적인 감정은 고갈되지 않는다는 사실을 알고 있다.

종교적인 감정에서 더 찾아야 할 것이 있는가? 그것은 자신이 죄인이라고 기꺼이 느끼려는 자세인데, 이는 특히 기독교에서 잘 나타난다. 이러한 감정이 어디에서 오는 것이며, 그 속에는 무엇이 숨어 있는가? 사람들이 자신들을 실제보다 훨씬 더 어둡고 악하다고 여기는 것(2, 121)은 정말 놀라운 일이다. 고대 그리스의 종교는 이러한 부정적인 인간관을 요구하지 않았다. 오히려 정반대였다. 신들이 자신들의 덕과 악덕을 인간과 나누었기 때문에, 누구나 홀가분한 기분을 느낄 수 있었다. 심지어 인간들은 자신들의 본성의 어두운 면을 신들의 모습에 반영시키기도 했다.『인간적인 너무나 인간적인』은 죄의식의 유래에 관한 질문에 답을 주는데, 이는 니체의 후기 작품에서 다양하게 변주된다. 답은 다음과 같다. 기독교는 원래 억압받으며 불쌍하게 산 사람들의 종교였다. 이들은 고귀하지 않았고 따라서 스스로도 고귀하게 생각하지 않았다. 자기 존중이 부족한 사람들의 종교였던 것이다. 기독교는 이미 진창에 빠진 사람들을 더 깊은 진창(2, 118) 속으로 몰아넣었다.

이러한 설명은 충분하지 않고 니체 자신도 만족하지 못한다. 왜냐하면 사회적인 비참과 부족한 자존감 사이의 연관성에 대한 지적은 상당히 진부하기 때문이다. 이 때문에 니체는 다음과 같은 생각을 하게 된다. 사람들이 죄의식이나 자극이나 마약을 필요로 하게 된 이유가 저 후기 로마 문명의 쇠퇴에 있었던 것은 아닐까? 특히 이렇게 무기력한 사람들에게는 신의 자비의 영광이 비쳐들(2, 118) 수 있었다. 그것은 운명의 급변, 개종의 드라마에 대한 쾌감, 사람들이 즐기려고 했던 감정의 과잉(2, 118)이 아닐까? 로마 제국은 너무나 큰 규모로 확장되어서 거의 세계 전체를 포괄하게 되었으며, 그 속에서 처한 상황과 사람들이 점점 더 비슷해졌다. 역사 드라마는 무대를 먼 국경까지 옮겼다. — 이런 상황에서 내면의 개종 드라마는 흥미진진하고 이루 말할 수 없는 가치를 지니지 않았을까? 초기 기독교의 극단주의는 병처럼 번지는 권태에 대한 치료제가 아니었을까? 한 문화가 노쇠하고, 모든 자연적인 감정들의 순환 (2. 137; MA)이 수없이 반복된다면, 새로운 종류의 삶의 자극을 찾는 것이 중요하다. 아마도 기독교가 이러한 새로운 삶의 자극이었을 것이다. 기독교는 개종자들에게 죄와 구원으로 이루어진 영혼의 드라마를 제공했다. 그리고 다른 사람들은 짐승들의 격투와 인간들의 격투를 보는 데 무감각해진 후에(2. 137) 순교자와 금욕주의자 그리고 주행승*의 등장을 보면서 즐거워했다.

이러한 설명이 기독교의 역사적인 계보이기는 하지만, 기독교가 현재까지 사람들의 마음속에 어떤 식으로 받아들여져 왔는지는 아직 해명되지 않았다. 니체는 이러한 해명을 위해 종교적인 감정이 가장 뚜렷했던 성인, 순교자 그리고 금욕주의자들의 심리를 파헤친다. 이러한 위대한 종교인들에게서 나타나는 것은 자기 상승의 엄청난 힘과 종교적인 감정에 수반되는 열광적인 에너지이다. 이들에게서는 저급하고 위축된 기분이나 겸손은 찾아볼 수 없다. 이러한 성인들과 금욕주의자들은 비천하고 저열하게 여기는 어떤 것이 자신에게 있으면 이를 물리친다. 하지만 이들은 양 측면에서 싸운다. 즉 이들은 불쌍한 자들임과 동시에 이 불쌍함을 이겨낸 자들이다. 이들은 비천한 자들이자 숭고한

● 기둥 꼭대기에서 정좌하여 금욕적 생활을 한 초기 기독교의 고행승을 말한다. 세속을 멀리하고 무한자에게로 가까이 간다는 의도가 있었다. 이들을 스타일라이트stylite라고 하는데 희랍어 스틸로스stylos(기둥)에서 왔다. 우리말로 주행승柱行僧 혹은 주두행자라고 한다. — 옮긴이

자들이고, 무기력한 자들이자 힘을 지닌 자들이다. 마음이 풍요로운 사람은 많은 거울로 둘러싸인 방에 산다. 그가 한편으로 자신의 신의 형상이라는 밝은 거울을 들여다봄으로써 그에게는 자신의 본질이 지극히 흐리고 이상하게 일그러져(2, 126) 보인다. 하지만 그는 명상하는 순간에 저 밝은 거울이 바로 확대된 자아인 것을 알게 된다. 또 그는 신의 거울을 통해서 자신의 더 나은 가능성을 알고, 한껏 기분이 좋아지기도 하고 동시에 겸손해진다. 이러한 거울 보기는 자기분열의 일종인데, 이를 통해 인간은 도덕적인 존재가 되기도 하고 종교적인 존재도 된다. 종교적인 자기분열은 자기희생이라는 극단적인 형태를 취할 수도 있다. 이러한 일이 일어나는 것은 인간이 '자신의 그 무엇'을, 하나의 사상, 하나의 욕망, 하나의 작품 등을 '자신의 다른 것'보다 한층 더 사랑하기 때문이며, 따라서 자신의 존재를 분할해서 한쪽을 다른 한쪽의 희생으로 몰고 가기 때문이다.(2, 76) 이렇게 금욕주의자나 성인 그리고 순교자들은 자신을 낮춤으로써 승리하며 겸양 속에서 자부심을 느낀다. 이러한 자기 자신의 파괴, 자신의 천성에 대한 조소, 이처럼 자기를 가볍게 여기는 것에서 종교는 아주 많은 것을 만들어냈으며, 이것은 허영심의 극히 높은 차원이다. 산상수훈의 도덕 전체가 여기에 속한다. 인간은 지나친 요구들로 자신을 억압하고 나중에 폭군처럼 요구하는 그 무엇을 자신의 영혼 속에서 신격화하는 데서 참된 쾌감을 느낀다. 모든 금욕적인 도덕에서 인간은 자신의 일부를 신으로 숭배하고, 나머지 부분을 악마로 여기는 것이 필요하다.(2, 131)

결정적인 순간에 종교적인 인간이 원하는 것은 예술가가 원하는 것과 다르지 않은데, 그것은 바로 강력한 감정이다. 이 두 부류의 사람들은 모두 아무런 두려움도 없이 저 엄청난 것(2, 132)과 접촉한다. 비록 그들이 이로 인해 완전히 몰락한다는 느낌을 받아도 말이다. 이러한 종류의 몰락은 그들에게 황홀경의 극치(7, 200)이다. 엄청난 것에 대한 이러한 헌신은 종교와 예술에서 공통적으로 나타나는 집착이기 때문에, 니체는 『인간적인 너무나 인간적인』에서 "종교적 삶"이라는 제목의 장 바로 뒤에 "예술가와 저술가의 영혼으로부터"라는 제목의 장을 쓰게 된다.

종교적인 감정과 예술에서 강력한 감정은 자명하게도 이례적인 것, 강렬한 것, 긴장과 동시에 느긋함, 창조력의 분출, 성공의 기쁨, 힘의 유입과 발산, 한 마디로 고조된 상태를 나타낸다. 하지만 – 이것은 니체의 냉철한 반대 주장이다. – 여기에 높은 경지의 진리가 담겨 있는 것은 아니다. 우리는 이러한 종교적이고 예술적으로 고조된 상태를, 종교적인 열광자들과 예술적인 열광자들이 주장하듯, 숨어 있는 위대한 진리를 전달하는 매체로 이해해서는 안 된다.

하지만 젊은 니체는 자신이 바그너에 관한 글을 쓸 때까지만 해도 예술을 높은 수준의 인식으로 이해했다. 『인간적인 너무나 인간적인』에서 드러나는 예술에 대한 생각은 그가 서문에서 자신의 계몽적인 실험을 지금까지 숭배했고 사랑했던 곳까지 거슬러 올라가는 신전모독과 같은 행동과 눈초리(2. 16; MA)라고 말할 때 특히 명확해진다. 니체는 1870년대 중반까지는 예술을 본래의 형이상학적 활동(1. 17; GT)이라고 말했지만, 이제 그는 냉철하게 의심하는 강화된 의지를 가지고 예술의 신전으로 들어간다. 그는 자신의 열광을 면밀히 조사하면서 혹시 이 열광 속에 정확하지 않은 사고와 모호한 감정 그리고 약점과 모든 종류의 신비화가 숨어 있지 않은지 의심을 품는다. 왜 이렇게 냉철한 치유가 시작된 것인가? 니체는 『인간적인 너무나 인간적인』의 서문에서 답을 제시한다. 그는 정신이 자신의 길을 가다가 자신을 잃고 사랑에 빠지거나 도취한 상태에서 어느 한 구석에 주저앉아 버리게 될(2. 18) 위험을 몰아내려고 한다.

자신의 열광을 의심하고, 마치 알코올 중독자였다가 가까스로 치유된 사람처럼 아직은 불안정한 냉철함을 잠재적인 유혹으로부터 방어하는 이 사람에게 예술은 어떤 모습으로 나타나는가?

니체는『비극의 탄생』에서 다음과 같이 쓴다. 학문의 문제는 학문의 토대 위에서는 인식될 수 없다.(1, 13; GT) 그는 학문을 예술가의 관점에서 보려고 했고, 예술을 삶의 관점에서 보려고 했다.(1, 14) 이제 니체는 예술을 자신의 문제로 삼는다. 그리고 예전에 학문에 적용되었던 것이 이제 예술에도 적용된다. 예술의 문제는 예술의 토대 위에서는 인식될 수 없다. 이 경우에도 우리는 학문의 문제에서와 마찬가지로 다른 관점을 선택해야 한다. 우리는 예술의 마법적인 영향권에서 벗어나야만 한다. 그래야만 우리는 예술의 자기 신비화의 희생양이 되는 것을 피할 수 있다.

예술가는 구상하고 창조하며 새로운 현실을 만든다. 학자는 현실을 인식한다. 예술가는 형상화하는 일을 하고, 학자는 진리를 다룬다. 예술가의 관점에서 니체는 학문에서 억압되고 인정받지 못한 허구성을 발견했다. 학문은 진리를 추구하지만, 그 과정에서 학자들이 인정하는 것 이상으로 상상력도 작용한다. 학문은 진리를 찾으려 하지만, 진리를 만들어내기도 한다. 반면에 예술은 의심할 여지없이 상상력이 토대가 된다. 예술은 상상의 세계를 창조하고 아름다운 천을 짜서 현실을 덮는다. 예술은 현상의 외관과 관계한다. 학문은 진리의 베일을 벗기려 하지만, 예술은 베일을 사랑한다. 예술은 창작에 대해서 정통하기 때문에 학문에도 얼마나 많은 창작과 허구가 숨어 있는지를 잘 안다. 하지만 학문은 이를 인정하려고 하지 않는다. 니체는 이러한 차이를 예술의 관점에서 본 학문의 문제라고 말한다.

니체는 이제 역으로 학문의 관점에서 예술을 본다. 예술의 문제는 어디에 있을까? 바로 예술의 진리 요구에 있다. 예술의 진리 요구는 학문에서의 허구성처럼 예술에서 대개 인정받지 못한다. 예술은 자신의 암시적인 진리 요구를 가상에 감춘다. 그리고 학문은 자신의 암시적인 허구성을 진리 요구에 감춘다. 니체가 예술을 공격하는 이유는 예술이 진리를 줄 수 없는데도 마치 줄 수 있는 것처럼 가장하기 때문이다. 니체는 단호하게 말한다. 우리는 예술을 통해서는 '세계의 본질 자체'와 접촉하지 못한다.(2, 30; MA) 예술적인 예감은 영감을 불러일으키고 자극을 주며 심오하게 작용할 수도 있다. 하지만 그것은 어디까지나 표상이지 다른 것이 아니다. 그것은 감정의 형태를 만들지만, 그런 감정을 반드시 느껴야 하는 것은 아니다.

니체는 예술적 환상에서 깨어나는 것이 어느 정도까지 필요한지를 모를 만큼 집착에 사로잡혔던 것은 아니다. 하지만 오랫동안 형이상학에 익숙해져서 그러한 환상에서 벗어나기가 어려웠다. 신비를 좋아하는 형이상학적 욕구는 세계를 내적으로 결속시키는 것이 무엇인지를 알고자 한다. 이러한 형이상학적인 충동은 엄격하게 규정된 학문의 울타리에서 추방된 이후에 예술에서 피난처를 찾았다. 니체는 이러한 충동이 계몽된 자유정신에게 얼마나 강하게 남아 있는가를 베토벤의 영향에서 보여준다. 우리가 베토벤의 교향곡 제9번에서 불멸성의 꿈을 마음속에 품고 지상을 초월하여 별들의 둥근 천장을 표류하는 듯이 느끼면, 그(베토벤)의 음악은 오랫동안 소리내지 못하고 찢어진 채 있었던 형이상학적 현의 공명을 불러일으킨다.(2, 145; MA) 여기서 니체는 바그너가 베토벤에 대해 쓴 글을 암시하고 있다. 하지만 니체는 예술을 본래의 형이상학적 활동이라고 말했던 자신의 언급도 비판하면서 이제 다음과 같이 주장한다. 예술에서 형이상학적 욕구를 만족시키려는 자는 자신의 지적 성격을 가늠하는 시험(2, 145)에서 떨어진다. 예술에서 형이상학은 종교에서 훔친 유산이다. 형이상학적으로 오해된 예술은 불순한 사유의 베일(2, 144; MA)을 삶 위에 드리운다. 우리는 정확한 사고와 정확한 인식을 예술에서 찾을 수 없다. 예술 충동은 우리의 혹독한 인식 작업을 방해한다. 예술 충동은 인류의 남성화(2, 142)도 방해한다. 예술이란 아무리 호의적으로 보아도 긴장을 풀며 진행되는 퇴화이며, 성실함과 현실 원칙으로부터의 일시적인 해방이다. 예술에서 우리는 다시 어린아이가 될 수 있다. 그러면 잠시 동안은 옛날의 감각이 다시 한 번 생생히 되살아나서, 거의 잊고 있던 박자에 따라 심장이 고동치게 된다.(2, 142) 하지만 너무 많이 뒤로 돌아가지 않도록 주의가 필요하다. 그렇지 않으면 인류를 어린아이로 만들 위험이 있다. 우리는 일시적이긴 하지만 너무나 자주 삶을 가볍게 하면, 진정으로 우리의 상태를 개선하려는 노력(2, 143)을 등한시하게 된다.

우리는 이보다 더 뚜렷하게 비극적 심정tragische Gesinnung을 비판하고 – 니체는 이전에는 이 비극적 심정을 높이 평가했다 – 유용성과 실천적인 효율성을 옹호할 수는 없을 것이다. 니체는 당시의 예술적 욕구의 사회학에 대해 날카로운 분석을 한다. 누가 예술을 요구하고, 예술에서 무엇을 기대하는가? 우선 지식인들이 예술을 요구한다. 그들은 더 이상 제단의 향냄새를 좋아하지 않지만, 종교적인 위안을 완전히 포기할 수 있을 만큼 자유롭지는 않으며, 그들이 예술을 높이 평가하는 이유는 예술에서 사라져가는 종교의 메아리를 듣기 때문이다. 예술을 찾는 또 다른 이들은 우유부단한 사람들이다. 이들은 다른 삶을 살고 싶어한다. 하지만 삶을 바꿀 힘이 없으며, 이 때문에 그들은 예술에서 다른 상태를 찾는다. 다음으로 공상하는 사람들이 예술을 원한다. 그들은 헌신적인 작업을 꺼리며 예술은 그들에게 빈둥거리며 쉬는 침대가 된다. 또 영리하지만 할 일이 없는 명문가의 부인들이 예술을 원한다. 그들이 예술을 원하는 이유는 해야 할 의무가 없기 때문이다. 의사나 상인 그리고 관리도 예술을 원한다. 이들은 열심히 일을 하지만 마음속에 벌레를 간직한 채 더 고상한 것을 곁눈질하는 것이다.

이러한 사람들에게 예술이 의미하는 것은 무엇일까? 예술은 그들에게서 매 시간과 순간에 불안, 권태, 어설픈 양심의 가책을 내쫓고, 그들의 생활과 성격의 결함을 세계 운명의 결함으로 거대하게 해석하도록 해준다.(2. 447: MA) 여기에는 행복과 건강이 흘러넘치지 않는다. 대신에 결핍의 경험이 그들을 예술로 몰아갈 뿐이다. 이러한 예술 애호가들은 자신을 혐오하는 사람들이다. 니체의 주장에 따르면, 오늘날 사람들이 예술을 요구하는 것은 자기 향유 때문이 아니라 자기혐오(2. 447) 때문이다.

예술 수용자 측의 자기혐오는 많은 예술가들의 가차 없는 자기 향유와 짝을 이룬다. 예술가들은 자신의 작품을 지나칠 정도로 사랑하기 때문에 자기 작품의 영향력을 높이기 위해 모든 상황을 전복시키려(2. 149: MA) 한다. 니체는 이름을 밝히지는 않았지만 아마도 바그너를 염두에 두었을 것이다. 바그너는 사실상 자신의 예술을 위해 정치적인 혁명가가 되었다.

소문과 전설은 위대한 예술가들 주변에 늘 돌아다니고, 또 이들에 의해 종종 자양분을 얻기도 한다. 이러한 소문과 전설은 영감과 인류의 고통에 관해 야단법석을 벌이기도 한다. 니체에 따르면, 이러한 것이 바로 예술의 신비화이다. 하지만 실제로는 우리가 믿고 있는 것보다 훨씬 적은 영감이 작품에 들어 있다. 모든 위대한 예술가는 위대한 노동자였다.(2. 147) 그리고 천재의 고통에 대해서도 우리는 조심스럽게 접근해야 한다. 많은 예술가들이 자신들은 인간에 대해서뿐만 아니라 인류의 운명에 대해서도 관심을 가지고 있으며, 단순히 작품을 창작하는 것이 아니라 문화 전체를 개선하려 한다고 주장한다. 이 과정에서 언제나 몰이해와 제한에 부딪히는데, 이것이 바로 자신들의 커다란 고통이라는 것이다. 니체는 많은 예술가들의 이러한 과대망상적인 자기이해에 대해 – 니체는 당연히 여기서도 바그너를 염두에 두고 있다. – 건강한 불신을 가질 것을 권한다. 니체에 따르면, 위대한 예술가들은 자신들이 피리를 울렸는데, 아무도 춤추려 하지 않으면 마음의 상처를 입는다. 이는 예술가들에게는 불쾌한 일이겠지만, 그렇다고 이것을 비극적이라고 말할 수 있을까? 니체는 다음과 같이 냉소적으로 말한다. 어쩌면 그럴지도 모른다. 왜냐하면 자신들이 제대로 이해받지 못한다고 느끼는 예술가들의 고통은 실제로 매우 크다. 하지만 그 이유도 이들의 공명심과 질투심이 매우 크기 때문일 뿐이다.(2, 147)

니체는 예술과 예술을 향한 자신의 열정에 대해 매우 엄격하게 심판한다. 그는 자신의 음악에 대한 사랑도 관대하게 봐주지 않는다. 니체에게 음악은 과거에도 현재에도 거대한 힘에서, 세계의 디오니소스적 신비에서 나오는 언어이다. 음악은 니체에게 가장 성스러운 것이다. 바로 이 때문에 음악에 대해 신전모독과 같은 행동을 피해서는 안 된다. 그는 자기 자신까지도 관대하게 봐주지 않는 강한 용기로 다음과 같이 쓴다. 어떠한 음악도 그 자체로는 심오하고 중요하지 않다. 음악은 '의지'와 '물자체'에 대해 말하지 않는다.(2, 175; MA) 오직 철학적으로 교육받은 사람과 잘못 교육받은 지식인만이 음악에 깊은 의미를 부여한다. 우리는 거대한 힘이 음악을 통해 말한다고 믿을 뿐이다. 하지만 실제적으로 음악에서 나오는 것은 상징의 역사, 듣는 습관, 기교, 투사, 감정 그리고 오해이다. 음악은 공허한 소음(2, 176)인데, 이 소음에 어린 시절의 추억, 이미지에 의한 연상, 몸의 느낌을 통해 점차로 의미가 실리게 된다. 음악은 결코 감정의 직접적인 언어(2, 175)가 아니다.

이러한 언급들에는 분명히 악의가 담겨 있다. 니체는 실제보다 더 많이 보여주고, 더 많이 들려주는 모든 것을 공격한다. 우리는 리하르트 바그너가 이 글을 읽었을 때 어떻게 화를 냈을지 상상할 수 있다. 코지

마 바그너는 간단명료하게 썼다. "이 글에서 악이 승리했다는 것을 나는 안다."(15, 84: 연대기)

니체는 한동안 쉬면서 냉정함을 되찾으려고 했다. 왜냐하면 시인과 음악가와 철학자와 종교적 열광주의자들의 심하게 흥분된 감정들이 그를 뒤덮는(2, 204: MA) 것을 막으려 했기 때문이다. 그러기 위해서는 이 감정들을 학문의 정신으로 순화시켜야 했다. 학문의 정신은 전체적으로 냉정하고 회의적이 되게 하며, 특히 최후의 궁극적인 진리에 대한 믿음의 불타오르는 강을 식혀줄 것이다.(2, 204) 니체는 형이상학과 종교와 예술에서 위대한 구원 감정의 시대를 열대 시대라고 부르고, 현재는 문화의 온대(2, 198) 기후가 오고 있다고 생각한다. 그는 이러한 기후 변화를 앞당기는 데 기여하고자 한다. 하지만 그는 마음이 편하지만은 않다. 그는 냉각 과정이 위험을 내포하고 있다는 것을 안다. 이러한 위험은 바로 삶이 천박해지고 피상적으로 되는(2, 199) 데 있다.

지금까지 살펴본 바와 같이 니체는 『인간적인 너무나 인간적인』에서 냉각 실험을 했다. 하지만 연극 무대 위에서 주인공이 때때로 대사보다 방백*을 통해서 자신의 생각을 훨씬 더 많이 관객에게 알려주는 것처럼, 니체도 자신의 생각이 과도기적인 것임을 독자들에게 암시한다. 우리는 학문의 정신을 통해 위험한 황야로 빠지지 않고 얼마나 멀리까지 갈 수 있을까? 이러한 근심스러운 질문이 몇 번 등장한다. 학문적인 호기심이 신선하고 활기차고 해방시키는 듯한 기분을 주는 것은 사실이다. 하지만 우리에게 익숙해진 진리가 주는 기쁨은 점차 작아진다. 학문이 점점 더 작은 기쁨을 주고, 동시에 우리에게 위로를 주는 형이

---

* 무대 위에서 배우가 청중만 들을 수 있다고 가정하고 하는 말 – 옮긴이

상학과 종교 그리고 예술을 의심하게 만듦으로써 더 많은 기쁨을 빼앗게 되면, 인류의 거의 전부가 혜택을 입고 있는 쾌감의 가장 큰 샘이 고갈되어버린다.(2, 209)

니체는 이러한 생각으로 무대를 다시 회전시키려고 한다. 예술의 형이상학적 마법과 디오니소스적이고 비극적인 세계 감정이 다시 '거의' 전면에 등장한다. 하지만 '거의'일 뿐이다. 니체는 무대를 끝까지 회전시키지 않는다. 그는 무대 회전을 잠시 멈추고 놀라운 타협안을 제시한다. 이러한 타협안은 문화에 대한 기술적인 접근이라는 객관성으로 인해 니체에게 기대하기 어려운 것이었다. 아마도 바로 이 때문에 이 타협안을 주목한 사람이 거의 없었다. 니체는 문화의 '두 개의 방' 이론을 주장한다. 조금 더 높은 문화는 인간에게 우선 학문을, 그 다음에는 비학문을 느낄 수 있는 두 개의 뇌실, 즉 이중 두뇌를 주지 않으면 안 된다. 그리고 그 두뇌는 혼란 없이 병행하고 분리할 수도 있고 폐쇄할 수도 있어야 한다. 이것은 건강상의 요구 사항이다. 한 영역에는 동력원이 있고 다른 영역에는 조절기가 있어서 환상, 편협, 정열로 가열되어야 하며 인식하는 학문의 도움으로 과열된 것의 나쁘고 위험한 결과들이 예방되어야 한다.(2, 209)

니체의 작품에서 이 두 개의 방 체제의 이론은 계속 번쩍거리며 나타나다가 결국 사라진다. 이는 니체 철학의 손실이었다. 그가 이 이론을 계속 주장했더라면, 아마도 그는 위대한 정치와 힘에의 의지에 관한 광적인 환상을 피할 수 있었을 것이다.

제 10 장

—

『아침놀』. 진리 혹은 사랑? 철학에 대한 회의. 현상학자 니체. 인식에 대한 흥미. 내면세계의 콜럼버스. 언어의 한계와 세계의 한계. 수를레이에서의 위대한 영감.

—

파울 도이센

『아침놀』. 진리 혹은 사랑? 철학에 대한 회의. 현상학자 니체. 인식에 대한 흥미. 내면세계의 콜럼버스. 언어의 한계와 세계의 한계. 수를레이에서의 위대한 영감.

NIETZSCHE

니체는 『인간적인 너무나 인간적인』에서 환상과 편파성과 열정으로 가열되어야 한다라고 말하면서 그것으로 그쳐서는 안 된다고 덧붙였다. 자기보존과 예술을 위해서 열을 식히는 학문이 있어야 하는데, 만일 그렇지 못하면 예술적으로 좋은 결실을 맺을 수 있는 특별한 이들이 너무 뜨거운 열기 때문에 나쁘고 위험한 결과(2, 209)를 초래할 수 있다는 것이다.

이러한 모델에서 학문은 균형을 맞추는 힘의 역할을 한다. 개인은 자신만의 관점을 갖고 살아가며 망상과 무지의 영향권 아래에 있다. 하지만 이러한 한계는 창조적인 삶의 과정에서 불가피하다. 이에 대해서는 예술가들이 매우 잘 알고 있다. 이들에게서는 집착과 강박관념이 행동의 원동력이기 때문이다. 하지만 예술가들은 냉정한 계산과 반성적인 형식 추구 의지 그리고 건설적인 지성을 통해서만이 자신들을 열광시키는 재료로부터 성공적인 작품을 만들 수 있다는 사실도 잘 안다. 이는 예술에 적용될 뿐만 아니라 문화 전반에도 적용된다. 치열하게 항상 자기주장만을 내세우는 열띤 삶의 과정은 학문을 통해서 냉각되어야 한다. 니체는 1877년에 쓴 유고에서 다음과 같이 말한다. 학문의 방법들은 세상 사람들에게 위대한 파토스의 부담을 덜어주고, 이러한 고양된 감정에 빠진 것이 얼마나 무모한지를 보여준다.(8, 428) 물론 학문도 나름대로의 관점에 매여 있긴 하지만, 이 관점을 초월할 수 있다. 학문은 시각을 넓혀주고 전체 속에서 자신의 입장을 상대화하는 데 도움을 준다. 이러한 일이 가능한 것은 학문이 절대 진리에 근접해 있기 때문은 아니다. 절대 진리야말로 자신을 절대화하고 어떤 타자도 허용하지 않는 매우 편파적인 열정이다. 하지만 학문은 방법론적인 거리두기이며, 바로 이 때문에 학문은 지식의 상대성에 대한 의식을 견지하게 한다. 열정은 전체를 겨냥하지만, 학문은 – 니체에 따르면 – 겸손함을 가르친다. 즉 우리가 파악할 수 있는 것은 결코 전체가 아니라 개별적인 것일 뿐이다. 그럼에도 불구하고 전체적인 인식에 대한 타는 목마름은 남아 있고, 위대한 진리에 대한 파토스를 포기하는 것은 어렵다. 진리에 대한 관심은 욕망을 적게 불러일으킬수록 멈추게 된다.(2, 209; MA)

열정을 식히는 것이 학문의 공로이긴 하지만, 그렇다고 정도가 지나쳐서는 안 된다. 왜냐하면 사회는 고삐 풀린 열정에 의해 위협당할 뿐만 아니라, 학문의 냉각 시스템에서 경직될 수도 있기 때문이다. 니체의 이러한 '이원화 시스템'은 두 가지 위협에 대한 처방인데, 그 하나는 고삐 풀린 열정이고 다른 하나는 허무주의적인 경직이다. 이러한 허무주의가 생겨나는 것은 새롭던 진리가 지루해지고 탈주술화Entzauberung의 주술Zauber이 익숙해짐에 따라 사라지기 때문이다. 그러므로 열정이 단순히 학문에 의해 냉각되는 것만으로는 충분치 않다. 역으로 우리는 지식에 대항해 삶의 독자성을 지키는 것이 언제 필요한지에 대한 감각도 지녀야 한다. 니체는 고급문화가 인간에게 우선 학문Wissenschaft을, 그 다음에 비학문Nicht-Wissenschaft을 받아들일 수 있는 두 개의 뇌실Hirnkammer을 주어야 한다고 말한다.(2, 209; MA) 이는 획일화된 삶은 있을 수 없으며 삶의 세계는 여러 세계로 이루어진다는 사실을 의식하는 처세술에 대한 옹호이다. 왜냐하면 학문과 비학문의 두 세계는 계속해서 각각의 학문 분야로 그리고 종교, 정치, 예술, 도덕 등과 같은 다양한 문화 영역으로 나누어지기 때문이다. 그런데 철학이 어디에 속하는지는 불확실하다. 철학은 학문일까 아니면 삶의 창조적이고 예술적인 표현 형식일까?

『인간적인 너무나 인간적인』과 『아침놀』을 쓸 무렵 니체는 전래의 철학을 엄격한 지식의 형식이라기보다는 상상력을 통한 유익한 작업으로 이해하는 경향을 보인다. 이러한 경향은 이제 달라진다. 독자적인 사유 노력은 정확성을 견지해야 한다고 생각한다. 이는 물론 실증주의적인 의미에서가 아니라 사유 가능성과 실천 가능성 사이의 관계를 성찰하려는 것이다. 이때 그는 지식의 영역을 뛰어넘으며 자기 투명성의 요구에 맞서 삶의 독자성을 강조한다. 이는 지식을 향한 의지가 옳지 못한 방법으로 권력을 잡는 것을 방해하려는 철학적인 성찰이다. 니체의 철학적인 사고는 학문의 자기 성찰이 된다. 즉 그것은 방법론에 대한 숙고일 뿐 아니라 지식과 삶의 세계 사이의 연관관계에 대한 성찰이기도 하다. 그러한 사고는 겸손하면서 동시에 겸손하지 못하다. 겸손한 이유는 지식의 원칙적인 한계와 상대성을 일깨워주기 때문이고, 겸손하지 못한 이유는 학문적인 이성의 제어되지 않는 자체 논리성에 대항해 삶의 처세술을 끌어들이기 때문이다. 인식은 고유한 동력을 지니고 있다. 인식은 열정을 냉각시키긴 하지만 스스로 새로운 열정으로 변하기도 하는데, 이 새로운 열정은 어떠한 희생도 두려워하지 않으며 자기 자신의 소멸 이외에는 아무것도 근본적으로 두려워하지 않는다.(3, 264: M) 이러한 인식의 열정은 고통을 수반할 수 있는데, 예를 들면 우정과 친밀한 모임을 파괴할 수 있다. 인식은 희생을 요구한다. 희생을 감수할 각오가 되어 있는가, 희생의 가치가 있는가, 그렇다면 그 대가는 과연 무엇일까?

이러한 문제에 대해 니체는 『아침놀』을 쓸 때 숙고한다. 이 시기는

1880년 여름으로 요양차 마리엔바트에 머물면서 바그너와의 가슴 아픈 결별을 기억에 되살린다. 그는 바그너를 존경했고 좋아했으며 자신도 바그너로부터 사랑받고 존중받는다고 느낄 수 있었다. 그를 창조적으로 만든 것은 바로 이러한 친밀감과 우정이었다. 그런데 왜 이 모든 것이 깨지고 말았는가? 1880년 8월 20일, 그는 카를스바트에서 며칠이나 매번 바그너에 대한 꿈을 꾸고 나서 페터 가스트에게 다음과 같이 쓴다. 모든 것이 끝났네. 여러 부분에서 내가 옳다는 것이 무슨 소용이 있을까! 그런다고 이미 잃어버린 호의가 기억에서 지워지기나 할까!(B 6, 36) 바그너에 대해 자신이 옳다는 것은 우리가 알다시피 그가 바그너의 예술 형이상학과 숭고함의 과시 그리고 구원 파토스에 대해 비판한 일을 의미한다. 하지만 이렇게 자신의 입장이 옳다고 주장하는 것은 사랑의 손실을 대신할 수 있을까?

니체는 마리엔바트에서 보낸 이 여름에 바그너의 한 추종자와 대화를 나누면서 자신과 바그너가 좋은 관계를 유지했던 시절을 지속적으로 상기하게 되며, 자신의 철학이 실제 삶에서 어떤 가치를 지닐지에 대해 회의하기 시작한다. 자신의 철학이 잃어버린 사랑을 보상해줄까? 진리를 위해서 사랑을 포기해야 하는 것일까? 다른 면에서는 자신이 높게 평가하는 사람을 단지 몇 가지 생각의 차이 때문에 모욕하는 것이 과연 잘한 일일까? 이렇게 한쪽 편을 들어야 하는 것일까? 물러서거나 차이를 내버려 두는 것은 배신 행위일까? 자신에 대한 믿음은 단호한 배척을 초래할 수밖에 없단 말인가? 자기주장에는 지켜야 할 순수령Reinheitsgebot이 있단 말인가? 이러한 문제들과 씨름하면서 니체는 이미 위에서 인용한 편지에 다음과 같이 쓴다. 낯선 사람들과 호의적인 대화를 나눈 지 한 시간이 지난 지금까지도 나의 철학 전체가 흔들리고 있다네. 사랑을 포기하면서 옳은 것을 주장하는 것이 바보처럼 보이네.(B 6, 37)

실제로 니체는 마리엔바트에서 요양한 후 몇 주 동안『아침놀』의 작업을 중단한다. 그는 10월 20일 페터 가스트에게 다음과 같이 고백한다. 지난 8월에 보낸 편지 이후에 (…) 펜을 놓았네. 내 상태는 아직도 불쾌하고 인내심을 필요로 하네.(B 6, 40) 니체는 제노바에서 다시 작업할 힘을 회복했을 때『아침놀』에서 고도로 정신적인 사람들에게서 나타나는 오류 가능성에 대해 다음과 같이 쓴다. 천재성이 우리 안에 있는 한 우리는 대담하고, 정말이지 미친 듯이 활동하며, 목숨과 건강과 명예에 신경 쓰지 않는다. 우리는 낮에는 독수리보다 더 자유롭게 날아다니고 어둠 속에서는 부엉이보다 더 안전하게 느낀다. 그러나 갑자기 천재성이 우리에게서 떠나버리면 깊은 공포가 우리를 덮친다. 우리는 우리 자신을 더 이상 이해하지 못하게 되며 우리가 체험했던 모든 것 때문에 괴로워하고, 체험하지 못했던 모든 것 때문에도 괴로워한다. (…) 우리는 부스럭거리는 소리와 그림자를 두려워하는 불쌍한 아이들과 같아지는 것이다.(3, 307) 아이들은 보호가 필요하며 상처받기 쉽고 사랑이 필요하다. 아이들은 아직 진리를 한껏 외치는 영웅주의를 모른다.『아침놀』의 이러한 아포리즘에는 1880년 여름 의기소침해 있던 시기에 날개가 마비된 독수리의 근심이 담겨 있다.

니체는 용기를 낸다. 진리의 가치에 대해서 회의했던 건 불쌍한 아이가 취하는 태도일 뿐이다. 사랑이 필요한 취약한 상태를 파고드는 도전에 맞서야 한다. 만일 진리가 사랑의 힘 앞에서 약해지면 우리는 진리에 대한 의지를 열정으로 변화시켜야 한다. 이러한 의미로 니체는《아침놀》에서 다음과 같이 쓴다. 진리는 힘을 필요로 한다. ─진리 그 자체는 힘이 아니다. (…) 진리는 오히려 힘을 자기편으로 끌어들여야 한다.(3, 306) 여기에서 말하는 힘은 국가 권력이나 여타의 정치 권력 또는 사회 권력이 아니라 바로 생명력이다. 문제는 인식에의 충동이 다른 동기와 힘겨루기를 할 만큼 충분히 '강력한가'의 여부이고, 인식과 '진리'를 적어도 나중에라도 충동과 연결시켜 삶에서 힘을 발휘하게 하는지의 여부이다. 1880년 여름 이후 니체는 이러한 연관관계에 몰두하면서 일체화라는 개념을 생각해낸다. 이 개념은 1881년 8월의 메모장에서 처음 등장하는데, 당시 니체는 질스마리아에 있는 수를레이 바위에서 영감을 받아 영원회귀 사상을 떠올렸다. 니체는 다음과 같이 쓴다. 충동을 모든 인식의 토대로 여긴다. 하지만 이 충동이 인식의 적이 되는 경우도 있다는 것을 안다. 요컨대 지식과 진리가 얼마나 일체화될 수 있는지 기다려본다.(9, 495)

1875년경에 이르러 니체는 환상이 비록 삶에 유용할지라도 환상 자체를 꿰뚫어본 이상, 이 환상을 계속 고수할 수는 없다는 것을 깨달았고, 위안을 주는 어떠한 믿음도 매일 떨쳐버리기만을 바라는 자유로운 정신을 표방했다.(B 5, 185; 1876년 9월 22일) 이제 니체에게는 삶을 위해서 입 밖에 내어선 안 되는 '금지된' 진리는 더 이상 없다. 그가 이러한 진리 다이어트를 중단한 것은 새로운 인식 영웅주의 때문이기도 하고, 자신을 잘 알지 못하며 자신의 내면 속으로 깊숙이 파고들지 못한다는 의식이 점점 더 분명해졌기 때문이기도 하다. 이러한 무지 상태에서 우리가 무엇을 바탕으로 살아가고 이러한 삶에서 무엇을 기대할 수 있는지를 어떻게 알고 판단할 것인가. 삶의 유용성을 거론하는 것은 삶에 대해서 그리고 삶에 필요하고 도움이 되는 것에 대해서 알고 있다는 것을 전제한다. 하지만 사실은 그렇지 않다. 우리는 사물의 외면세계가 우리에게 보이는 것과 같지 않다는 사실을 알기 위해서 많은 노력을 기울였다. 그런데 보자! 내면세계의 경우도 이와 마찬가지이다!(3, 109; M)

니체는 1880/81년 겨울 『아침놀』의 집필을 제노바에서 끝냈는데, 이곳은 콜럼버스의 고향이었다. 그는 자신이 인간 내면세계의 미지의 땅을 탐구한 것을 콜럼버스의 항해에 비유했다. 콜럼버스에게 배와 항해술이 있었다면 니체에게는 능숙한 언어 구사력이 있다. 하지만 이러한 언어 구사력도 엄청난 내면세계를 표현하기에는 충분치 않다. 언어의 한계는 현실의 한계를 의미한다. 우리는 몸과 마음에서 일어나는 현상을 표현하는 최상급과 극단적인 언어만 지니고 있을 뿐이고 우리에게 표현할 언어가 없을 경우에는 더 이상 정확하게 관찰하지 못한다. 우리의 의식에서는 언어의 세계가 끝날 때는 존재의 세계도 끝나는 것이다. 분노, 증오, 사랑, 동정, 욕망, 인식, 기쁨, 고통 – 이들은 최상급의 내면 상태를 나타내는 것이어서 언어로 표현될 수 있고 또 이 때문에 문화권에서 주목을 받고 소통된다. 하지만 이들보다 정도가 약한 중간급과 심지어 지속적으로 일어나는 더 낮은 급의 현상들은 우리의 시야에서 벗어난다. 바로 이것들이 우리의 성격과 운명을 결정하는데도 말이다.(3, 107; M)

　여기서 우리는 무의식을 의식의 지하실과 같은 이미지로 묘사하는 프로이트의 이론을 끌어들여서는 안 된다. 니체는 이런 방식으로 사유하지 않는다. 니체는 이름 붙일 수 없고 이해되지 않는 것(이해할 수 없는 것도 이에 해당될 것이다.)을 오히려 음악적으로, 즉 자신이 내는 소리는 들리지 않지만 연주에 고유한 색채를 부여하며 함께 울려 퍼지는 음으로 생각한다. 니체는 수많은 무의식적인 충동들 중에서 극히 소수만이 우리의 의식 속으로 들어온다는 자신의 지적이 커다란 연구 프로그램을 형성할 것임을 알았다. 니체가 직접 이름을 언급하지는 않았지만, 이 연구 프로그램은 사실상 현상학적인 프로그램이다. 니체는 강한 주의력과 유연한 언어력을 통해 뒤섞여 함께 울려 퍼지는 충동과 표상들을 마치 확대경으로 들여다보는 것처럼 살펴보려고 한다. 여기서 중요한 것은 설명이나 구성이 아니라 재현과 직관이다. 이러한 시도의 전제 조건은 무의식적인 것도 원칙적으로 의식화할 수 있다는 것이다.

　니체는 생리학, 지각, 의식을 연속체로 파악한다. 주의력은 일종의 탐조등으로서 삶의 변화무쌍한 양태들을 조명해 우리가 볼 수 있고 생각할 수 있는 영역으로 끌어들인다. 탐조등은 이동하면서 어떤 곳은 밝게 비추고, 또 다른 곳은 무의식의 어둠 속으로 가라앉힌다. 하지만 이 어둠은 부재를 의미하는 것이 아니라 활동하는 존재들이 눈에 띄지 않는 영역으로 사라진 상태를 의미할 뿐이다.

이는 현상학적인 프로그램이다. 왜냐하면 이 프로그램은 드러나는 것만을 인식할 수 있다는 원칙을 표방하고 있기 때문이다. 따라서 관건은 주의력을 (그리고 언어를) 강화해서 가능한 한 많은 것들이 드러나도록 하는 것이다. 의식에 주어진 모든 것은 현상^{Phänomen}이고, 의식 탐구는 엄밀한 자기분석을 통해 의식 현상의 내적 질서를 관찰한다. 이런 연구는 해석하거나 설명하는 대신, 현상들이 어떻게 생겨나고 무엇을 나타내는지를 서술하고자 한다. 이처럼 의식 과정 자체에 주목하게 되면, 본질과 현상을 구분하는 이원론은 단번에 사라진다. 조금 더 정확하게 말하면, 우리는 바로 이러한 이원론적 구분이야말로 의식이 행하는 조작의 일부라는 점을 깨닫게 되는 것이다. 의식은 자신이 지각 과정에서 놓치는 것이 무엇인지를 특이한 방식으로 인지한다. 그리고 현상은 의식에 들어오는 모든 것이므로, 이런 보이지 않는 것도 역시 의식의 한 현상이다. 본질은 현상의 배후에 숨어 있는 것이 아니다. 내가 본질을 사유하는 한, 혹은 내가 본질을 알아차리지 못한다고 사유하는 한, 본질 자체도 현상이다. 칸트의 '물자체'도, 즉 니체가 이제 대놓고 조롱하는 단적으로 나타나지 않는 것^{Nicht-Erscheinende}을 가리키는 이 비개념^{Unbegriff}도 사유된 것으로서 하나의 현상에 불과하다.

니체는 외면 세계의 실재성에 대한 부자연스러운 유아론^{唯我論}적 의심을 다시금 소생시키려는 것이 아니었다. 정반대이다. 오히려 그는 내부 세계를 단지 현상으로 주어진 일종의 내적인 외면 세계로 이해한다. 따라서 엄청난 의식 대상이 저 외부에만 있는 것이 아니라 이쪽 내부에도 있다는 것이다. 의식 자체는 내부에 있는 것도 아니고 외부에 있는 것도 아니며 그 사이에 위치한다. 의식은 대상이 되는 존재 곁에 있다. 저 외부에 있는 나무에 대한 의식, 즉 나무를 대상으로 하는 의식이 있다면 의식은 '저 외부'에 있는 것이다. 그리고 만약 고통이나 소망에 대한 의식이 있다면, 의식은 고통과 소망이 생기는 저 내부에 있게 된다. 니체는 우리가 의식이라고 말하는 모든 것은 알지 못하는 텍스트, 알 수 없더라도 감지할 수는 있는 텍스트에 대한 다소 환상적인 주석이라는 점을 깨닫고 경각심과 주의력을 강화하려고 한다.(3, 113; M)

그런데 의식이란 무엇인가? 그것은 아무것도 비추지 않는 거울이 아니다. 그것은 채워야 할 빈 용기도 아니다. 의식은 의식 대상이 되는 존재로 채워진다. 의식은 스스로를 의식하는 존재이다. 이 때문에 의식은 존재 전체는 아니지만, 그렇다고 존재보다 작지도 않다. 의식은 존재와 분리되지 않는다. 하지만 의식은 잠이 들 때마다 의식하는 존재에서 의식 없는 존재로 바뀌는 신비를 경험한다. 의식은 이러한 엄청난 경계를 알고 있다. 의식은 자신의 빈 곳을 '대상물'로 채우는 것이 아니라 항상 무엇인가와 연관된다. 의식은 이러한 연관성 그 자체이며 이 연관성의 자아이다. 의식은 '내부'를 갖지 않는다. 의식은 자기 자신의 '외부'이다. 의식으로 충분히 깊게 파고들다 보면 우리는 돌연 다시금 바깥 사물들과 함께 있게 된다. 우리가 사실상 바깥 사물들로 내던져지는 것이다. 니체는 이러한 의식의 행위를 배고픔(3, 112; M) 때문에 생겨난 것으로 묘사한다. 니체는 자신의 의식을 분석함으로써 현상학자들보다 먼저 현상학적인 연구를 한 셈인데, 현상학자들은 이러한 맥락에서 '지향Intention' 혹은 '의식의 지향적인 구조'라는 용어를 사용한다.

의식 과정의 상이한 종류와 지향의 상이한 종류는 서로 대응한다. 거리를 취하는 인식 지향에서 어떤 것을 파악하려는 태도는 지향적 의식의 가능한 형식들 중 하나에 불과하다. 흔히 우리는 의식 현상 전체를 이런 지향과 동일시하지만, 이는 잘못된 것이며 그 밖에도 많은 다른 지향이 있다. 즉 '어떤 것에 향하는Gerichtet-Sein auf etwas' 형식은 다양한 것이다. 그리고 어떤 대상은 이른바 '중립적'으로 파악된 연후에 추가적으로 '의욕'되거나 '기피'되거나 '애호'되거나 '갈망'되거나 '평가'되는 것이 결코 아니다. 의욕이나 평가, 애호 등은 각기 아주 고유한 방식으로 대상과 연관되며, 이런 행위에서 '대상'은 그때그때 완전히 다르게 주어진다. 내가 어떤 대상을 포착할 때 호기심을 품느냐, 희망을 갖느냐, 불안해하느냐, 실천적 의도를 갖느냐, 아니면 이론적 의도를 갖느냐에 따라 똑같은 대상이 의식에 대해서 완전히 다른 무엇이 된다. 니체는 세계 경험의 특별한 톤, 색조, 분위기 등의 섬세한 차이를 파악하는 대가였다. 그리고 잘 알려진 바와 같이 그가 자신의 고통을 자신의 철학을 위한 도전으로 받아들였기 때문에 우리는 그의 저서들에서 고통과 연관된 세계 경험의 다양하고 인상적인 묘사를 볼 수 있다. 현상학적으로 말하면, 이러한 묘사들은 지향적인 세계 구성의 본보기 분석이다. 니체는 단순한 표현이나 자기표현에 만족하지 않는다. 그는 자신의 경험을 본보기로 삼아 다음과 같은 질문을 검토한다. 고통받는 의식을 만드는 이 세계는 어떤 종류의 세계일까? 심하게 고통받는 사람은 섬뜩할 정도로 추운 자신의 상태에서 사물들을 내다본다. 이 사물들은 건강한 사람이 볼 때는 온갖 허위적인 작은 매력을 발산하지만, 심하게 고통받는 사람에게는 이러한 매력이 사라진다. 게다가 이 사람 자신도 초라한 몰골로 누워 있다. 그가 지금까지 위험한 환상 속에서 살아왔다고 가정해보자. 고통을 통해 이렇게 최고의 냉정함을 회복하는 것은 그를 환상에서 벗어나게 하는 수단이다. 그것은 아마도 유일한 수단일 것이다. (…) 고통에 저항하려는 지성의 엄청난 긴장은 그가 보는 모든 것이 새롭게 빛나도록 만든다. 그리고 이 모든 새로운 빛이 주는 형언할 수 없는 자극은 자살하고 싶은 유혹을 저지할 수 있을 정도로 충분히 강력하다. (…) 그는 건강한 사람이 거리낌 없이 거니는 저 안개에 둘러싸인 편안하고 따뜻한 세계를 경멸한다.(3, 105; M)

우리의 의식이 얼마나 미묘하고 다채롭게 작업하는지, 그리고 의식으로 하여금 자신의 작업 자체를 '의식하게' 만들려 하는 기획이란 얼마나 소박하고 조야한 것인지를 보여준 것이야말로 니체의 위대한 공적이다. 흔히 이러한 의식의 작업에서는 어떤 주관적인 내부 공간과 객관적인 외부 공간이 대조된 후 이런 물음이 제기된다. 그처럼 인위적으로 분리된 것이 어떻게 서로 결합되는가? 또 세계는 어떻게 주관에 들어오고 주관은 어떻게 세계에 이르는가? 니체에 따르면 우리의 지각과 사유는 우리가 보통 생각하는 것과는 다르게 움직인다. 그리고 우리의 지각과 사유는 자기 망각적 행위로 이뤄진 의식의 흐름 속에 포함된 불연속적인 해명 과정이다. 2차적인 성찰, 즉 의식의 의식이 비로소 세계를 '자아-주체'와 '객체-세계'로 분리한다. 하지만 의식이 거의 인지하지 못하는 연속적인 삶의 과정은 이러한 경계를 항상 뛰어넘는다. 니체의 철학은 우리가 몸과 삶을 통해서 이미 연루된 더 섬세하고 경계를 뛰어넘는 경험을 위해 의식의 문을 열려는 시도이다. 니체의 서술은 문을 열어젖히고 사실상 - 그가 예감했듯이 - 광대한 영역을 보여준다. 의식의 세계, 의식된 존재의 세계가 바로 그것이다. 의식의 세계는 그 자체로 다양성과 자발성을 지닌 세계이다. 그렇기에 이 세계의 충실한 서술은 체계와 법칙 인식을 지향하는 학문적 구상과 충돌을 일으킬 수밖에 없다. 따라서 니체의 저작들은 그 자체가 - 그의 방대한 유고까지 포함해 - 결국 그가 서술하려고 한 의식의 흐름을 표현한 것이다. 니체는 어느 특정한 시점부터 체계에 접근하려고도 했다. 그럼에도 불구하고 그는 열정적인 일원론자였다. 그에 따르면 세계는 오직 개별자로만 이루어졌고 그 스스로도 이 개별자들 중의 하나라고 생각했다. 마찬가지로 그에게는 원래 역사는 없고 모든 것은 순간이고 사건들뿐이었다. 이때문에 깨어 있는 의식은 결코 끝이나 종착점에 도달할 수 없다. 모든 종합Synthese은 다시 개별자들로 나누어진다. 오직 개별자들만 있을 뿐이고, 이러한 개별자들이 모든 것이지만 그렇다고 이 개별자들이 전체를 구성하는 것은 아니다. 전체는 어떤 것이든 모든 개별자들을 아우를 수 없다. 하지만 전체에의 의지, 즉 종합에의 의지는 단순히 철학적 구성의 지에서 파생된 것으로 볼 수는 없다. 이 사실을 니체는 인식의 충동을 깊이 파고들수록 점점 더 분명하게 깨닫는다.

니체는 초기에 쓴 「비도덕적 의미에서의 진리와 거짓에 관하여」에 나타나는 천재적인 직관을 거듭 되새긴다. 이 글에서 그는 실제 삶에서는 인식의 축소와 단순화가 필요하다고 말한다. 통찰력 있는 인식은 무엇보다도 창의적이고 생산적이어야 하며 결코 모방하는 것으로 이해되거나 오해되어서는 안 된다. 인식은 미메시스Mimesis라기보다는 포이에시스Poiesis이다.* 이제 니체는 「비도덕적 의미에서의 진리와 거짓에 관하여」를 쓸 때보다 더 정력적이고 섬세하게 이러한 사유를 펼친다. 특히 그는 이러한 사유를 외면 세계의 현상성Phänomenalität뿐만 아니라, 내부 세계의 현상성에도 적용한다. 니체는 이런 사유의 실마리를 끝까지 놓지 않는다. 1888년 겨울, 발작을 일으키기 1년 전에 그는 다음과 같이 쓴다. 나는 현상성Phänomenalität을 내면 세계에서도 확인한다. 우리에게 의식되는 모든 것은 철두철미하게 먼저 조정되고 단순화되고 도식화되며 해석된다.(13, 53) 현상성이 의미하는 것은 다음과 같다. 우리가 '가진' 내면 세

---

* 미메시스는 모방 또는 재현을 뜻하고, 포이에시스는 제작 또는 생산기술 활동 및 예술 활동을 뜻한다. – 옮긴이

계도 존재와 현상이 일치하지 않는다. 의식으로 들어오는 현상은 언제나 어떤 무엇의 현상이다. 하지만 이 무엇은 현상과 동일하지 않다. 비록 '내적인' 경험의 현상일지라도 마찬가지이다. 자기지각의 내적인 무대에 나타나는 자아는 자기존재가 펼치는 거대한 연극의 등장인물인데, 이때 자기존재는 직접 나타날 수 없지만 모든 현상을 가능하게 한다.

니체의 성찰은 전통적인 철학이 말하는 '개인은 말로 표현할 수 없다 _{individuum est ineffabile}'라는 명제까지 나아간다. 개인에 대해 말할 수 없는 이유는 개인이 비밀에 싸여 있기 때문이고, 살아 있는 충만한 존재, 혹은 충만함이 넘치는 존재이기 때문이며, 낭비해서는 안 되는 내적 풍요로움이기 때문이다. 여기서 중요한 것은 이러한 비밀과 풍요로움이 아니라 구조적인 문제이다. 즉 자기존재의 의식도 항상 의식으로 남을 뿐이며 존재와 하나가 되지 않는다. 존재와 의식이 하나가 되는 지점은 결코 없다. 그렇지만 자기 자신을 주목하는 자기의식은 이러한 일치를 표상하고 소망할 수 있는―더 정확하게 말하면, 표상하기보다는 소망할 수 있는―지점에 근접한다. 이러한 경험에서 신에 대한 사유가 생기는 것이며, 이 사유 역시 전체가 말할 수 없는 충만함 속에서 안정을 찾고, 존재와 의식이 더할 나위 없이 밝은 분위기에서 하나가 되는 지점을 추구한다.

의심할 여지없이 이것은 머리와 가슴의 방종이다. 하지만 이런 방종은 용서받을 수 있다. 의식은 계속해서 자신의 축을 중심으로 도는데, 왜 머리와 가슴이라고 해서 그렇게 하나가 되는 지점, 즉 '즉자대자 _{An-und-für-sich}'를 독자적으로 찾지 못한다는 말인가? 자유로운 정신은 이러한 방종을 금지하지 않는다. 니체는 이러한 금지를 옹호한다는 의심을 피하고자 한다. 그는 방종과 축제, 그리고 광란에 대해 아무런 이의를 제기하지 않고, 사유가 분에 넘칠 때도 마찬가지이다. 그가 존재와 의식의 차이를 강하게 고집하는 것은 냉철한 계몽을 위해서가 아니라 존재의 비밀스러운 성격을 유지하기 위해서이다. '개인은 말로 표현할 수 없다'라는 명제가 니체에게 의미하는 바는 개인 안에서도 엄청난 것을 발견할 수 있다는 것이다. 하지만 누가 이 엄청난 것을 사랑한다는 말인가? 오히려 사람들은 이 엄청난 것을 회피하고, 잘 알고 친숙한 것으로 도피한다. 따라서 대부분의 사람들은 자기 자신의 엄청난 면으로부터 보호해줄 자아의 환영을 서둘러 찾아 나선다. 이 환영은 어디에서 찾는가? 바로 타인들이다. 자아의 환영은 타인들의 머리에서 형성되어 전해진 것이다. 타인들이 나에 대해서 판단한 것이나 타인들이 판단했다고 내가 생각하는 것 그리고 세상 사람들에게나 스스로에게 특정한 이미지를 심어주기 위해 내가 직접 행한 것 – 이러한 인상들과 행위들을 통해 어떤 사람은 항상 다른 사람의 머릿속에, 이 머리는 다시 다른 머리들 속에(3, 93; M) 들어가는 상황이 생기게 된다.

현실은 얼마나 실제적일까? 이러한 기묘한 환영의 세계에서는 모든 것이 실제적이다. 하지만 그 현실은 집단적 자기 회피에 의해 고삐가 풀린 폭력이 만들어낸 것이다. 여기서 니체의 목표는 문화 비판이 아니다. 자기 회피의 연극은 우선적으로 인류학에서, 그 다음에는 문화사에서 나온 결과물이다. 마르틴 하이데거 Martin Heidegger는 '개인은 말로 표현할 수 없다'는 명제에 따르는 자기 회피의 구조에 대해 다음과 같이 말한다. 모두가 타인이며 어느 누구도 그 자신이 아니다 Jeder ist der Andere und Keiner er selbst.(하이데거, 128) 고유한 개별성이라는 것은 물방울이 닿기 전에 수증기로 변화시키는 뜨거운 열판과 같다. 개별성이라는 뜨거운 특이점을 넘어 증발하는 것은 '인간'과 '인류'와 같은 일상적이거나 숭고한 개념들이다. 이들은 순전히 허구이지만 사회생활의 무대에서 펼쳐지는 연극을 주관할 만큼 충분히 강력하다. 누구나 보편적인 현실에 연루되어 있지만, 자신의 현실을 표현하는 언어는 가지고 있지 않다. 우리는 행위를 하지만 자신의 내면에서 행위를 하는 것이 무엇인지 인식하지 못한다. 우리는 말을 하지만, 우리 내면은 침묵한다. 인간 네트워크의 상호관계는 이성적으로 파악 가능하다. 우리는 점들이 어떻게 서로 연결되는지는 이해할 수 있지만 각각의 점에 대해서는 알지 못한다. 우리는 일자ᅳ者: the one가 타자와 어떤 연관관계를 맺고 있는지는 파악할 수 있지만, 어떤 것이 실제로 무엇인지는 파악하지 못한다. 우리는 사물들 사이의 관계나 사람들 사이의 관계에서 사물이나 사람의 본질을 추론하는 정보를 얻는다. 하지만 '개인은 말로 표현할 수 없다'는 명제가 의미하는 것은 개인은 파악 불가능하다는 점에 주의를 기울여야 한다는 사실이다. 바로 여기에, 즉 타자와의 관계를 통해서도 파악되지 않는 개별자에 진정한 비밀이 숨어 있다. 플라톤 시대 이후 모든 종류의 신비주의에서 나타나는 특징은 신비주의가 개별자의 비합리성을 다른 관계와 분야에 적용한다는 것이다. 이러한 다른 분야는 추상적인 보편 개념인 민족 정서, 국가, 계급, 객관적 정신, 역사의 법칙, 신 그리고 여타의 진리와 망상을 표상하는 이미지들인데, 이 속에서 사람들은—하이데거가 말하는 '세인man'도 여기에 포함된다.—자기 자신에서 벗어나기 위해 말로 표현할 수 없는 상태로부터 도피해 사라지고 싶어 한다.

『아침놀』은 이러한 인간의 미지의 영역을 탐구하는데, 니체는 각기 다양한 출발점에서 시작한다. 니체는 나로부터 자신에게로, 나로부터 너로, 우리로, 당신들로 나아가는 뒤엉킨 미로를 거치며 현상학적 연구의 거대한 분야를 펼쳐 보인다. 니체는 개인은 말로 표현할 수 없다는 명제와 자기 회피에 대해 『즐거운 학문』에서—이 책은 원래 『아침놀』의 속편으로 계획되었다.—더할 나위 없이 인상적으로 서술하고 있다.

354번째 아포리즘은 빠른 속도와 유례를 찾아볼 수 없을 정도로 치밀하게 사유를 전개하는데, 몇 권의 책을 만들 수 있을 정도로 내용이 풍부하다. 니체에 따르면, 의식의 문제는 우리가 대부분의 삶의 과정이 어느 정도로 의식 없이 지낼 수 있는지를 파악하기 시작할 때 비로소 우리 앞에 모습을 드러낸다. 식물이나 동물의 활동 그리고 생리학적인 과정을 살펴보면 이러한 의식의 부재는 자명하게 받아들여진다. 하지만 '더 지적인' 행위인 욕망, 기억 그리고 심지어는 사고까지도 거울에 비추어보는 것 같은 자기반성 없이도 가능할 수 있다. 이러한 행위들은 원래 의미하는 바를 실행하기 위해 '의식 속으로 들어갈' 필요는 없다. 심지어 의식도 의식 속으로 들어갈 필요가 없다. 이러한 의식의 의식화, 즉 자기 이중화는 구조적으로 반드시 필요한 것은 아니다. 요컨대 삶 전체는 거울에 비치는 자신의 모습을 보지 않고도 얼마든지 가능할 것이다. 실제로 오늘날에도 우리 삶의 대부분이 이러한 반영과 상관없이 이루어지고 있다.(3, 590: FW) 하지만 의식이 대체로 불필요한 것이라면 도대체 무엇 때문에 존재할까? 니체는 의식이 중간 영역에 속한다고 대답한다. 인간 네트워크는 전달의 체계이고, 의식은 개인을 이러한 전달 구조에 편입시킴으로써 장악한다. 의식은 원래 인간과 인간 사이의 연결망에 불과하다.(3, 591) 이러한 연결망에서 언어는 전달 기호로 기능한다. 물론 언어 외에 시선, 몸짓, 조형물, 상징적인 우주 전체 등과 같은 다른 전달 기호도 존재하며 이를 통해 전달이 이루어진다. 이를 통해 니체는 다음과 같은 결론을 내린다. 의식은 원래 인간의 개별적 실존에 속하는 것이 아니라 인간에 내재한 공동체와 무리의 본성에 속하는 것이다. 개별자는 이러한 공동체 의식을 통해서는 자신의 특징을 결코 '이해할' 수 없다. 의식은 그러한 일을 하기 위해 존재하는 것이 아니다. 의식은 순환 현상이지 자기이해를 위한 매체는 아닌 것이다. 따라서 자기이해를 위해 의식을 이용할 때 실패하는 것에 대해서 놀랄 필요는 없다. 말로 표현할 수 없는 존재인 개별자는 사회화의 언어망과 의식망에서 탈락한다. 따라서 니체는 우리가 자신을 이해하려고 시도해도 우리의 의식에 들어오는 것은 항상 비개별적인 것, 평균적인 것뿐(3, 592)이라고 말한다.

여기서 니체는 신神의 말할 수 없는 절대적인 단수성을 개별자에게 적용함으로써 또다시 자신이 유명론자임을 드러낸다. (6장 참조) 한때 신이 그랬듯이 개별자도 무궁무진하고 말로 표현할 수 없다. 유명론에 따르면, 개별자는 "하이케이타스Haecceitas", 즉 "지금 여기 이것Dies-da-jetzt"이다. 개별자는 시간과 공간의 특정 지점에서 일회적인 무엇인 것이다. 한때 신에게 붙여졌던 찬사인 '불가사의하며 경외로운 존재'가 이제 개별자, 즉 개인의 구체적인 현실이 된다. 우리의 의식은 신을 파악하지 못하며, 마찬가지로 개별자도 제대로 파악하지 못한다. 숭고한 것, 심연과 같아 헤아릴 수 없는 것, 비밀스러운 것은 아주 가깝고도 먼 것이다. 양방향으로의 초월이 있는데, 확고한 기반은 오직 사회화된 의식이라는 중간 지대에 있다. 이 때문에 우리는 니체가 사실상의 현상주의와 관점주의라고 말하는 것을 이해할 필요가 있다. 우리가 의식하는 세계는 피상적 세계, 기호의 세계, 일반화되고 세속화된 세계일 뿐이다. 따라서 의식되는 모든 것은 평범하고 피상적이며, 깊이가 없고 상대적으로 어리석으며, 일반적이고 기호이자 무리의 표식이 된다.(3, 593)

하지만 우리는 니체가 자신의 현상주의와 의식의 의사 전달 성격에 대한 언급을 통해 언어가 필요 없는 신비적 합일 상태Unio mystica로 회귀하려 한다고 생각해서는 안 된다. 그렇다면 그것은 낭만적인 도피일 것이다. 우리는 언어의 세계와 의식의 세계를 벗어날 수 없다. 또 말로 표현할 수 없는 것은 언어 세계의 그림자일 뿐이다. 우리는 언어의 통제를 벗어나는 것을 이른바 언어의 가상 통증Phantomschmerz der Sprache 으로 느낀다. 자신의 한계를 알고 있는 언어는 자신을 확장시킨다. 언어는 확장 되며 자신의 존재 결핍을 보완함으로써 점점 더 풍부해진다. 니체에 따르면 그 사이에 의사 전달의 힘과 기술이 축적되어 이제 후손들이 이 능력을 낭비할 수도 있게 되었다.(3. 591) 우리의 후손들은 문제의 본질을 꿰뚫지 못한다. 문제의 본질은 언어와 의식을 통해서는 완전히 꿰뚫을 수 없기 때문이다. 하지만 이렇게 의사 전달된 '두 번째' 세계는 나름대로 풍부하다. 언어와 의식의 유희는 무궁무진하며, '참되지' 않다고 할지라도 '이차적 행위'를 통해서 '참되게' 만들 수 있는 힘을 가지고 있다. 언어와 의식의 중간 세계는 결국 우리가 살고 행위하고 존재하는 세계이기도 하다.

물론 니체도 잘 알려진 어려움과 맞서 싸워야 했다. 즉 풍부한 의식 세계를 묘사하려는 자는 이미 방법론적인 이유에서 의식세계를 본래의 영역에서 생겨나게 하거나 아니면 확고한 지점에서 전개할 유혹에 빠진다. 니체처럼 자연주의적 환원과 심리학적 환원을 피하고자 하면서 신적인 관점도 거부하는 자는 풍부한 의식세계를 - 파괴하지 않고 - 투명하게 만들 가능성을 찾아야 하고, 일반적으로 통용되는 진부한 말보다 더 많은 것을 표현하는 언어를 발전시켜야 하며, 사회화된 의사 전달의 중간 지대를 떠나야 한다. 이런 자질을 가진 자가 시인이 되는 것이다. 시는 플라톤 시대 이래로 철학자들의 은밀한 또는 섬뜩한 예감이자 유혹이다.

시에 대한 친밀감은 니체의 천부적 소질이었다. 니체는 현상학자의 입장에서, 우리가 사유할 때 실제로 어떻게 그리고 어떤 과정을 거쳐 느끼는지를 묻는다. 그리고 니체는 시인의 입장에서, 이러한 함축, 뉘앙스, 섬세함, 심오함을 표현하려고 한다. 그 결과가 『아침놀』에 나오는 다음과 같은 멋진 글이다. 이 철학 전체는 온갖 우회로를 거쳐 어디로 가려 하는가? 철학 전체는 지속적이고 강한 충동을 이성으로 번역하는 것 이상의 일을 하는가? 이러한 충동이란 온화한 태양, 밝고 생동하는 대기, 남방의 식물, 바다의 숨결, 고기와 계란과 과일로 이루어진 가벼운 식사, 뜨거운 음료수, 며칠 동안 이어지는 조용한 산책, 적은 말수, 드물지만 신중한 독서, 홀로 지내기, 청결하고 단순하며 거의 군인 같은 생활 습관, 요컨대 내 입맛에 가장 맞고 내게 가장 도움이 되는 모든 것들을 향한 충동이다. 근본적으로 철학은 개인적인 다이어트를 위한 본능이 아닐까? 나의 대기, 나의 높이, 나의 날씨, 내 나름의 건강을 두뇌라는 우회로를 통해 추구하려는 본능이 아닐까? 다른 철학도 많고, 분명 더 숭고한 철학도 존재한다. 그리고 내 철학보다 더 음울하고 까다로운 철학들만 존재하는 것은 아니다. 아마 그것들도 모두가 개인적인 충동의 지적인 우회로에 불과한 것은 아닐까?(3, 323f.; M)

여기서 충동이란 표현은 곧바로 거칠고 생물학적인 기본 충동을 연상시키기 때문에 오해를 불러일으키기 쉽다. 니체는 결코 그러한 것을 의도하지 않았다. 그는 여기서 매우 섬세한 움직임의 세분화된 네트워크를 묘사하고 있는데, 이 과정에서 감각적이고 정신적인 것이 뒤섞여 미묘한 사건들의 집합이 이루어진다. 이러한 사건들 앞에서는 '깊은' 생각도 피상적인 인상을 준다. 이는 결코 환원적인 과정이 아니라, 철학적인 사유 운동에서 어떻게 모든 감각이 동원되고 있는지를 보여준다. 사유는 육체와 삶의 공동 작품이란 것이 쉽게 드러나고 있다. 하지만 니체는 그 과정들을 실제로 추적해 가능한 한 많은 부분을 의식화하고 언어로 표현하려고 한다. 이러한 시도가 가능하려면 언어가 사지를 뻗어 자유롭고 기민하며 탄력 있게 움직이고, 날개를 펼쳐 저 넓은 인간의 대지를 날아다니며, 먹이 따위에 곁눈질하지 않고 눈을 부릅떠야 한다. 『인간적인 너무나 인간적인』에서 니체는 이러한 인식 형태를 두려움 없이 자유롭게 떠도는 것(2, 55; MA)이라고 표현했다.

사랑의 세심함도 등장한다. 사랑은 인식하는 대상을 붙잡아도 파괴하지 않고 있는 그대로 둔다. 그렇다고 이 말에 현혹되어서는 안 된다. 니체는 이와는 정반대로 사랑이 인식에 나쁜 역할을 한다는 말도 했다. 『즐거운 학문』에서 그는 다음과 같이 말한다. '피부 밑의 인간'이라는 말은 사랑에 빠진 모든 사람들에게 만행이자 불합리이며, 신과 사랑에 대한 모독이다.(3, 423) 사랑은 종종 눈을 감는다. 사랑은 따지지 않는다. 사랑은 사물이나 사람을 죽이지 않고 산 채로 붙잡는다. 삶을 사랑하는 인식의지는 아마도 자연법칙이나 역학, 해부학, 생리학을 생명체에 대한 잔인한 공격으로 여길 것이다. 우리는 이러한 사랑 없는 인식을 견뎌야 한다고 니체는 말한다. 급진적인 사고는 죽음과도 한편이 되어야 한다. 왜 그럴까? 저 위대한 감정으로부터 유래한 인식이 인식의 전부여서는 안 되기 때문이다. 우리는 냉정해지고 환상을 떨쳐버리기도 해야 한다. 하지만 그것은 춥고 사랑 없는 공간에서 견디기 위해서가 아니라 이 공간을 넘어 새로운 부활을 위해 성숙해지기 위해서이다. 겨울을 견디는 것은 봄을 당당하게 맞이하기 위해서이다. 우리는 밤을 두려워해서는 안 된다. 우리가 밤을 견뎌내면 밤은 우리에게 새로운 아침, 그 무엇과도 바꿀 수 없는 찬란한 아침햇살을 줄 것이다. 니체는 『인간적인 너무나 인간적인』의 1권을 철학적 방랑자와 그가 자연과 다가오는 아침에 대해 어떤 관계를 맺고 있는지에 관한 글로 끝맺는다. 638번 아포리즘에서 그는 다음과 같이 말한다. 물론 그러한 사람에게는 나쁜 밤들이 오게 될 것이다. 밤이 되면 그는 지치고 자신에게 휴식을 제공할 도시의 문이 닫힌 것을 안다. 이는 좋은 일이 아니다. 왜냐하면 사막이 문까지 뻗치고, 밤의 장막이 사막을 덮치는 제2의 사막처럼 드리워지기 때문이다. 하지만 그가 이를 극복하자 환희에 찬 아침이 온다. 그는 이제 이미 어두운 빛 속에서 뮤즈의 무리들이 그의 곁에서 춤추며 산의 안개 속을 지나가는 것을 보게 된다. 그 후 그가 오전의 평온 속에서 조용히 나무들 사이를 거닐면, 그 나무 꼭대기와 우거진 잎에서 좋고 밝은 것들, 즉 산과 숲 그리고 고독 속에 살고 있는 자유로운 정신들의 선물이 던져진다. 자유로운 정신들은 그처럼 어떤 때는 쾌활하다가 또 어떤 때는 생각에 잠기는 방랑자와 철학자들이다.(2, 363) 이 새벽의 비밀에서 태어난 **방랑하는 철학자가 바로 현상학자**가 된 니체이다. 그의 현상학은 아침햇살과 오전의 철학이다.

의식의 세계에 주목하는 이러한 현상학적 관심은 일상생활의 요구와 복잡성에 저항하는 태도를 필요로 한다. 왜냐하면 우리는 일상생활에 너무도 심하게 연루되어 있고 의무와 습관, 불안과 기회주의에 빠져 있어, 세계를 그대로 받아들일 수 있을 만큼 느긋하지 못하기 때문이다. 우리는 세계가 우리에게 나타날 수 있는 무대, 세계가 풍요로우면서도 신비스럽게 계시되는 무대, 우리가 세계와 만나 친구가 될 수 있는 무대를 세계에 제공하지 못한다. 이것이 가능하려면, 우리는 이 세계 속에서 안주하거나 붙박이 삶을 살면 안 된다. 필요한 것은 의식이 스스로를 관찰할 수 있도록 허락하는 활동 공간이다. 하지만 자폐증적인 의미에서의 관찰이 아니라, 세계를 향한 개방성을 직접 경험할 수 있는 관찰이어야 한다. 세계가 우리에게 '주어지는' 방식에 대한 이러한 관심은 – 이 점에 대해서는 의심의 여지가 없다. – 세계에 대한 우리의 습관적인 태도와의 단절을 의미한다. 이러한 단절은 매일 아침 잠에서 깨어날 때마다 체험할 수 있다.

이러한 과도기적 순간에 세계를 새롭게 볼 수 있는 기회가 찾아온다. 밤 동안의 일시적인 세계 상실은 우리로 하여금 새롭게 세계에 접근할 수 있게 한다. 이는 일상적 삶을 위해서도 필요하고 철학을 위해서도 필요하다. 아침에 잠에서 깨어나는 이미지는 어쩌면 너무 생기발랄한 것인지도 모른다. 이러한 이미지에는 단절과 일시적인 세계상실에서 오는 고통이 아직 포함되어 있지 않다. 하지만 니체에 따르면 우리는 다양하고 내적인 존재론을, 즉 현실적이며 활기찬 다양한 영역을 발견할 때 이러한 단절의 고통에 대해 보상받는다. 기억과 공포와 동경과 희망과 사고의 대상들도 역시 주체와 객체의 분리를 뛰어넘는 수많은 '현실들'이다. 니체는 거대한 강이나 광활한 대양 그리고 새로운 대륙으로의 출항과 같은 이미지에 탐닉한다. 니체는 제2의 콜럼버스라고 느끼며 제노바의 해안에서 대양으로 나가기를 희망한다.『아침놀』의 마지막 아포리즘은 정신의 비행사이자 항해사인 우리들!이라는 말로 시작된다.(3, 331)

1880/81년 겨울에 니체는 제노바에서 『아침놀』의 작업을 완료한다. 그리고 1881년 봄에는 이 원고를 교정하며 시간을 보낸다. 그는 오랜 친구인 게르스도르프에게 – 이 친구와는 한때 의절하기도 했는데 니체가 그의 결혼 계획에 반대했기 때문이다. – 1~2년 정도 튀니스*에 함께 머물자고 제안한다. 니체는 태양과 밝은 해변 그리고 건조한 기후에 끌리기도 하고 무엇보다도 다시 새로운 시작을 간절히 원한다. 니체는 현상학자로서 유럽을 이제 멀리서 새롭게 보는 법을 배우고자 한다. 나는 회교도들과 함께 좋은 시간을 보내려고 하네. 그곳은 현재 종교심이 가장 강한 곳이지. 아마 그곳에서라면 유럽에 대한 내 판단과 안목이 날카로워질 것 같다네.(B 6, 68; 1881년 3월 13일)

게르스도르프는 주저한다. 니체도 튀니지 여행을 포기하는데, 왜냐하면 그곳에서 전쟁이 났기 때문이다. 이제 그는 멕시코의 고원을 동경한다. 니체는 유럽에 머무를 필요가 없으며 자신의 저서가 있기 때문에

● 튀니지의 수도 – 옮긴이

사람들이 그를 잊지 않을 것이라고 생각한다. 니체는 자신의 때가 오리라는 것을 안다. 그는 병의 발작에도 불구하고 출간될 자신의 저서를 생각하면 기분이 좋아진다. 이 책은 1881년 초여름에 출간된다. 그는 출판업자인 에른스트 슈마이츠너Ernst Schmeitzner에게 다음과 같은 글과 함께 원고를 보냈다. 이 책은 사람들이 '결정적인 단계'라고 말하는 것입니다. 책이라기보다는 운명이지요.(B 6, 66; 1881년 2월 23일) 바젤에 있는 친구 프란츠 오버베크에게는 다음과 같이 쓴다. 아마도 내 이름에 항상 따라다닐 책이 될 것이네.(B 6, 71; 1881년 3월 18일) 그는 자신의 어머니와 여동생에게는 비록 반어적인 색채가 가미되긴 했지만 더 과장한다. 그들에게 막 출간된 책을 다음과 같은 글과 함께 보낸다. 그다지 아름답지 않은 우리의 이름을 불멸의 이름으로 영원히 기억하게 만들 책입니다.(B 6, 91; 1881년 6월 11일) 답장을 보고 그는 그들이 상황을 제대로 파악하지 못했다는 것을 깨달았다. 어머니에게 니체는 실패한 교수이며, 병들어서 늘 이곳저곳 돌아다니고, 아직까지 결혼도 하지 못해서 자신이 양말과 소시지를 계속해서 보내주어야만 하는 아들일 뿐이었다. 그는 이제 어머니와 여동생에게 아주 진지하게 편지를 쓴다. 지금까지 내가 한 엄청난 일에 비하면 나의 신경 조직은 아주 양호합니다. (…) 감사한 일이지요. 나는 지금까지 인간의 두뇌와 심장에서 나온 가장 용기 있고, 가장 고상하며, 가장 심오한 책들 중의 하나를 썼습니다.(B 6,102f; 1881년 7월 9일)

하지만 겨우 두 달 만에 『아침놀』에 대한 그의 평가가 극적으로 바뀐다. 그는 파울 레에게 편지를 쓴다. 그 책이 출간된 해인 올해에 나는 다른 책을 또 써야 할 것 같네. 이 새 책의 연관과 황금사슬의 이미지 속에서 내 초라한 파편 철학은 잊어도 된다네!(B 6, 124; 1881년 8월 말) 얼마 전까지만 해도 불멸의 작품이던 『아침놀』이 이제는 초라한 파편 철학이라고? 자신의 작품에 대한 평가를 이렇게 극적으로 변화시킨 어떤 계기가 있었음에 틀림없다.

1881년 7월 초부터 니체는 오버엥가딘의 질스마리아에 머물렀는데, 그곳에 머문 것은 그때가 처음이었다. 그곳에서 그는 실바플라나 호수 주변의 숲을 산책하다가 영감을 얻었다. 나중에 니체는 이 체험을 『이 사람을 보라』의 '차라투스트라' 장에서 유럽적 사건이라고 묘사한다. 19세기 말인 이 시점에서 강력한 시대의 시인들이 '영감'이라고 불렀던 개념을 명확히 파악하는 사람이 있을까? 만일 없다면 내가 그것을 말하리라. ― 자신 안에 미신의 찌꺼기를 조금이라도 가지고 있는 자는 실제로 자신이 막강한 힘의 단순한 화신, 단순한 입, 단순한 매체에 불과하다는 생각을 물리칠 수 없을 것이다. 계시라는 개념은 말할 수 없을 정도로 확실하고 미묘하게 무언가가 갑자기 보이고 들리며, 무언가가 누군가를 깊은 내면에서부터 뒤흔들고 뒤엎는다는 의미를 갖는데, 이는 단순히 겉으로 드러난 사실을 서술할 뿐이다. 사람들은 듣기는 하지만 찾지 않고, 받기는 하지만 주는 자가 누군지 묻지 않는다. 한 사상이 번개처럼 필연적이고 아무런 주저함도 없이 갑자기 떠오른다. 나는 결코 선택하지 않았다. 엄청난 긴장이 눈물의 강으로 터져버리며, 발걸음이 자신도 모르게 격렬해졌다가 늦추어지기도 하는 황홀경, 대단하고도 미묘한 한기를 가장 명료하게 의식하면서도 그 한기에 의해 발가락마저 오싹해지는 무아지경. (…) 모든 것이 지극히 내 의지와는 상관없이 일어나지만, 마치 자유로운 느낌, 무조건성, 힘, 신성함의 도도한 흐름 속에서 일어나는 것 같다. (…) 모든 것이 가장 가깝고 가장 옳으며 가장 단순한 표현으로 나타난다. (…) 정말 사물이 스스로 다가와 비유가 되어버리는 것처럼 보인다. (…) 이것이 영감에 대한 내 경험이다. '그것은 내 경험이기도 하다'라고 내게 말할 수 있는 누군가를 찾아내기 위해서는 수천 년을 거슬러가야만 한다는 것을 나는 의심하지 않는다.(6, 339f.)

자신이 경험한 영감과 유사한 것을 찾기 위해서는 수천 년을 거슬러가야 한다는 글을 니체는 1881년 8월 6일 수를레이 바위 근처에서의 체험 직후에 쓴 것은 아니다. 하지만 어쨌든 이 체험은 결정적이었다. 그는 자신의 삶이 이제 이 체험의 전과 후로 나뉜다는 사실을 즉시 깨달았다. 그는 자신의 작업 노트에 다음과 같이 쓴다. 해발 6천 피트, 모든 인간사로부터 훨씬 높이 떨어진 곳에서!(9, 494) 그는 자신의 일상사로부터도 높게 멀어졌다. 그 높은 곳에서 그는 어떻게 지낼까? 니체가 이러한 경험을 가장 먼저 알린 사람이 페터 가스트이다. 내 마음의 지평선에서 이전에 경험한 적이 없는 사상이 떠올랐네. 이에 대해선 말하지 않으려 한다네. 한 치도 흔들림 없이 안정을 유지하고 싶기 때문일세. 난 아직 몇 년은 더 살아야 한다네! 아, 친구여, 내가 원래 지극히 위험한 삶을 살고 있다는 생각을 종종하네. 나는 파괴시킬 수 있는 기계와도 같네! 내 감정이 얼마나 강렬한지 나는 떨기도 하고 웃기도 한다네. 벌써 몇 번씩이나 나는 방을 나설 수가 없었는데, 좀 우스운 이유지만, 눈에 염증이 생겨서였네. 어떻게 눈병이? 나는 눈병이 나기 전날에 산책 중에 너무 많이 울었다네. 하지만 감상적인 눈물이 아니라 기쁨의 눈물이었네. 그때 나는 다른 모든 사람들보다 월등한 새 비전을 가슴에 품고, 노래도 하고 말도 되지 않는 것을 떠들기도 했네.(B 6, 112; 1881년 8월 14일)

니체는 영감이 밀려왔을 때 영감에 대해 회의적인 태도를 지니고 있었다. 그래서 그는 『인간적인 너무나 인간적인』에서 영감을 우리에게 고상하게 다가오는 많은 다른 것들과 마찬가지로 실제보다 더 근사하게 보이는 것이라고 말했으며, 1877년 가을에는 메모장에 다음과 같이 썼다. 우리의 허영심은 천재와 영감의 숭배를 촉진한다.(8, 475)

1881년 8월 14일 페터 가스트에게 보낸 편지에서 우리는 니체가 마음의 평정을 유지하려고 얼마나 노력하는지를 알 수 있다. 그는 자신에게 밀려온 엄청난 사상을 모으고 정신을 집중해 따져보고 검토하며 이로부터 결론을 도출하려고 한다. 하지만 그는 결론은 예견할 수 없으며 이제부터 자신의 삶을 수를레이 바위에서 얻은 사상에 바치리라는 것을 잘 알고 있다. 1881년 8월에 있었던 이 영감 체험의 날까지 니체는 자신의 과업을 예감만 했다면, 이제는 찾은 셈이다. 그의 기분은 열광과 두려움 사이를 오갔다. 왜냐하면 위대한 사명의 입이 되는 것은 간단한 일이 아니기 때문이다. 이로부터 약 6개월 후에 그는 페터 가스트에게 편지를 쓴다. 나의 '사상'과 관련해 말하자면, 이 사상을 가지는 것은 나에겐 아무 문제도 되지 않는다네. 하지만 이 사상을 버리는 건 정말이지 엄청나게 힘들다네!(B 6, 161; 1882년 1얼 29일)

그렇다. 니체는 이 사상을 알리는 데는 시간이 더 필요했다. 그는 1882년 여름 『즐거운 학문』의 제4권 끝에 이 위대한 사상을 조심스럽게 암시하고, 다시 1년이 지난 후에 차라투스트라를 무대에 등장시킨다. 니체는 무언가가 되기 위해서는 수천 년이 필요한(B 6, 159; 1882년 1월 25일) 이 사상을 조심스럽게, 거의 망설이면서 차라투스트라에게 맡긴다. 그는 그의 친구들과 특히 1882년 여름 동안의 애인 루 살로메에게 이 사상을 이야기할 때는 오직 속삭일 뿐이었다.

제 11 장

—

질스마리아에서의 우주적으로 생각하기. 탈인간화된 자연. 숭고한 계산. 영원회귀 사상. 제노바에서의 성스러운 1월. 행복한 날들. 즐거운 학문. 메시나.

—

카를 폰 게르스도르프

질스마리아에서의 우주적으로 생각하기. 탈인간화된 자연. 숭고한 계산.
영원회귀 사상. 제노바에서의 성스러운 1월. 행복한 날들. 즐거운 학문.
메시나.

NIETZSCHE

니체가 변화된 사상, 즉 동일한 것의 영원회귀 사상을 떠올리기 전에
그의 머릿속에는 어떤 생각이 맴돌았을까? 그는 이 새로운 사상을 아무
런 준비 없이 갑자기 생각한 것일까? 우리는 자신이 어떻게 영감을 얻
었는지를 설명하는 니체의 말을 의심할 근거는 없다. 하지만 이미 그
이전에 니체가 이 사상을 알고 있었다는 증거가 많기 때문에 이 통찰
이 갑자기 그의 뇌리에 떠올랐다고 상상하기가 어렵다. 시간을 내적으
로 순환하며 제한된 '내용'을 계속해서 되풀이하는 것으로 여기는 사상
은 철학과 종교의 잘 알려진 전통에 속한다. 이러한 전통은 인도 신화
나 소크라테스 이전의 철학자들, 피타고라스학파, 서양의 이교도 분파
들에서 찾아볼 수 있다. 니체는 학생 시절에 이미 이러한 것을 알고 있
었다. 1862년에 쓴 「운명과 역사」에서 니체는 시간의 영속적인 순환
을 세계 시계의 이미지로 표현한다. 이 영원한 생성은 끝이 없는 것인가?
(…) 매시간 시계 바늘은 앞으로 진행해서, 12시가 넘으면 새롭게 다시 시작
한다. 새로운 세계 시대가 도래하는 것이다.(J 2, 56) 하지만 이 세계 시대
는 새로운 것이 아니다. 왜냐하면 시계의 숫자판은 사건들을 의미하기 때
문이다. 따라서 어떠한 새로운 시대든 각 사건을 시간대 별로 반복할
뿐이다.

니체는 「운명과 역사」에서 서술한 세계상과 일치하는 많은 것을 쇼펜하우어에게서도 찾을 수 있었다. 쇼펜하우어는 육신의 재탄생이라는 관념에는 거리를 두었지만, 의지의 본질은 불멸한다고 주장했다. 의지의 본질은 현상세계에서 다양한 형태로 구체화되어 나타나기 때문에 결국에는 회귀하는 것이다. 니체는 이러한 주장을 받아들여 『비극의 탄생』에서 현상들이 끊임없이 소멸해가는 가운데, 존재의 핵심은 영원한 삶을 산다(1, 59: GT)고 말한다. 또 니체는 쇼펜하우어가 시간을 "끝없이 돌아가는 원"(쇼펜하우어 1, 386)이라고 비유한 것과 현재를 깨어 있는 상태에서는 잃어버릴 수 없는 '지금'이라고 특징짓는 데에서 깊은 인상을 받았다. 쇼펜하우어에 따르면, 이러한 현재는 수직으로 위에서 빛을 비추는 "영원한 정오"의 태양이다. "지구는 회전하여 낮에서 밤이 되고 개체는 죽음을 맞이한다. 그러나 태양 자체는 쉬지 않고 영원한 정오를 불태우고 있다."(쇼펜하우어 1, 388) 쇼펜하우어에게 현재의 불멸성은 시간의 흐름 속에서 모든 것은 변화할 수 있지만, 현재에서 나타나는 존재의 형식은 변화하지 않는다는 것을 의미한다. 그리고 이러한 존재의 형식은 끊임없이 지속된다. 풍경은 변하지만, 우리가 이 풍경을 내다보는 창문은 그대로 있다. 왜 우리는 현재의 창문이 그대로 있는 것을 직접 경험할 수 없는가? 이 문제에 대해 쇼펜하우어는 깊이 생각하고 다음과 같이 설명한다. 현재는 시간의 원을 한 점에서 접하는 접선이다. 이 점은 원과 함께 돌지 않고 그대로 있다. 이는 영원한 현재 혹은 영원한 정오를 의미한다. 우리의 문제는 우리가 돌아가는 원을 보지만 접선과 만나는 그대로 있는 점은 보지 못한다는 것이다. 우리가 원이 돌아가는 것을 그대로 있는 점을 보고 알아차릴 수 있는데도 말이다. 우리는 시간 속의 존재로서 돌아가는 바퀴와 같다. 하지만 우리는 침착성과 주의력을 지닌 존재로서 우리 자신이 태양이자 영원한 정오이다. 니체가 이러한 쇼펜하우어의 사유에 얼마나 영향을 받았는지는 『차라투스트라는 이렇게 말했다』에서 영원회귀 사상과 관련해 이 영원한 정오라는 이미지를 사용하는 데서 드러난다. 이 작품에서 위대한 정오와 영원성이 거론된다. 동일한 것의 영원회귀 사상은, 죽지만 항상 다시 태어나는 신에 관한 디오니소스 신화에서 이미 나타난다. 그리고 니체 사고의 출발점이 디오니소스이기 때문에 우리는 그가 영원회귀 사상을 나중에 발견한 것이 아니라 한참 동안 멀리하다가 다시 찾았다고 말할 수 있다. 따라서 니체가 영원회귀 사상을 이미 오래전부터 지적인 구성물로 친숙하게 알고 있었다면, 오래전부터 알고 있던 이론을 다시 불러들인 계기가 되는 다른 사건이 있었음에 틀림없다. 그렇지 않다면 왜 그가 그렇게 흥분 상태에 빠지게 되었는지가 이해되지 않을 것이다. 왜 그는 이미 오래전부터 친숙한 사상에 그렇게 열띤 반응을 보이는 것일까? 왜 하필이면 이 순간에? 갑자기 그로 하여금 이처럼 폭발적인 반응을 보이게 한 지적인 환경은 무엇인가? 그의 가슴과 머릿속에 든 생각은 무엇이었던가? 우리가 저 대 사건 전후의 몇 주 동안 니체가 쓴 기록들을 검토해보면, 이에 대한 정보를 얻을 수 있을 것이다.

1881년 초여름 니체는 주요 사상!(9, 442)이라는 제목의 글에서 그에게는 익숙한 사유를 펼친다. 인간은 자연의 존재와 자신의 존재에 잘못된 척도를 적용해 판단한다. 따라서 인간은 실재를 제대로 인식할 수가 없다. 우리들 속에서 일어나는 모든 것은 그 자체로는 우리가 알지 못하는 어떤 다른 것이다. 하지만 여기에 덧붙여서 그는 자신의 사상에 새로운 변화를 준다. 그는 실재와의 순수한 만남을 방해하는 굴절 매질Brechungs-Medium에 대해서 비판하는데, 이 굴절 매질을 그는 '나'와 모든 '나 아닌 것'에 대한 환상이라고 이름 짓는다. 『아침놀』에서만 해도 그는 관점주의적인 관찰과 인식을 칭찬했다. 그는 관점주의와 화해하는 것처럼 보였으며, 그 과정에서 현상학적인 풍요로움을 발견하기도 했다. 하지만 이제는 태도가 돌변한다. '빌어먹을 관점주의! 나는 나의 관점주의적인 지각의 굴레를 벗어나려고 한다!' 니체는 다음의 글을 굵게 밑줄을 그어 강조한다. 더 이상 스스로를 그런 가공의 자아로 여기지 말 것! 이른바 개체로 생각되는 것으로부터 벗어나는 법을 단계적으로 배울 것! 하지만 어떻게 하자는 것일까? 우리가 이타주의적인 입장을 취해야 하는 것일까? 여러 개의 눈으로 볼 수 있어야 한다는 것이 의미하는 바는 무엇일까? 연구 단체에 들어가서 참된 실재에 대해 끝없이 토론하면, 어느 정도 지속성 있는 타협과 합의가 이루어질 수 있다는 말인가? 그런 것은 아니라고 니체는 말한다. 이기주의를 오류로 인식하는 것이 인식론적으로 이타주의를 선택하라는 의미는 아니다. 다른 방법이 있어야 한다. 다음 문장은 특별히 굵게 밑줄이 쳐 있다. '나'와 '너'를 넘어서라! 우주적으로 느껴라!(9, 443)

그렇다면 니체는 조르다노 브루노[*]가 주장하듯이 소우주적인 '나'와 대우주적인 전체 유기체와의 융합을, 나와 세계정신과의 교감을 원한다고 생각할 수도 있다. 하지만 니체는 그런 의도가 아니다. 우주적으로 느낀다는 것은 우리가 속해 있는 거대한 우주와 접촉하는 것을 의미한다. 하지만 이는 거대한 우주를 살아 있는 유기체로 만드는 것을 의미하지 않는다. 그렇다면 거대한 우주는 너무나 친근하고 인간과 유사하며 인간에게 경의를 표하는 것이 될 것이다. 몇 주 후에 니체는 다음과 같이 메모장에 쓴다. 신에 대한 믿음과 짝을 이루는 근대과학적 대구는 유기체로서의 우주에 대한 믿음이다. 이것이 나를 역겹게 한다. 니체는 이

---

* Giordano Bruno: 르네상스 시대에 범신론을 주장했던 이탈리아의 철학자 – 옮긴이

렇게 끈적끈적하고 부드러우며 확장되어가는 우주를 원치 않는다. 그
는 자궁으로 되돌아가려는 모든 동경을 거부한다. 그는 신과 유사한 우
주의 자궁으로 되돌아가기 위해 신으로부터 자유로워진 것은 아니었
다. 우리는 전체로서의 우주를 바로 유기적인 것으로부터 가능한 한 멀리
떨어져 있는 것으로 생각해야 한다!(9, 522)

유기체의 진실은 무기체이다. 돌이야말로 지혜의 궁극적인 결론이
다. 니체가 우리는 (사람이 아니라) 사물들이 우리를 소유하도록 놔둬야 한
다(9, 451)고 쓸 때, 그는 진정으로 사물을 염두에 두고 있었다. 가능한
한 차갑고 죽은 사물 말이다. 니체는 살아 있지 않은 것과 교감을 나누
려고 한다. 그는 이전에는 대양에 대한 동경을 품었지만, 이제는 광물질
에 대한 동경을 품는다. 지각이 있는 세계는 커다란 오류이고 불필요한
군살이며 많이 돌아가는 우회로에 불과하다. 니체는 이제 돌의 휴식과
침묵을 원한다. 지각이 있는 세계가 죽은 세계에 대해 내리는 근본적으로
잘못된 가치 평가. 그 이유는 우리가 그 세계이기 때문이다! 죽은 세계! 영원
히 움직이고 오류도 없으며, 힘과 힘이 충돌하는! 지각이 있는 세계에서는
모든 것이 잘못되어 있으면서 오만하다! 이 세계로부터 저 죽은 세계로 이
행하는 것은 하나의 축제이다.(9, 468)

니체는 이 글을 쓰면서 이제까지와는 다른 표현법을 시험하고, 밑줄
을 긋고, 삭제하고, 한 문장 안에서도 여러 번 느낌표와 물음표를 사용
하고, 중단했다가 다시 시작하고, 단어를 삭제하거나 줄인다. 니체는 정
신이 산만한 태도를 보였다가 단호한 태도를 보이는 등 태도를 급격하
게 바꾸기도 한다. 니체는 열정을 열정적으로 비난하는데, 왜냐하면 열
정이 우리를 혼미하게 만들기 때문이다. 니체는 흥분에 대해서도 흥분
하면서 분노하는데, 왜냐하면 우리가 흥분하게 되면 현실을 잘못 해석
하기 때문이다. 또 니체는 감정이 없는 상태를 열광적으로 원하는데, 왜

냐하면 이런 상태에서 우리가 존재에 더 가까이 다가갈 수 있기 때문이다. 감정은 아무 쓸모없는 것이며 존재의 실수(9, 468)이다. 이러한 실수를 수정하는 것은 불가능한 일인가?『아침놀』을 썼던 그 현상학자에게 무슨 일이 일어난 것인가? 그는 사물과 세계에 주목받을 무대를 마련해주었으며 지금과는 전혀 다른 축제를 원했다. 즉 니체는『아침놀』에서는 모든 감각이 참여해서 세계의 모습을 드러내고, 자신으로부터 삶을 빼앗아서 축소시키는 폭력을 제압하는 축제를 펼쳤다. 이 세계로부터 저 죽은 세계로 이행하는 차가운 축제가 어떻게 일어날 수 있다는 말인가? 예를 들면 모든 것이 셀 수 있고 측량할 수 있는(9, 468) 세계로 들어가면 가능할 것이다. 셀 수 있는 것을 모두 세기만 하면 된다. 만물의 척도는 측량이다. 니체는 다음과 같이 말한다. 이전에는 (정령들의−그리고 정신의) 예측할 수 없는 세계가 권위를 가졌고, 이런 세계는 공포감을 더 많이 불러일으켰다. 그러나 이제 우리는 완전히 다른 곳에서 영원한 힘을 발견한다.(9, 468f.)

니체는 몇 가지 생리학적인 고찰을 시도하는데, 이 고찰에서는 정신의 운동이나 감각적인 자극은 기본적으로 신체적인 과정의 징후로 서술된다. 이 모든 것은 단지 암시만 될 뿐이다. 우리는 니체가 이 순간에는 살아 있고 지각이 있는 것들을 죽어 있고 기계적이며 정신이 없는 것들이 있는 영역으로 가능한 한 가까이 끌어들이는 데에만 관심을 가지고 있었다는 사실을 알 수 있다. 심지어 니체는 아주 재미있어 하면서 존재의 장에서 정신을 쫓아낸다. 결국 그는 하나의 공식을 찾게 된다. 나의 임무. 먼저 자연을 탈인간화시키고, 그 다음 인간이 순수한 '자연'의 개념을 깨닫게 되면, 인간을 자연화시키는 것.(9, 525)

니체는 이 문장을 영감의 위대한 순간을 체험한 후에 썼다. 이 문장은 영원회귀 사상이 화석화된 형이상학과의 실험을 방해하거나 중단시킨 것이 아니라 오히려 명백히 이러한 실험의 일부라는 사실을 나타낸다. 이러한 실험은 우리에게는 이상하게 보일지 몰라도, 니체에게 강렬한 영감을 준 이 영원회귀 사상의 이른바 산술적이고 집합론적이며 물리학적인 증거가 된다. 이 사상의 핵심은 다음과 같다. 물질 또는 에너지로서 우주가 지니고 있는 힘은 한정되어 있다. 하지만 시간은 무한하다. 따라서 이 무한한 시간에서는 가능한 모든 물질 상태와 에너지 상태, 다시 말해 생물과 무생물에 관련된 모든 사건들은 이미 예전에 한 번 일어났던 것이고, 앞으로도 무한히 반복될 것이다. 영원회귀 사상을 설명하는 짧은 글은 수없이 많지만 길고 내용이 풍부한 구절은 단 하나이며, 이곳에 니체가 반복해서 인용하는 구절들이 있다. 또한 이 문장들에서 그가 받은 '영감의 용암'은 차게 식어서 화석화된 이론으로 변한다. 힘들의 세계는 정지하는 법이 없다. 그렇지 않으면 다 성취되었을 것이며, 존재자의 시계는 멈추어 서 있을 것이다. 따라서 힘들의 세계는 결코 균형에 이르는 법이 없고, 한시도 휴식하는 법이 없으며, 그 힘과 운동은 매시마다 똑같이 크다. 이 세계가 어떤 상태에 도달할 수 '있든지' 간에, 거기에 이미 도달했음에 틀림없고, 그것도 한 번이 아니라 무수히 그랬을 것이다. 이 순간도 마찬가지이다. 이미 한 번 있었고, 여러 번 있었으며, 그렇게 다시 돌아올 것이다. 모든 힘들은 지금과 똑같이 분배되어 있다. 이 순간을 낳은 순간도, 그리고 현재 이 순간의 아이로 태어난 그 순간도. 오, 사람아! 너의 삶 전체는 마치 모래시계처럼 되풀이하여 다시 거꾸로 세워지고 몇 번이고 되풀이하여 또 끝날 것이다. ─ 네가 생겨난 모든 조건들이 세계의 순환 속에서 서로 다시 만날 때까지, 그 사이의 위대한 순간의 시간이 있다.(9, 498)

우리는 마치 어려운 계산 문제를 잘 푼 것 같은 이 사상에 대해 풀이 과정과 해답을 맞췄을 때 느끼는 만족감 이외에 다른 감정을 가지기가 어렵다. 이후에 게오르크 지멜Georg Simmel 같은 날카로운 사상가들이 니체에게 계산을 잘못했다고 따지는 것은 중요하지 않다. 니체는 마치 어려운 계산 문제를 풀었을 때와 같은 기분을 느꼈고, 그의 기쁨은 점점 더 커져 황홀감에 이르렀다. 1881년 8월 14일 페터 가스트에게 보낸 편지에서 니체는 기쁨의 눈물을 흘렸다고 적는다.(B 6, 112) 영원회귀는 기계적이고 수학적인 냉철한 우주 법칙이 되고자 한다. 하지만 바로 이런 이유로 영원회귀는 우리에게 차가운 인상을 준다. 영원회귀는 어떻게 체험할 수 있는 것인가?

아마도 니체에게는 다음과 같은 일이 일어났을 것이다. 지금까지는 종교적인 환상과 지적인 직관으로 친숙했던 사상이 이제 엄밀한 과학의 권위를 갖추고 그에게 다가왔다. 1881년 봄에 니체는 율리우스 로베르트 마이어Julius Robert Mayer의 『천체역학 연구Beiträge zur Dynamik des Himmels』를 읽고, 이 책을 소개한 페터 가스트에게 열광적인 어조로 다음과 같이 쓴다. 마이어의 책처럼 뛰어나고 명료하며 즐거움을 주는 책에서는 천체의 조화를 들을 수가 있네. 이것은 오직 과학적인 인간만을 위해 만들어진 음악이지.(B 6, 84; 1881년 4월 16일) 1878년에 사망한 의사 율리우스 로베르트 마이어는 19세기 후반에 자연을 연구했던 가장 주목받는 유물론자들 중의 한 명이었다. 그는 에너지 보존에 관한 가설을 통해 물질의 보존법칙을 정교하게 다듬었다. 그는 우주의 기초적인 힘은 질적으로는 변화하지만 양적으로는 변화하지 않는다고 가르쳤다. 그의 학설에 따르면, 예를 들어 에너지가 물질로, 열이 운동으로 변하듯이, 변화는 다만 에너지 상태의 변화일 뿐이다. 이러한 변화 속에서도 변하지 않는 에너지의 총량은 계산이 가능하다. 하지만 나중에 니체는 마이어가 물질적인 천체의 조화에 신적인 전능한 힘을 끌어들였다고 비난하며 그로부터 다시 멀어진다. 하지만 니체가 한때 마이어에 열광했기 때문에, 우리는 니체가 수를레이 바위에서 영감을 체험할 때 마이어의 책을 읽은 영향이 한몫을 했으리라고 추측할 수 있다. 마이어는 자신의 에너지 보존법칙을 영원회귀 사상과 연결하지는 않았다. 그렇게 한 것은 바로 니체였는데, 그는 이를 시간의 영원한 연속이라는 가설에서 추론했다. 니체는 시간의 연속 이론을 이해하기 위해 눈병과 두통에도 불구하고 몇 달 동안 자연과학과 유물론에 관한 책을 열심히 읽었으며 이 책들에서 이 이론을 확인시켜 주는 많은 증거를 발견했다.

　니체는 자신의 메모장에 열광만 기록한 것이 아니라 이러한 인식이 불러일으킨 충격과 공포 그리고 이러한 인식을 체화하는(9, 504) 이려움에 대해서도 말한다. 나중에 그는 이 인식을 자신의 것으로 체화하는 능력을 초인Übermensch의 특징으로 간주한다. 하지만 우리는 열광과 마찬가지로 충격과 관련해서도 동일한 질문을 던질 수 있다. 이러한 계산적인 이론을 어떻게 체험할 수 있을 것인가? 의식이 이 끝없는 반복을 기억한다면, 다시 말해 의식이 시간이 흘러가도 동일하게 머물 뿐만 아니라 동일하다는 것을 알게 된다면, 영원회귀는 공포가 될 것이다. 하지만 의식이 매번 새롭게 시작한다고 믿는다면, 그리고 바로 이러한 시작의 환상이 항상 반복된다면, 비록 이것이 영원한 회귀라는 것을 증명할 수 있을 계산 결과가 제시된다고 할지라도 의식은 매번 반복이 아니라 새로운 시작이라고 믿을 것이다. 계산적으로는 반복이 예상되지만, 그렇다고 우리가 이 반복을 체험한 것은 아직 아니다. 하지만 공포는 열광과 마찬가지로 체험을 통해서만 느낄 수 있는 감정이다.

　1881년 여름에 쓴 메모장의 기록에서 우리는 니체가 실제로 공포를 느꼈다는 흔적을 찾을 수 없다. 하지만 어떤 상황에서 이 영원회귀 사상이 공포를 낳을 수 있는지에 대해 담담하게 논하는 구절이 있다. 실제의 공포가 아니라 상상의 공포가 언급된다. 니체는 다음과 같이 쓴다. (영원회귀의) 가능성에 대한 생각 역시 감정이나 특정한 기대감과 마찬가지로 우리를 뒤흔들고 변화시킨다! 영원한 천벌의 가능성이 우리에게 어떤 영향을 미쳤는지 생각해보라!(9, 523f.)

영원회귀 사상에 열광한 니체는 이 사상이 다른 사람들을 공포에 몰아넣을 수 있다는 전망에 대해서도 열광한 것이 분명하다. 그는 미래에 이 사상을 견뎌낼 사람들과 이 사상에 절망해 몰락할 사람들이 어떻게 가려질지를 상상한다. 확실히 자리를 잡고 안정을 누리는 기득권층이 새로운 이론에 맨 마지막으로 노출된다 (…). 이 새로운 이론에 감염되는 사람은 더 약한 자들, 더 속이 빈 자들, 더 병든 자들, 더 궁핍한 자들이다.(9, 497f.) 이들은 이로 인해 몰락할 것이다. 니체는 내면적으로 공포와 전율을 퍼뜨리는 상상과 자신이 영원회귀 사상에서 심지어 삶에 도움을 주는 꿀물을 빨아들이는 소수의 영웅 중의 하나라는 상상에 사로잡혔다. 이미 1881년 여름에 쓴 글에서 이러한 내용이 나타난다.

니체는 영원회귀 사상을 철저히 명제적인 진리로 이해했지만, 삶을 영위해나가는 실용적이고 자기암시적인 보조수단으로 사용하기도 했다. 니체는 이러한 방법을 통해 '냉철한' 인식에 실존적으로 불을 붙일 수 있었다. 모든 순간이 회귀한다는 것은 '지금 여기'에 영원의 위엄을 부여해야 한다는 것을 의미한다. 우리는 어떤 일을 하더라도 다음과 같이 자문해야 한다. 이것이 내가 수없이 계속하기를 원하는 것인가?(9, 496) '너는 무엇을 해야만 한다'라는 당위적 명령을 극복하려 한 니체였지만, 여기서는 새로운 형태의 당위적 명령을 가르친다. '너는 매 순간이 아무런 공포 없이 반복될 수 있도록 매 순간을 살아야 한다.' 음악에 열광하는 니체는 삶의 회귀˙를 요구한다. 우리의 삶에 영원의 형상을 새

● Da Capo: 음악 용어로 '처음부터 다시 한 번'을 뜻함─옮긴이

기자! 이 사상에는 우리의 삶을 무상하다고 경멸하며, 다른 어떤 불확실한 삶으로 눈길을 돌리도록 가르치는 그 모든 종교보다 더 많은 것이 들어 있다.(9. 503) 칸트가 도덕률에 마치 신이 공포한 것처럼 절대성을 부여해 이 도덕률을 강화하려고 했듯이, 니체도 열광적이면서도 강력하게 현세를 강조하는 자신의 '명령'을 다음과 같은 논거로 뒷받침하려 한다. 우리는 "마치" 매 순간이 영원한 것"처럼" 살아야 한다. 왜냐하면 매 순간은 영원히 회귀하기 때문이다.

모든 열광, 모든 축복, 감정의 지극한 고양, 이전에 피안을 꿈꿨던 이러한 강렬한 갈망은 이제 현세의 직접적인 삶을 향해야 한다. 따라서 영원회귀 사상은 초월의 힘을 현세를 위해 보존하는 기능을 해야 한다. 또는 차라투스트라가 선포한 것처럼, 대지에 충실해야 하는 것이다. 니체는 영감을 체험한 지 6개월 후에 쓴 『즐거운 학문』에서 자신에게 영원회귀의 전망을 열어준 이러한 '지금 여기'의 행복을 환기시킨다. 그는 원을 그리며 돌아가는 시간의 순환에 대한 상상을 헤라클레이토스의 세계 유희와 연결해서 생각하면서 이러한 시간의 순환에서 부담을 주고 마비시키는 측면을 제거한다. 잘 알려져 있듯이 헤라클레이토스의 세계 유희 역시 반복에서 출발한다. 하지만 니체의 경우, 이러한 반복도 유희적인 성격을 띤다. 니체에 따르면, 신의 죽음으로 인간 존재의 모험과 유희적인 성격이 명백히 드러난다. 그리고 초인은 항상 동일하게 반복되는 세계 유희까지도 파고들 힘과 가벼움을 지닌 자이다. 니체의 초월은 이러한 방향으로 향한다. 즉 니체는 유희를 존재의 토대로 여기는 것이다. 니체의 차라투스트라는 존재의 토대에 도달했을 때 춤을 춘다. 차라투스트라는 인도의 신인 시바처럼 춤을 춘다. 니체도 정신이 붕괴되기 직전인 토리노에서 보낸 마지막 며칠 동안 자신의 방에서 발가벗고 춤을 춘다. 이러한 광경을 하숙집 여주인이 방문 열쇠 구멍을 통해서 목격했다.

지금까지 살펴본 것은 영원회귀 사상의 실존적이고 실용적인 측면이다. 이 사상은 스스로를 참되게 함으로써 진리가 된다. 하지만 우리가 잊지 말아야 할 것은 니체가 이 사상을 명제적 의미에서 진리로, 즉 있는 그대로의 세계를 서술하는 것으로 여겼다는 점이다. 니체는 이러한 강력한 진리 요구로 모순에 빠지게 된다. 왜냐하면 그는 궁극적으로 인식을 허구로 여길 뿐만 아니라 영원회귀를 계산한 수학의 공식까지도 허구로 여기기 때문이다.(9. 499) 이러한 사실은 차치하고라도, 다시 말해 니체가 원래 자신의 사상이 명제적 진리가치를 지니고 있다고 주장해서는 안 된다는 사실은 차치하고라도, 니체는 심지어 더 많은 것을 원한다. 그는 자신의 사상을 형이상학적 위엄으로 무장시키려고 한다. 반이상주의자인 니체는 자신의 사상을 더 인상적으로 만들기 위해 형이상학의 무대에 서게 한다. 니체는 자신의 사상이 자연과학적 통찰의 결과라고 주장하면서도 순수 자연과학적 내재성은 회피하고 싶어 한다. 왜냐하면 자연과학적 내재성은 처음부터 모든 형이상학적인 물음을 차단하기 때문이다. 니체는 전통적인 형이상학이 '현상세계 뒤에는 과연 무엇이 숨어있느냐'는 질문을 통해 어떤 형태로든 초월적 사변으로 전환하는 지점까지 자신의 사유를 끌어가려고 한다. 니체도 이러한 질문을 던진다. 그는 예전 같으면 신이나 절대자 혹은 정신이 등장했을 무대를 펼친다. 하지만 의미를 부여하는 이런 고상한 등장인물들 대신 다양한 형태를 띠면서 순환적으로 반복되는 많은 힘들이 등장한다. 물론 이 힘들은 이러한 파토스 무대에서 실증적인 연극이 아니라 형이상학적인 연극을 펼친다. 왜냐하면 전체 공연을 연출하는 것이 형이상학적인 호기심이기 때문이다. 니체의 영원회귀 사상은 최후의 형이상학이 펼치는 이러한 연극에서 분리되면, 사람들로부터 진부하다는 평가를 받을 수 있다. 니체 스스로도 이를 감지했다. 이 때문에 니체는 영원회귀 사상을 내세우기를 주저했다. 니체는 이 사상이 궁극적으로는 예언자나 아니면 어릿광대에게나 어울린다는 사실을 깨달았다.

질스마리아에서 영감을 체험한 여름에 니체는 고조된 감정만 느낀 것이 아니라 견딜 수 없는 두통과 위경련과 구토를 겪었다. 니체는 종종 여덟 시간동안 걸어 다녔으며 저녁에는 창문이 하나있는 작은 방에 머물렀다. 창밖으로 보이는 것은 항상 축축하게 젖어 있는 암벽이었다. 8월이었지만 방 안에서도 장갑을 껴야 할 정도로 추웠다. 이 여름에 니체는 오직 기쁨의 눈물을 흘린 것만은 아니었다. 오버베크에게 그는 (오버베크의 부인이 읽지 못하게 하기 위해서) 라틴어로 다음과 같은 편지를 쓴다. 고통이 삶과 의지를 제압했네. 아, 지난 몇 달, 지나간 여름은 얼마나 끔찍했는지 모르네! 하늘이 노래질 정도로 육체적인 고통에 시달렸네. 구름 속에는 늘 번개가 숨어 있는데, 이것이 갑자기 엄청난 힘으로 나를 내리쳐서 불행한 나를 죽일 수도 있겠지. 벌써 다섯 번이나 나는 내가 의사인 양 나에게 사망 선고를 했으며 어제가 마지막 날이기를 바랐지. 물론 모두 이루어지지는 않았지만, 지구상 어디에 맑은 하늘, 나의 하늘이 계속되는 곳이 있을까? 안녕, 친구여!(B 6, 128; 1881년 9월 18일; N/O, 466) 니체는 며칠 후에 거의 같은 한탄의 편지를 페터 가스트에게 보낸다. 다음은 이 편지의 일부이다. 몇 달 동안 계속되는 맑은 하늘이 '내 삶의 필수 조건'이라고 판단한다네.(B 6, 131; 1881년 9월 22일)

그러다가 건강이 차차 좋아졌고 무엇보다도 날씨가 크게 달라졌다. 니체는 다행히도 제노바에서 햇빛이 비추는 맑고 따뜻한 겨울을 보냈다. 1882년 1월 29일 『즐거운 학문』을 제3권까지 끝내고 나서 페터 가스트에게 다음과 같은 편지를 쓴다. 아, 정말 좋은 날씨라네! 아, 정말 기적같이 좋은 1월이야!(B 6, 161) 니체는 이 겨울을—내 삶에서 가장 멋진 겨울을 – 회상하며 『즐거운 학문』 제4권의 제목을 "성 야누아리우스Sanctus Januarius: 성스러운 1월"이라고 붙인다.

　1882년 초에 완성되었고 『아침놀』의 속편으로 계획되었던 이 책은 지난여름에 체험한 영감의 영향을 바탕으로 삶과 인식의 풍경을 서술한다. 니체는 빠른 속도로, 몇 주 동안 작업해도 그 어떤 육체적인 고통에 시달리거나 어려움 없이, 좋은 날씨에 제네바 근처를 산책하면서 구상하고, 다양한 모습의 해변과 절벽의 풍경과 언덕 위에 흩어져 있는 빌라와 정원이 딸린 집들과 바다에서 보는 멋진 광경에 찬사를 보내면서 이 책을 썼다. 성공적인 삶의 모습이 책의 곳곳에서 드러난다. 예를 들면 그는 다음과 같이 쓴다. 이 지역에는 대담하고 당당한 사람들의 모습이 온 사방에 흩어져 있다. 그들은 '삶을 살았으며' 계속하여 살기를 원했다. 그들은 이것을 짧은 시간을 위해서가 아니라 수세기의 시간을 위해 건축되고 장식된 자신들의 집을 통해 내게 말해주고 있다. 그들은 종종 서로에 대해 악의를 품었을지는 몰라도, 삶에 대해서는 호의를 지니고 있었다.(3, 351; FW)

　하지만 이 책은 전체적인 분위기가 밝은 것을 제외하고, 어떤 중심 사상을 제시하고 있는가? 니체는 독자들에게 자신의 많은 사상 중에서 생산적인 기본 사상(12, 139)만은 간과하지 말아야 한다고 누누이 상기시킨다. 그리고 자신의 친구들에게는 아포리즘으로 엮은 책의 내적인 통일성을 강조했다. 니체에 따르면, 그의 책에서 중요한 것은 매우 특별한 철학적 감수성을 지닌 긴 논리이지, 수백 가지의 임의적인 역설이나 이설異 說의 무질서한 혼합이 아니다.(뢰비트Löwith, 120) 하지만 전체를 종합함과 동시에 발전시키는 이 논리를 파악하려고 시도하면 항상 무리수가 생긴다. 니체는 왜 자신이 단순 명료한 형태로 쓰지 않고 빙 둘러 말하는 대가로서 암시와 단서만을 – 대개 방관자적 입장에서 – 제시하는지 잘 알고 있었다. 니체는 이론의 정원을 가꾸면서 이 정원에서 오직 중심 주제만을 찾고자 하는 사람들은 누구나 어쩔 수 없이 실패하도록 만들었다.* 그는 미로 속에 숨는다. 왜냐하면 그는 발견되기를, 그것도 아주 많은 노력과 시행착오를 거쳐서 발견되기를 원하기 때문이다. 이러니 그를 찾는 사람들은 길을 잃지 않겠는가? 심지어 이렇게 길을 잃는 것이 최상의 결과일 수도 있다. 니체는 차라투스트라로 하여금 제자들에게 다음과 같이 말하게 한다. '만일 너희가 아직 너희 자신을 찾지 못했으면, 너희는 나를 너무 일찍 찾은 것이다.' 그렇다. 니체는 자신의 책을 쓸 때, 자신의 책에서 중심 사상만을 찾으려는 사람들로 하여금 자기 자신의 사유를 찾도록 유도한다. 사람들이 니체를 발견하는 것은 그리 중요하지 않다. 사람들이 자신의 사유를 찾는 것이 중요하다. 자기 자신의 사유야말로 되찾아야 할 아리아드네**이다.

하지만 영원회귀 사상은 분명 이 책의 중심 사상이 아니다. 첫 3권까지의 내용에서 이 사상과 관련이 있는 것은 109번 아포리즘뿐이며, 이 아포리즘은 니체가 1881년 여름에 쓴 단상들에 직접적으로 연결된다. 이 아포리즘에서 니체는 다음과 같이 말한다. 이 음악 기계 장치 전체는 멜로디를 영원히 반복한다.(3, 468; FW)*** 제4권의 유명한 마지막 두 아포리즘에서야 비로소 영원회귀가 언급되고, 차라투스트라가 "비극의 시작"****이라는 제목 아래 처음으로 등장한다. 즉 영원회귀 사상은

● "실패하도록"에 해당하는 원문은 jeder, der (…) in eine grobianische Rolle gerät.이다. 원문을 직역하면: "그로비안Grobian과 같은 역할에 처하게 된다." 그로비안은 16~17세기 독일에서 유행한 풍자극에서 잘못된 처신을 하는 인물을 지칭한다. 참고로 이 책의 영역본(옮긴이: Shelley Frisch)은 "(…) fall flat on his face."로 옮기고 있다. – 옮긴이

●● 아리아드네는 테세우스의 몸에 실을 묶어서 그가 미궁에서 무사히 빠져나오게 한다. 후에 그녀는 테세우스에게 버림받고 디오니소스와 결혼한다. – 옮긴이

●●● 여기서 '기계 장치'는 시계나 장난감처럼 태엽을 감으면 혼자 움직이는 것을 의미한다. – 옮긴이

●●●● 제4권 마지막 아포리즘의 소제목. 본래 초판은 4권까지였으므로 사실상 『즐거운 학문』의 마지막이다. 재판부터 제5권이 추가된다. – 옮긴이

직접적으로 전면에 나타나지 않는다고 할지라도, 밑바탕에 항상 깔려 있는 셈이다. 영원회귀 사상에서 결정적인 역할을 하는 것은 다음과 같은 측면이다. 영원회귀 사상은 우주를 엄격한 필연성의 지배를 받는 독립적인 전체로 상정한다. 이 사상은 우주에서 일어나는 모든 사건을 음악 기계 장치를 통해 벌어지게 하는데, 이 과정에서 우리는 활동을 하지만, 활동하도록 조종당할 뿐이다.

이미 첫 번째 아포리즘에서 영원회귀 사상이 전개되는데, 다른 수많은 아포리즘들은 이 아포리즘을 위한 해설로 간주될 수 있다. 이 첫 번째 아포리즘은 전체 아포리즘에 명랑한 어조에서 조롱 섞인 어조를 부여한다. 이 세상에서 일어나는 일에 대해 우리는 웃지 않을 수가 없다. 왜냐하면 이러한 일들은 모두 꼭두각시 인형극에 지나지 않는데, 정작 우리는 그러한 사실을 모르고 있기 때문이다. 겉으로는 아직도 비극의 시대, 도덕과 종교의 시대이다.(3. 370; FW) 하지만 실제로는 현존재의 희극이 상연될 뿐이다. 우리는 겉으로 거창하게 목적지와 목표를 내세우면서 근사하고, 고상하고, 영웅적이고, 상상력이 풍부한 척하지만, 우리의 등 뒤에서는 종족 보존의 충동이 작용할 뿐이다. 필연적으로 언제나 자기 자신으로부터 아무 목적 없이 생겨나는 것을 이제 어떤 목적을 위해 행해지는 것처럼 보이게 하고, 이성과 궁극적 계율에 따른 것으로 비춰지게 하는 것―이를 위해 현존재의 목적을 가르치는 윤리의 설교자가 등장한다.(3. 371; FW)

자연적인 삶이 상상 속의 목적 세계에 압도되어도, 종족 보존의 근원적 충동은 결코 달라지지 않는다. 이 충동은 예전보다 더 정교하고 섬세하며 우회로를 거치고 간접적이며 상상력이 풍부해진다. 또 인간의 삶은 더 세련되어지고, 자신을 흥미롭게 만들 수단과 방법을 발견한다. 원시적인 자연으로 다시 돌아가려는 것은 바보 같은 짓이다. 오히려 인간은 상상력이 풍부한 동물이어서, 자신의 삶으로부터 무언가를 얻기 위해 삶에 무언가를 주기로 약속한다. 인간은 환상의 동물이기도 하다. 인간은 자신의 상상력 속에서 자기만의 독특한 자부심을 갖는 법을 배웠다. 즉 인간은 다른 모든 동물들에 비해 한 가지 더 실존의 조건을 충족시켜야 한다. 인간은 때때로 자신이 왜 존재하는지를 알아야 한다고 믿게 되었고, 인간 종족은 삶에 대한 주기적인 신뢰, 다시 말해 삶에 내재하는 이성에 대한 믿음 없이는 번영할 수 없게 된 것이다!(3, 372: FW)

이러한 삶에 내재하는 이성은 실제보다 더 많은 것을 본다. 이 이성은 자신을 절대적이라고 생각하지만, 사실은 많은 사물들 중의 하나일 뿐이다. 커다란 음악 기계 장치에서 이성은 하나의 바퀴나 나사일 뿐이다. 이성은 자신이 자유롭다고 느끼지만 실제로는 자연의 조종을 받는다. 이성은 자신이 영향력을 행사하고 있다고 여기지만, 영향을 받는 존재일 뿐이다. 이러한 모든 것을 알고 나면 어찌 웃지 않을 수가 있겠는가? 하지만 이성은 자기 존중을 위해 자신이나 자신의 풍부한 상상력이 웃음거리가 되는 것을 원치 않는다. 그런데 니체가 웃음을 터뜨린다고 할지라도, 그는 이 이성을 모욕하려는 것이 아니다. 『즐거운 학문』에서 나오는 웃음은 비난조의 웃음이 아니다. 이 웃음은 인간의 풍부한 상상력을 인정할 뿐만 아니라, 심지어는 이를 즐기려 한다. 하지만 한순간도 잊어서는 안 되는 것은 여기에서 연출되는 것은 모두 허구라는 사실이다. 니체는 비방하려는 것이 아니라 희극을 통해 위안을 찾으려 한다.

니체는 종족 보존의 충동(3, 371: FW)을 이야기한다. 니체가 해결하지 못해 계속 고심해 나간, 그리고 바로 이 때문에 책 전체에 암시적으로 깔려 있는 중대한 문제는 다음과 같이 표현할 수 있다. 인식이나 진리에의 의지가 실제로 종족 보존의 충동에 종속되는가? 아니면 진리에의 의지가 삶의 속박에서 벗어나 이 삶에 대항하는가? 진리에의 의지는 삶에 봉사하는 대신 삶의 주인이 되려고 할 수 있는가? 그러면 한쪽에서 는 삶의 의지와 종족 보존, 다른 쪽에서는 진리에의 의지가 서로 대립 하는 이원론이 성립할 수 있는가?

니체는 이러한 이원론의 가능성에 대해 11번 아포리즘에서 고찰한 다. 니체는 이 문제와 관련된 생리학과 진화생물학의 여러 연구를 검 토한 후에 다음과 같이 말한다. 의식은 유기체에서 가장 뒤늦게 발전 된 것이고, 아직 미완성이며 미약하다. 생명체인 인간은 자신의 의식을 완전히 믿을 수 없다. 의식은 훨씬 더 오래된 일련의 본능들이 조정자로 서 도움을 주지 않으면, 지금보다도 더 자주 실책(3, 382; FW)을 범할 것 이다. 우리는 의식을 과대평가해서는 안 된다. 특히 우리는 의식이 아직 완성된 것이 아니며 발전과 성장 중에 있다는 사실을 잊어서는 안 된 다. 당분간 의식은 엄청난 현실을 – 이 현실의 목적이나 실체 그리고 의 미가 없는 순환적 흐름을 – 자신의 것으로 체화하기에는 불충분한 상태 이다. 여기서 니체는 체화라는 개념을 사용하는데, 이 개념에 대해 그 는 1881년의 단상들에서 길게 서술한 바 있다. 체화는 무엇을 의미하 는가? 예를 들어 우리는 태양의 주변을 도는 행성에 살고 있다는 것을 알고 있다. 또 우리는 태양에서 모든 생명을 얻고 태양이 언젠가 식어 버리면, 비록 회귀하는 세계 시대가 삶의 연극을 다시 공연할지라도, 인 류가 종말을 맞게 된다는 것을 알고 있다. 하지만 이 모든 것은 머릿속 의 지식일 뿐 체화되지 않았다. 우리는 예전과 마찬가지로 태양이 떠오 르는 것을 보지만, 정작 우리가 움직이는 땅 위에 산다는 것을 깨닫지 못한다. 우리는 종말과 새로운 시작을 우리 삶의 감정으로 직접 느끼지 못한다. 우리는 우리를 중심으로 상상의 시간 지평을 구성한다. 이 시간 지평은 실재하는 것이 아니지만, 우리에게 우리 자신의 중요성을 확신 하도록 해준다. 우리는 코페르니쿠스적 세계상을 – 오늘날에는 아인슈

타인적 세계상을 지니고 있다. 하지만 체화와 관련해서는 여전히 프톨레마이오스적 세계상에 머물고 있다. 니체에 따르면, 우리는 우리의 오류만이 우리에게 체화되어 있으며 우리의 모든 의식은 오류와 관계되어 있음(3. 383; FW)을 깨달아야 한다.

니체는 의식 성장의 역학을 동시에 유기적이고 문화적인 발전으로 전제하면서 다음과 같이 상상한다. 점점 더 많아지는 머릿속 지식이 실제로 육체와 삶, 다양한 감정을 지닌 인간 전체를 압도해서 변화시킨다면, 다시 말해 이러한 불길한 체화가 실제로 일어난다면, 과연 어떻게 되겠는가? 그러면 정신적 삶이 몰락의 길을 걷지 않겠는가? 인간은 자신의 의식에 대한 부담을 견디지 못하고 파멸하고, 의식이 있는 동물은 진화의 떠돌이로 드러나지 않겠는가? 의식이 결코 생겨서는 안 되는 혹을 달게 된다면 어떻게 되겠는가?

니체는 이러한 사유를 여러 곳에서 펼치지만, 이는 주장하기 위한 것은 아니고 단지 다른 생각을 유도하기 위한 숙고일 뿐이다. 니체는 이러한 숙고에 곧바로 다른 성찰을 대립시킨다. 즉 학문은 큰 고통을 가져다주는 것으로 드러나지만, 동시에 고통에 대항하는 반대의 힘을 불러오기도 한다. 그것은 기쁨이라는 새로운 별들의 세상을 밝혀주는 학문의 엄청난 능력(3. 384; FW)이다. 이 기쁨이 어떤 것인지는 아직 확실하지 않다. 하지만 우리는 이미 진리와 주의력에 대한 니체의 현상학적 기쁨을 알고 있기 때문에 그러한 것이 얼마나 많은 기쁨을 수반하는지 알고 있다. 또 우리는 니체가 수를레이 바위에서 영원회귀 사상을 떠올리며 기쁨의 눈물을 흘렸던 것도 기억한다. 니체는 발견의 기쁨뿐만 아니라 실존적이고 실용적인 확신, 즉 개인적인 삶도 영원히 반복하므로 엄청난 무게를 얻는다는 확신으로 인해 눈물을 흘렸다. 결국 가장 먼 곳까지 이르는 사고가 – 니체는 이를 '우주적' 사고라고 말한다. – 가장 가까운 곳에서 첨예화되어 가장 은밀하고 개인적인 삶의 감정에 영원의 위엄을 부여하는 것이다. 이 경우에는 어떤 것도 단순히 일시적인 현상으로 그치지 않는다. 그 어떤 우주도 티끌 같은 '개인'의 의미를 없앨 수 있을 정도로 그렇게 팽창하지는 않는다.

'나는 내 자신을 잃을 수 없어.' 이는 기쁨을 나타내는 문장으로 해석될 수도 있다. 하지만 이 문장이 지닌 끔찍한 뜻까지 표현하려면 다음과 같이 다르게 표현해야 한다. '나는 결코 내 자신을 잃지 않을 거야!'

하지만 니체는 『즐거운 학문』에서 우울증에 자신을 맡기지 않으려고 한다. 오히려 많은 의도와 의지를 포함하는 고조된 기분으로, 단순히 고조된 것이 아니라 전의를 북돋우는 기분으로 우울증에 맞서 싸우려고 한다. 1882년 여름에 이 책이 나왔을 때, 니체는 루 살로메에게 다음과 같은 편지를 쓴다. 모든 종류의 고통, 외로움, 그리고 삶에 대한 혐오! 이러한 모든 것에 대한, 또 삶과 죽음에 대한 치료제를 처방했는데, 그것은 바로 구름 없는 하늘 위를 떠도는 나의 사상입니다.(B 6, 217: 1882년 7월 3일) 나중에 쓴 서문에서 그는 다음과 같이 당시를 회고한다. 끊임없는 감사가 흘러나온다.(3, 345: FW)

이러한 감사는 어디에서 오는 것일까? 진리에의 의지가 현실에서 니체에게 위안을 주는 화해의 이미지를 발견하기라도 했단 말인가? 두려움과 상실감과 공허함이 사라진 것인가? 인식의지가 마지막 순간에 자연의 탈인간화(9, 525) 계획에 의해서 해체된 것일까? 만일 그렇다면 삶과 인식의 이원론은 극복될 것이고 삶을 긍정하는 인식의 기본 충동이 삶을 부정하는 감정, 즉 분명히 존재하며 인식의지와 결합될 수 있는 감정을 제압한 것이다. 니체는 감정이 고양된 상태에서도 냉정함을 유지한다. 니체에 따르면, 우리는 행복하고 희열을 느끼는 순간에도 자기 자신의 양심적인 해석자가 되어야 한다. 이 경우 종교 창시자들에게는 정직함이 없다. 하지만 니체는 이성에 목마른 자로 남으려고 한다. 이 때문에 그는 고양된 감정을 과학 실험에서처럼 엄밀하게 분석하고자 한다.(3, 551; FW) 이러한 분석에서 어떤 결과가 나올까?

니체는 감정의 우연성을 확인한다. 예를 들어 인식은 날씨의 우연한 상태와 날씨가 생리학적이거나 그 밖의 상태에 미치는 영향에 따라 좌우된다. 니체는 1883년 1월 20일자 편지에서 『즐거운 학문』에 대해 다음과 같이 회고한다. 『즐거운 학문』은 한 달 동안 좋은 날씨가 계속되어 감정이 지나칠 정도로 고조된 상태에서 기뻐하며 쓴 작품이다.(B 6, 318) 날씨가 될 수도 있고, 다른 생리학적인 상태가 영향을 끼쳤을 수도 있다. 요컨대, 궁극적으로는 항상 어떤 형태로든 기본 충동이 관여한다. 인식에 동기, 에너지, 방향 그리고 분위기를 부여하는 것은 무수하게 다양한 기본 충동이다. 이러한 기본 충동이 주도적인 감정과 부수적인 감정을 낳고 체화를 허용하거나 지연시키고 또 경우에 따라서는 거부하기도 한다.

이러한 방식으로 의지의 기본 충동이 인식에 영향을 미친다면, 이는 의지와 진리가 결코 분리될 수 없다는 것을 의미한다. 또 삶과 인식 사이에서 생길 수 있는 갈등도 충동적인 행위 자체의 차원에서 벌어지는 드라마와 다를 바 없다. 1881년 여름에 쓴 글에서 니체는 다음과 같이 말한다. 따라서 우리는 여기서도 우리의 삶의 조건으로서 밤과 낮을 발견한다. 즉 인식에의 욕구와 오류에의 욕구는 썰물과 밀물이다. 이 중 어느 하나가 절대적으로 지배하게 되면 인간은 몰락한다.(9, 504)

위의 글에서 인식에의 욕구가 썰물에 비유된 것인지 밀물에 비유된 것인지 분명하지 않다. 인식에의 욕구가 자제를 의미한다면, 다시 말해 인식에의 욕구를 통해 우리 자신의 계획으로 현실을 초토화시키는 유혹을 멀리한다면, 인식에의 욕구는 썰물에 비유된 것으로 이해할 수 있다. 그렇다면 밀물은 오류에의 욕구를 가리키는 비유가 될 것이다. 하지만 다른 해석도 가능하다. 즉 인식에의 욕구는 현실과 접촉할 때는 밀물을 의미한다. 이 경우에는 오류에의 의지가 (현실 인식 대신에) 우리 자신의 상상의 세계로 후퇴하는 썰물이 될 것이다. 밀물은 - 마치 인식처럼 - 샘솟아 오르며, 공격한다. 하지만 썰물, 즉 오류에의 의지는 겁을 내면서 뒤로 물러난다. 『즐거운 학문』의 인상적인 310번 아포리즘인 의지와 파도에서 니체는 밀물과 썰물의 비유를 다시 사용하는데, 여기서는 인식에의 의지와 오류에의 의지가 어떤 것을 비유하는지는 더욱더 불분명해져서 해결되지 않는 비밀이 된다. 파도가 바위의 가장 깊은 틈새로 무섭게 기어올랐다가 다소 천천히, 여전히 흥분해서 하얀 기포를 머금은 채 되돌아간다. 파도가 실망한 것일까? 하지만 바로 다음 파도가 벌써 밀려오고 있다. 파도가 호기심에 차서 무엇인가 찾을 것이 있다면, 숨길 것도 있다. 왜냐하면 파도가 탐욕적인 호기심 속에서 기포를 만들며 솟아오르면, 나와 태양 사이에 장벽을 만들고 (…) 이제 세상에는 녹색의 여명과 녹색의 번개 외에는 아무것도 남지 않기 때문이다.(3, 546: FW)

니체는 이러한 비유에서 더 나아가지 못한다. 인식에의 의지와 오류에의 의지는 서로 반대되는 것으로 해석되지만, 결국 통일된 충동 행위인 것이다. 따라서 '참'과 '거짓'의 판단 근거는 이 충동 행위 바깥에 있을 수 없고, 압도적인 힘, 쾌감과 불쾌감, 삶의 적응력과 습관 등의 차이만이 구분될 수 있을 뿐이다. 인식의 '힘'은 진리를 인식하는 정도의 차이에 달려 있는 것이 아니라 인식의 연륜, 인식의 체화, 삶의 조건으로서의 인식의 성격에 달려 있다.(3, 469: FW)

이러한 관점에서 니체는 다시 한 번 진리의 복잡한 역사를 되돌아본다. 새로운 인식이 생기면, 우선 혼란이 온다. 지금까지 익숙하게 통용되었던 '진리들'이 의문시되는 것이다. 이러한 일이 순수하게 지적인 불안이나 혁신에 머문다면, 별 영향을 미치지 않는다. 하지만 새로운 인식이 문화적 삶이나 습관에 영향력을 행사한다면, 즉 지금까지 통용되어온 지식의 체화된 측면에 대립된다면, 새로운 체화를 둘러싼 투쟁이 일어난다. 이러한 투쟁에서 새로운 인식은 망상(3, 431; FW)으로 간주되어 강한 반발을 불러일으킬 수 있다. 왜냐하면 이 인식이 눈에 띄는 방법으로 문화 전체의 생존 조건을 의문시하지만, 정작 자신은 매력적인 대안을 제시하지 못하거나 자체적으로 체화를 수행할 힘이 부족하기 때문이다. 체화는 진리가 스스로를 참되게 하는 힘이라는 것을 의미한다. 진리는 체화를 통해 진리임이 입증되는 것이다.

이러한 방식으로 니체는 자신이 다른 맥락에서는 옹호하기도 했던 인식과 삶의 이원론에 대해 반론을 제기한다. 즉 인식은 기본 충동에서 나오고, 기본 충동과 결합됨으로써 강력해지는 것이다. 하지만 니체에 따르면, 어떤 경우에든 인식에서 충동이 지니는 위력을 부인하고 이성을 그 자신으로부터 솟아나는 자유로운 활동이라고 파악하는(3, 470; FW) 것은 잘못이다.

사실상 인식에서 기본 충동을 부인할 수는 없다. 하지만 예를 들어 우리가 충동의 힘에 관한 이러한 명제에서 충동과 무관한 진리의 가치를 주장한다는 것은 엄연한 사실이다. 이 명제는 단지 충동의 표현에 불과하다면, 참이 아니다. 하지만 이 명제가 참이 아니라면, 이 명제가 주장하는 것과는 달리 충동의 표현이 아니다. 그렇다면 이 명제는 진리임을 주장하는 다른 모든 명제와 마찬가지로 단순한 말장난이 되고 무의미해진다. 따라서 기본 충동과는 다른 어떤 것을 제시하는 진리의 판단 기준이 있어야 한다. 니체는 이러한 자기 지시성self-referentiality의 미로에서 길을 잃고 좌절하며 때로는 웃고 반어적이 되며, 예언자로 행세하거나 어릿광대가 된다. 결국 그가 정신적으로 붕괴했을 때, 즉 사고의

'거울의 방'을 떠날 수 있거나 혹은 떠나야 했을 때야 비로소 출구가 나타난 셈이었다. 하지만 우리는 진리 문제를 둘러싼 이러한 혼란에서 니체에게는 항상 확고한 판단 기준이 있었다는 사실을 잊어서는 안 된다. 니체에게 사상이란 항상 모사일 뿐만 아니라 (자기) 인식의 길을 구축하는 것이다. 이러한 내면의 무대에서 어떤 사상이 '참'이 되려면, 의미와 형식이 조화를 이루면서 종종 참을 수 없는 고통을 견디고 이러한 고통에 활기찬 균형추를 만들 수 있을 만큼 강하고 생동감이 넘쳐야 한다.

삶의 투쟁적인 성격에 대해서도 성찰한 바 있는 니체는 이러한 투쟁적 요소를 사고로 끌어들인다. 정신과 육체의 상호작용과 대립은 니체에게 중요한 투쟁의 무대였다. 여기서는 명제적 진술의 진리가치만이 쟁점이 되는 것이 아니라 진리를 둘러싼 또 다른 투쟁도 일어났다. 니체에게 사상은 열정과 동등한 수준의 정신적이고 육체적인 실재를 지니고 있다는 사실을 깨닫지 못하면, 우리는 니체를 결코 이해할 수 없다.『즐거운 학문』에서 니체가 말하듯이, 그의 사상이 그를 아주 이례적인 운동, 즉 끊임없이 계단을 오르고 또 이와 동시에 구름 위에서 휴식을 취하는 듯한 운동(3, 529: FW)을 하게 하는데, ─ 니체라면 아마 다음과 같이 말했을 것이다. ─ '어떻게 나의 사상이 '참'이 아닐 수 있겠는가.'

1882년 1월 니체는 예전과는 다르게 인식의 흥미로운 측면을 경험했다. 지금까지는 인식이 항상 감정과 정동^{Affekt}, 즉 충동과 연결되었지만, 이제 니체는 인식에 동반되거나 인식을 뒷받침하는 정동에 초점을 맞춘다. 그것은 고양된 감정이다. 인식은 존재를 축소시키거나 손상시키는 것이 아니라 상승시킨다. 또 인식이 끔찍한 현실을 드러낼 때도, 예를 들어 영원회귀 사상이 '참'으로 입증되어 우리가 시간의 순환에서 빠져나갈 수 없다고 하더라도, 인식은 우리를 상승시킨다. 니체의 고양된 감정은 다음과 같은 사실, 즉 나는 예전의 인간성과 동물성, 아니 태고 시대와 과거의 모든 것을 느끼는 존재가 내 안에서 계속 시를 짓고 사랑하고 증오하고 추론한다(3, 416f.; FW)는 사실을 의식해도 결코 꺾이지 않는다. 니체는 꿈에서 깨어난 것처럼 느끼지만, 자신이 몰락하지 않기 위해서는 꿈꾸고 또 계속 꿈꿔야만 한다고 의식한다. 삶은 자기경멸 속에서 이 세상에는 가상과 도깨비불과 유령의 춤 외에는 아무것도 없다는 것(3, 417; FW)을 니체에게 느끼게 한다. 그럼에도 불구하고 니체는 이 활기찼던 1월에 인식의 기쁨에 빠져들었다. 니체가 바로 『즐거운 학문』의 제목을 해석하는 아포리즘은 강령적인 성격을 띤다. 아니다! 삶은 나를 실망시키지 않았다. 해가 갈수록 나는 삶이 더 참되고, 더 열망할 가치가 있고, 더 비밀로 가득하다는 것을 발견한다. 위대한 해방자가 내게 찾아온 그날 이후로! 삶이 ─ 의무나 저주받은 숙명이나 기만이 아니라 ─ 인식하는 자의 실험이 될 수 있다는 저 사상이 나를 찾아온 그날 이후로! 인식이 다른 사람들에게는 다른 것일지 몰라도, 예를 들어 침대나 침대로 가는 길, 오락이나 여가 활동일지 몰라도, ─ 내게 그것은 영웅적 감정이 춤추고 뛰어노는 위험과 승리의 세계이다. '삶은 인식의 수단'이다. 이 원칙을 마음속에 품고 있으면 인간은 용감해질 뿐만 아니라, 심지어 즐겁게 살고 즐겁게 웃게 된다!(3, 552f.; FW)

1882년 3월 말까지 니체는 제노바에 머문다. 봄은 시작됐으며, 벌써 여름 같은 뜨거운 날도 있었다. 다른 해 같으면 이 시기에 니체는 흔히 북쪽 고지대로 떠났다. 하지만 특이하게도 이번에는 아무런 연락도 없이 메시나와 시칠리아로 향했는데, 화물선을 이용했고 그가 유일한 승객이었다. 사람들은 니체의 이런 여행에 대해 궁금해하며 이리저리 추측했다. 니체는 근처 팔레르모에서 휴가를 보내고 있던 바그너를 우연히 만나기를 원했던 것일까? 아니면 메시나 주변에 있는 동성애자들의 집결소가 끌렸던 것인가? 당시 이곳에서는 빌헬름 폰 글뢰덴^{Wilhelm von}

Gloeden이 중심인물이었는데, 그는 고대 그리스풍으로 젊은 남자들의 나체 사진을 찍는 것으로 유명했다. 니체를 잠재적인 동성애자로 여기는 사람들이 이런 추측을 한다. 이와 관련해 정확한 사실은 알 수가 없다. 분명한 것은 니체에게 남쪽은 성적 해방과 분방함을 의미했다는 사실이다. 그는 계속해서 '지복의 섬'*에 대해 꿈을 꾸었으며, 『차라투스트라는 이렇게 말했다』에서 요란하게 날개를 퍼덕이는 동경을 지금까지 조각가들이 꿈꾼 것보다 더 뜨거운 남쪽 나라로, 신들이 자신의 옷을 부끄러워하며 춤추면서 나아가는 그곳으로 보낸다.(4, 247; ZA) 니체가 1881년 11월 말에 제노바에서 비제의 오페라 「카르멘」을 처음 본 황홀한 체험은 그의 남쪽에 대한 환상에 날개를 달아주었다. 나중에 그가 바그너와의 관계를 정리하는 작품을 쓰기 위한 사전 작업에서 「카르멘」을 다룰 때, 상상에서, 혹은 어쩌면 체험에서 나왔을지도 모르는 '음탕한 남쪽'이 다시 언급된다. 아프리카적 행복, 숙명적으로 불행한 명랑성, 유혹하듯이 그윽하게 경악하면서 바라보는 시선; 무어족이 추는 춤에서 나오는 음탕한 분위기; 비수와도 같이 날카롭고 갑작스럽게 바라보는 열정; 나른한 오후의 바다에서 풍기는 향기 속에서, 예전에 머물렀던, 영원히 머물러야 했던 잊어버린 섬을 기약하면서 놀라는 마음…(13, 24)

니체는 섬에 도착하고 나서 며칠 후에 페터 가스트에게 다음과 같은 편지를 쓴다. 나는 '지구의 끝'에 도달했는데, 이곳은 호메로스의 말에 의하면 행복이 있는 곳이라네. 사실 지난 주처럼 좋은 일을 많이 겪은 적은 없다네. 나의 새로운 동료들이 정말 친절하게 나를 호강시키고 타락시킨다네.(B 6, 189; 1882년 4월 8일)

● 고대 그리스 영웅들이 죽으면 간다고 믿었던 곳 - 옮긴이

그곳에서 니체는 4주 동안 호강하며 지내다가 시로코 열풍에 밀려서 섬을 떠난다. 니체는 로마로 향하는데, 이곳에서 루 살로메를 만난다. 그녀와의 관계가 일단락된 후에 니체는 그녀가 시로코 열풍보다 더 지독했다고 회고한다.(B 6, 323: 1883년 2월 1일)

제 12 장

—

동성애. 성적인 디오니소스. 루 살로메와의 관계. 방
벽으로서의 차라투스트라. 인간적인 것과 초인적인
것. 다윈주의의 오해. 파괴 환상. "나는 어떻게 비극
적인 태도와 말에 싫증이 났는가".

—

프란츠 오버베크

동성애. 성적인 디오니소스. 루 살로메와의 관계. 방벽으로서의 차라투스트라. 인간적인 것과 초인적인 것. 다원주의의 오해. 파괴 환상. "나는 어떻게 비극적인 태도와 말에 싫증이 났는가".

NIETZSCHE

니체가 『즐거운 학문』 제4권에 "성 야누아리우스Sanctus Januarius"라는 제목을 붙인 것은 활기찼던 1882년 1월에 대한 사랑의 표시이기도 하지만, 더 나아가 순교자 성 야누아리우스를 기리기 위한 것이기도 하다. 그의 많은 그림과 입상이 있는 – 이러한 것들을 니체는 1876년에 알게 되었다. – 나폴리에서 그는 특별히 숭배받고, '성 제나로'로 불린다. 이 순교자는 남성이긴 했지만 몇 가지 여성적인 특징을 지닌 인물이었다. 그는 아름다웠으며 주기적인 출혈에 시달렸다. 사람들은 이러한 순교자의 출혈을 여성의 생리혈이라고 생각했다. 그는 남성이면서 동시에 여성이었으며, 그래서 그는 양성성의 성인이 될 수 있었다. 그에게 봉헌된 나폴리 대성당의 지하 예배당에는 이 순교자의 잘린 머리와 피가 보존되어 있다. 사람들은 그의 피를 기적을 낳는 성물로 여겼다. 『즐거운 학문』 제4권은 시로 시작하는데, 이 시는 바로 이 "페미넬로"에게 – 나폴리에서는 그를 이렇게 부른다. – 바쳐진 것이다.

불꽃의 창을 들고
내 영혼의 얼음을 깨뜨리는 그대,
내 영혼은 환호성을 지르며

지고한 희망의 바다로 내달린다.

더 밝고, 더 건강하게

사랑으로 충만한 운명 속에서 자유로이

그대의 기적을 내 영혼은 찬양하노라.

더없이 아름다운 1월이여!(3, 521; FW)

니체는 친구 게르스도르프에게 양성성의 순교자에게 바쳐진 이 책을 읽으라고 다음과 같은 말로 당부했다. 이 책은 수백 통의 편지보다 더 많이 나에 관해 말하고 있네. 이러한 의미를 생각하며 성 야누아리우스를 읽게나.(6, 248; 1882년 8월 말) 많은 사람들은 이 글을 자신의 동성애 성향을 간접적으로 고백한 것으로 해석한다. 이렇게 니체를 해석하면 어떤 새로운 것이 있을까? 사람들은 이런 해석으로 니체의 삶의 문제점들이나 그의 작품 전체를 이해하는 열쇠를 얻었다고 믿는다.

많은 추측들이 난무한다. 어린 니체는 아버지 없이 여자들 속에서 자랐다. 사람들은 니체가 어린 시절에 여동생과 사랑했다는 징후를 발견했다고 주장한다. 어린 '프리츠'는 여동생인 엘리자베트와 동침했으며 이후에 양심의 가책에 시달렸을까? 또 사람들은 슐포르타 학창 시절의 성적인 비밀을 밝히려고 추적한다. 나움부르크 인근에서 유명했고 말도 많았으며 방랑 기질이 있고 방탕한 생활을 한 시인 에른스트 오르틀렙Ernst Ortleb의 이야기도 언급된다. 학생들은 거의 취한 상태로 숲을 쏘다니고, 여름에는 교실의 창문 아래에서 자신의 시를 읽고 노래를 하던 이 실패한 천재를 신성시했다. 그는 이상한 행동을 하곤 했는데, 예를 들면 기독교를 모독하는 것으로 악명이 높았으며 큰 소리를 쳐서 예배를 방해하기도 했다. 그의 유명한 시 「19세기의 주기도문」은 다음과 같은 구절로 끝난다. 옛날의 종교를 / 현대의 아들이 경멸한다, / 온 지구

가 비웃으며 외친다: / '너의 이름은 성스럽지 않다'고.(슐테Schulte, 33) 니체가 학창 시절에 시를 적은 앨범에도 오르틀렙이 쓴 시들이 몇 편 들어 있다. 사람들은 이 아웃사이더 오르틀렙에 대해 남색男色 성향이 있었다고 의심했다. 그는 1864년 7월 초에 길가에서 죽은 채로 발견되었다. 니체와 그의 친구들이 돈을 모아서 비석을 세웠다.

니체는 18살 때 「십자가에 못 박힌 예수 앞에서」라는 시에서 이 끔찍한 사람을 도취된 신성모독자로 묘사하면서 십자가에 못 박힌 예수를 향해 다음과 같이 외치게 한다. 이리 내려와! 너는 귀머거리란 말인가? / 여기 내 잔을 받아라!(J 2, 187) H. J. 슈미트가 쓴 니체 전기에 따르면 오르틀렙은 니체의 삶에서 상상의 세계로 뿐만 아니라 성적인 세계로 유혹한 최초의 디오니소스적 인물일 수 있었다. 많은 사람들이 니체가 이로 인해 트라우마를 겪었을 뿐만 아니라 매혹되기도 해서 처음으로 직접 대면한 디오니소스적 인물에 압도된 경험으로부터 결코 자유롭지 못했으리라고 추측한다. 이 사건은 디오니소스적 경험의 실제적인 근원 장면이며 이후 니체는 이에 대해 낮게 중얼거리거나 죄의식을 느끼며 말할 뿐이었다. 니체는 하필이면 『이 사람을 보라』에서 다음과 같이 말한다. 내가 누구인지에 대한 절대적 확실성이 여느 우연한 현실로 투사되었다. 나에 관한 진실이 전율스러울 정도로 깊은 곳에서 이야기되었다.(6, 314f.)

우리가 오르틀렙에 의한 성적인 유혹(아마도 강간까지 포함해서)과 이로 인해 일깨워진 (혹은 강화된) 동성애 성향을 전율스러울 정도로 깊은 곳이라는 표현에 연관시킨다면, 니체의 작품 곳곳에서 이러한 경험이 – 은폐된 모습이나 기억의 위장된 형태로 – 나타나는 것을 찾아 나서게 된다. 하지만 우리가 이렇게 할 경우, 우리는 니체의 사상에 영감을 준 삶의 거대한 힘을 그의 성적인 비밀로 축소시키고 이러한 비밀에서 마치 감추어진 진리가 드러나기라도 하는 것처럼 이 비밀에 특권을 부여하게 된다. 오늘날 성Sexualität은 한 개인의 진실로 통한다. 이는 아마도 20세기의 가장 두드러진 진실 왜곡이지만, 이러한 일은 이미 19세기에 등장했다.

개인을 그의 성적 문제를 통해 판단하려는 진실에의 의지가 지닌 잔인하고 은폐된 공격성으로 인해 니체는 고통을 받았다. 니체도 충동에 대해 연구했지만, 그는 이와 관련해 무한한 다양성을 발견했다. 그는 이와 관련해서는 다신론주의자였으며 상상력이 없는 성적 결정론자들의 일신론을 신봉하지 않았다. 니체의 성적 정체성에 대해 의심을 품고 조롱하며 치명적인 모욕을 준 사람은 바로 바그너였다.

바그너는 1870년대 초에 니체에게 우울증을 이겨내려면, 남자들과만 지나친 우정을 나누고 여성을 멀리하는 태도를 취해서는 안 된다고 처음에는 조심스럽고 매우 친절하게 충고했다. 1874년 4월 6일 바그너는 니체에게 다음과 같이 쓴다. "무엇보다도 나는 지금까지 살아오면서 당신이 바젤에서 저녁 시간에 남자들과 친교를 나누는 일 따위는 결코 해 본적이 없습니다. (…) 하지만 젊은 남자에게 필요한 것은 여자 같습니다. 문제는 여자를 훔치지 않고 어디에서 찾느냐는 겁니다. 하지만 급한 경우에는 훔칠 수도 있습니다. 즉, 당신은 결혼을 해야 합니다."(N/W, 241)

니체를 위해서 신붓감을 찾아 나선 사람은 바그너 부부뿐만이 아니다. 니체의 어머니와 특히 말비다 폰 마이젠부크가 그를 결혼시키려고 많은 노력을 했으며, 어느 때는 진척이 되기도 했다. 니체 스스로가 나서서 신붓감을 찾는 데 도와달라고 부탁하기도 했다. 하지만 바그너는 배후에서 또 다른 소문과 험담을 퍼뜨렸다. 니체는 이를 뒤에 가서야 알게 되었는데, 그 시점은 바그너가 죽은 직후인 1883년 초가 거의 확실하다. 하지만 이전부터 니체가 여성 취향을 가지고 있고 습관적으로 자위를 한다는 소문이 돌았다. 니체는 이러한 소문을 1882년 타우텐부르크에서 루 살로메와 함께 보낸 끔찍하면서도 감동적이었던 여름에 이미 들었을 수도 있다.

제노바에 있는 니체를 방문했던 파울 레는 1882년 3월 13일 그곳을 떠나서 로마로 갔고, 로마에 있는 말비다 폰 마이젠부크의 집에서 스무 살의 러시아 여인 루 살로메를 알게 된다. 위그노파 출신의 러시아 장군의 딸로 다재다능했던 루 살로메는 1880년 아버지가 죽자 취리히에서 공부하기 위해서 어머니와 함께 러시아를 떠났다. 이 젊은 처녀는 심한 폐병을 앓고 있었으며, 의사들은 그녀가 몇 년밖에 살지 못할 것이라고 말했기 때문에 그녀는 열심히 철학과 종교사와 문화사 공부에 몰두했다. 사람들은 나이에 비해 성숙하고 지적인 열정과 호기심 그리고 삶의 에너지를 지닌 그녀를 보고 놀랐다. 1881년 가을, 취리히에서 그녀는 시 「삶의 기도」를 썼는데, 니체는 이 시에 반해서 "삶의 찬가"라는 제목으로 작곡을 했다. 그는 이 곡을 루 살로메와 결별한 후인 1887년 페터 가스트에게 의뢰해서 합창과 오케스트라를 위한 곡으로 편곡했는데, 그의 여러 작품 중에서 유일하게 이 작품만은 인쇄하려고 했다. 특히 그의 마음을 사로잡은 시구는 다음과 같다. "분명히, 그렇게 한 친구가 친구를 사랑한다, / 내가 너를 사랑하듯이, 수수께끼 같은 삶이여 – / (…) 수천 년 동안 존재하고 명상하며 살아간다! / 두 팔로 나를 포옹하라: / 나에게 선물할 행복이 더 이상 없다면 – / 자, 나에게 너의 고통이라도 주게나." (루 살로메Lou Salomé, 301)

루 살로메는 1881년 취리히에서의 학업을 중단했는데, 이유는 날씨를 견딜 수 없었기 때문이다. 의사들은 남쪽에서 요양하도록 권했다. 그래서 그녀는 어머니와 함께 로마로 갔다. 로마에 있는 마이젠부크의 집에서 그녀는 곧 사교 모임의 중심이 되었다. 그리고 파울 레는 그곳에 도착하자마자 이 영리한 러시아 여인에게 반했다. 밤새도록 이 둘은 끊임없이 이야기를 하면서 로마 거리를 돌아다녔다. 레는 이 젊은 여인에게 그가 당시에 작업 중이던 도덕철학 책에 관한 이야기를 해주었다. 이야기가 끝나기도 전에 사유의 흐름을 파악하는 대화 상대는 처음 보았다고 레는 니체에게 편지로 말했다. 레는 황홀감에 빠졌고 니체도 이런 행복감을 함께 느끼기를 원했다. 하지만 레는 이로 인해 남자들 간의 우정에 금이 가는 일은 없기를 희망했다. 레는 니체를 로마로 초대한다. 말비다 폰 마이젠부크 역시 니체에게 초대의 편지를 보낸다. 그녀도 이 젊은 러시아 여인에게 깊은 인상을 받아, 니체가 이 여인을 반드시 알아야 한다고 생각한다. "이 특이한 소녀는 철학적인 사고에서도 아마 현재의 당신과 거의 같은 수준에 도달할 것처럼 보입니다. (…) 레와 나는 당신이 이 뛰어난 소녀를 만나봐야 한다는 생각에 합의했습니다."(얀츠 2, 121)

로마로의 초대와 루 살로메에 대한 이야기는 니체의 호기심을 불러일으켜 결혼 계획에 다시 불을 지핀다. 니체가 원하는 반려자는, 그의 여동생이 한참 동안 그를 위해서 해주었듯이 가계를 꾸려 나가고, 비서 역할도 어느 정도 하고, 그의 여동생과는 다르게 그와 거의 동등한 지적인 대화 상대가 되는 여자이다. 그는 지금까지 그런 여자가 있으면 즉각 반응을 보였다. 예를 들면 1876년 4월 그가 마틸데 트람페다흐 Mathilde Trampedach를 알게 되었을 때, 그는 그녀를 겨우 세 번 보고 나서 갑자기 청혼했다. 그녀는 놀라서 거절했으며, 니체도 아무 일 없었다는 듯이 뒤로 물러났다. 그가 사랑에 빠졌거나 깊은 감정의 동요를 느낀 징후도 없었다. 그때처럼 1882년 3월에도 로마에서 온 소식에 갑자기 결혼 생각이 다시 떠올랐다.

1882년 3월 17일 니체는 프란츠 오버베크에게 보낸 편지에서 우선 고장난 타자기에 대해, 다음에는 그의 나쁜 시력에 대해서 불만을 토로하고 나서, 책을 읽어주는 기계가 있었으면 좋겠다는 말을 한다. 그리고 그는 다음과 같이 말한다. 내 곁에 나와 함께 일을 할 수 있을 정도로 지적이고, 교육받은 젊은 사람이 있었으면 하네. 이런 목적에 부합한다면 2년 정도의 결혼도 고려해볼 만하네. −물론 이런 경우에는 몇 가지 다른 조건을 고려해야겠지만 말이네.(B 6, 180) 3월 21일 파울 레에게 보낸 편지에서도 비슷한 희망을 이야기한다. 하지만 이번에는 아이러니컬하면서도 추파를 던지는 어조가 섞여 있다. 이 러시아 여자에게 내 안부를 전해주게. 이런 안부 전달이 의미가 있다면 말이네. 나는 이런 종류의 영혼에 강한 욕망을 느낀다네. 정말 나는 곧 이런 영혼을 찾아나설 거네. 앞으로 10년 동안 할일을 생각하면 나는 그녀가 필요하다네. 하지만 결혼은 전혀 다른 문제이지. − 최대한 2년 정도의 결혼을 생각할 수 있다네.(B 6, 185f.) 하지만 니체는 즉시 로마로 출발하지 않고 메시나에 간다. 니체는 이 여행으로 인해 러시아 여자로부터 더 관심을 끌게 되었다는 말을 파울 레에게서 듣는데, 마치 일부러 이런 연극을 꾸민 것 같은 셈이 되었다. 레는 니체에게 다음과 같은 편지를 쓴다. 자네는 이 여행(메시나 여행)을 통해 젊은 러시아 여인을 놀라고 걱정하게 만들었다네. 그녀는 당신을 만나서 이야기하기를 열망하고 있네.(15, 120; 연대기)

이들의 관계는 이렇게 실제로 만나기도 전에 시작되었다. 4월 말에 그들은 로마의 성 베드로 성당에서 처음 만난다. 니체의 첫말은 "어떤 별들에서 우리가 이곳으로 떨어진 것이지요?"(얀츠 2, 123)였다. 6년 전에 마틸데 트람페다흐에게 했던 것처럼 니체는 만난 지 며칠 만에 루 살로메에게 청혼을 한다. 하지만 일이 복잡하게 전개되었다. 니체가 파울 레에게 청혼을 부탁했기 때문이다. 정작 파울 레 자신도 루 살로메와 결혼할 뜻을 품고 있었는데 말이다. 루 살로메는 거절한다. 그녀는 경제적인 이유를 들어 거절했지만, 셋이서 일종의 작업 및 연구 공동체를 만들어 빈이나 파리에서 공동의 주택을 마련해 함께 거주할 계획을 열정적으로 추진했다. 주변의 눈을 의식해 살로메나 레의 어머니 또는 니체의 여동생도 함께 살 수 있다고 그녀는 생각했다. 청혼을 거절당한 후에 니체는 이 계획에 흥미를 느껴서 그해 내내 이 계획에 매달린다. 이러한 지적인 공동체는 살로메의 취향에 딱 맞았다. 그녀는 회고록에서 "책과 꽃으로 가득 찬 편안한 작업실 양옆에는 두 개의 침실이 있고, 이쪽저쪽으로 왔다갔다하는 작업 동료들이 쾌활하고 진지한 대화를 나누는 공동체를 수립하려는"(얀츠 2, 125) 꿈을 꾸었다고 말한다. 니체도 이렇게 짜여진 작업 공동체에 마음이 동했다. 왜냐하면 수를레이 체험 후에 그는 철저한 자연과학적 연구를 통해 영원회귀 사상을 구축해나가려고 결심했기 때문이다.

5월 초 독일로 돌아오는 길에 그들은 북 이탈리아의 오르타 호수에서 만났는데, 드디어 니체는 살로메와 둘이서 산책할 기회를 가졌다. 그들은 몬테 사크로에 올라갔다. 니체는 후에 이 산책을 성스러운 체험으로 묘사했는데, 희망과 약속으로 가득 찼지만, 결국 실현된 것은 없었다. 우리는 몬테 사크로에서 어떤 일이 일어났는지 알지 못한다. 이에 대해서 니체는 전혀 말하지 않았고, 살로메도 말을 아꼈다. 나중에 그녀는 한 친구에게 다음과 같이 쓴다. "몬테 사크로에서 니체와 키스를 했는지 나는 더 이상 기억이 나지 않아."(페터스Peters, 106) 어쨌든 니체는 용기를 얻어 다음에 루체른에서 만났을 때 두 번째로 청혼한다. 이번에는 파울 레가 청혼자로 나서지 않았다. 살로메는 다시 거절한다. 그녀는 니체에게 끌리기도 했지만, 거부감도 느꼈다. 그녀가 니체에게 끌린 것은 사유의 모험이었다. 반면, 그녀에게 거부감을 준 것은 니체의 파토스,

부자연스럽고 딱딱하며 격식을 차리는 태도 그리고 이와 어울리지 않는 자유정신의 표방이었다. 그녀는 이를 니체가 본인에게 있지도 않은 것을 억지로 꾸미는 허세로 받아들였다. 어쨌든 니체는 파울 레의 질투를 일으키기에 충분할 정도로 유혹적인 행동을 했다. 파울 레는 살로메로부터 몬테 사크로에서 어떤 일이 있었는지, 그리고 살로메가 니체의 두 번째 청혼에 어떻게 반응했는지 알고 싶어 했다. 그는 살로메에게 장난스럽게 묻긴 했지만 내심 불안한 마음도 있었다.

니체는 두 번째 청혼도 거절당하자 세 사람의 작업 공동체 계획을 실현하는 데 모든 희망을 걸었다. 이제 니체는 이 작업 공동체 계획에도 불구하고 자신이 친구와 살로메를 두고 경쟁하는 것을 숨길 수가 없었다. 이 때문에 니체는 우정의 지속을 특별히 강조해야만 했다. 니체는 1882년 5월 24일 파울 레에게 지금의 우리 관계보다 더 근사한 우정은 없을 것입니다라고 편지를 쓴다. 그리고 같은 날 살로메에게는 다음과 같이 쓴다. 레는 모든 면에서 현재나 미래의 나보다 훨씬 좋은 친구입니다. 이러한 점을 유념해야 합니다.(B 6, 194f.) 지금까지 그들은 불과 며칠간만 함께 시간을 보냈다. 니체는 살로메와 단둘이서 더 많은 시간을 갖기를 원했다. 그렇게만 되면 그는 살로메의 마음을 얻을 수 있을 것이라고 생각했다. 니체는 자신이 무엇을 원하는지 알고 있었을까? 페터 가스트에게 그는 이 상황에서 사랑이라는 말(B 6, 222; 1882년 7월 13일)은 적합하지 않다고 분명하게 말한다. 말비다 폰 마이젠부크에게 보내려던 편지에서 그는 이 관계를 확고한 우정이라고 정의한다. 그는 살로메를 참으로 숭고한 영혼이라고 말하면서, 그녀가 나의 제자가 되거나, 내가 오래 살지 못한다면 그녀는 나의 상속자 혹은 후계자가 되었으면 한다(B 6, 223f.; 1882년 7월 13일)는 소망을 피력한다.니체는 살로메에게도 같은 의미의 말을 했다. 그는 그녀의 불신을 없애야 했고 그녀를 단지 비서로서 원한다는 인상을 주어서는 안 되었다. 이 때문에 니체는 그녀에게 다음과 같은 편지를 쓴다. 당신이 나에게 책을 읽어주거나 대필을 해준다는 생각을 해본 적은 추호도 없었습니다. 내가 원하는 것은 당신의 선생이 되는 것입니다. 마지막으로 솔직히 말하면 나는 지금 나의 상속자가 될 사람을 찾고 있습니다. 나의 책에서 읽을 수 없는 것들을 나는 몸에 지니고 다닙니다. 나는 지금 이러한 것을 받아들일 수 있는 비옥한 토지를 찾고 있습니다.(B 6, 221; 1882년 6월 26일) 살로메는 당연히 이 글을 사랑의 고백으로 보지 않았을 것이다. 이와 마찬가지로 니체가 살로메에게 보낸 모든 편지들도 전혀 에로틱하지 않았다. 하지만 살로메에게 마음의 동요를 드러내는 편지도 있었다. 1882년 6월 27일 니체는 그녀에게 다음과 같이 쓴다. 나는 침묵해야만 할 때도 있었습니다. 왜냐하면 당신이 말을 꺼내면 항상 어쩔 줄을 모르기 때문입니다.(B 6, 213)

그다음 여름에 그들은 튀링엔의 타우텐부르크에서 만났다. 살로메는 니체의 초대를 받아서 그곳으로 왔다. 그 전에 살로메는 바이로이트에서 공연을 보았으며, 바그너의 집에서 사람들과 만났고, 니체의 여동생을 알게 되었다. 엘리자베트는 살로메가 살롱이나 리셉션에서 사교적인 성공을 거두는 것을 부러워하면서 바라보아야만 했다. 그곳에서 니체의 평판은 좋지 않았다. 엘리자베트는 이 젊은 러시아 여성이 자신의 오빠를 열심히 변호해주기를 기대했다. 하지만 그녀는 그렇게 하지 않았다. 대신 살로메는 니체를 배반했고 험담에 가담했다. – 엘리자베트는 이렇게 생각했고, 무엇보다도 이 사실을 나중에 오빠에게 전달했다.

타우텐부르크로 가는 길에 살로메와 엘리자베트 사이에 심한 언쟁이 있었으며, 이 순간부터 엘리자베트는 복수심에 불타는 적이 되었다. 나중에 엘리자베트는 살로메가 도덕적인 비난을 퍼부으며 니체는 사기꾼이며, 정신적 친교를 핑계 삼아서 비정상적인 결혼을 하려고 했으며, 이기주의자이며, 그의 작품에는 망상의 흔적이 드러난다고 말했다고 주장했다. 살로메가 실제로 그렇게 말했는지 우리는 알 수가 없다. 하지만 엘리자베트는 오빠인 니체에게 그렇게 이야기했으며, 니체는 이 이야기를 듣고 – 한 편지에서 썼듯이 – 거의 미칠 정도로(B 6, 435; 1883년 8월 26일) 흥분했다.

이러한 적대감에도 불구하고 엘리자베트는 오빠와 함께 살로메와 몇 주 동안 타우텐부르크에서 지낸다. 물론 니체와 살로메는 엘리자베트에 대해 거의 신경을 쓰지 않았으며, 엘리자베트는 두 사람의 열띤 대화에 끼지도 못했다. 레가 두 사람의 관계를 질투했기 때문에 살로메는 레에게 보내는 편지 형식으로 이곳에서의 보낸 몇 주 동안을 일기로 썼다. 이 일기는 타우텐부르크에서의 전원생활에 대해 상당히 정확한 정보를 제공한다. 살로메는 도착하고 몇 시간 후에 "사소한 잡담"을 나누며 예전의 친숙함을 다시 찾았다고 쓴다. 그들은 다른 집에 머물렀으며, 니체가 아침에 그녀가 머무는 곳으로 와 이야기를 나누며 긴 산책을 했다. "지난 3주 동안 우리는 거의 녹초가 될 정도로 대화를 했다. (…) 대화를 하다가 우리도 모르게 낭떠러지로 접어들곤 했다. 이 아찔한 곳은 사람들이 아래를 내려다보기 위해 홀로 올라오는 곳이었다. 우리는 보통 가파른 길을 선택해서 산책했는데, 우리가 숨을 몰아쉬면서 대화하는 것을 듣는 사람이 있었다면 아마도 두 악마가 대화를 나누고 있다고 생각했을 것이다."(15, 125; 연대기)

그들은 무슨 대화를 했을까? 자신들의 감정에 대해 이야기하지는 않았을 것이다. 단 한 번 니체는 살로메에게 나지막하게 속삭였다. "몬테 사크로, 내 삶의 가장 황홀한 꿈인 너에게 나는 감사한다."(페터스, 133) 대화의 주제는 신의 죽음과 종교적 동경이었다. 살로메는 다음과 같이 쓴다. "우리 둘은 공통적으로 종교적인 특질을 갖고 있었다. 우리 둘 다 과격할 정도의 자유로운 정신을 소유했기 때문에 우리는 터놓고 이야기할 수 있었다. 자유로운 정신의 소유자로서 우리의 종교적 감수성은 우리 자신 외에 어떤 신성이라든지 내세의 천국을 상상할 수 없다. 이러한 것들 속에는 연약함, 두려움, 탐욕 같은 종교를 만드는 힘이 숨어 있다. 자유로운 정신에서는 종교에 의해 형성된 종교적 욕구가 자기 자신에게로 다시 반사되어 (…) 자기 존재의 영웅적인 힘, 위대한 목표에 헌신하려는 욕구가 된다." 니체의 성격은 특히 이러한 영웅적인 기질을 잘 나타낸다. 이 때문에 사람들은 "그가 새로운 종교의 선포자로 등장하는 것을 볼 것이며, 이 종교는 영웅들을 자신의 사도로 모을 것이다."(페터스, 136) 날카로운 관찰자인 살로메는 니체가 그의 "차라투스트라"를 통해 실제로 일종의 새로운 종교를 선포하려는 시도를 하기 반년 전에 이렇게 쓴다.

타우텐부르크에서 보낸 몇 주는 행복하고 강렬했다. 하지만 살로메가 니체에게서 낯설고 섬뜩한 느낌을 받는 순간들도 있었다. 그녀는 다음과 같이 쓴다. "우리 존재에 숨어 있는 깊은 측면에서 보면 우리는 서로 너무나 다르다. 니체는 지하 감옥이나 숨겨진 창고를 갖고 있는 오래된 성과 같은 존재이다. 잠깐 만날 때는 드러나지 않지만 가장 본질적인 것을 온전히 간직하고 있는 성 말이다. 우리가 적이 될 수도 있다는 생각을 얼마 전 기이하게도 갑자기 하게 되었다."(페터스, 134) 실제로 두 사람은 적이 되었다. 니체는 살로메가 자신을 사랑하지 않는다는 사실을 알려고 하지 않았는데, 그의 태도를 놓고 보면, 마치 그런 결과를 원했던 것 같았다. 니체는 두 사람 사이의 긴밀함과 살로메가 자신과의 대화에서 체험한 특별한 행복을 사랑의 행복으로 착각했다. 하지만 살로메에게 이러한 감정은 전혀 없었다. 니체가 그녀를 비난할 이유는 전혀 없었다. 왜냐하면 사랑은 요구나 강요에 의한 것이 아니기 때문이다. 설령 오해가 있었다고 할지라도, 이러한 오해는 살로메가 의도적으로 만든 결과는 아니다. 살로메는 니체에게 아무것도 속인 게 없다. 그녀는 그들 사이에 있었던 극적인 오해와 잘못된 관계를 나중에 명확하게 서술했다. 살로메는 3년 후에 쓴 책 『신과의 투쟁』에서 다음과 같이 쓴다. "감각적인 열정을 통해서 상대방의 정신적 본질을 긍정적으로 생각하게 될 수는 없다. 하지만 거꾸로는 가능하다."(페터스, 157)

아마도 니체에게는 이 거꾸로 진행된 과정, 즉 정신적 본질에 대한 긍정적인 평가를 통해서 감각적인 열정으로 발전하는 과정이 있었을 것이다. 하지만 살로메는 이러한 열정에 응답할 수 없었다. 니체에게도 감각적인 측면은 매우 양가적으로 작용했다. 왜냐하면 살로메와의 결별 이후 니체가 그녀에 대해 느낀 육체적인 혐오감이 터져 나왔기 때문이다. 니체는 파울 레의 남자 형제에게 보내려던 편지에서 살로메에 대해 다음과 같이 쓴다. 말라빠지고 더럽고 악취가 나며 짝짝이 젖가슴을 가진 암원숭이 – 한 마디로 재앙이라네!(B 6, 402; 1883년 7월 중순)

니체가 이 모든 일들을 되돌아볼 때는 전체가 마치 환각(B 6, 374; 1883년 5월 10일)처럼 느껴졌다. 그는 이 상황을 다음과 같이 정리했다. – '나는 지금 분명 은둔자가 되었다. 사람들과의 교제도 끊고 더 이상 그들을 이해할 수 없다. 나는 그들에게 완전히 휘둘리고 있다.' 니체는 당시에 쓴 한 편지에서 다음과 같이 말한다. 내 영혼의 보호막도, 모든 자연적인 보호 장치도 없다.(B 6, 423; 1883년 8월 14일) 이렇게 그는 자신이 함께 게임을 했지만, 정작 무슨 게임을 했는지 그 본질을 간파하지 못했다. 그는 로마로 유인당해 살로메를 만났다. 말비다 폰 마이젠부크와 파울 레가 선의에서 그렇게 했을지도 모른다. 하지만 그들이 니체에게 단지 흥미로운 대화 상대를 소개하려고만 했을까? 친구 레는 살로메에 대한 자신의 감정을 숨겼고, 결국 니체를 속인 것이다. 니체는 그 사실을 알아채지 못했고, 이는 실제적인 인간 이해가 부족한 자신의 탓이라고 자책했다. 게다가 그는 셋이서 작업 공동체를 만드는 제안을 받아들였는데, 이 제안은 그들이 자신을 위로하려고 만든 구실뿐이라는 사실을 이제야 알게 되었다. 타우텐부르크에서의 체류 이후에도 레와 살로메는 이 계획을 한동안 유지했지만, 그것도 니체를 달래기 위한 것일 뿐이었다. 니체가 이 계획에 여전히 매달리고 있는 동안에 살로메와 레는 베를린에서의 동거 계획을 이미 실행에 옮겼던 것이다. 그러고 나서 니체는 여동생을 통해 자신에 대한 끔찍한 비방의 소리를 듣게 되었다. 니체는 두 사람에게 따돌림을 당하고 있다고 느끼면 느낄수록 이러한 소문을 점점 더 믿게 되었다. 니체에 대한 세 가지 비방은 ─ 그가 이기주의자이고, 이상주의의 가면을 쓰고 성적으로 추근댔다는 것과 그의 작품이 반쯤은 미친 이론이라는 것(B 6, 399: 1883년 7월 중순) ─ 그의 분노를 들끓게 했다. 그는 여기에서 쉽게 벗어나지 못했다.

실제로 그에게는 면역성이 없었다. 그에게는 자연적인 보호 장치, 즉 다른 사람과의 일상적인 교제를 통해 기분 전환을 하는 예방책이 없었다. 이 은둔자는 자신의 환상으로 인해 고문을 당한다. 니체가 이후에 플로베르의 『성 앙투안느의 유혹』을 읽었다면, 자기 자신의 환상에 의해서 압도당하는 것이 무엇을 뜻하는지를 알아차렸을 것이다. 하지만 니체는 힘에의 의지를 얻으려고 자기 자신과 싸웠고, 스스로에 대해 의구심을 품는 것에 조심하게 되었다. 따라서 니체는 이 모든 소란을 갑자기 다른 시각으로 볼 수 있었다. 이제 니체는 1883년 8월 14일의 편지에서 다음과 같이 말한다. 살로메는 자신에게 으뜸가는 존재이며, 그녀와 함께 겪었던 일은 유감이다. (…) 그녀는 나쁜 본성을 지니고 있지만 그녀가 그립다.(B 6, 424)

니체는 무엇이 그녀의 나쁜 본성인지 명확하게 말한 적이 없다. 우리는 추측에 의존할 수밖에 없다. 니체는 그녀에게 자신의 내밀한 정신적 모습까지 모두 열어 보여주었다. 이런 일은 지금까지 어느 누구에게도 해본 적이 없었다. 니체는 두 사람 사이에는 유례가 없을 정도로 깊은 이해의 공감대가 생겼다고 느꼈다. 그녀는 니체의 재능과 계획(B 6, 254: 1882년 9월 9일)의 핵심을 볼 수 있었다. 니체는 그녀가 자신을 전적으로 이해한다고 느꼈다. 정신적이고 도덕적인 지평에서 바라보는 몇 가지 원대한 전망은 가장 강력한 내 삶의 원천입니다. 나는 이러한 바탕에서 우리의 우정이 뿌리를 내리고 동시에 희망을 가질 수 있다는 것이 기쁩니다.(B 6, 204: 1882년 6월 12일) 심지어 그들은 너무나도 비슷해서 '친척'(B 6, 237: 1882년 8월 14일)과도 같으므로 그녀에 대한 모든 비방이 결국에는 나를 향한 것(B 6, 254: 1882년 9월 9일)이라고 그는 여동생에게 살로메를 변호할 정도였다. 이로써 '거울의 방'이 완성되었다. 왜냐하면 만일 그녀와의 결별 후에 그녀를 비방하면, 그 비방이 다시 그에게 돌아오기 때문이다. 그런데 니체는 살로메에게 어떤 비난을 했을까? 그녀가 그를 너무 잘 이해한 것을 비난할 수는 없다. 하지만 그를 잘 이해했던 그녀가 사람에 대한 억누를 수 없는 호기심으로 인해 그에게 머물지 않고 '다른 사람'에게 간 사실과 그를 그녀의 성장 과정의 한 단계로 생각하고 그를 떠났다는 사실을 니체는 견딜 수가 없었다. 니체가 살로메에게 '당신은 다른 왕의 식사 초대를 받았다'고 선언하는 것은 불가능했다. 니체는 차라투스트라의 의연한 여유를 보여주지 못했다. 차라투스트라는 자신의 제자들에게 자신을 찾은 후에는 자신에게서 벗어나 떠나라고 요구했다.

바로 그것, 즉 살로메가 그를 벗어나서 그녀의 길을 간 것이 그에게 깊은 상처를 입혔다. 그는 이용당하고 악용당했다고 느꼈다. 자신의 제자가 이제 스승을 이해했으니 다른 스승을 찾아야겠다고 자신에게 알린 셈이다. 하지만 니체는 이를 엄청난 마음의 상처로 받아들였다. 그는 자신을 그녀에게 희생했지만 그녀로부터 버림받은 셈이었다. 1882년과 1883년 사이의 겨울에 그는 그 어느 때보다도 심하게 홀로 내동댕이쳐진 느낌을 받았다. 1882년 12월에 그는 오버베크에게 다음과 같은 편지를 쓴다. 이제 나는 나의 과제물 앞에 외로이 서 있네. (…) 나는 견딜 수 없는 것을 막아줄 방어벽이 필요하네.(B 6, 306) 2주 후에 니체는『차라투스트라는 이렇게 말했다』의 제1부를 10일 동안 거의 도취 상태에서 쓴다. 이 작품이 견딜 수 없는 것을 막아줄 방어벽이라는 사실은 의심할 여지가 없다.

『차라투스트라는 이렇게 말했다』의 작업은 – 작업이라기보다는 황홀한 유희였다. – 니체를 예외적 상태로, 즉 인간사의 복잡함이나 소용돌이를 떠나서 숭고한 메시지를 전달하는 고요한 분위기로 몰아넣었다. 1883년 2월 10일 그는 오버베크에게 다음과 같이 쓴다. 번개가 친 것 같았네. 나는 잠깐 동안 내 세상을 만난 것 같았어. 지금은 모두 지나갔다네.(B 6, 325)

『차라투스트라는 이렇게 말했다』의 첫 장면은 지나간 몇 주 동안 그가 받은 상처와 절망의 흔적을 분명하게 보여준다. 첫 장면에서 차라투스트라가 외로운 독거 생활을 끝내고 사람들 속으로 내려가서 그들에게 조롱을 당하는 것이 묘사된다. 머리말에는 다음과 같이 씌어 있다. 차라투스트라는 고향을 떠나서 10년 동안 산속에 머문다. 여기서 그는 자신의 정신을 즐겼는데(4, 11) 이 정신이 차서 넘칠 때가 되었다. 이 잔은 비워질 것이다. 차라투스트라는 자신의 풍부한 지혜를 사람들에게 나누어주면서 다시 인간이 되려고 한다. 차라투스트라의 몰락은 이렇게 시작되었다.(4, 12) 니체는 이러한 파토스가 우스꽝스러운 인상을 줄 수 있다는 사실을 곧 깨닫게 되었음이 틀림없다. 1882년 늦은 여름, 살로메 때문에 어머니와 여동생과 언쟁을 하고 갑자기 고향을 떠날 때, 여동생이 조롱하듯이 그에게 말했다. "차라투스트라의 몰락은 이렇게 시작되었다!"(B 6, 256) 그녀는 이 문장을 1882년에 출간된 『즐거운 학문』에서 보게 되었는데, 니체는 이 책의 제4권 마지막 부분에 차라투스트라를 처음으로 등장시켰다.

차라투스트라의 몰락은 그가 사람들 속으로 내려가면서 시작되는데, 니체 자신도 1882년에 어려움을 겪었다. 니체는 지나간 여름을 회고하면서, 그리고 『차라투스트라는 이렇게 말했다』의 제1부를 끝내고 오버베크에게 다음과 같은 편지를 쓴다. 오직 이상적인 광경이나 과정들만 접하면서 자극을 받아서인지, 사람들과의 교제에서 말할 수 없이 고통을 받고 아쉬움을 느끼네.(B 6, 337; 1883년 2월 22일)

니체의 차라투스트라가 처음으로 알리는 메시지는 초인에 관한 가르침이다. 하지만 이 가르침을 알리는 때와 장소가 적절치 않았다. 줄타는 광대의 공연을 보려고 사람들이 장터에 모여 있었다. 그들은 줄타는 광대가 보여줄 묘기의 짜릿함을 즐기려고 한다. 차라투스트라는 이처럼 자극적인 볼거리에 빠져 있는 군중에게 가르침을 전하는데, 그것은 마치 형이상학에 목말라하는 사람들에게 현세의 즐거움을 누리라고 설득하는 것과 같았다. 대지에 충실하라. 그대들에게 하늘나라의 희망을 말하는 자들을 믿지 마라!(4, 15) 차라투스트라는 어떻게 자신 앞에 있는 사람들이 하늘나라의 희망을 갖지 말라고 설득해야만 하는 자들이라고 생각할 수 있었단 말인가! 이들은 전혀 그럴 필요성을 느끼지 못하는 사람들인데도 말이다. 차라투스트라는 가르침을 가지고 왔지만, 사람들을 알지 못한다. 이 때문에 파토스는 엉뚱하게 들린다. 니체는 이러한 불일치를 의도적으로 연출했다. 왜냐하면 차라투스트라가 결국 (머리말의 끝에 가서) 자신의 사명을 다르게 시작해야 한다는 사실을 배워야만 하기 때문이다. 한 줄기 빛이 내게 떠올랐다. 차라투스트라는 이제 군중이 아니라 길동무에게 말하려 한다!(4, 25)

차라투스트라는 이제부터 아무나 모이는 장터를 피하고 그가 설교할 수 있는 길동무를 찾기 때문에 설교의 톤을 바꿀 필요가 없다. 그가 피하는 것은 파토스가 아니라 곤혹스런 상황뿐이다. 그는 모든 이와 그 누구도 아닌 이에게, 형제와 친구들에게 말한다. 하지만 그는 자신의 말이 독백이라고 고백한다. 이 독백은 나와 또 다른 나 사이의 대화가 내향적으로 머물지 않도록 자신을 제3의 인물 - 친구, 제자, 인류 - 로 가장한다. 이 제3의 인물은 두 사람, 즉 나와 또 다른 나 사이의 대화가 깊은 곳에 가라앉는 것을 막아주는 코르크 마개이다.(4, 71) 하지만 보통의 관객이 반항적인 제3의 인물 역할을 하는 머리말 이후에 니체는 자신의 차라투스트라에게 진정한 적수를 붙이는 것을 포기한다. 이 때문에 차라투스트라의 말은 딴지를 거는 상대가 없는 독백으로 이어져 단조롭게 들린다. 차라투스트라는 장터를 - 모욕 받을 수도 있었던 장소를 - 떠난 후에는 허공에 대고 말할 뿐이다. 니체는 최후의 인간들을 무대에 그대로 두어야 했다. 그리고 차라투스트라가 그들과 논쟁을 했어야만 했다. 만일 그랬다면 초인에 관한 가르침은 명암이 풍부하고 윤곽도 더 뚜렷해졌을 것이다.

초인은 도대체 무엇이고, 우리는 초인을 어떻게 상상해야 할까? 우선 이 용어는 니체가 이미 『반시대적 고찰』을 쓸 시기에 한 번 다루었던 테마, 즉 자기 형성과 자기 상승이라는 테마의 새로운 표현이라고 보아야 한다. 『반시대적 고찰』의 제3권 「교육자로서의 쇼펜하우어」에서 니체는 쇼펜하우어에 대한 자신의 경험을 토대로 젊은 영혼이 어떻게 진정한 자아의 근본 법칙(1, 340)을 찾아가는지를 서술했다. 젊은 영혼은 자신에게 영향을 준 모범적인 인물들을 검토하면서 자신을 찾아간다. 독자적으로 결정을 내리고 자신감을 얻는 젊은 영혼은 이 과정을 거치며 상승하는 길을 발견한다. 모든 모범은 자신을 찾도록 용기를 주는 역할을 한다. 우리는 이러한 모범의 인도로 자신을 벗어나 우리가 지닌 잠재력을 발휘해야 한다. 당시에 니체는 진정한 자아는 우리 내부에서 찾는 것이 아니라 우리 위에서 찾아야 한다고 말했다. 너의 진정한 본질은 너의 내부에 깊숙이 숨어 있는 것이 아니라, 너의 위 아주 높은 곳에, 적어도 네가 보통 너의 자아로 생각하고 있는 것보다 훨씬 더 높이 있다.(1, 340; SE) 따라서 우리는 더 나은 자아 (더 나은 자아가 되는 우리 자신)를 배반해서는 안 된다. 우리는 자신으로부터 무언가를 기대할 수 있고 또 기대해야 한다. 우리는 삶 일반으로부터 뿐만 아니라 우리 자신으로부터도 무언가를 약속할 수 있다. 그리고 우리는 이러한 약속을 지켜야 한다. 우리는 이러한 약속의 완성되지 않은 화신이다. 상승을 추구하는 자기형성의 시도에는 이미 초인에의 의지가 작용하고 있다.

이러한 초인의 의미에는 아직 생물학이 개입되어 있지 않다. 초인은 인간 정신의 자가 조직력, 즉 자기 자신을 다스리는 능력과 상승하면서 자기 자신을 형성하는 능력을 의미한다. 니체는 이렇게 이해된 초인 이상에 대해 이미 『인간적인 너무나 인간적인』에서 인상 깊게 표현한 바 있다. 너는 너의 주인이며 동시에 네 자신의 미덕의 주인이 되어야만 했다. 과거에는 미덕이 너의 주인이었다. 그러나 그 미덕은 다른 도구들과 마찬가지로, 오로지 너의 도구여야 한다. 너는 너의 찬성과 반대에 대한 지배력을 터득하여 너의 더 높은 목적에 필요할 때마다 그 미덕을 붙이거나 떼내버리는 것을 배워야만 했던 것이다.(2, 20) 차라투스트라가 다음과 같이 선포할 때는 바로 이러한 초인을 염두에 두고 있다. 나는 사랑한다. 자유로운

정신과 자유로운 심장을 지닌 자를.(4, 18: ZA)

하지만 자기 자신을 형성하는 자로서의 초인만이 이야기되는 것은 아니다. 차라투스트라가 다음과 같이 말할 때는 생물학적인 어조도 드러난다. 현재의 인간은 원숭이에서 진화된 존재이다. 하지만 인간 안에는 아직도 원숭이의 속성과 동물의 왕국으로 다시 돌아가려는 나태함이 너무도 많이 남아 있다. 인간은 과도기의 존재이다. 아직도 인간은 자신의 근원인 원숭이와 앞으로 발전해나갈지도 모를 초인 사이에서 동요하고 있다. 인간이 보기에 원숭이는 어떤 존재인가? 웃음거리거나 고통스런 수치이다. 초인이 보기에 인간도 이와 마찬가지로 웃음거리거나 고통스런 수치에 불과하다.(4, 14)

『차라투스트라는 이렇게 말했다』에서의 비유적인 수사법은 생물학적인 내용을 암시만 한다. 하지만 그가 이 시절에 쓴 다른 글에서는 생물학적 내용이 더 뚜렷해진다. 목표는 단순히 두뇌뿐만 아니라 몸 전체를 더 향상시키는 것이다.(10, 506) 만약 인간의 몸을 더 향상시키는 측면이 『차라투스트라는 이렇게 말했다』에서 지나치게 강조되었다면, 차라투스트라의 파토스에 어울리지 않았을 것이다. 차라투스트라가 초인의 머리털과 근육의 상태와 팔의 길이 그리고 머리의 크기에 대해 말했다면 어떻게 되었을까? 그랬다면 정말 우스꽝스런 장면이 연출되었을 것이다. 이 때문에 차라투스트라는 초인의 육체적인 면과 관련해서는 고작 결혼하려는 자를 위한 지침으로 만족한다. 그대는 그대 자신을 계속해서 번식시킬 뿐만 아니라 드높이 고양시켜야 한다! 그러기 위해서 결혼이라는 정원이 그대에게 도움이 되리라!(4, 90)

니체는 당시에 유행했던 생물학적인 종의 개량이나 진화에 대한 이론을 이미 알고 있었다. 그는 1881년 여름 질스마리아에 체류할 때, 이 분야에 관한 책들을 받아보았다. 니체가 다윈주의를 추종하는 다양한 생물학적 진화 이론에 영향을 받지 않았다면, 시대의 흐름을 무시하는 사람일 수밖에 없을 것이다. 비록 니체는 세부적으로 다윈을 비판하긴 했지만, 이 이론의 강력한 힘을 벗어날 수 없었다. 당시의 지적인 문화의 보편적인 자산으로서 니체에게도 자명한 전제가 된 두 가지 기본 사상이 있다.

하나는 발전 사상이다. 이는 적어도 정신문화와 의식과 관련해서는 새로운 사상이 아니다. 헤겔주의 전체와 이 헤겔주의를 따르는 역사학파가 이 사상을 지적인 변형의 발전 법칙으로 도입했다. 다윈의 새로운 기여는 – 이것이 두 번째 기본 사상이다. – 발전 사상을 생물학적 실체에 적용하는 것이다.

인간이 동물의 세계에서 진화했다고 여기는 생물학적 역사는 한편으로 인간의 가치를 급격하게 추락시킨다. 이제 원숭이가 인간의 초기 친척이 된다. 따라서 니체는 차라투스트라에게 다음과 같이 말하게 한다. 일찍이 그대들은 원숭이였고, 지금도 인간은 그 어떤 원숭이보다 더 원숭이다.(4, 14) 생물학적인 발전의 결과물이 인간이라는 주장을 통해서 이른바 정신도 결국은 육체의 작용, 즉 머리와 척추와 신경 등의 작용으로 이해되었다.

니체도 이러한 의미에서 정신 작용의 생리학적 측면에 주목하고 『차라투스트라는 이렇게 말했다』에서 몸의 커다란 이성에 대해 언급한다. 창조하는 몸은 자신의 의지로 정신을 창조했다.(4, 40) 하지만 이러한 정신의 자연화와 이와 결부된 인간의 특별한 지위의 상대화, 즉 인간의 가치 추락은 다윈주의 영향의 한 가지 측면에 불과하다.

다른 측면은 역으로 인간의 발전 가능성에 대한 열광적인 전망이다. 이러한 전망에 따라 우리는 진보 사상을 생물학적 발전에도 적용시킬 수 있다. 진화가 인간까지 이어졌다면, 왜 이 진화가 인간에서 끝나야 하는가? 왜 더욱 발전한 생물체가 나오면 안 되는가? 고차원적인 생물학적 형태로서의 초인이 왜 불가능하단 말인가? 다윈은 초인이라는 표현을 사용하지 않았다. 하지만 이러한 인간의 생물학적 미래상은 그에게 낯설지 않았다. 발전 사상의 논리를 따르다보면 이와 같은 상상을 하게 되는 것은 당연한 일이기 때문이다. 다윈은 다음과 같이 말했다. "인간이 비록 자신의 노력으로 이룬 것은 아니지만, 전 유기체의 사다리에서 정점에 도달한 것에 대해 어느 정도 자부심을 느낀다면 용서될 수 있다. 그리고 인간이 원래부터 이 정점에 놓였던 것이 아니라 이러한 방식으로 상승했다는 사실은 인간에게 앞으로 더 높은 차원에 도달할 수 있다는 희망을 줄 수 있다."(벤츠Benz, 88)

그럼에도 불구하고 다윈은 회의적이었다. 그는 이러한 미래를 생각하기에는 인간의 정신이 제한되어 있고, 그러한 미래는 인간의 희망사항일 뿐이고 인간이 자신을 과대평가하고 있다는 사실을 한순간도 잊지 않았다. "인간이 그러한 원대한 결론을 내린다면, 내가 전적으로 믿고 있듯이, 저 저급하기 이를 데 없는 동물과 같은 낮은 정신에서 발전해온 인간의 정신을 우리가 어떻게 믿을 수 있을까?"(벤츠, 89)

하지만 일부 다윈주의자들은 경솔할 정도로 낙관적이었다. 니체가 신랄하게 비판한 다비트 프리드리히 슈트라우스는 생물학적 발전 사상을 맹신했다. 니체가 비판한 것은 이러한 다윈주의적 발전 사상 그 자체가 아니라, 발전하긴 했지만 여전히 가축과 같은 상태에 있는 인간 유형을 상정하는 슈트라우스의 안일한 생각뿐이었다. 1875년에 니체는 오이겐 뒤링Eugen Dühring을 자세하게 연구하고 그로부터 많을 것을 배웠다. 물론 니체는 이후에 뒤링을 경멸하며 비판하게 된다. 뒤링은 방대한 논거를 들며 진화로 인해 대부분의 종이 퇴화되거나 멸종되지만, 인간은 엄청난 성공을 거둘 수 있다는 생각을 펼쳤다. 뒤링은 모든 것을 놓고 보면, "인류는 자신을 시체로 만들지 않고 상당히 다른 능력을 가진 고귀한 종으로 바뀌는"(벤츠, 102) 발전이 가능하다고 주장했다.

따라서 생물학적인 유형으로 이해된 "초인"은 전적으로 다윈주의의 영향을 받은 시대의 산물이었다. 물론 니체는 이를 달갑게 생각하지 않았고 초인에 대한 자신의 비전이 시대의 트렌드와 맞다는 사실에 거부감을 느꼈다. 니체는 특히 저속한 다윈주의나 이와 관련된 주장을 펼치는 선전 책자에 대해 거리를 두려고 했다. 그는 자신의 초인 이론이 독창적이고 유일한 것이 되기를 바랐다.

또 그는 다른 유사성으로부터도 벗어나려고 했다. 토머스 칼라일 Thomas Carlyle과 랠프 왈도 에머슨Ralph Waldo Emerson은 – 니체는 에머슨에 대해서는 어느 정도 인정했다. – 인류가 영웅, 천재, 성인과 같은 초인의 반열에 도달할 수 있고 또 도달해야 한다는 생각을 피력했다. 이들은 예술, 정치, 학문 그리고 전쟁 분야에서 인간의 창조력을 상승시켜 모범이 되고 감동을 준다. 여기서도 발전 사상이 큰 역할을 하는데, 왜냐하면 칼라일과 에머슨은 루터나 셰익스피어, 나폴레옹 같은 사람들을 문화의 행운일 뿐만 아니라 인간의 기본 속성이 질적으로 변화해서 생겨난 조짐으로 여기기 때문이다.

니체는 자신의 초인 이론이 다윈주의나 이상주의적인 관념과 연관되는 것을 강력하게 부인한다. 『이 사람을 보라』에서 그는 자신의 초인 이론이 근본적으로 오해되었다고 불만을 토로한다. "초인"이라는 말은 최고로 성취한 인간 유형에 대한 명칭이며, "현대"인, "선한" 자, 기독교인과 여타의 허무주의자들과는 반대되는 말이다. 도덕의 '파괴자'인 차라투스트라의 입에서 이 말이 나오면, 아주 숙고할 만한 말이 된다. 그런데 거의 모든 곳에서 그 말의 가치가 차라투스트라의 형상에서 드러나는 것과는 정반대의 의미로 순진하게 이해되고 있다. 말하자면 반은 "성인"이고 반은 "천재"

인, 조금 더 고등동물인 인간의 "이상주의적인" 유형으로서 말이다. (…) 또 다른 어떤 멍청이 학자는 나를 다원주의자가 아닌가 의심하기도 했다. 자신도 모르게 등장하는 칼라일의 그 대단한 허위 속에 있는 "영웅 숭배"를 내가 그토록 악의에 차서 거부했는데도, 이것을 심지어는 『차라투스트라는 이렇게 말했다』에서 다시 발견하기까지 했다. 내가 파르지팔 같은 자를 찾기보다 차라리 체사레 보르자 같은 자를 찾아야 한다고 속삭였을 때, 그 말을 들은 사람은 자신의 귀를 의심했다.(6, 300)

니체가 자신의 초인이 고등동물인 인간의 "이상주의적인" 유형으로 오해된다고 불만을 토로한다면, 그는 분명 자신의 초기 작품에서 자기가 했던 말을 잊어버린 것이다. 그는 『비극의 탄생』과 특히 「교육자로서의 쇼펜하우어」에서 천재의 개념을 펼쳤는데, 이 개념은 지금 그가 비판하는 반은 "성인"이고 반은 "천재"의 유형과 너무나 흡사하기 때문이다. 니체는 『비극의 탄생』의 서문 초안에서 다음과 같이 말한다. 과연 누가 황야에 있는 성인에 대해 그가 세계 의지의 최고 의도를 잘못 파악했다고 대담하게 말하려 하겠습니까?(7, 354) 니체에게 천재와 성인은 이 세상의 황홀경의 극치였다. 금욕주의자, 열광주의자, 정신적으로 풍부하고 창조적인 인간이 바로 그들이었다. 하지만 그들은 체사레 보르자의 유형, 즉 생명력으로 충만한 영웅이나 넘치는 힘을 가진 사람, 비도덕적인 용사는 아니었다. 니체는 『차라투스트라는 이렇게 말했다』의 시기와 그 이후에는 이상주의적이고 유사 종교적인 몇 가지 특성을 초인의 이미지에서 제거한다. 『즐거운 학문』의 제5권(『차라투스트라는 이렇게 말했다』이후에 써졌다.)에서야 초인은 무자비하게 유희를 즐기는 존재, 도발적인 존재, 비도덕적인 자연의 힘을 가진 존재로 등장한다. 니체는 여기서 정신의 이상에 대해 말한다. 지금까지 성스럽다고, 선하다고, 불가침적이라고, 신적이라고 불렸던 모든 것을 상대로 해서 순진하게, 즉 의도적으로가 아니라 넘칠 정도로 충만하고 강하게 유희하는 정신의 이상. (…) 그것은 인간적이고 초인간적인 행복과 선의라는 이상이지만, 종종 '비인간적'으로 보이기도 한다.(3, 637; FW)

니체는 정신이 붕괴되기 1년 반 전에 쓴 『도덕의 계보』에서 우리에게 저 악명 높은 금발의 야수를 소개하는데, 이 야수는 아마도 소름 끼치는 일련의 살인, 방화, 능욕, 고문 등과 같은 끔찍한 일을 자행한 후에도 의기양양해 하고 마음의 안정을 지닌 채, 마치 학생들이 장난을 치고 난 뒤 그러듯이 (…) 맹수적 양심의 순진함으로 되돌아간다.(5, 275; GM) 니체가 이탈리아의 르네상스 시대에서 찾을 수 있다고 믿은 고귀한 종족의 이 금발의 야수가 실제로 앞으로 등장할 초인의 바람직한 모습인지는 여기서 확실하지 않다. 니체가 이러한 예를 든 이유는 인간에게서 점점 사라지는 생명력을 강조하기 위해서다. 하지만 니체가 모든 억제나 제한을 없애는 것을 찬성하지 않는다는 것은 확실하다. 니체에게 창조적인 활동의 원칙은 항상 결정적으로 중요하다. 커다란 힘은 강력한 의지에 의해서 형식을 갖추어야만 한다. 이런 이유에서 차라투스트라는 다음과 같이 경고한다. 그대는 탁 트인 산꼭대기로 올라가려고 하고, 그대의 영혼은 별들을 갈망한다. 하지만 그대의 좋지 않은 충동도 자유를 갈망한다.(4, 53) 니체는 이상주의적인 초인 이미지와 삶을 부정하는 쇼펜하우어적인 천재로부터 등을 돌린 후에도 강자의 영역에서 정신을 내쫓으려고 하지 않는다.

쇼펜하우어의 천재는 세상을 도덕적인 스캔들로 여기기 때문에 세상을 부정한다. 하지만 이 천재는 본성이 강력해서 세상을 내면적으로 극복한다. 이러한 천재는 『차라투스트라는 이렇게 말했다』를 쓸 무렵의 니체가 보기에는 너무도 기독교적 도덕성을 지니고 있다. 니체는 쇼펜하우어가 표방하는 자기 극복의 이상은 인정하지만, 쇼펜하우어가 세상을 등지는 것은 받아들이지 않는다. 이제 니체에게 자기 극복은 힘에의 의지, 즉 자기 자신을 지배하는 힘의 한 측면이다. 초인은 행위의 법칙을 스스로 만든다. 이 때문에 이 법칙은 개인적인 법칙이긴 하지만 전통적인 도덕을 넘어선다. 전통적인 도덕은 일반적인 사람에게 제약을 가하지만 초인에게는 방해가 될 뿐이다.

이렇게 초인은 위대한 경기 참가자가 된다. 그는 오직 스스로 만든 규칙만을 지킨다. 하지만 그는 경기를 지칠 때까지 또는 지루해질 때까지 계속하지 않는다. 초인은 경기를 중단할 수 있는 힘이 있다. 경기 중단을 결정하는 사람은 힘을 가진 자이다. 초인은 이렇게 강력한 경기 참가자이다. 그는 또한 우리가 도덕이라고 부르는 경기에 일정한 시간 동안 참가할 수 있다. 하지만 그는 큰 구속 없이 이렇게 한다. 그에게는 약자의 양심을 번개처럼 때리는 정언명령이 없고, 오직 삶에 봉사하는 경기 규칙만이 있을 뿐이다. 또 초인은 다른 사람에게는 '악'으로 여겨지는 충동과 목표를 강력하게 추구한다. 하지만 이러한 충동과 목표는 제멋대로가 아니라 일정한 형태를 갖추며 추구되어야 한다. 초인은 인간 생명력의 전체 스펙트럼을 자신의 것으로 만든다. 니체는『힘에의 의지』를 위한 메모글에서 다음과 같이 말한다. '위대한' 인간에게서는 삶의 특별한 성질들, 불의, 거짓말, 착취가 가장 크다.(12, 202)

따라서 초인은 이상주의로 인해 부담을 가져서는 안 된다. 지금까지 우리는 니체가 초인에 대한 이상주의적인 오해를 정정한 것에 대해 알아보았다. 초인에 대한 또 다른 오해, 즉 니체가『이 사람을 보라』에서 불만을 토로했던 다윈주의적인 오해는 어떤가? 다음은『차라투스트라는 이렇게 말했다』에서 처음으로 초인을 알리는 장면에서 등장하는 문장이다. 그대들은 벌레로부터 인간에 이르는 길을 걸어왔지만, 아직 그대들 내면에는 많은 것들이 여전히 벌레이다.(4, 14) 이는 다윈 없이는 생각할 수 없는 말이다. 니체는 다윈의 두 가지 기본 사상을 받아들였다. 그 하나는 진화론의 특별판이라고 할 수 있는 발전 이론이고, 다른 하나는 진화론적 발전의 동력으로서 현존재를 위한 투쟁 사상이다. 물론 니체는 현존재를 위한 투쟁을 생존 투쟁이 아니라 극복 투쟁으로 이해한다. 이에 대해서는 이후에 니체의 "힘에의 의지"의 철학과 관련지어 설명할 것이다.

니체가 다윈의 이론을 그리 멀리하지 않는 것이 확실한데도 왜 그는 다윈주의적인 오해를 경계하는 것일까? 다윈은 정신을 잊어버렸다.(이것이 영국적이다!)(6, 121; GD)라고 니체는 주장한다. 니체는 다윈이 동물 세계에서 무의식적으로 일어나는 발전 논리를 인간 세계에 적용하는 것은 부당하다고 말한다. 왜냐하면 인간 세계에서 모든 발전 과정은 의식이라는 매체를 거치며 굴절되기 때문이다. 즉 인간의 진화론적 발전은 더 이상 무의식적인 자연 발달의 모델에 따르는 것으로 생각해서는 안되고, 자유로운 행위와 자유로운 창조의 산물로 이해되어야 한다. 따라서 우리는 앞으로 등장할 초인과 관련해 자연 성장의 과정을 믿지 말고, 직접 나서야 한다. 하지만 어떻게 해야 하는가?

어쨌든 니체는 진화론과 유전 이론을 통해 생물학에 관한 많은 지식을 습득했고, 번식을 통제하는 사육 사상도 알게 된다. 하지만 니체가이에 대해 언급한 것은 많지 않다. 니체가 결혼하려는 자를 위한 지침으로 말한 것은 이미 인용한 바 있다. 그대는 그대 자신을 계속해서 번식시킬 뿐만 아니라 드높이 고양시켜야 한다!(4, 90) 여기서 말하는 드높이가 생물학적으로 무엇을 의미하는지는 분명하지 않다. 하지만 차라투스트라는 너무 많은 사람들에게 아무런 제약 없이 무제한으로 번식하는 것을 허용해서는 안 된다고 분명하게 말한다. 너무 많은 사람들이 살고 있고, 너무 오래 가지에 매달려 있다. 폭풍우가 불어와 이 썩고 벌레 먹은 열매를 다 떨어뜨려 버렸으면!(4, 94) 지나칠 정도로 왕성한 번식은 중단되어야 한다. 더 이상 우연이나 큰 숫자의 힘이 지배해서는 안 된다. 우리는 한 걸음 한 걸음 디딜 때마다 아직 우연이라는 거인과 투쟁하고 있다. 아직까지도 불합리와 무의미가 전 인류를 지배해온 것이다.(4, 100; ZA) 과거 세대의 광기가 현재와 미래 세대로 번지고 전체 역사가 끔찍한 퇴화(4, 98)로 끝나는 것을 방지하기 위해서는 조치가 필요하다. 어떤 조치가?

차라투스트라가 노래했던 저 파토스의 무대에서 니체는 정확하게 말할 필요가 없다. 나의 형제들이여, 그대들의 정신이 비유를 들어 말하려는 순간마다 주의하라. 그대들이 바라는 덕의 근원이 거기에 있기 때문이다.(4, 99) 비유의 미덕은 차라투스트라에게 암시만을 허락한다. 선과 악을 나타내는 이름들은 모두 비유다. 이름들은 눈짓만 할 뿐, 말로 표현하지 않는다.(4, 98) 암시만 하는 사람은 책임을 회피할 수 있다. 오해였다고 말하기만 하면 된다. 하지만 차라투스트라의 말은 저항이나 질문, 더 자세한 설명을 요구받는 일이 없도록 치밀하게 연출되어 있다. 차라투스트라는 메아리 없는 허공에 대고 이야기한다. 그의 말을 확고한 의미로 단정지을 사람도 없다. 차라투스트라는 도무지 알 수 없는 사람이다. 차라투스트라가 너무 많은 사람들을 겨냥해 '빨리' 죽도록 설교하는 자들이 왔으면 좋겠다(4, 94)고 말하는데, 우리는 이 말을 약하고 병든 자가 번식을 하기 전에 그들을 죽여야 한다는 요구로 해석할 수도 있다. 하지만 차라투스트라는 그런 말을 하지 않는다. 그런데 니체는 질식할 것 같은 저속함에 분노할 때 종종 그런 생각을 했다. 1884년 초에 니체는 메모장에 다음과 같이 쓴다. 미래에는 한편으로는 사육을 통해, 다른 한편으로는 수백만에 이르는 실패자들을 제거함으로써 미래의 인간을 형성하고, 그리고 인간이 만들어내는 유례없는 고통 때문에 '몰락하는 일이 없도록', 저 엄청난 양의 '위대한 에너지'를 확보하는 것이 중요하다.(11, 98)

니체는 자신의 마지막 저서들에서 거리낌 없이 할 말을 다 한다. 그는 더 이상 비유적으로 말하지 않고, 초인 사상에 좋지 않은 인상을 줄 결론까지 대놓고 내린다. 집단으로서의 인류가 개개의 '더 강한' 인간 종족의 번영을 위해 희생된다는 것 — 이것도 진보일 것이다.(5. 315). 그는 『도덕의 계보』에서 이렇게 말하고, 『이 사람을 보라』에서는 삶의 새로운 당파의 과제에 관한 저 악명 높은 문장을 쓴다. 우리는 비극적인 시대를 향해서 가고 있다고 그는 주장한다. 왜 비극적일까? 삶에 대한 긍정은 삶을 축소시키고 우리를 가축과도 같은 존재로 변화시키는 모든 것에 대한 잔인한 부정으로 무장해야 한다. 한 세기 앞을 미리 내다보며, 2천 년간의 반자연과 인간 모독에 대한 내 암살 행위가 성공하는 경우를 가정해보자. 그때는 인류를 더 높이 사육시킨다는 이 위대한 과제 중의 과제를 떠맡아, 퇴화되고 기생충 같은 자들을 모두 무참히 파괴해버리는 삶의 새로운 당파가, 디오니소스적 상태를 다시 자라나게 해야만 하는 '생의 충일'을 지상에서 다시 가능하게 할 것이다.(6. 313; EH)

이러한 생의 충일이 가능한 경우는 오직 너무 많은 사람들이 번식하는 것을 막거나 아니면 심지어 이들을 제거할 때이다. 니체에게는 이처럼 참으로 잔인한 생각이 디오니소스적 상태에서 나온다. 어떤 이유로 니체는 이 디오니소스적인 것을 대규모 인간 몰살의 전망과 연관짓는 것일까? 니체의 대답은 다음과 같다. 우리가 디오니소스적이고 비극적인 세계 감정을 충분히 체험한다면, 이미 그리스비극에서 '파괴할 때의 기쁨'도 포함하고 있는 생성에 대한 영원한 기쁨 '그 자체'(6. 312; EH)가 중요했다는 사실을 깨닫게 될 것이다.

니체는 차라투스트라에게 이 파괴할 때의 기쁨을 설명하게 한다. 하지만 니체는 종종 언짢은 기분이 된다. 니체는 1883년 8월 말에 『차라투스트라는 이렇게 말했다』의 제2부를 끝내고 나서 페터 가스트에게 보낸 편지에서 차라투스트라의 전체 모습에 대해 마음 속으로 심한 반감(B 6, 443)을 가지고 있다고 말한다. 그리고 『차라투스트라는 이렇게 말했다』의 제4부를 끝내고 친구 오버베크에게 다음과 같은 편지를 보낸다. 내가 바라는 것은 모든 정황이 내가 파악한 것과는 다르게 진행되어서 그 누군가가 나의 '진리'를 잘못된 것으로 만드는 것이라네.(B 7, 63; 1885년 7월 2일)

초인의 이미지와 연관된 파괴의 상상은 두 개의 뿌리를 갖고 있는데, 그 하나는 사고의 논리적인 귀결이며, 다른 하나는 실존적인 문제 상황이다.

우선 사고의 논리적 귀결이 의미하는 것은 이미 『비극의 탄생』에 나오는 주장, 즉 위대한 작품과 위대한 인간에 의해 문화가 정당화된다는 주장의 극단화이다. 인류가 그 자체를 위해 존재하는 것이 아니라, 목적이 인류의 정점에, 위대한 '개인'에, 성인에, 예술가에 있다면(7, 354) 인류를 천재나 천재적인 작품 혹은 바로 초인을 만들기 위한 재료로 사용하는 것이 허용된다. 그리고 이러한 일에 대중이 방해가 된다면, 필요한 경우 퇴화하는 자를 제거함으로써 길을 만들어야 한다. 하지만 니체는 파괴를 상상하면서도 부드러운 마음씨는 유지한다. 이 때문에 니체는 실패한 자들에게서 스스로를 희생하려는 마음가짐(11, 98)이 생길 수도 있다는 생각에 더 끌린다.

실존적 문제 상황에 대해서 말하자면, 니체의 파괴 상상에는 자신이 과거에 당했던 모든 굴욕이 작용한다. 니체는 사고를 통해서 제2의 천성을 창조하려고 했다. 이는 제1의 천성보다 더 크고 자유롭고 독립적이어야 한다. 니체는 이 제1의 천성과 관련해 나는 교회 근처에서 태어난 식물이다라고 말한 바 있다. 그의 사고는 오늘의 자신을 있게 한 과거와 반대로 자신이 유래하고 싶은(1, 270; HL) 과거를 후천적으로 만들어내려는 시도였다. 그렇게 제2의 천성에 도달하려고 힘껏 노력했던 니체는 분명 '제1의' 천성의 회귀를 막으려고 점점 더 많은 힘을 쏟아야 했을 것이다. 자신을 찾고 자신을 창조하는 데서 도피처를 찾았던 니체는 현실의 모든 면에서 상처를 받는다고 느꼈다. 그는 늘 친절했지만, 친근함을 내세우며 접근하는 모든 지인에게 취약했다. 그는 사람들이 자신을 그들과 같은 사람으로 취급할 때면 기분이 상했다. 그는 자신을 끌어내리는 것에 대해서는 증오심을 품었다. 고향 나움부르크의 환경, 가족, 여동생, 어머니 그리고 친구들과 당연히 바그너. 이들 모두는 그를 이해하지 못했다. 하지만 그들은 나름대로 그에게 우정과 이해를 요구했다. 그의 수준에 맞게 그를 대해주는 사람이 없었다. 그는 『차라투스트라는 이렇게 말했다』를 쓰는 동안 모욕감으로 인한 상처에 특히 민감했다. 그는 1883년 8월 이다 오버베크에게 다음과 같은 편지를 쓴다. 나는 침묵해야 하는 혹은 모든 사람과 교제하면서 위선적으로 행동해야 하는 형벌을 받은 것 같습니다.(B 6, 424)

그는 고귀한 사람들과 여타의 사람들을 구분하는 거리두기의 정동Affekt der Distanz(B 6, 418)을 느꼈지만, 자신의 외부는 자신의 내부에 있는 특별한 자질을 드러내지 못했다. 사람들은 그를 있는 그대로의 모습이나 그가 생각하는 모습으로 보지 않았다. 그는 그 누구도 차라투스트라처럼 살지 못한다(B 6, 386; 1883년 6월 말)는 것을 확신했다. 최악의 경우에는 익명으로 살 수도 있을 것이다. 그러면 사람들이 그를 무시했을 것이다. 하지만 사람들이 그를 끌어내려서는 안 되었다. 그것은 정말로 참을 수 없는 일이었다. 그는 자신의 작품을 성공적으로 끝낼 때마다 주변에서 자신을 억누르는 것을 느꼈다. 『차라투스트라는 이렇게 말했다』의 제1부를 끝내자마자 그는 페터 가스트에게 다음과 같은 편지를 쓴다. 지난해에 나는 사람들이 (내 '친구들'과 친지들을 포함해서) 나를, 나의 '실제' 삶과 활

동을 경멸하고 있다는 여러 정황들을 경험했다네.(B 6, 360; 1883년 4월 17일)

이 모든 마음의 상처, 모욕 그리고 평범한 사람들의 진부한 세계에서 가해지는 경멸이 그의 상상 속에서 들끓는다. 원한르상티망Ressentiment의 비판자인 니체는 『차라투스트라는 이렇게 말했다』에서 너무 많은 사람들을 공격함으로써 초인을 위한 자리를 마련하려고 할 때면, 스스로가 원한에 사로잡힌 평범한 사람들에 대해 복수심으로 가득 차게 된다. 니체는 최후의 인간들에게 포위되었다고 느낀다. 이들은 낮에는 낮대로 밤에는 밤대로 조촐한 쾌락을 즐기고, 노동의 행복을 찾아내고는 눈을 껌벅이며, 뛰어난 정신력을 가진 사람들이나 고상한 사람들에게서 지루함을 느낀다. 도대체 사랑이 무엇인가? 창조가 무엇인가? 동경이 무엇인가? 별이 무엇인가? – 최후의 인간은 이런 질문을 하면서 눈을 껌벅인다.(4, 19; ZA) 이는 비상에 방해가 되고 짐이 된다. 니체는 이에 대해 파괴의 상상으로 대답한다. 그는, 그들 모두가 알게 될 초인은 그들에 대해 저주를 내린다.

니체의 초인 이미지는 양가적이며 실존적인 드라마를 감추고 있다. 초인은 고도로 발전된 생물학적 유형을 대표한다. 초인은 목적에 맞게 수행된 사육의 산물일 수도 있다. 하지만 초인은 자기 자신을 지배하는 힘을 얻고 자신의 덕을 쌓아 펼치려 하는 모든 이들의, 창조적이며 인간 사고력의 전체 스펙트럼을 파악하고 상상력을 발휘할 줄 아는 모든 이들의 이상이기도 하다. 초인은 인간 잠재력을 완벽하게 실현한다. 이 때문에 니체의 초인은 신의 죽음에 대한 응답이기도 하다.

『즐거운 학문』에 나오는 유명한 장면을 기억해보자. 이 장면에서 한 미친 사람이 환한 오전에 등불을 들고 이리저리 돌아다니며 나는 신을 찾고 있다! 나는 신을 찾고 있다!(3, 480; FW)라고 외친다. 그리고 나서 미친 사람은 다음과 같이 말한다. 우리가 신을 죽였다! (⋯) 이 행위의 위대성이 우리가 감당하기에는 너무 컸던 것이 아닐까? 그런 행위를 할 자격이 있으려면 우리 스스로가 신이 되어야 하는 것이 아닐까?(3, 481) 신을 죽인 자는 스스로 신이, 즉 초인이 되어야 한다. 아니면 그는 다시 진부한 일상으로 추락한다. 니체는 이러한 사유를 위의 장면에서 전개한다. 여기서 문제는 인간이 신들이 살고 있는 우주 전체를 창조할 만큼 엄청난 창의력을 지니고 있는지, 혹은 인간이 신을 공격한 후에 빈털터리로 남게 되는지의 여부이다. 인간이 자신이 신을 만들어냈다는 사실을 알게 되었기 때문에 신이 죽었다면, 이제 문제는 신을 만들어내는 힘이 아직도 남아 있느냐이다. 초인은 신의 죽음에 대한 응답으로 현세의 성역화를 체화한다. 초인은 종교로부터 자유롭다. 그는 종교를 잃어버린 것이 아니라 자신을 위해 되찾았다. 반면에 전형적인 허무주의자, 즉 최후의 인간은 종교를 상실하고 세속적인 비참한 삶을 다시 얻었다. 하지만 니체는 초인을 통해서 – 세속화하는 허무주의적인 경향에 맞서면서 – 현세를 성스럽게 만드는 힘을 구하려고 한다.

　니체는『즐거운 학문』에서 이러한 사유를『차라투스트라는 이렇게 말했다』의 설교조가 아닌 이미지의 힘을 통해 묘사한다. 호수가 하나 있었다. 이 호수는 어느 날 흘러나갈 것을 거부하고, 물이 흘러나가던 곳에 댐을 쌓았다. 그 이후로 이 호수는 나날이 높아갔다. 아마도 저 체념은 우리에게 체념을 견딜 수 있는 힘도 줄 것이다. 아마도 이때부터 인간은 신에게로 '흘러나가지' 않고 점점 더 높은 곳으로 오르리라.(3, 528: FW) 초인은 신의 계보를 파악하는 자신의 재능을 발견한 프로메테우스적인 인간이다. 자신을 제외한 모든 신은 죽었다. 하지만 우리가 인간에 의해서만 그리고 인간 속에서 산다는 사실을 알고 있는 신은 여전히 살아 있다. 이 신은 인간의 창조력을 지칭하는 이름이다. 이 창조력은 인간으로 하여금 존재의 거대한 힘에 참여하게 한다. 『차라투스트라는 이렇게 말했다』
의 제1부는 다음과 같은 말로 끝을 맺는다. 모든 신은 죽었다. 이제 우리
는 초인이 나타나기를 바란다.(4, 102) 그리고 『차라투스트라는 이렇게 말
했다』의 제2부에 있는 「행복의 섬에서」에는 다음과 같은 구절이 있다.
일찍이 사람들은 먼 바다를 바라보면서 신을 이야기했다. 하지만 나는 이
제 그대들에게 초인을 말하도록 가르치겠다. 신이란 하나의 억측에 불과하
므로, 나는 억측이 그대의 창조하는 의지보다 멀리 나아가기를 바라지 않
는다. 그대들은 하나의 신을 '창조'할 수 있는가? 그렇지 않다면 침묵하라! 하
지만 그대들은 초인을 창조할 수 있을지도 모른다.(4, 109) 인간은 신의 계
보를 파악하는 자신의 재능을 발견하고 자신을 긍정한 순간, 그리고 이
과정에서 스스로에 대한 경외심을 느낀 순간, 자신의 성취를 폄하하는
것을 중단한다. 따라서 차라투스트라는 다음과 같이 외칠 수 있다. 이제
야 인간의 미래라는 산이 산통産痛을 시작하고 있다.(4, 357) 신의 죽음 이후
에 등장하는 이 초인은 더 이상 신을 거치는 우회로를 거치지 않고, 스
스로를 믿을 수 있는 사람이다.

　하지만 우리는 아직 니체가 내세우는 초인 이론의 결정적인 측면에
도달하지 못했다. 니체가 차라투스트라로 하여금 선포하게 하려던 것
이 원래 동일한 것의 영원회귀 사상이라는 점을 기억할 때 우리는 바로
이 결정적인 측면에 접근하게 된다. 『차라투스트라는 이렇게 말했다』의
제3부 「환영과 수수께끼에 대하여」에서 니체는 거의 주저하면서 이 사
상을 이야기하기 시작한다. 여기서 비로소 초인의 원래 의미가 무엇인
지가 명확해진다. 초인은 바로 이 사상의 거대한 힘을 파악하고 감당해
낼 수 있을 정도로 성숙한 인간을 의미한다. 초인은 이 사상으로 인해
좌절하지 않고, 이 사상을―니체의 표현을 빌리면―체화할 수 있는 사
람이다. 이는 젊은 양치기가 몸을 비튼 채, 얼굴을 찡그리며 뱀을 입에

물고 있는 소름 끼치는 장면으로 묘사된다. 차라투스트라는 이 양치기에게 구역질과 공포를 극복하고, 자신의 입으로 기어들어가려는 뱀을 물어뜯으라고 요구한다. 양치기는 그렇게 함으로써 초인이 되는 성공의 길을 걷기 시작한다. 그는 더 이상 양치기가 아니고, 인간도 아니며, 변화된 자, 빛에 둘러싸인 자로서 웃고 있었다.(4, 202; ZA)

뱀은 순환하는 시간을 상징한다. 뱀의 머리를 물어뜯는 것은 두려움의 극복을 의미한다. 초인은 시간으로부터 도망칠 수 없으며 내세도 없다는 것을 통찰할 수 있을 만큼 충분히 강하다. 인간은 존재의 원으로부터 빠져나올 수 없으며, 존재의 포기를 통해서도 해방될 수 없다. 왜냐하면 그렇다고 해도 우리는 – 영원회귀 사상이 말하고 있듯이 – 새로운 의식으로 깨어나기 때문이다. 그리고 우리가 없는 '사이에' 흘러간 시간은 존재하지 않는다. 왜냐하면 이러한 시간은 오로지 우리의 의식에만 존재하기 때문이다.

하지만 니체는 이러한 영원회귀 사상이 직접적으로, 그리고 사유로만 이야기되면 진부하고 통속적인 인상을 주는 문제를 『차라투스트라는 이렇게 말했다』에서 해결하지 못한다. 타우텐부르크에서 살로메와 함께 지낸 1882년 여름에 니체는 다음과 같은 메모글을 쓴다. 가르치려는 진리가 추상적일수록 진리에 감각을 끌어들여야 한다.(10, 23) 니체는 영원회귀 사상을 감각적으로 풍부하게 묘사하기 위해 으스스한 소설에나 나올 법한 성문으로 통하는 길, 난쟁이, 양치기 그리고 뱀을 등장시켰다. 그리고 그는 영원회귀 사상이 진부하게 이해되고 오해될 수 있다는 문제를 암시한다. 난쟁이는 차라투스트라의 설교를 마치 이미 오래전부터 알고 있는 것을 듣기라도 한 듯이 다음과 같이 경멸조로 평한다. 모든 곧은 것은 우리를 속인다. (…) 모든 진리는 굽어 있으며, 시간 자체도 하나의 원이다. 차라투스트라는 이에 대해 상당히 무기력하게 답한다. 그대, 중력의 영이여! (…) 너무 쉽게 생각하지 마라!(4, 200) 차라투스트라는 자신의 사상이 지닌 거대한 힘을 제대로 전달하지 못하는 데 대해 무기력감을 느끼고 실망한다. 이제 그는 점점 더 나지막하게 말한다. 왜냐하면 나는 내 자신의 사상과 그 배경 사상이 두려웠기 때문이다.(2, 200f.) 차라투스트라는 이렇게 속삭이듯 말하는데, 살로메에 따르면 니체가 살로메에게 영원회귀 사상을 말했을 때도 이렇게 속삭이듯 말했다. 니체의 다른 친구들과 마찬가지로 살로메도 니체의 말하는 톤이나 몸짓에 감동을 받았지만, 정작 내용에 대해서는 실망했다. 니체 역시 타우텐부르크에 머문 여름에 이를 눈치챘다. 이 때문에 영원회귀 사상에 대한 메모글에는 진하게 밑줄이 쳐진 다음과 같은 문장이 발견된다. 아, 나는 비극적인 몸짓과 말이 정말 지겹다!(10, 33) 하지만 이러한 불만은 오래가지 못한다. 왜냐하면 1883년 1월부터 1885년 1월 사이에 집필된『차라투스트라는 이렇게 말했다』의 제1부부터 제4부에는 1882년 여름에 니체가 그렇게도 지겨워하던 이러한 비극적인 몸짓과 말 단어들이 넘치도록 발견되기 때문이다.

1884년 2월 1일 니체는 제3부를 끝낸 후에 페터 가스트에게 다음과 같은 편지를 쓴다. 나의『차라투스트라는 이렇게 말했다』는 이미 14일 전에 끝났어. 완전히 끝났다네.(B 6, 473) 따라서 니체는 이 작품을 완료한 것으로 생각한 것이다. 영원회귀가 선포되었고, 제3부의 마지막을 장식하는「일곱 개의 봉인」도 오, 영원이여, 나는 그대를 사랑하기 때문이다!라는 후렴과 함께 종료되었다. 그는 이제 다른 일에 눈길을 돌릴 수도 있었다. 하지만 니체는 1884/85년 겨울에『차라투스트라는 이렇게 말했다』의 제4부를 발표하기로 결정한다. 아마도 니체는 이런 결정에서 괴테의『파우스트』제2권을 모델로 삼았을 것이다. 파우스트가 원기를 회복하는 잠을 잔 후에 제2의 인생을 시작한 것처럼, 차라투스트라도 제4

부의 첫 부분에서 아주 명랑한 노인으로 등장한다.

니체가 제4부를 쓰는 동안 친구들에게 보낸 편지에서 추측할 수 있는 것은 그가 비극적이고 숭고한 파토스의 톤을 낮추려고 했다는 사실이다. 니체는 자신의 책을 일컬어 디오니소스적인 춤, 바보들을 위한 책, 악마의 도구(B 6, 487; 1884년 3월 22일)라고 지칭한다. 그리고 니체는 이후에 광대의 기분으로 제4부를 썼다고 말한다. 사실상 제4부는 예언자, 양심적인 정신의 소유자, 마술사, 자발적으로 거지가 된 자 등과 같은 다양한 정신 유형이 가장행렬을 펼친다. 이들의 가면 뒤에 숨어 있는 이들은 야코프 부르크하르트, 바그너, 프란츠 오버베크, 비스마르크 등이다. 이러한 인물들이 차라투스트라의 동굴로 몰려온다. 이들은 영원회귀 사상을 받아들이기 때문에 초인이 될 전망이 밝다. 하지만 이들에게는 여전히 우유부단함과 소심함이 남아 있다. 이들은 초인이 되지 못하더라도 더 높은 인간이라는 명예로운 칭호를 받을 권리가 있다. 니체는 전체적으로 자유롭고 가벼우며 때로는 오페레타적인 톤을 부여하려고 노력했지만, 이러한 시도는 성공하지 못했다. 제1부에서 제3부까지의 엄숙한 분위기가 제4부에서도 그대로 나타난다.

하지만 이 제4부에는 감당할 수 있는 한계치까지 도달하는 자기비판이 명확하게 드러나는 부분들이 있다. 니체는 파토스 속에서 거짓된 삶을 발견한다. 나는 그대가 어떤 사람인지 잘 알고 있다. 그대는 모든 사람을 속이는 마술사가 되었지만, 그대 자신에게는 그대의 거짓말도 술책도 더는 통하지 않는다. 그대 자신이 그대의 마술에서 풀려났기 때문이다!(4, 318)

제 13 장

—

다시 한 번 차라투스트라. 가볍지만 무겁게. 사랑에 의 의지와 힘에의 의지. 준비 단계와 전개. 폭력과 세 계 유희. 해결되지 않은 문제: 자기 상승과 연대. 쓰 이지 않은 대표작으로 가는 샛길: 『선악의 저편』과 『도덕의 계보』.

—

프리드리히 니체(1882년)

다시 한 번 차라투스트라. 가볍지만 무겁게. 사랑에의 의지와 힘에의 의지. 준비 단계와 전개. 폭력과 세계 유희. 해결되지 않은 문제: 자기 상승과 연대. 쓰이지 않은 대표작으로 가는 샛길: 『선악의 저편』과 『도덕의 계보』.

차라투스트라는 다른 사람들에게 설교를 하지만, 스스로도 확신을 가져야 한다. 니체는 이와 관련해 자신의 메모글에서 다음과 같이 거리낌 없이 말한다. 가르치는 사람은 가르침을 통해서만이 자신의 이론을 체화할 수 있다. 하지만 우리는 난쟁이와의 대화 장면에서 차라투스트라가 영원회귀 사상이 지닌 거대한 힘을 제대로 전달하지 못한다는 인상을 받는다. 차라투스트라가 이 사상을 추상적으로 표현하기에 난쟁이는 경멸조로 평하고 마는 것이다.

니체는 — 자신의 사상의 핵심을 아직 제대로 표현하지 못한 것을 알았기 때문에 — 1885년 초에 『차라투스트라는 이렇게 말했다』의 제4부를 썼던 것일까? 제3부를 끝냈을 때 이제 차라투스트라를 완료했다고 확신했는데도 말이다. 하지만 니체는 제4부를 끝낸 후에도 자신의 차라투스트라를 완결했다는 느낌을 가지지 못한다. 니체는 『차라투스트라는 이렇게 말했다』에 등장하는 인물로부터는 자유로워졌을지 몰라도, 차라투스트라를 통해 전달하는 사상으로부터는 벗어나지 못했다. 니체는 이 사상, 특히 영원회귀와 초인 그리고 힘에의 의지라는 세 가지 이론의 연결에 대해 계속 작업해나가는데, 자신이 그 결정적인 내용을 아직 표현하지 못했다는 의식을 가지고 있었다.

1881년 여름, 수를레이 바위에서 영감을 받았을 때, 니체는 동일한 것의 영원회귀 사상을 서술하기 위해 다음과 같은 구성 원칙을 세웠다. 존재했던 모든 것이 반복한다는 '사상'은 이 사상의 햇빛 아래 몇백 배 더 강하게 번성할 수 있는 무엇인가를 창조하려는 경향이 우선 뿌리를 내린 다음, 맨 나중에야 설파될 것이다!(9, 505) 따라서 『차라투스트라는 이렇게 말했다』를 위해 원래 계획된 순서는 다음과 같았다. 먼저, 현존재의 삶과 사랑의 가치가 분명히 드러나도록 삶의 기술을 개관한다. 차라투스트라는 태양과 같이 빛과 기쁨을 주려고 한다. 차라투스트라는 넘치는 선의를 가진 인간으로 등장한다. 삶의 기쁨에 관한 이론은 가볍고 경쾌하게 들리지만, 이를 실현하는 것은 - 즉 어린아이의 즉흥성이나, 철학적으로 말해, 매개된 직접성을 실현하는 것은 쉬운 일이 아니다. 차라투스트라는 「세 단계의 변화에 대하여」(4, 29)에서 이를 구체적인 이미지로 표현한다. 첫 단계는 낙타인데, 너는 해야 한다^{Du sollst}라는 짐을 등에 지고 있다. 낙타는 사자로 변한다. 사자는 너는 해야 한다의 세계 전체에 대항해서 싸운다. 사자가 싸우는 이유는 자신의 나는 하려고 한다^{Ich will}를 찾았기 때문이다. 하지만 사자는 싸우기 때문에, 부정적인 의미인 너는 해야 한다에 사로잡혀 있다. 사자의 존재 능력^{Seinkönnen}은 반항해야 한다는 강제 속에서 소진된다. 이러한 나는 하려고 한다에도 너무나 많은 고집과 긴장이 들어 있다. 이 단계에서는 아직 창조적인 의지의 진정한 여유가 없다. 아직 자기 자신과 자신의 삶의 풍요로움에 도달하지 못한 것이다. 이는 아이가 되는 새로운 단계에서 가능한데, 여기서 삶의 최초의 즉흥성이 다시 발휘된다. 아이는 순진무구이자 망각이고, 새로운 시작이자 유희이다. 스스로 굴러가는 바퀴이고, 최초의 운동이며 신성한 긍정이다.(4, 31)

창조의 유희와 신성한 긍정은 앞으로 자주 언급될 것이다. 차라투스트라는 삶의 원칙으로서 회복된 건강과 즉흥성의 구체적인 측면을 거론하려고 노력한다. 즉 우리는 몸의 위대한 이성에 귀 기울여 적절하게 먹고 사람들과의 교제를 건전한 수준으로 줄여야 하며 우리의 감정과 경험 그리고 생각을 제한적으로만 전달해야 한다. 이렇게 해야만 오해에 연루되지 않고, 자신의 생각이 소문을 통해서 왜곡되고 기형화되어 결국 낯선 것으로 되돌아와 자신으로부터 멀어지는 일도 방지된다. 우리는 시장의 의견을 신뢰하면 안 된다. 또 천상의 모래밭에 미리를(4, 37) 처박아서도 안 된다. 이 역시 삶의 중심으로부터 멀어지는 것이다. 우리는 이러한 중심을 사랑에서 찾는다고 차라투스트라는 말한다. 그는 이를 역설적으로 설명한다. 우리가 삶을 사랑하는 것은 삶에 익숙해져서가 아니라 사랑에 익숙해졌기 때문이다.(4, 49) 삶이 사랑을 정당화하는 것이 아니라 그 반대이다. 즉 사랑은 창조적인 것이며, 이 때문에 삶을 삶에 붙잡아 두는 힘이다. 우리는 사랑에 익숙해지면 나머지 삶을 덤으로 얻는다. 오직 사랑의 의지를 가질 때에만 삶의 사랑스러운 부분을 발견할 수 있다. 그렇지 않으면 대개 삶의 거북하고 추하고 고통스러운 면들에 부딪히게 된다. 우리는 사랑의 의지를 주변 세계와 자기 자신을 황홀하게 만드는 데 이용해야 한다. 우리는 사랑과 사랑에 빠져야 한다.

이러한 언어의 도치나 자기 지시성은 니체와 차라투스트라, 두 사람 모두의 특징이다. 우리의 관심은 의도의 대상에서 의도하는 행위로 옮겨진다. '…에의 의지'가 초점이 된다. 인식에서도 마찬가지의 현상이 벌어진다. 인식된 '대상'이 인식의 기쁨을 정당화하는 것이 아니라 인식에의 의지가 기쁨이 될 수 있다. 이러한 기쁨은 심지어 인식된 것의 참을 수 없는 속성까지도 견뎌낼 수 있게 한다. 니체는 이미『아침놀』에서 다음과 같이 썼다. 우리는 흔히 가장 추악한 현실이라도 이에 대한 인식은 아름답다(3, 320)는 사실을 잊어버린다. 왜 그럴까? 왜냐하면 인식 그 자체가 아름다운 것이기 때문이다. 따라서 인식하는 사람의 행복은 세계의 아름다움을 증대시킬 수 있다. 하지만 우리는 이러한 아름다움이 어디에서 오는지를 잊어선 안 된다. 이 아름다움의 원천은 인식의 기쁨이지 인식된 것의 속성이 아니다. 하지만 인식의 기쁨과 행복 속에서 이러한 혼동이 생기기 때문에 정직성을 유지하지 못하고 사물들에 대한 예찬자(3, 321)가 되기 쉽다. 사랑에서도 인식의 경우와 유사한 상황이 벌어진다. 우리가 사랑의 생명력과 결합될 때만이 삶은 사랑스런 형태를 띤다. 사랑의 의지는 어디에서 영양분을 찾는가? 오직 자신 속에서이지, 세계에서가 아니다. 사랑의 의지는 힘에의 의지의 특별한 형태에 불과하다. 무언가를 사랑스럽게 만드는 마술적인 변화보다 더 큰 힘이 있겠는가?

"힘에의 의지"와 "초인" 그리고 "동일한 것의 영원회귀"는 차라투스트라의 중요한 세 가지 가르침이다. 차라투스트라는 "자기 극복"에 대해 말하며 "힘에의 의지"를 처음 언급한다. 여기서 전개되는 사상은 앞선 세 개의 '노래', 즉 「밤의 노래」, 「춤의 노래」, 「무덤의 노래」를 통해 준비된다. 이 세 노래에서는 삶과 사랑의 관계가 탐구되고, 앞에서 말한 사랑의 자기 지시성이 지닌 치명적인 측면이 드러난다. 「밤의 노래」에서는 하지만 나는 내 자신의 빛 속에서 살고 있고, 나에게서 솟아오르는 불꽃을 다시 들이마신다(4, 136)라고 말한다. 「춤의 노래」에서 차라투스트라는 한 무리의 춤추는 소녀들을 만난다. 그는 함께 춤을 추려고 하지만, 중력의 영이 가로막는다. 그의 내부에서 꼬마 신이 꿈틀거린다. 이 꼬마 신은 사티로스*나 판**으로서 나비를 잡으러 나선다. 요컨대 차라투스트라는 춤을 추려 하지만 자기 지시성 속에서 춤을 추는 것이 아니라 춤에 대해 사색을 펼친다. 설상가상으로 차라투스트라는 춤추는 여자와 이야기를 나누고 또 이렇게 함으로써 이 여자의 춤을 방해한다. 하지만 이와 동시에 그는 이 여자를 춤추는 삶의 상징으로 변신시킨다. 그녀는 차라투스트라를 조롱하며 다음과 같이 말한다. 그대 남자들이 나를 심오한 자, 성실한 자, 영원한 자, 신비로운 자라고 부르긴 해도, 그대들은 언제나 자신의 덕을 우리에게 베푼단 말이야. − 아, 그대 도덕군자들이여!(4, 120)

'춤추는 삶'은 차라투스트라에게 삶에 심오함과 신비를 부여하는 것은 투사일 뿐이라는 사실을 인식시킨다. 삶에서 떨어져 있는 자, 즉 춤을 추지 않는 자가 삶의 심오함을 발견한다. 거리를 두는 것은 신비스럽다. 춤을 추려는 자는 이에 대해 사색해서는 안 된다. 삶은 살아야 하는 것이지, 사색하는 것이 아니다. 하지만 차라투스트라는 춤추는 소녀들에게서 떨어져 자신의 지혜와 홀로 머문다. 그는 지혜를 삶의 대변자로 여긴다. 지혜는 나에게 삶을 간절히 생각나게 한다고 차라투스트라는 말한다.(4, 140) 하지만 지혜는 삶 자체는 아니다. 더 나쁜 것은 그의 지혜가 그를 삶으로 유혹할 뿐만 아니라 춤추는 소녀들을 쫓아버렸다는 사실이다. 왜냐하면 소녀들은 춤을 추려고 하지 분석의 대상이 되려고 하지 않기 때문이다. 그리고 이 때문에 자신의 지혜와 홀로 남겨진 차라투스트라는 다시 자신의 끝 모를 심연으로 가라앉는다. 춤이 끝나고 소녀들이 가버리자 또다시 그를 조롱하는 질문들만이 남는다. 뭐라고! 그대는 아직도 살아 있는가, 차라투스트라여? 무엇 때문에? 무엇을 위해? 무엇에 의해? 어디로? 어디서? 어떻게? 아직 살아 있다는 건 어리석은 일이 아닌가?(4, 141) 삶을 해명하려는 지혜는 동시에 거리를 유지한다.

● Satyr: 디오니소스를 따르는 반은 사람이고 반은 짐승인 숲의 신 − 옮긴이

●● Pan: 그리스 신화에 나오는 목동의 수호신 − 옮긴이

즐거움을 내쫓는 지혜를 디오니소스적 지혜라고 말할 수 있는가? 어쨌든 차라투스트라는 춤추는 소녀들과 함께 있을 때 디오니소스가 되려는 욕망을 실현하지 못한다. 그는 많은 것을 이루지 못했다. 사람들은 베일을 뚫고 보려고 하고, 그물로 낚아채려 한다.(4, 141)

「춤의 노래」에 이어 「무덤의 노래」가 등장한다. 차라투스트라는 젊은 시절에 이루지 못한 꿈과 희망의 무덤으로 간다. 그는 마치 그를 배반한 유령과 이야기하듯이 젊은 시절의 꿈과 희망과 이야기하면서 이 꿈과 희망을 심하게 비난한다. 꿈과 희망은 춤을 위해서 연주를 했으나 그의 음악을 망쳐놓았다. 도대체 왜 그랬을까? 과거가 그를 힘들게 한 것일까? 살지 않은 삶이 그를 가로막고, 사라지지 않는 과거에 가두고 있는가? 차라투스트라는 자신을 방해하는 것을 부엉이 괴물^{Eulen-Unthier}이라고 이름 짓는데, 이는 철학자의 새인 미네르바의 부엉이를 풍자한 것이다. 차라투스트라는 춤을 망치게 한 자신의 지혜와 다툰다. 나는 오직 춤을 통해서만 최고의 사물들에 대한 비유를 말할 줄 안다. 그런데 이제 나의 최고의 비유는 말로 표현되지도 못하고 그대로 나의 사지에 남게 되었다!(4, 144) 차라투스트라는 지치고 상처를 입었다. 하지만 이런 상태는 오래가지 않는다. 그는 상처를 치료했다. 그는 자신의 삶의 무덤에서 다시 부활했다고 당당하게 말한다. 내게는 상처 입히지 못하는 것, 파묻어 버릴 수 없는 것, 바위라도 뚫고 나오는 것이 있다. 그것은 바로 나의 의지이다.(4, 145)

이렇게 사랑의 힘에서 시작해서, 삶의 춤과 인식의 장애를 거치고, 상처를 입으며 치명적인 경직 상태를 넘어서 힘에의 의지에 관한 철학으로 이어진다. 이 철학은 「무덤의 노래」 다음에 나오는 「자기 극복에 대하여」에서 주제가 된다. 이 글에는 다음과 같은 구절이 있다. 나는 살아 있는 생명을 발견한 곳에서는 어디서나 힘에의 의지를 발견했다.(4, 147)

이제 말하는 어조가 달라진다. 「밤의 노래」, 「춤의 노래」, 「무덤의 노래」에서 나타나는 서정성은 딱딱한 운명의 외침에 의해 대체된다. 이는 이전 작품들에서 삶과 인식의 기본 충동에 관해 고찰할 때 이미 암시된 철학 이론의 단편들이다. 하지만 니체는 이러한 단편들을 차라투스트라 시기에 와서야 체계적으로 가다듬기 시작했다.

『차라투스트라는 이렇게 말했다』에서 암시되는 『힘에의 의지』의 가르침은 다음과 같은 원칙으로 이루어진다. 자기 극복의 원칙이 중심이다. 힘에의 의지는 우선 자기 자신에 대한 힘에의 의지이다. 밤의 노래에서 춤의 노래를 거쳐 무덤의 노래로 이어지는 순서에서 드러나듯이 삶을 질식시키는 침울한 무덤에서 부활이 일어난다. 이 부활을 위한 가장 중요한 보조 수단은 우리 안에 있지만 놓치기 쉬워서 의식적이고 대담하게 붙잡아야 하는 창조력을 기억하는 것이다. "…에의 의지" 없이 활성화되어야 하고 활성화될 수 있는 추구는 분명 존재하지 않는다. 창조력도 창조적인 의지를 필요로 한다. 뮌히하우젠 효과˙ 같은 것이 있다면, 바로 여기서 찾을 수 있다. 즉 자신을 원하는 삶은 자신이 처한 암울한 상황에서, 뮌히하우젠이 말한 늪에서 벗어날 수 있다. 차라투스트라는 힘에의 의지가 무엇인가라고 묻고 다음과 같이 답한다. 그대들은 아직도 그대들이 그 앞에 무릎 꿇을 수 있는 세계를 창조하려 한다. 이것이 그대들의 마지막 희망이며 도취이다. (4, 146)

차라투스트라가 기획한 것처럼, 이념과 이미지 그리고 장면들로 이루어진 상상의 세계를 통한 자기 극복은 자기 보존을 능가하는 것이다.

˙ 허풍선이 효과라고도 한다. 불가능한 일을 장담하고, 나중에 이 일을 실제로 이루는 것을 뜻한다. 18세기의 실존 인물인 뮌히하우젠 남작의 이야기에서 유래한다. 이 이야기 중에는 뮌히하우젠 남작이 하루는 말을 타고 가다 늪에 빠졌는데, 늪에 빠진 말과 자신을 끄집어 내기 위해 자기 머리채를 자기 손으로 잡아당겨 늪에서 벗어났다는 일화도 있다. ─옮긴이

그것은 자기 상승이다. 또 그것은 힘에의 의지의 두 번째 측면이다. 우리가 삶에서 단지 자기보존의 충동만을 발견한다면, 삶을 너무도 하찮게 생각하는 것이다. 인간에게 있어서 자아는 팽창력이다. 상승과 축적의 경향은 인간의 특징이다. 자신을 보존하기만 하는 것은 몰락한다. 상승하는 것이 보존된다. 물론 자기보존에 대한 니체의 비판은 다소 안이한 측면이 있다. 차라투스트라는 다윈과 같은 자기보존의 이론가들이 주장하는 생존에의 의지는 존재하지 않는다고 선언한다. 왜냐하면 존재하지 않는 것은 의욕할 수 없으며, 이미 현존하는 것이라면 새삼 생존을 의욕할 리 없기 때문이다!(4, 149)

이에 대해 다음과 같은 이의를 제기할 수 있을 것이다. 삶이 의식을 통해서 자신을 반성한다면, 분명한 자기 긍정은 가능하고 또 필요하기도 하다. 다시 말해, 우리는 생존하고 있는 상태를 원하거나 거부할 수 있다. 우리는 자신의 행동을 통해 생존에서 사라질 수도 있지만, 생존에의 의지를 붙잡고 계속 존재할 수도 있다. 우리는 이미 존재한다. 하지만 계속 존재하기 위해서는 생존에의 의지가 필요하다. 니체는 이를 인정하면서도, 분명한 자기 긍정에는 단순히 생존에의 의지만 있는 것이 아니라고 반박할 것이다. 자기 파괴적인 힘에 굴복하지 않고 맞서는 자, '부정No'에 분명한 '긍정Yes'으로 대항하는 자는 힘에의 의지, 공격적인 정신을 지니고 있다. 이러한 자는 생존을 유지할 뿐만 아니라 부정의 힘을 이겨내려고 한다. 니체는 메모글에서 이러한 사상을 물리학과 역학의 세계를 예로 들면서 설명한다. 한 물체가 다른 물체에 밀리지 않을 때는 일정량의 힘이 작용한다. 조금만 힘에 차이가 나도 상대방에게 밀리게 되고, 힘이 크게 차이 나면 상대방에게 완전히 압도당하는 것이다. 무언가가 자신의 형태와 한계를 유지한다면, 그것은 힘의 균형이 이루어진 결과이다.

니체는 『차라투스트라는 이렇게 말했다』의 시기에 "힘에의 의지"라는 용어를 자기 극복과 자기 상승을 위한 심리학적 공식으로 사용할 뿐만 아니라, 이를 넘어서 이 용어를 모든 삶의 과정을 해석하는 보편적인 열쇠로 삼기 시작한다. 이는 이미 인용한 『차라투스트라는 이렇게 말했다』에 나오는 나는 살아 있는 생명을 발견한 곳에서는 어디서나 힘에의 의지를 발견했다는 문장에서 암시된다. 힘에의 의지는 비유기적인 세계와 유기적인 세계뿐만 아니라, 인식 과정 자체에도 내재한다. 인식은 힘에의 의지의 표현이다. 그대들은 모든 존재자를 우선 사유 가능한 것으로 만들려고 한다. 그대들은 모든 존재자가 본래 사유 가능한 것인지에 대해 불신하며 의심하기 때문이다.(4, 146) 다시 말해, 힘을 인식하는 해석학적 순환*이 생긴다. 즉 인식하는 힘에의 의지는 인식된 세계에서 힘에의 의지를 발견하는 것이다.

이처럼 세계를 "힘에의 의지"라는 관점에서 존재론적으로 해석하려는 것은 이미 니체의 초기 작품에서 암시되었다. 니체 자신도 『차라투스트라는 이렇게 말했다』를 끝내고 나서 1885년에서 1886년에 걸쳐 지금까지 출간된 책들의 서문을 새롭게 쓸 때, 이러한 선행 과정을 의식한다. 서문을 새롭게 쓰게 된 외적인 계기는 다음과 같다. 출판업자 슈마이츠너Schmeitzner가 파산 직전이었고, 이미 오래전부터 이 반유대주의자들의 소굴(B 7, 117: 1885년 12월)에서 - 이 출판사가 바이로이트 인사들의 반유대주의 선전 책자들을 출간했기 때문에 니체는 이렇게 불렀다. - 빠져나오려고 했던 니체는 자신이 예전에 관계했던 출판업자인 E. W. 프리취Fritzsch와 다시 손을 잡았다. 프리취는 니체의 『비극의 탄생』과

• hermeneutischer Zirkel: 텍스트의 전체와 부분의 상호 규정을 가리킨다. – 옮긴이

『반시대적 고찰』의 제1권과 제2권을 출간했다.

경제적인 어려움을 극복한 프리취는 이제 니체의 '전집'을 출간하고 싶어 한다. 니체는 출판사를 바꾸기 위해 협상을 할 때야 비로소 자신의 책 중에서 3분의 2 이상이 팔리지 않았다는 사실을 알게 된다. 그는 독일에서 어느 정도 이름이 알려졌지만 — 일부는 그를 여전히 바그너의 추종자로 여기고, 다른 이들은 그를 도덕적으로 위험한 저술가로 여겼다. — 소문만 났을 뿐, 거의 읽히지 않는다는 사실을 알게 된 것이다. 그의 책은 지금까지 대략 500부 정도만 팔렸다. 니체는 슈마이츠너가 지난 10년 동안 서점에 자신의 책을 공급하지 않았다는 사실도 알게 되었다. 니체의 책은 급하게 요청하거나 끈질기게 독촉하는 경우에만 판매되었다. 그리고 『인간적인 너무나 인간적인』은 서평용과 증정용 외에는 전혀 공급되지 않았다. 니체는 15년 전부터 책을 썼지만, 지금까지 자신의 책에 대한 시장도 공론장도 없다는 사실을 인정할 수밖에 없었다. 그는 새로운 출판사와는 잘해 보려고 마음먹는다. 그래서 그는 지금까지 나온 책들의 서문을 다시 쓰는데, 이를 통해서 지금까지 자신이 걸어온 발전 경로를 정리하고, 더 나아가서는 독자들에게 접근하는 길을 찾으려고 한다. 니체는 『비극의 탄생』부터 시작해서 제5부까지 확대된 『즐거운 학문』에 이르기까지 자신의 저작들에 대한 다섯 편의 새로운 서문을 아마도 내가 지금까지 쓴 것 중에서 가장 뛰어난 산문(B 7, 282; 1887년 9월 14일)이라고 말한다. 게다가 이 서문들은 일종의 발전사(B 8, 151; 1887년 9월 14일)를 보여주며, 니체는 이 서문들을 통해서 지금까지의 삶을 일단락(B 8, 213; 1887년 12월 20일) 짓게 된다.

니체는 새로운 서문을 쓰고 지금까지의 삶을 일단락 짓던 시기에 대표작을 쓰기로 결정한다. 제목은 "힘에의 의지. 모든 생기적 사건을 새롭게 해석하려는 시도"였다. 니체는 1885년 8월부터 – 이때 이미 제목은 정해졌다. – 1888년 토리노에서 지낸 그의 마지막 가을까지 구성과 목차 그리고 제목 시안을 만들고, 주제에 대한 메모를 작성한다. 1887년 3월 17일에 쓴 목차 초안은 나중에 여동생과 친구 페터 가스트가 엄청난 분량의 유고에서 자료를 편집해『힘에의 의지』를 출간할 때 기초 자료로 사용된다. 니체는 1885/86년부터 대표작『힘에의 의지』를 쓸 의지를 품었다. 이러한 목표를 중심으로 그는 자신의 외적인 삶을 조직하려고 한다. 1886년 9월 초에 그는 파라과이에 있는 여동생과 매제에게 편지를 쓴다. 앞으로 4년 동안은 네 권으로 이루어진 대표작을 위한 작업만을 할 것이다. 제목부터 벌써 두려움을 줄 만하다. '힘에의 의지. 모든 가치의 전도를 위한 시도'. 이를 위해 나는 모든 것이 필요하다. 건강과 외로움과 좋은 기분과 어쩌면 여자도.(B 7, 241; 1886년 9월 2일)

근래 몇 년 동안 아포리즘 모음집과 광범위한 분야에 대한 짧은 에세이집을 낸 니체는 앞으로 체계적인 사상 구조를 세워야 한다는 엄청난 무게의 중압감(B 8, 49; 1887년 3월 24일)을 느낀다. 그는 마음이 울적할 때나 외로움을 느낄 때 이 작품을 생각하면서 용기를 얻는다. 1887년 11월 12일에 니체는 친구 오버베크에게 다음과 같은 편지를 쓴다. 나에게는 할 일이 있는데, 이 일 때문에 나는 나 자신에 대해서 많은 생각을 할 수가 없네. 이 일 때문에 나는 병이 났지만, 또 이 일 때문에 다시 건강해질 것 같네. 그냥 건강해지는 것이 아니라 더 친절한 사람이 될 거라네.(B 8, 196)

니체는 1888년 여름까지 이 대작에 대한 계획에 매달린다. 원래 부제로 생각했던 "모든 가치의 전도"는 1888년 가을의 마지막 계획에서 제목으로 발전한다. 하지만 다른 기본 계획은 그대로 유지된다. 즉 삶의 기본 원칙으로 이해된 힘에의 의지는 모든 도덕관의 수정, 즉 모든 가치의 전도를 위한 기초가 된다. 정신이 붕괴되기 전 해의 구상에서는 모든 가치의 전도가 점점 더 중요해진다. 니체는 마치 다가오는 정신의 붕괴를 예감이라도 하는 듯이, 계획을 세운 그리고 부분적으로는 이미 시작한 존재론적, 자연과학적, 우주론적 해석을 서둘러서 진행한다. 가치 전도는 힘에의 의지를 기본 원리로 수행되는 세계 해석의 결과여야 한다. 하지만 니체는 결국 체계적인 해명 없이 이러한 결과에 만족한다. 시간이 촉박했기 때문이다. 따라서 그는 1888년 가을에 『안티크리스트』를 출간하는데, 이 책은 원래 "가치 전도"의 제1권으로 계획되었지만, 다른 권이 더 추가되지 않고 결국 "가치 전도"가 책 전체가 되었다.

요컨대, 처음에는 제목 "힘에의 의지"가 사라지고, 그다음에는 두 번째 제목 "모든 가치의 전도"가 사라진다. 남은 것은 『안티크리스트』이다. 니체는 1888년 11월 26일에 파울 도이센에게 다음과 같은 편지를 쓴다. 나의 '모든 가치의 전도', 제목이 "안티크리스트"라는 책이 완성되었다.(B 8, 429) 하지만 원래 계획했던 『힘에의 의지』의 모든 것이 『안티크리스트』에 구현되지는 않았다. 오히려 『힘에의 의지』를 쓰기 위해 준비한 사전 작업 자료들은 직, 간접적으로 다른 작품들에 반영되기도 했다. 니체는 사전 작업 자료들을 모두 소진하지는 않았지만, 자신이 가장 중요하게 생각한 사상들을 이미 『선악의 저편』, 1886년에 쓴 『즐거운 학문』의 제5권, 새롭게 쓴 서문들, 『도덕의 계보』, 『우상의 황혼』 그리고 마지막으로 『안티크리스트』 속에 모두 녹여냈다. 따라서 우리는 니체가 정신이 붕괴되기 직전에 자신의 "힘에의 의지" 프로젝트가 이미 완료되었다고 느꼈을 것이라고 말할 수 있다. 니체는 중요한 것은 모두 말한 셈이었다.

니체는 1883년 『차라투스트라는 이렇게 말했다』에서 나는 살아 있는 생명을 발견한 곳에서는 어디서나 힘에의 의지를 발견했다고 쓸 때, 이러한 "힘에의 의지" 프로젝트가 거쳐온 전 과정을 되돌아본 것이다. 우리가 니체의 작품에서 이러한 전 과정을 추적한다면, 출발점은 예술과 예술가의 힘이라는 사실이 드러난다. 니체가 그리스 문화에서 디오니소스적 힘과 아폴론적 힘의 상호작용을 분석할 때 거론한 것이 바로 이러한 삶의 예술적 힘이다. 예술의 힘은 무엇을 의미하는가? 그것은 우리를 매혹시키고 사정권에 들어오는 모든 자들을 변화시키는 형상과 표상, 어조 그리고 이념들로 구성된 마법의 원*을 만든다. 예술의 힘은 어둡고 비극적인 삶의 맥락을 예감하게 하지만, 이와 동시에 그 맥락 속에서 살아나갈 수 있는 여지를 만든다는 점에서 생명력을 의미한다. 인간의 삶은 의식 속에서 굴절되고 또 이 때문에 자기 자신과 등을 돌리게 되는 잠재적인 위험을 안고 있기 때문에, 예술의 힘은 항상 적대적인 힘이기도 하다. 즉 예술의 힘은 잠재적인 자기 파괴의 위험으로부터 삶을 보호해준다.

게다가 예술의 힘은 재현을 위한 공간을 열어주는 데도 관여한다. 예술의 힘은 여러 힘들의 잔인한 투쟁을 경쟁과 유희로 승화시킨다. 니체는 이미『비극의 탄생』에서 삶의 투쟁적인 기본 구조에 대한 사상을 암시했으며, 이를「호메로스의 경쟁」에서 자세하게 다루었다. 그는 고대 그리스 문화의 기본 모델을 해명하려고 했으며, 이렇게 함으로써 존재론적인 원칙을 파악할 수 있다고 예감했다. 니체는 다윈과 그 제자들을 연구함으로써 '생존을 위한 투쟁'의 이론을 알게 된다. 하지만 니체는 이러한 이론들이 충분히 역동적이지 못하다고 여긴다. 우리가 이미 살펴본 대로, 니체에게 중요한 것은 방어적인 자기 보존이 아니라 공격적인 자기 상승의 원칙이다. 삶은 팽창하는 사건이다. 현상 유지는 소심

• magic circle: 마술사가 지면에 그린 것으로 그 안에 있는 것은 마법에 걸린다고 한다. – 옮긴이

한 소시민에게는 중요할지 모르지만, 우리는 삶 전체를 그러한 속물적인 세계로 생각해서는 안 된다. 삶의 자기 상승 경향에 관한 이러한 사상은 『차라투스트라는 이렇게 말했다』에서 다음과 같이 인상적으로 표현된다. 오직 삶이 있는 곳에만 의지도 있다. 하지만 그것은 삶에의 의지가 아니라 (…) 힘에의 의지이다.(4, 149) 그런데 힘에 관한 이러한 모든 소동의 '의미'는 무엇인가? 니체는 이러한 의미 문제를 저 악명 높은 자연의 인간화 시도 중의 하나로 여기고, 이를 거부한다. 하지만 이러한 태도는 오래가지 않는다. 왜냐하면 니체는 힘에의 의지에 관한 자신의 이론을 논리적 일관성을 위해 이러한 의미 투사에 적용해야 하기 때문이다. 의미 문제와 의미 투사는 결국 힘에의 의지를 표현하는 형태이기도 하다. '의미'라는 미명하에 무의미한 현실이 인간의 힘의 영역으로 변하는 것이다. 그대들은 모든 존재자를 우선 사유 가능한 것으로 만들려고 한다. (…) 모든 존재자는 그대들의 뜻에 순응하고 굴복해야 한다!(4, 146) 인간은 사건에 의미를 부여함으로써 이 사건을 압도하고 이 사건을 자신에게 적합한 형태로 만든다. 세계는 정신의 반영(4, 146)이 된다. 인간은 이 반영 속에서 자신을 다시 인식하지만, 자신에게 대항하는 완전히 다른 타자도 인식한다. 따라서 인식은 창조력이 작용하는 힘의 사건이다. 이 사건의 정점은 성공적이고 강력하고 활기찬 형태와 이념이다. 이러한 방식으로 자기를 주장하는 것이 바로 진리라고 불린다. 이러한 사건에서 진리는 자기를 관철시킴으로써 자신을 참되게 만드는 힘이다. 이러한 진리는 학문적인 좁은 의미의 인식에만 적용되는 것이 아니라, 타당하게 여겨지는 정신적 구성물의 창조에 대해서도 적용된다.

이미 젊은 시절부터 니체는 타당성을 확보하려는 힘의 투쟁에 관심을 가지기 시작했다. 정신의 경쟁에서 승리하는 구성물은 승리를 통해서 자신의 힘을 입증할 뿐만 아니라, 삶 전체를 인간 능력의 정점으로 정당화함으로써 입증한다. 이것이 바로 천재의 탄생에 의해 삶이 정당화된다는 니체의 초기 사상이다. 니체는 이러한 사상을 소포클레스와 바그너 그리고 쇼펜하우어의 예를 통해 설명했다. 즉 이러한 정신적 영웅들은 문화 전체의 삶을 정당화한다. 왜냐하면 그들의 작품은 인간의 잠재력이 실현되고 변용되는 마법의 원을 만들기 때문이다. 황홀경의 극치가 문화의 의미이며, 이러한 극치로 몰아가는 것은 바로 삶의 힘들의 경쟁이다. 니체는『비극의 탄생』의 서문 초고에 다음과 같이 쓴다. 인류는 그 자체를 위해 존재하는 것이 아니라, 목적이 인류의 정점에, 위대한 '개인'에, 성인에, 예술가에 있다.(7, 354) 이 초기 글에서 천재를 준비하고 만들어내는 것보다 더 높은 문화적 경향은 없다(7, 355)고 말하는 젊은 니체의 주장은 바로 "힘에의 의지" 사상의 전주곡이다. 천재는 문화적 투쟁의 토대에서 나타나는 힘의 최고 화신이다.

이러한 ─ 인간적이고 너무도 인간적이며 초인적인 ─ 토대에서 니체는 힘에의 의지라는 연극을 펼치는 데 성공한다. 여기서는 힘의 투쟁이 분명하게 드러난다. 이러한 힘의 투쟁은 좁은 의미의 문화에서뿐만 아니라, 사회라는 유기체 전체에서 일어난다. 힘의 활동무대는 사회가 제격이다. '차가운' 사회는 힘의 균형을 나타내는 반면, '뜨거운' 사회는 힘의 균형이 깨지면서 동요하고 새로운 균형을 찾으려고 투쟁한다. 이러한 사회적 힘의 형태론에 관한 사상을 니체는『인간적인 너무나 인간적인』에서 펼쳤다. 니체는 이 책에서 힘의 균형은 정의의 기초이다(2, 556)라고 말한다. 정의감은 투쟁하는 당파들의 높은 도덕에서 나오는 것이 아니라 균형 상태의 결과물이다. 이러한 균형 상태가 달라지면, 도덕도 변한다. 방금 전까지도 정의롭다고 여겨지던 지도자가 갑자기 범죄자로 여겨진다. 그리고 반대의 경우도 일어난다. 힘의 균형이 극적으로 변하는 혁명에서 도덕의 진리가 명확해진다. 이 경우, 도덕은 계급의 도덕이자 당파의 도덕이다. 이러한 입장에서 니체는 자신보다 조금 위 세대인 카를 마르크스와 다를 바 없다.

니체는 상당히 일찍부터 힘의 경쟁적인 측면뿐만 아니라 상상적인 측면에도 관심을 가졌다. 힘은 실체가 아니라 상대적인 것이다. 힘은 오직 관계 속에서만 존재한다. 이는 우리가 기계적이고 순수물질적인 관념에서 벗어나야 한다는 것을 의미한다. 힘은 강력하다고 여겨질 때 존재하는 것이다. 한 사람의 힘은 다른 사람의 상상력에서 구체화된다. 강자는 한 편이 다른 편보다 가치 있고, 중요하며, 버릴 수 없고, 정복할 수 없는 것으로 보일(2. 90f.; MA) 때만이 강력하다. 힘의 관계가 관여자 모두의 상상력과 불가분적으로 연결되어 있다면, 상상이야말로 어떤 자연 식물의 가장 내밀한 힘이 다른 식물에게로 마술같이 방사되는(1. 349; SE) 과정의 일부이다.

이미 우리가 살펴본 것처럼, 니체의 "힘에의 의지"는 삶의 모든 측면을 겨냥한다. 니체는 인간과 인간의 세계뿐만 아니라, 자연도 힘의 영역으로 여긴다. 기억을 되살려 보자. 니체는 1881년 여름 수를레이 바위에서 영감을 받았을 때, 그림 이야기(9. 487)의 위험을 경고했다. 그는 스스로에 대해 명확하고 냉정한 사고, 즉 자연의 탈인간화와 인간의 자연화(9. 525)를 과제로 설정했다. 경쟁적인 인간 세계에서 유래하는 힘의 원칙을 자연에 적용하면, 의심할 바 없이 자연의 인간화가 이루어진다. 하지만 니체는 이러한 접근 방식이 정당하다고 느낀다. 그 이유는 두 가지다. 첫째, 인식 자체가 힘에의 의지이고, 압도하는 형식이기 때문이다. 둘째, 니체는 자신이 원하는 이상을 자연에서 찾음으로써 자연을 '인간화'하지 않기 때문이다. 이와는 반대로 니체는 자연이 자신에게 잔인하고 비인간적인 것, 바로 힘의 투쟁을 자연의 내밀한 비밀로 드러내도록 허락한다. 니체가 요구하는 자연의 탈인간화는 도덕적으로 중립적인 인식의 장을 만드는 것과 같은 객관성의 추구를 의미하지 않는다. 니체는 자연을 불친절하고 거칠며 다툼이 있는 모습으로 보려고 한다. 즉 세계는 자신의 소름 끼치는 측면을 드러내야 하고 의미와 안전과 고향을 향한 인간적 갈망을 거부해야 하는 것이다.

니체는 고르곤의 머리가 지평선 끝에 숨어 있는 것을 보았다. 니체는 존재의 소름 끼치는 끔찍한 측면을 은폐하려고 하지 않기 때문에, 통일된 실체가 세계의 토대를 형성한다는 형이상학적 원칙을 강하게 공격한다. 니체는 실체를 찾는 형이상학적 사유를 의심하는데, 이러한 사유는 일자를 찾으며 그 속에서 – 아우구스티누스의 경우, 일자는 신이다. – 안식을 얻는다. 하지만 이제 니체도 형이상학자들이 자신들의 기본 원칙을 주장하는 것과 마찬가지로 자신의 "힘에의 의지"를 내세운다. 니체 역시 이러한 형이상학적 원칙주의에서 벗어날 수 없지만, 원칙이 안식의 지점이 되어서는 안 된다고 주장한다. 원칙은 불안의 심장, 심지어는 어둠의 심장이 되어야만 한다. 힘에의 의지를 기본 충동으로 발견하는 자는 바로 그 때문에 힘에의 의지에 격하게 사로잡히고 내몰린다. 게다가 힘에의 의지는 단수가 아니라 복수로 존재한다. 이 역시 일자를 향한 형이상학적 집착에 반대되는 것이다. 힘에의 의지 철학은 존재를 토대로 한 투쟁적이고 역동적인 복수성의 비전이다. 이와 관련해 니체는 다음과 같이 말한다. 지속적으로 자신의 힘을 증가하거나 잃어버리는 의지의 점들만이 있을 뿐이다. (13, 36f.)

하지만 형이상학적 안식에 대한 욕구나 일자를 향한 동경은 니체를 만족시키지 못한다 할지라도, 니체는 형이상학적 그림 이야기가 지닌 인간화의 암시에서 벗어날 수 없다. 소름 끼치는 거대한 힘이 민낯을 드러내면서, 제1 원인^{causa prima}이 되려고 한다. 이는 니체가 피하고자 했던 것이다. 제1 원인과 결별하는 것이 니체에게는 위대한 해방을 뜻하기 때문이다. 존재의 방식이 제1 원인으로 소급되어서는 안 된다는 것, 세계가 감각중추나 '정신'으로서의 단일체는 아니라는 것, '바로 이것이야말로 위대한 해방이다'.(6, 97; GD)

니체가 1880년대 중반에 체계적인 대표작을 쓰기 위해 끈질기게 노력하기 시작할 때, 그는 자신의 위대한 해방을 놓칠 위험에 처한다. 그는 모든 것을 설명하고, 모든 것을 이해시키며 세계의 비밀을 푸는 열쇠가 되는 완전한 이론을 원한다. 완전무결한 이론으로 모든 것을 설명하고 해명하려 한 것이다. 힘에의 의지는 처음에는 자유로운 자기 형성과 자기 상승의 원칙으로, 예술의 마술적인 변화력으로, 사회적 삶의 내적인 역학으로 이해되었다가, 결국 생물학적이고 자연주의적인 원칙으로 이해된다. 따라서 니체는 최선의 노력을 다했지만, 제1 원인의 힘에 빠져들고 만다.

니체는 삶을 위해 도덕적이고 형이상학적이며 역사적인 '이성'에 저항했다. 하지만 그는 아마도 훨씬 더 위험한 다른 '이성'인 생물학주의와 자연주의의 '이성'에 대해서는 자신을 보호할 수 없었다. 니체는 숙명적으로 학문을 맹신하던 시대의 자식이었으며, 이 때문에 그는 이미 『인간적인 너무나 인간적인』에서 자연과학을 통해 삶을 해명할 수 있으리라는 암시 속으로 빠져든다. 니체는 다음과 같이 말한다. 우리에게 필요하며 현재 각 학문의 수준에서 겨우 우리가 얻을 수 있는 것이라고는 도덕적, 종교적, 미학적 표상과 감각의 화학이며, 또 문화와 사회의 크고 작은 교류 안에서뿐만 아니라 고독 속에서 우리가 체험하게 되는 저 모든 감동의 화학이다. 만약 이 화학이라는 영역에서 가장 화려한 색채도 알고 보면 보잘것없고 형편없는 재료에서 나온다는 결론이 내려진다면 어떻게 될까?(2, 24)

이러한 시각을 통해서 삶의 평가절하는 최고조에 이른다. 역사적인 법칙성에 대한 믿음, 형이상학적인 본질의 실체화[*], 종교적인 인생관과 여기서 파생되는 삶의 평가절하 등은 화학, 충동 경제, 물리 등으로 해체되는 삶의 자연주의적인 탈주술화와 비교하면 하찮게 여겨질 수 있다. 그리고 니체는 "삶에 대한 자연과학의 공과"라는 제목으로 반시대적 고찰을 쓰지는 않는다.[**] 형이상학적인 배후 세계의 비판자가 자연과학적인 배후 세계의 유혹에 빠진 것이다. 니체는 인간을 물화시키는 사고방식과 '인간은 단지 …일 뿐이다'라는 사고방식을 받아들인다. 인간은 이제 뇌생리학적 과정과 충동역학적인 긴장 그리고 화학적 작용의 무대로 통한다. 여기서야 비로소 '외부적 사고'(푸코), 즉 내적인 자기 경험을 단지 부수적 현상으로만 여기는 인간 조건에 대한 외부적 시각이 승리한다. 물론 니체는 내적인 경험을 포기하지 않는다. 하지만 그는 외부의 압력을 받아서 때로 자신의 적과 동일시하기에 이른다. 그는 실험적이고 유희적으로 상대편으로 넘어가서 자학적이고 도발적으로 물리학에 대한 찬가를 부른다. 우리는 세계의 모든 법칙과 필연성을 배우고 발견하는 일에 최고의 역량을 쏟아야 한다. '창조자'라는 의미에서의 '물리학자'가 되어야 한다. 반면에 지금까지의 모든 가치 평가와 이상은 물리학에 대한 '무지' 위에, 혹은 물리학과 '모순'되게 세워졌다. 그러니 이렇게 외치자! 물리학이여, 영원하라! 그리고 우리를 물리학으로 '내모는' 정직성이여, 더 영원하라!(3, 563f.; FW)

니체는 한편으로는 인간을 끊임없이 자연에 포함시켜 자연화하고 탈개인화해 '사물들 중의 하나'로 취급한다. 하지만 니체는 다른 한편으로는 우리가 창조자가 될 수 있다고 말한다. 법칙에 아무런 영향력을

● hypostatization: 관념적 실재를 마치 현실적인 존재로 해석하는 것으로 물신화와 비슷하다. – 옮긴이

●● 『반시대적 고찰』 제2권의 제목이 "삶에 대한 역사의 공과"이다. – 옮긴이

행사할 수 없는데도 이러한 법칙을 제정하는 창조자가 될 수 있다는 것이다. 하지만 우리가 자연법칙의 지배를 받는데, 도대체 어떻게 창조자가 된다는 말인가? 니체의 대답은 놀랍긴 하지만, 그 대답의 파토스와는 별개로, 상당히 궁색하다. 즉 우리가 창조자가 되는 경우는 전적으로 자연법에 의해서 결정되는 존재관을 받아들이고 – 이로 인해 파멸하지 않으면서 – 심지어 긍정할 수 있을 때, 절대적인 결정론의 무의미성이 우리에게 더 이상 충격을 주지 않을 때, 우리가 운명론자가 되지 않고도 결정론을 인정할 때이다. 이제 니체는 자기 자신의 이론에 대항해 그리고 자유로운 유희를 위한 자신의 열정에 대항해 싸워야 한다. 그는 이전에 자신이 비웃었던 태도를 이제 취하고 있는 것이다. 즉 그는 세계를 하나의 관점에서 설명하려고 한다. 니체는 1885/86년 겨울에 썼고, 『힘에의 의지』를 쓰기 위한 자료들도 활용한 『선악의 저편』에서 다음과 같이 말한다. 마침내 우리의 총체적인 충동의 생을 한 의지의 근본 형태가 – 즉 '나의' 명제에 따르면, 힘에의 의지가 – 형성되고 분화된 것으로 설명하게 된다면, 또 우리가 유기적 기능을 모두 이러한 힘에의 의지로 환원할 수 있다면, (…) 작용하는 '모든' 힘을 명백하게 '힘에의 의지'로 규정할 수 있는 권리를 얻을 수 있을 것이다. 그 내부에서 본 세계는 (…) 바로 '힘에의 의지'이며, 그 외에 아무것도 아니다.(5, 55: JGB)

　니체는 환원주의적인 설명 방식을 강력하게 공격했다. 이 설명 방식은 X에 대해 '사실은 Y이며 그 외에 아무것도 아니다'라고 주장하는데, 당시 여러 학문 분야에서 유행하고 있었다. 니체는 이러한 설명 방식을 아주 좋지 않은 '신화'로 여겼다. 하지만 후기의 니체가 당대의 생물학적 다윈주의와 물리학에서 알게 된 몇몇 원리를 세계를 설명하는 만능열쇠로 여기면서 힘에의 의지의 형이상학적 철학에 접목시킨 것은 마찬가지로 신화가 되었다. 다행히도 니체는 이러한 신화를 끝까지 정교하게 작업하지 않았고, 소수의 원리에만 의존했다. 그 원리들은 다음과 같다. 개개의 삶이 힘이자 에너지이다. 삶 전체는 에너지의 양이 불균등하게 분포된 힘의 장이다. 에너지는 보존된다는 명제는 유효하고, "빈" 공간은 없다. 어떤 것이 밀고 들어오면, 다른 어떤 것은 뒤로 물러난다. 한 곳에서 힘이 커지면, 다른 곳에서는 힘이 감소한다. 한 힘이 다른 힘을 압도하면, 그 힘을 흡수한다. 한 힘이 분해되면, 다른 힘이 그 힘을 빨아들인다 (…) 성장, 상승, 압도, 투쟁의 무의미하면서도 역동적인 작용이 이어지는 것이다.

여기까지는 논리가 일관되어 있다. 하지만 우리는 '논리가 일관된' 체계에서 항상 가설로 설정한 것만을 얻어낸다는 사실을 안다. 이는 '체계주의자'인 니체에게도 적용된다. 그는 당대의 유물론적인 정신을 추종해 자연에 잔인한 성질을 부여했고, 그러한 잔인함을 자연에서 발견한다.

그런데 자연에서 벌어지는 일은 살인적인 투쟁이 아니라 힘들의 유희로 간주될 수도 있다. 우리가 방금 니체를 통해 살펴본 대로, 모든 것은 가치 설정의 관점에 달려 있다. 어떤 관점도 절대적이지 않다. 하지만 경계선을 넘나드는 것은 주목할 필요가 있다. 어떤 경우에는 삶을 힘의 지배를 받는 전쟁터로 보고, 또 다른 경우에는 삶을 유희로 본다. 이렇게 경계선을 넘나들면서 결국 삶을 총체적으로 전망하게 된다. 후기의 니체는 두 종류의 전망, 즉 거대한 세계 유희의 전망과 제1 원인으로서의 힘의 전망 사이에서 갈등한다. 이 두 가지 전망은 하나의 중요한 점에서 차이가 있다. 즉 거대한 세계 유희는 반어적인ironisch 자기 상대화를 고취시킨다. 반면에 '제1 원인'으로서의 힘에의 의지는 니체에게 그동안 겪은 굴욕과 모욕에 대해 상상을 통해 복수하게 한다. 니체는 폭력의 상상에 자신을 맡기는데, 이는 『이 사람을 보라』에서 소름 끼치는 장면으로 묘사된다. 삶의 당파는 인류를 더 높이 사육시킨다는 이 위대한 과제 중의 과제를 떠맡아, 퇴화되고 기생충 같은 자들을 모두 무참히 파괴해버린다.(6, 313; EH)

이에 비해 세계 유희의 전망은 다른 어조를 띤다. 니체의 여동생과 페터 가스트는 니체가 1885년 여름에 쓴 경이롭고도 유명한 글을 자신들이 편집한 유고본의 끝부분에 삽입한다. 그리 길지 않지만 울림이 큰 이 글은 거대한 세계 유희로 이해된 힘에의 의지의 핵심이 무엇인지를 말하려는 시도이다. 그대들은 또한 나에게 "세계"가 무엇을 의미하는지 알고 있는가? 내가 그대들에게 이 세계를 내 거울에 비추어 보여주어야만 하는가? 이 세계는 곧 시작도 끝도 없는 거대한 힘이며, 커지지도 작아지지도 않으며, 소모되지 않고 오히려 전체로서는 그 크기가 변하지 않지만, 변화하는 하나의 확고한 청동 같은 양의 힘이며, 지출과 손해가 없지만, 이와 마찬가지로 증가도 수입도 없고, 자신의 경계인 "무"에 의해 둘러싸여 있는 가계 운영이며, 흐릿해지거나 허비되어 없어지거나 무한히 확장되는 것이 아니라, 일정한 힘으로서 일정한 공간에 끼워 넣어지는 것인데, 이는 그 어느 곳이 "비어" 있을지도 모르는 공간 속이 아니라, 오히려 도처에 있는 힘이며, 힘들과 힘의 파동의 놀이로서 하나이자 동시에 "다수"이고, 여기에서 쌓이지만 동시에 저기에서는 줄어들고, 자기 안에서 휘몰아치며 밀려드는 힘들의 바다며, 영원히 변화되며, 영원히 되돌아오고, 엄청난 회귀의 시간과 더불어, 자신의 형태가 빠져나가는 썰물과 밀려들어 오는 밀물로, 가장 간단한 것으로부터 가장 복잡한 것으로 움직이면서, 가장 고요한 것이나 가장 단단한 것, 가장 차가운 것으로부터 가장 작열하는 것이나 가장 조야한 것, 가장 자기 모순적인 것으로 움직이고, 그 다음에는 다시 충일한 것에서 단순한 것으로, 모순의 놀이로부터 조화의 즐거움으로 되돌아오고, 이러한 동일한 스스로의 궤도와 시간 속에서도 여전히 스스로를 긍정하면서, 영원히 반복해야만 하는 것으로서 스스로를 축복하면서, 어떠한 포만이나 권태나 피로도 모르는 생성이다. 영원한 자기 창조와 영원한 자기 파괴라고 하는 이러한 나의 '디오니소스적인' 세계, 이중적 관능이라는 이러한 비밀의 세계, 이러한 나의 선악의 저편의 세계, 이러한 세계에는 순환의 행복 속에 목적이 없다면, 목적이 없으며, 원환 고리가 스스로에 대해 선한 의지를 갖지 않는다면, 의지가 없다. 그대들은 이러한 세계를 부를 "이름"을 원하는가? 그 모든 수수께끼에 대한 하나의 해결을? 그대들, 가장 깊이 숨어 있고, 가장 강하고, 가장 경악하지 않으며, 가장 한밤중에 있는 자들이여, 그대들을 위해서도 '빛'을 원하는가? 이러한 '세계가 힘에의 의지'이며, 그 외에 아무것도 아니다! 그대들 자신 역시 이러한 힘에의 의지이며, 그 외에 아무것도 아니다!(11, 610f.)

세계의 위대한 음악으로 울려 퍼지는 이 글은 동일한 것의 영원회귀 사상과도 연결된다. 시간은 무한하고 힘의 양은 제한되어 있다는 원칙은 가능한 모든 상황의 회귀를 암시한다. 이 원칙은 썰물과 밀물의 이미지로 구체화되고 있다. 물론 이것은 형이상학적 – 자신이 경고한 바 있는 – 그림 이야기(9, 487)이다. 니체는 자신이 인식할 수 없는 것을 인식하려고 하고 사고할 수 없는 것을 사고하려고 한다는 사실을 깨닫는다. 니체는 1881년, 영감을 체험한 여름에 다음과 같이 쓴다. 상상의 반대 세계가 절대적인 흐름과의 모순 속에서 생성된 후에야 '이를 기반으로 무엇인가가 비로소 인식될' 수 있었다.(9, 503f.) 절대적인 흐름은 인식할 수 없는 것을 가리키는 이미지이다. 이에 비해 모든 사고와 인식은 상상의 반대 세계 속에서 이루어진다. 하지만 대립이 '생각'될 수 있기 때문에, 즉 상상의 반대 세계에서 그 대립이 도출될 수 있기 때문에 삶의 거대한 힘이 드러난다. 사물의 흐름에 대한 최종적인 진리는 '체화'를 받아들이지 않으며, (생을 위한) 우리의 '기관'은 오류에 기초하여 이루어져 있는 것이다.(9,

삶의 거대한 힘에 접근하는 것을 나타내는 이러한 그림 이야기는 극적인 전개 과정을 서술한다. 니체는 『차라투스트라는 이렇게 말했다』를 쓰던 시기에 남긴 글에서 이러한 전개 과정을 심지어 박진감 있게 묘사하고 있다. 갑자기 진리의 무서운 방이 열린다. 가장 무거운 인식에 대해 무의식적으로 조심하고 신중한 태도를 취하며 숨고 방어한다. (…) 이제 나는 최후의 돌을 굴려버린다. 그러자 가장 무서운 진리가 '내 앞에 있다'. – '무덤에서 진리를 불러낸 것이다.' 우리는 진리를 창조하고 일깨웠다. 이는 용기와 힘 감정을 최고로 표현한 것이다. (…) 우리는 가장 무거운 사상을 창조했다. '이제 이 사상을 다룰 수 있는 존재를 창조하자!' 이렇게 할 수 있기 위해서 우리 자신은 이전에 우리에게 주어진 것보다 더 큰 자유를 누려야 한다. 게다가 도덕에서 해방되어야 하고, 축제를 통해 마음의 안정을 찾아야 한다. (미래를 예감하고! 과거가 아니라 미래를 축하해야 하며! 미래의 신화를 창작해야 하고! 희망을 갖고 살아야 한다!) 지복의 순간! 그런 다음 다시 막을 내리고 '사상'을 견고하게 하며, '다음 목표'로 향해야 한다!'(10, 602)

무덤에서 진리를 불러낸 것은 오싹한 분위기를 연출한다. 이 진리가 무서운 이유는 사람들이 본능적으로 욕망하는 모든 것이 – 이를 테면 통일, 안정, 의미, 목표 등이 – 세계에 없기 때문이다. 누구나 이러한 현실을 견뎌낼 수 있는 것은 아니다. 사람들은 대개 보호장치를 필요로 한다. 그래서 사람들은 – 니체에 따르면 – 미래의 신화를 창작해야 하고 축제를 통해 마음의 안정을 찾아야 하는 것이다.

하지만 헤라클레이토스적인 절대적 흐름에 대한 전망이 정말 그렇게 무서운가? 이러한 전망은 오히려 숭고한 감정을 불러일으키지 않는가? 그렇다. 그래서 그림 이야기는 시적인 광채를 발한다. 진정한 두려움과 공포는 실제로 다른 곳에서 생긴다. 니체는 1887년 6월 10일에 쓴 "유럽의 허무주의"라는 제목의 글에서 – 이 글은 『힘에의 의지』를 위한 중요한 사전 작업이다. – 자연에서 느끼는 진정한 공포를 묘사했다. 「유럽의 허무주의」는 자연에서 나타나는 엄청난 불의와 무자비함을 강조한다. 자연에서는 약자와 강자, 혜택을 받은 자와 그렇지 못한 자가 생긴다. 자연에서는 자비로운 섭리도 없고, 삶의 기회가 공정하게 분배되지도 않는다. 이러한 배경에서 도덕은 자연의 '불의'를 바로잡아 균형을 맞추기 위한 시도로 정의될 수 있다. 자연적인 운명의 힘은 억제되어야만 한다.

니체에 따르면, 기독교는 이러한 목표를 달성하기 위한 탁월한 시도이다. 기독교는 혜택 받지 못한 사람들에게 세 가지 이점을 제공한다. 기독교는 첫 번째로 생성과 소멸의 흐름 속에 있는 인간의 왜소함과 우연성과는 반대로 절대적인 가치를 제공한다.(12, 211) 두 번째로 고난과 악에 의미를 부여함으로써 이를 견딜 수 있게 한다. 세 번째로 창조에 대한 믿음을 통해 세계를 정신에 의해서 움직이며 또 이 때문에 인식될 수 있고 가치 있는 것으로 이해시킨다. 따라서 기독교는 자연으로부터 불이익을 당한 사람들이 자신을 경멸하고 삶에 반대하는 편에 서지(12, 211) 않도록 예방했다. 기독교적인 세계 해석은 자연의 공포를 약화시켰고, 절망했을지도 모를 사람들이 삶을 살아가도록 용기를 주었으며, 삶에 뿌리를 내리게 했다. 요컨대 기독교는 혜택 받지 못한 사람들을 허무주의로부터(12, 215) 지켜주었다.

우리가 자연으로 하여금 제 갈 길을 가도록 내버려두지 않고 가능한 한 많은 사람들에게 살아갈 수 있는 질서를 만드는 것을 인간의 사명으로 여긴다면, 우리는 기독교가 자신의 도덕 – 가설을 세상에 도입한 것에 대해 감사해야 할 것이다. 니체는 기독교가 지닌 가치 창조의 힘을 인정하지만, 그렇다고 감사를 표시하지는 않는다. 왜냐하면 약자에 대한 배려와 균형의 도덕은 그가 보기에 인류가 더 높은 단계로 발전하는 데 방해가 되기 때문이다.

이미 우리가 알고 있듯이 니체는 인류가 더 높은 단계로 발전하는 것을 문화에서의 황홀경의 극치, 즉 성공한 개인과 그들의 작품에서 나타나는 문화의 정점으로서만 상상할 수 있었다. 힘에의 의지는 한편으로 이러한 문화의 정점을 지향하는 동력을 자극한다. 하지만 약자의 편에 서서 도덕적인 당파를 만드는 것도 힘에의 의지이다. 이러한 당파는 문화의 정점을 이루는 것을 방해하고 결국에는－니체의 진단에 따르면－전체적인 평균화와 퇴보를 초래한다. 기독교적인 도덕－가설의 근대적인 버전인 이러한 당파가 바로 민주주의와 사회주의의 근간을 이룬다. 이 때문에 니체는 민주주의와 사회주의를 강력하게 비판한다. 니체에게 세계 역사의 의미는 최대 다수의 행복과 번영이 아니라 개인적인 삶의 성공이다. 정치적이고 사회적인 민주주 문화는 니체가 경멸조로 말한 최후의 인간들의 관심사일 뿐이다. 니체는 보편적 복지를 추구하는 사회복지국가의 윤리를 거부한다. 왜냐하면 이러한 윤리는 위대한 개인의 자기형성에 방해가 되기 때문이다. 하지만 위대한 개인들이 사라지면, 아직 남아 있는 유일한 역사의 의미도 사라질 것이다. 니체는 이러한 역사의 마지막 의미를 지키면서 민주주의를 공격하고 다음과 같이 선언한다. 민주주의적인 무리 동물의 완전한 순화ganzliche Vergutmutigung des demokratischen Heerdentiers를 조금이라도 지연시키는(11, 587) 것이 관건이다.

문제는 다음과 같다. 즉 니체는 자기 상승과 연대의 이념을 서로 결합시키거나 아니면 적어도 서로 공존시킬 수 없다. 니체는 기독교를 강하게 비판했지만, 한 가지 결정적인 사실을 이 종교로부터 배울 수도 있었다. 기독교의 천재성은 수 세기에 걸쳐 이 두 선택지, 즉 연대와 자기 상승을 세련되게 서로 결합시킨 데서 나타난다. 신과의 관계는 오직 도덕적으로만 이해하지 않는다면 영혼의 무한한 확장을 의미했으며, 영적인 정화는 사회적으로 연대할 수 있는 자기 상승을 가능하게 했다. 왜냐하면 이러한 자기 상승과 정신의 고양은 자신의 성취가 아니라 신의 은총으로 이해되었고, 이는 개인적인 자부심에 도취되어 다른 사람들을 차별하지 못하게 했기 때문이다. 게다가 자기 상승은 종교적인 영역과 세속적인 영역이라는 두 세계, 즉 신의 국가^{civitas dei}와 시민 국가^{civitas civilis}의 차원에서 일어날 수 있었다. 한 세계에서 개인은 위대해질 수 있지만, 다른 세계에서는 하찮은 존재가 된다. 이 두 세계 모두에서 살아갈 수 있는 자는 자기 상승과 연대의 원칙을 결합시키는 데 큰 어려움이 없다. 니체는 『인간적인 너무나 인간적인』을 쓸 시기에 문화의 '두 개의 방 이론'을 생각한 바 있었다. 하나의 방은 천재의 열정에 의해 뜨거워지는 반면, 다른 방은 상식의 원칙에 따라 냉각된다. 이 두 개의 방은 전체적으로 삶에 대한 봉사의 의미에서 균형을 이룬다. 하지만 니체는 궁극적으로 하나의 세계를 원했고, 아우구스티누스와 루터가 표방한 정교한 두 개의 세계 이론을 거부했다. 이렇게 해서 니체는 복지의 원칙에 따라 조직되는 민주주의적인 삶에 반대하게 되었다. 니체에게 이러한 세계는 무리 동물의 승리를 의미할 뿐이었다. 하지만 니체는 무엇보다도 자신과 많은 다른 사람들과의 차이를 유지하려고 했다. 그의 저작은 이러한 노력의 위대한 고백이며, 자기 자신을 넘어서서 위대한 개인이 되고자 했던 평생의 노력을 기록하고 있다.

우리가 이러한 지극히 개인적인 철학과 자기형성의 노력에 매료되고 경우에 따라서는 경탄을 보내면서도 민주주의와 정의의 이념을 포기하지 않으려 한다면, 아마도 니체는 우리의 이러한 태도를 허약한 타협이나 우유부단함으로 여기며 최후의 인간이 눈을 껌벅이고 있다고 말할지도 모른다.

하지만 어쩌면 니체는 자신의 독자들에게 반어적인 유보를 요구한 것이 바로 자신이라는 사실을 깨달았을지도 모른다. 제 편을 드는 것은 전혀 필요치 않으며, 결코 '바람직하지도' 않습니다. 그보다는 낯선 식물을 접할 때면 품게 마련인 일말의 호기심과 반어적ironisch 저항감, 이런 것이 나를 대하는 훨씬 더 지적인 태도라고 생각됩니다.(B 8, 375f.; 1888년 7월 29일)

니체는 『힘에의 의지』를 구상할 동안에도 『선악의 저편』(1885/86년)과 새롭게 출간된 『즐거운 학문』의 제5권(1886년 10월) 그리고 『도덕의 계보』(1887년 여름)를 쓴다. 이 작품들은 모두가 몇 주만에 완성되었다. 이 작품들은 이전 작품들에서 이미 다루어진 테마들의 요지를 다시 설명하거나, 강조하거나, 새롭게 전개했으며, 『힘에의 의지』를 위해서 준비한 여러 가지 이념적인 자료들을 사용했다. 우리가 염두에 두어야 할 것은 끊임없이 거주지를 옮기며 방랑 생활을 한 니체가 새 주소로 책상자들을 배달시키긴 했지만, 정작 자신의 초기 작품들은 곁에 두지 않았다는 사실이다. 그는 자주 자신이 예전에 쓴 것들이 기억에서 사라졌다고 불만을 토로한다. 예를 들어 니체는 1887년 2월 13일 『즐거운 학문』의 2판을 인쇄할 때, 페터 가스트에게 원고 수정을 부탁하면서 다음과 같은 말을 덧붙인다. 당시에 내가 무엇을 썼는지 나 자신도 약간 궁금하네. 완전히 내 기억에서 사라져버렸어.(B 8, 23) 때때로 그는 자신의 책을 읽는 것을 피하기조차 했다. 초기 작품들의 서문들을 다시 쓸 때인 1886년, 그는 서문을 쓰기는 했지만 그 작품들을 다시 읽는 것은 피했다. 1886년 10월 31일, 그는 페터 가스트에게 다음과 같은 편지를 쓴다. 『비극의 탄생』과 『인간적인 너무나 인간적인』의 서문을 다시 쓰면서 내가 이 책들을 가지고 있지 않다는 것은 행운이라고 생각했네. 우리끼리 이야기지만, 나는 이 책들을 더 이상 견딜 수가 없기 때문이라네.(B 7, 274) 이 편지는 물론 그가 침울한 상태에 빠졌을 때 쓴 것이다. 왜냐하면 2년 후에, 토리노에서의 마지막 가을에, 그는 자신의 이전 작품들을 읽고 난후에 전례가 없을 정도로 기뻐하면서 페터 가스트에게 다음과 같이 편지를 쓰기 때문이다. 4주 전부터 나는 내 작품을 이해하게 되었네. 게다가나는 내 작품들이 훌륭하다고 평가하네. 진지하게 말하지만, 난 내 작품의의미를 알지 못했다네. 『차라투스트라는 이렇게 말했다』는 예외지만, 이전에 내가 내 작품에 감명을 받았다고 말했다면, 그건 아마도 거짓말을 한 셈이라네.(B 8, 545: 1888년 12월 21일) 이 해 여름에 그는 메타 폰 잘리스에게작년에 출간된『도덕의 계보』를 보내달라고 부탁한다. 니체는 겨우 1년전에 나온 책을 다시 읽고 난 후에 다음과 같이 쓴다. 책을 읽자마자 나는 놀랐어요. (…) 기본적으로 나는 세 논문*의 제목만 기억하고 있었어요. 나머지는, 즉 내용은 모두 잊어버렸답니다.(B 8, 396: 1888년 8월 22일)

니체의 저작들에서 같은 내용이 자주 반복되는 것은 자신이 쓴 내용을 잊어버리는 데서 그 원인을 찾을 수도 있다.

니체는 1888년 『우상의 황혼』이 가장 본질적인 철학적 이단설(B 8, 417: 1888년 9월 12일)을 담고 있다고 말하는데, 이는 이전 작품인『선악의 저편』에도 해당된다. 그는 일련의 형이상학적인 허구들을 면밀히 조사하는데, 이러한 허구들을 통해 서양 정신이 헤라클레이토스적인 생성과 소멸의 절대적인 흐름에 맞서서 내구성과 통일성 그리고 지속성을 갖춘 상상의 세계를 구축했다고 주장한다. 그리고 니체는 '변증법적인' 대립은 없고, 오직 유동적인 변화만이 있을 뿐이며 그 어떤 역사적인 법칙성도 없다고 결론을 내린다. (칸트가 주장하는) 우리 이성의 선험

•『도덕의 계보』는 서문과 세 논문으로 구성되어 있다. – 옮긴이

성은 종교적인 잔재에 불과하다. 유한한 인간의 지성 속에 작은 영원성이 있다는 것은 사람들의 희망사항일 뿐이다. '자아'라는 것도 전적으로 허구이다. 인간에게도 오직 사건과 행위만이 있을 뿐이다. 우리는 익명의 활동이 펼치는 동력을 견디지 못하기 때문에 행위에 허구의 행위자를 고안해 덧붙인다. '자아'는 바로 이렇게 덧붙여진 허구이다. 단 몇 문장으로 데카르트의 '나는 생각한다. 고로 나는 존재한다Cogito ergo sum'는 무대에서 사라진다. 바로 사고 과정에서 행위자를 만드는 것이 사고 행위라는 사실이 드러난다. 생각하는 것은 "나"가 아니라, 나를 "나"라고 말하게 하는 사고이다. 니체는 의지의 세밀한 분석을 통해 사람들이 이 의지에 대해서 지금까지 너무 허술하게 생각했다는 것을 보여준다. 의지는 쇼펜하우어가 주장하듯이 역동적인 단일체가 아니라, 다양한 욕망의 혼합체이자 힘을 얻기 위해 투쟁하는 에너지의 전쟁터이다.

니체는 영감을 받아 쓴 한 장에서 종교의 힘을 분석한다. 여기서 특히 그가 염두에 두었던 것은, 기독교가 도덕 – 가설을 통해 – 이미 우리가 살펴본 대로 – 혜택 받지 못한 사람들을 불공정한 자연의 잔인함으로부터 그리고 허무주의로부터 보호했지만, 바로 이 때문에 기독교는 힘에의 의지의 표현이기도 하다는 점이다. 기독교는 고대 세계에 종말을 초래한 완전히 영적인 생활세계를 낳았다. 따라서 기독교의 승리는 가치의 전도가 가능하다는 생생한 증거이다. 이러한 관점에서 그는 사도 바울과 아우구스티누스 또는 이그나티우스 폰 로욜라와 같은 종교적 천재들을 경탄한다. 이들은 전 세계를 자신들의 집착으로 감염시켰고, 역사의 무대를 바꾸었으며, 사람들이 정신적으로 활동하고 숨 쉬는 생활세계를 창조했다. 이러한 종교적인 성인들과 비교하면 탈주술화된 근대와 허무주의 시대의 보통 사람들은 상상력 없이 일만 하는 동물이며 불쌍한 피조물이다. 그들은 종교를 위한 여분의 시간을 전혀 가지지 않는 것 같다. 특히 종교 문제에서 중요한 것은 새로운 일인가 아니면 새로운 향락인가 하는 문제가 그들에게 불분명하게 남게 된다는 점이다.(5, 76; JGB) 허무주의적인 문화는 오직 일과 향락만 추구할 뿐이다. 니체는 이러한 근대의 허무주의적인 궁핍한 삶에 대항해 심지어 이전의 종교적인 문화를 옹호하기까지 한다. 이 문화는 엄청난 정신력으로 새로운 가치를 창조해 관철시켰다. 니체는 이에 자극받아 자신의 사명으로 여긴 미래의 가치 전도를 가능할 뿐만 아니라 전망도 밝다고 여긴다.

1년 후에 쓴 『도덕의 계보』는 이전 작품들에서 이미 전개된 도덕 분석과 비판을 간결하면서도 체계적으로 다루고 있다. 니체는 이미 앞에서 인용한 메타 폰 잘리스에게 보낸 편지에서 이 책에 대해 다음과 같이 말한다. 당시에 나는 거의 끊이지 않는 영감 속에서 살았음이 분명해요. 이 책은 세상에서 가장 자연적인 물건마냥 술술 써졌습니다. 이 책에서 고심한 흔적은 찾을 수 없을 겁니다.(B 8, 397; 1888년 8월 22일)

『도덕의 계보』는 『비극의 탄생』과 『반시대적 고찰』 이후에 처음으로 다시 그 자체가 완결된 논문이며, "선과 악, 좋음과 나쁨"(제1 논문), "죄와 양심의 가책"(제2 논문) 그리고 "금욕주의적인 이상이란 무엇을 의미하는가?"(제3 논문)에 관한 세 개의 장으로 구성되어 있다. 니체는 도덕의 토대 그 자체는 도덕적이 아니고 투쟁과 힘의 관계를 반영한다는 원칙에 따라, 1장에서는 『아침놀』에서 이미 암시했던 '원한의 정신으로부터의 도덕의 탄생'이라는 자신의 사상을 완결된 이론으로 소개한다. 선과 악의 가치 평가에는 더 오래된 고귀함과 나쁨이라는 다른 가치 평가가 밑바닥에 깔려 있다. 니체의 주장은 다음과 같다. 위협적인 강자를 '악'이라고 지칭한 자는 바로 약자이고 보호가 필요한 사람이었다. 하지만 이들 자신은 강자의 관점에서 보면 흔하고 비천하다는 의미의 '나쁜' 사람이다. 모든 도덕은 이처럼 관점에 따른 분류와 가치 평가에서 생겨난다. 삶으로부터 불이익을 당한 사람들은 자기들끼리 무리를 지어서 힘을 합치고 가치를 전도시켜야만 강자들의 압도적인 힘에 맞서 자신들을 보호할 수 있다. 즉 그들은 무자비함이나 자만심, 대담함, 낭비욕, 게으름 등과 같은 강자들의 덕을 악덕으로 규정하는 반면, 겸손이나 동정, 근면, 복종 등과 같은 약자들의 특징을 미덕으로 선언하는 것이다. 도덕에서의 노예 반란은 '원한' 자체가 창조적이 되고 가치를 낳게 될 때 시작된다. 이 원한은 실제적인 반응, 행위에 의한 반응을 포기하고, 오로지 상상의 복수를 통해서만 스스로 해가 없는 존재라고 여기는 사람들의 원한이다.(5, 270; GM) 이러한 사람들의 도덕을 만드는 것은 상상의 복수이다. 이러한 복수가 성공을 거두는 것은 강자들이 스스로를 약자의 관점에서 판단할 수밖에 없을 때이다. 강자들은 원한 도덕의 상상 세계에 포위될 때 제압당한다. 도덕에서의 투쟁은 결국 정의를 내리는 힘, 즉 누가 누구에 의해 판단하게 하느냐가 관건이다.

정의를 내리는 힘을 둘러싼 투쟁은 자기평가의 '거울의 방'으로 이어진다. 우리는 자신을 어떻게 정의하는가? 판단하는 '나'는 누구인가? '나'는 과연 누구인가? 니체는 2장에서 인류가 오늘날의 모습이 되기까지 행해온 방대한 선사시대의 작업 영역을 살펴본다. 규칙성과 심지어 예측 가능성을 강제하고, 감정을 순화하고 조절하며, 습관과 행동방식의 네트워크를 형성하고, 충동에 양심을 부과하며 욕망을 줄이고 집단에 순응하는 것 - 이 모든 일이 수천 년에 걸쳐서 어떻게 생겨났는지 우리는 거의 알지 못한다. 이 모든 것은 선사시대의 어둠 속에 묻혀 있다. 니체는 다음과 같이 질문한다. 인간을 '약속할 수 있는' 동물로 기르는 것(5, 291; GM)이 어떻게 가능했는가? 그는 인간이 스스로를 디비디움Dividuum으로, 즉 분할된 존재이자 살아 있는 자기 상대방으로 경험함으로써 개인분할할 수 없는 존재Individuum가 된 장구한 역사를 검토한다. 어떻게 인간은 아픈 상처가 되었으며, 인간 속의 어떤 것은 살고, 또 다른 어떤 것은 사고하게 되었는가? 어떻게 인간이 선호하는 성향이 생기고, 또 이를 억제하는 양심이 생기게 되었는가? 어떻게 인간 속에서 명령하는 것이 생기고, 복종하는 것이 생기게 되었는가? 물론 기독교는 이러한 긴 역사 속에서 가장 최근의 에피소드이긴 하지만, 아주 짧은 에피소드에 불과하다.

니체에 따르면, 이웃사랑과 겸손과 복종의 도덕을 지닌 기독교는 노예 도덕의 승리를 의미한다. 그 결과로 천성적으로 강한 개인들이 – 물론 이들은 여전히 존재한다. – 자신의 힘을 과시하며 모든 종류의 타협, 허식, 은폐, 우회로를 거치는 행동을 하도록 강요받는다. 금욕주의적인 이상의 기원과 형성을 다루는 3장은 종교적인 겸손의 문화에서 힘이 어떻게 위장되는지를 상세히 설명한다. 금욕주의적인 성직자는 은밀하게 힘을 얻으려고 노력하는 사람이다. 그에게서 힘의 전도가 일어난다. 금욕주의적인 성직자는 – 금욕주의가 일반적으로 그렇듯이 – 자신의 육체와 다양한 감각적 욕구를 엄격히 통제함으로써 지배자적인 본성을 드러낸다. 금욕주의자는 부정의 대가이며 강력한 반디오니소스주의자이다. 금욕주의자는 삶 속으로 파고들어 가는 정신으로서 삶을 구현한다. 니체가 이런 말을 할 때는 경탄의 뉘앙스도 배어 있다. 왜냐하면 니체는 자신의 디오니소스적인 긍정에도 불구하고 스스로에게 금욕주의적인 성향이 있다는 사실을 의식하기 때문이다. 이 마지막 장의 역동성은 바로 다음과 같은 사실과 밀접하게 연관된다. 즉 니체는 자신이 원래 거리두기의 파토스^Pathos der Distanz(5, 259; GM)를 통해 서술하려고 했던 문제의 일부분이라는 사실을 깨닫는다. 니체는 자신의 삶을 인식에 바쳤고, 진리에의 의지는 그의 가장 강력한 추동력이었다. 하지만 이러한 진리에의 의지가, 즉 즉흥적인 삶의 경향과 자선적인 환상 그리고 실용적인 제약에 반대하는 진리에의 의지가 바로 삶 속으로 파고들어 가는 금욕주의적인 정신이 아닐까? 궁극적으로 이러한 진리에의 의지가 인간과 세계를 뒷전으로 내몬다면, 과학이 우주에서 인간의 자기 왜소화(5, 404; GM)를 추진한다면, 진리에의 의지가 성실한 무신론을 등장시킨다면, – 그것은 2천 년에 걸친 진리를 향한 훈련의 장중한 '파국'이며, 이는 결국 '신에 대한 신앙의 허위'를 스스로 금지하게 한다.(5, 409) 하지만 이러한 진리를 향한 훈련이 바로 기독교의 금욕주의이다. 그리고 니체도 자신이 이러한 훈련의 상속자라는 것을 잘 알고 있다. 따라서 니체는『도덕의 계보』의 끝부분에서 자기 성찰적인 질문을 던진다. 우리 안에서 저 진리에의 의지 자체가 문제로 의식되는 것이 의미가 없다면, 우리의 존재 전체는 어떤 의미를 갖게 되는 것일까?(5, 410)

니체는 1887년 여름 질스마리아에서『도덕의 계보』를 순식간에 쓴다. 8월인데도 벌써 눈이 내리기 시작한다. 주변은 하얗게 변하고 고요해지며 호텔의 손님들은 하나둘 떠나기 시작한다. 니체만 홀로 남는다. 마치 자신이 진리에의 의지의 금욕주의자임을 입증이라도 하는 듯이.

8월 30일에 그는 페터 가스트에게 다음과 같은 편지를 쓴다. 그럼에도 불구하고 모든 면에서 일종의 만족과 진전이 있었네. 무엇보다도 더 이상 새로운 것을 경험하지 말고 '외부'를 더 철저하게 피하며 해야 할 일을 하자는 좋은 의지를 가지고 있다네.(B 8, 137)

그런데 해야 할 일이란 무엇인가?

제 14 장

—

마지막 해. 자신의 삶에 대한 생각. 자신의 삶을 위한 생각. 예언자의 미소. 숙명과 명랑성. 바다의 침묵. 토리노에서의 종말.

—

니체의 여동생 엘리자베트 니체(1875년)

마지막 해. 자신의 삶에 대한 생각. 자신의 삶을 위한 생각. 예언자의 미소. 숙명과 명랑성. 바다의 침묵. 토리노에서의 종말.

정신이 붕괴되기 전 마지막 해에도 니체는 여전히 『힘에의 의지』의 작업을 계속해 나간다. 그는 이 주제와 관련된 자신의 생각을 모으고, 표제어를 쓰고, 목차를 짜는 일을 중단하지 않는다. 하지만 점점 초조감이 커진다. 그는 가치의 전도를 완성하고, 핵심적인 도덕적 결론을 내리려는 자신의 목표를 향해 서두른다. 니체는 시간이 많이 남아 있지 않다고 느꼈다. 이제 모든 것을 최종적으로 정리할 순간이 온 것이다. 니체는 젊은 시절에 고대의 위대한 철학자들과 공감했고, 그들의 지배욕을 밝혀냈다. 니체에 따르면, 위대한 철학자는 단순한 담론 공동체의 구성원 이상이었다. 이들의 말은 권위를 나타낸다. 위대한 철학자의 등장으로 역사의 무대가 돌기 시작한다. 위대한 철학자는 예전에 알렉산드로스 왕이 정치 영역에서 했던 것처럼 고르디우스의 매듭을 단칼로 해결한다. 이 마지막 해에 그는 자신이 이상형으로 생각하는 역사 위인들과 하나가 된다. 결국 그는 이들 속으로 사라진다. 그가 이들 속으로 추락했다고 말해도 될 것이다. 이제 그는 자신을 이 위대한 철학자들 중의 한 명으로 느낀다. 그는 시간의 저 깊은 심연에서 나와서 높은 정상으로 올라간다. 그곳에서 그는 전체를 바라보면서 새로운 시대를 열려고 한다. 산이 출산의 진통을 겪고 나서 모든 사람에게 선포되어야 할 새로운 소식을 낳았다. 니체는 새로운 계명을 들고 자신의 시나이

산에서 내려온다. 이제는 분명하게, 아마도 심지어는 지나칠 정도로 분명하게 이야기할 시간이 되었다. 다가오는 시대의 정신적인 전제들이 이제 더 이상 성찰로 인해 억제되지 않고 단호하게 선언되어야 한다. 1888년 여름에 씌어진 『우상의 황혼』에서 예고되었듯이, 망치를 가지고 철학한다는 것은 이상 부위를 살펴보기 위해 지금까지 유효한 사상과 원칙들을 진찰하는 의사의 태도로 가볍게 두드려보는 것을 의미할 뿐만 아니라, 우상을 파괴하는 것을 의미하기도 한다. 여기에는 두 가지가 내포되어 있다. 즉 작은 망치와 큰 망치, 검사와 파괴, 진단과 근본적인 치료가 그것이다.

짧은 시간에 연이어 나온 그의 마지막 작품들, 즉 『바그너의 경우』, 『우상의 황혼』, 『안티크리스트』, 『이 사람을 보라』는 더 이상 새로운 사상을 펼치지 않고, 이미 알려진 테마들을 일반화하거나 자세히 다룬다. 차별화와 이의 제기 그리고 반박은 자취를 감춘다. 그 대신에 연출적이고 극적인 재현 장면이 많아진다. 자기 자신과의 관련성이 늘어난다. 『이 사람을 보라』는 거의 다음과 같은 질문을 중심으로 전개된다. 어떻게 나는 내 방식으로 생각할 특권을 가지게 되었는가? 나는 어떠한 종류의 사람인가?

마지막 작품들의 중심 사상은 ─ 우리가 짐작할 수 있듯이 ─ 힘에의 의지이다. 이는 두 가지 형태로 나타난다. 즉 위대한 정치와 개인적인 삶의 기술이 그것이다. 이 삶의 기술은 원한 도덕에 대한 비판과 허무주의적인 천박화 및 우울증의 극복으로서의 디오니소스적인 삶의 예찬으로 나타난다. 여기서 새로운 점은 거의 없다. 하지만 제2의 천성의 창조자인 니체가 어떻게 점차적으로 자신의 피조물과 하나가 되어가는지를 관찰하는 것은 그 만큼 더 매혹적이다. 니체는 자신이 끊임없이 강조했듯이 스스로를 파고들어 검토했다. 그는 많은 눈으로 세계를 들여다보았고, 그 과정에서 자신의 많은 눈을 더 많은 눈으로 지켜보며 자신도 관찰했다. 그는 완전히 지칠 때까지 그리고 기쁨의 탄성을 지를 때까지 자기 자신을 속속들이 관찰했다. 이러한 '자기 자신'은 그에게 전혀 연구되지 않은 대륙이었는데, 그는 바로 이 대륙을 발견하려고 한 것이다. 그리고 이 모든 탐색은 그를 항상 실천적인 삶과 예술, 도덕과 학문의 기초를 이루는 창조적인 힘으로 이끌었다. 여기서 학문까지 언급한 이유는 니체에게 학문은 거대한 힘 앞에서 마찬가지로 우리의 생산적인 상상력을 표현하는 수단이기 때문이다. 하지만 결국에는 창조적인 원칙이 저항하는 모든 현실을 다 흡수하게 된다. 니체가 만든 인물이 무대를 지배하고, 다른 모든 것은 상상을 통한 자기 창조의 돌풍 앞에서 길을 비켜준다.

니체는 자신의 제1의 천성과 싸우면서 자신의 과거와 자신이 원하는 혈통을 지어낸다. 『이 사람을 보라』에서 그는 순수한 혈통의 폴란드 정통 귀족이라고 주장하고, 1888년 12월 말에는 다음과 같은 문장을 쓰는데, 이것은 처음에는 출판사와 친구 페터 가스트에 의해, 이후에는 여동생에 의해 공개되지 않았다. 나와 가장 철저하게 대립하는, 생각할 수 없을 정도로 상스러운 본능을 찾아보게 되면, 언제나 나는 내 어머니와 여동생을 발견한다. 이런 천민들과 내가 친족이라고 믿는 것은 나의 신성함에 대한 하나의 불경이리라.(6, 268: EH) 어머니와 여동생은 완전한 시한폭탄이므로, 그는 무사히 집에서 도망친 것을 자랑스럽게 여긴다. 그가 이러한 탈출에 성공할 수 있었던 것은 제2의 천성을 만들 수 있는 창조적인 힘이 있었기 때문이다. 하지만 그는 너무 안심하고 있으면 안 된다. 왜냐하면 동일한 것의 영원회귀가 그에게 이전의 불행을 다시 안겨줄 수도 있기 때문이다. 하지만 고백하거니와 나의 진정한 '심연적' 사유인 '영원회귀'에 대한 가장 철저한 반박은 언제나 어머니와 여동생이다.(6, 268) 그는 정신이 붕괴되어 스스로를 상실한 후에야 비로소 어머니와 여동생과의 이 가장 끔찍한 의미에서의 만남을 피할 수 있게 되었다. 그가 제정신일 때에는 집의 시한폭탄을 피할 수 있었다. 왜냐하면 그는 다이너마이트가 되었기 때문이다. 나는 내 운명을 안다. 언젠가는 내 이름에 어떤 엄청난 것의 회상이 접목될 것이다. 지상에서 전대미문의 위기에 대한, 양심에 비할 바 없는 깊은 충돌에 대한, 지금까지 믿어져 왔고 요구되어 왔으며 신성시되어 왔던 모든 것에 거역을 불러일으키는 결단에 관한 회상. 나는 인간이 아니다. 나는 다이너마이트이다.(6, 365; EH)

1888년 토리노에서의 마지막 가을, 기쁘게 보낸 여러 날 동안 그는 '신은 죽었다'는 자신의 발견에서 가능한 모든 결론을 내렸다는 사실을 엄청난 일로 여겼다.

디오니소스 대 십자가에 못 박힌 자. 니체는 자신의 마지막 편지들에 이렇게 서명한다. 하지만 이 '광기의 쪽지' — 사람들은 이후에 그 편지들을 이렇게 불렀다. — 뿐만 아니라 저 거창한 마지막 자기해석인 『이 사람을 보라』도 철저히 일반 대중을 염두에 두고 쓴 것이다. 『이 사람을 보라』는 다음과 같은 말로 끝난다. 나를 이해했는가? 디오니소스 대 십자가에 못 박힌 재(6, 374; EH)

잘 알려진 것처럼, 신은 죽었다는 니체의 선언은 19세기 후반에는 더 이상 새로운 사실이 아니었다. 특히 니체의 독자층이었던 지식인들 사이에서 종교는 일반적으로 한물간 상태였다. 자연과학이 약진하고 있었다. 세계는 역학과 에너지의 '법칙'에 의해 설명되었다. 사람들은 더 이상 의미에 대해 묻지 않고, 모든 것이 어떻게 작동하는지와 경우에 따라서는 어떻게 이러한 작동 과정에 개입해서 활용 방법을 찾을지에 관심을 쏟았다. 다윈의 승승장구에 힘입어 사람들은 생물학적인 진화론에 익숙해졌고, 목표를 지향하는 삶의 발전은 없었으며, 오직 우연적인 돌연변이와 자연선택의 정글 법칙이 자연사의 과정을 결정한다는 사실을 알게 되었다. 사람들은 계속해서 인간의 차원을 넘어서서 사고했지만, 신적인 차원을 지향하는 것이 아니라 동물의 세계로 내려다보았다. 신 대신에 원숭이가 주제가 된다. 신은 자연에 대한 통제권을 상실했으며, 마찬가지로 사회와 역사 그리고 개인에 대한 통제권도 상실한다. 19세기 후반에 사람들은 사회나 역사를 자체적으로 이해되고 설명될 수 있는 것으로 여긴다. 따라서 어떠한 신에 관한 가설도 필요치 않게 되었다.

신은 불필요한 가설이라는 명제를 내세운 니체는 더 이상 아웃사이더가 아니었다. 신에 대한 믿음은 확신이 없는 암묵적 추정에 불과했다. 노동운동은 자연과학과 사회과학의 대중화에 일조했다. 근대적인 무신론은 지식인들의 사고 스타일이나 삶의 스타일이 되었을 뿐만 아니라, '대지의 저주받은 사람들'(프란츠 파농)에게로 확산되었다. 이들은 원래 종교적인 위안을 가장 필요로 하는 부류였으나, 이제는 마르크스주의의 영향으로 역사의 발전에서 더 나은 미래를 기대하게 되었다. 니체는 종교가 사회적으로 영향력을 상실하고 있는 상황을 잘 알고 있었다. 그런데도 그는 어떻게 신은 죽었다는 발견을 엄청난 일로 선언할 수 있었을까? 그의 메시지는 너무 늦은 게 아닐까? 그는 이미 활짝 열려 있는 문으로 들어간 게 아닌가?

이에 대한 대답은 여러 가지가 있다.

우선 니체의 전기에서 대답을 찾아보자. 열두 살짜리 니체를 사람들은 "꼬마 목사"라고 불렀고, 니체는 자신을 교회의 무덤 근처에서 태어난 식물이라고 묘사하기도 했다. 그는 자신의 신으로부터 벗어나기 힘든 사람이었다. 비록 그가 『이 사람을 보라』에서 다음과 같이 다른 이야기를 하지만 말이다. 내가 기독교와 싸움을 한다면, 내게 그럴 권한이 있기 때문이다. 나는 기독교 쪽으로부터 어떤 숙명이나 심적 압박도 겪지 않는다.(6, 275) 하지만 이 말은 사실이 아니다. 왜냐하면 몇 쪽 뒤에 가서 그는 기독교 도덕에 대한 자신의 공격을 동정하려는 성향을 극복하는 데 필요한 조치로 해석하기 때문이다. 이 정도로 그에게는 동정심을 설파하는 기독교의 신이 눈엣가시였다. 대중의 의식에서는 기독교의 신이 이미 오래전에 죽었을지 몰라도, 니체는 동정의 도덕에서 신의 영향력을 여전히 느꼈다. 게다가 니체에게는 순종하는 태도도 일부 남아 있었다. 또 니체는 삶의 가치가 떨어지는 것에 대해서도 마음 아파했는데, 이에 대해서도 그는 기독교 신앙에 그 책임을 돌렸다. 니체는 기독교가 삶의 의지를 약화시켰다고 비판한다. 니체에 따르면, 기독교 자체가 이런 약화의 징후이며 강자들에 대항하는 약자들의 세계사적 반란이다.

이러한 순종하는 태도는 니체의 뼈 속에 깊숙이 박혀 있었다. 이 때문에 그는 삶을 긍정하도록 자신을 설득해야 했는데, 심지어 히스테리를 일으킬 정도로 지나친 결기를 보이기도 했다. 니체는 유희를 할 때는 의도를 너무 많이 담았고, 의도를 가질 때는 유희적인 태도가 너무 적었다. 니체는 『이 사람을 보라』에서 나는 위대한 과제를 대하는 방법으로 유희보다 더 좋은 것을 알지 못한다(6, 297: EH)라고 말한다. 이는 아주 흥미롭긴 하지만 오해의 소지가 있는 표현이다. 니체는 비록 위대한 세계 유희로서 힘에의 의지에 대한 전망을 가지고 유희를 존재의 토대로 이해하기는 하지만, 이 글에서는 사실보다는 희망을 말하고 있다. 니체의 차라투스트라는 이러한 토대에 도달하면 춤을 춘다. 마치 인도의 신 시바처럼. 니체 역시 토리노에 머물 때, 정신이 붕괴되기 직전에 이렇게 춤을 추었다. 니체의 하숙집 여주인은 니체가 방에서 노래하는 소리를 들었다고 말한다. 그녀는 이상한 소음에 놀라 열쇠 구멍을 통해 방을 둘러보았는데, 니체가 "나체 상태로 춤을 추고 있었다"고 증언한다.(베

의심의 여지없이 니체는 최고의 순간에 언어와 사고의 유희적 경쾌함을 얻는다. 그는 고통과 무거운 사고의 짐을 안고 있었지만 춤을 출 줄 아는 활기가 있었다. 그는 '모든 것에도 불구하고' 황홀과 평정이 혼합된 명랑성을 가졌다. 삶이 실제로 거대한 유희로 보이는 그런 관점에 그는 도달한다. 하지만 토리노에서 보낸 마지막 몇 주 동안에 제아무리 유희라 할지라도 필요하기 마련인 억제가 사라진다. 니체는 아무런 거리낌 없이 자신의 언어와 홀가분한 사고에 자신을 내맡긴다. 하지만 이러한 속박으로부터의 해방을 유희라고 부를 수는 없다. 왜냐하면 유희하는 사람은 이제 더 이상 자신을 통제하지 못하기 때문이다.

동정 도덕과 삶을 긍정하도록 자신을 설득하며 순종하는 태도 이외에 이른바 데카당스도 기독교가 니체에게 부과하는 짐이다. 니체가 1888년 초에 바그너와의 관계를 정리하려고 쓴 『바그너의 경우』의 중심 주제가 '데카당스'이다. 니체는 자신도 데카당스에 빠진 적이 있음을 인정하면서 바그너와는 반대로 자신은 이를 극복했지만, 바그너의 예술은 여전히 철저하게 데카당스의 영향을 받고 있다고 주장한다. 나는 바그너만큼이나 이 시대의 아들이다. 내가 한 사람의 데카당^{décadent}이라는 말이다. 바로 이것이 내가 파악했던 것이고, 바로 이것에 내가 저항했다. 내 안에 있는 철학자가 이것에 저항한 것이다.(6, 11; WA)

데카당스란 무엇인가? 니체에게 데카당스는 디오니소스적인 것과 아폴론적인 것과 마찬가지로 문화적인 거대한 힘이고, 예술적인 영역뿐만 아니라 모든 삶의 영역에 영향을 미치는 통일된 양식이다. 데카당스는 사라져버린 신이 주는 헛통증에서 섬세한 즐거움을 끌어내려는 시도이다. '황폐해진' 삶의 토양 위에서 자라난 모든 것, 초월과 피안이라는 날조된 모든 것은 바그너의 예술에서 가장 고상한 후원을 받는다.(6, 43) 데카당스의 시대에서는 히스테리 환자들의 문제(6, 22)들이 창의력을 발휘한다. 더 이상 믿음은 없지만, 믿음에의 의지는 있다. 본능은 약화되지만, 건강한 본능에의 의지는 있다. 일과 삶이 더 이상 제대로 돌아가지 않고, 자명한 흐름이 멈추며, 가벼운 것이 무겁게 되기 때문에 모든 행위와 사건들 앞에 '…에의 의지'가 붙는다. 사고, 믿음, 감각이 다른 위상에 있을 때인 이전 시대의 놀라운 자기 은폐는 더 이상 없다. 사고는 사고된 것 속으로, 감각은 감각된 것 속으로, 의지는 원했던 것 속으로, 그리고 믿음은 믿은 것 속으로 사라진다. 사라짐에 대한 공포가 행위자에게 마법을 걸어 그를 행위 속에 가두었다. 이제 무대가 돌기 시작한다. 행위자는 자신의 행위 속에서 나와 행위 앞에 서서 말한다. 자 보아라. 내가 이 행위를 했다. 여기서 나는 느끼고, 믿었으며, 나의 '…에의 의지'가 작용했다. 데카당스는 즐거움 그 자체라기보다는 즐거움을 보고 느끼는 즐거움이고, 고통 그 자체라기보다는 고통을 보고 느끼는 고통이다. 데카당스는 '눈을 껌벅이는' 종교이자 형이상학이다. 데카당스가 위에서 말한 대로이고 그 성격을 드러내는 공식이 '…에의 의지'라면, 이 공식은 니체의 '힘에의 의지'의 공식과 어떤 관계가 있을까? 단순히 히스테리 환자들의 문제에 불과한 것일까?

니체가 자신의 철학과 연관시켜 언급한 엄청난 일은 '신의 죽음'에 의해 야기된 도덕 혁명, 즉 가치의 전도이다. 이에 대해 니체는 자신의 마지막 저서들에서 매우 날카롭게 서술한다. 예를 들어 『이 사람을 보라』의 끝 부분에서 니체는 기독교 도덕에 대한 자신의 모든 반론을 하나의 큰 비난으로 묶어 비판한다. 성장을 위해 가장 필요 불가결한 '강력한 이기심'(…)에서 악의 원칙을 찾는 것. 그 반대로 '무사'와 무게중심의 상실과 '탈개인화'와 '이웃사랑'(…)이라는 하강과 반본능의 전형적 징후에서 '더욱 높은 가치'를, 아니! '가치 그 자체'를 본다는 것. (…)탈아Entselbstung의 도덕은 전형적인 하강의 도덕이며, '나는 몰락한다'는 사실을 '너희 모두는 몰락해야 한다'는 명령으로 옮기는 도덕이다.(6, 372) 따라서 가치 전도는 금지에 차 있고 성공한 사람들, 특히 긍정하는 사람들에게 도덕적인 혜택을 줄 것이다. 그리고 자연선택은 이러한 유형의 사람들이 약자와 병자와 실패자와 자기 스스로 고통받는 자(6, 374)에 대항해서 자신을 관철할 수 있도록 진행되어야 한다.

『우상의 황혼』과 『안티크리스트』에서 니체는 자신이 토리노에서 입수한 책을 평가한다. 이 책은 루이 자콜리오Louis Jacolliot가 편찬하고 번역한 『마누 법전』인데, 고대 인도의 베다 경전에 근거한다고 하는 카스트 제도에 관한 도덕적 법전이다. 이 책에서 사회는 순수령에 따라 엄격하게 구분되는 계층으로 구성된다. 니체는 이러한 구분을 잔인할 정도로 일관되게 서술하고 있는 이 책에 매료된다. 그는 다양한 카스트 계급의 구성원들이 서로 섞이지 않도록 하는 것이 퇴화를 막는 현명한 사육 정책이라고 해석한다. 『우상의 황혼』에서 니체는 『마누 법전』에 대한 성찰을 다음과 같은 말로 마무리한다. 도덕을 확립하기 위해서는 정반대로 향하는 무조건적인 의지를 가져야만 한다는 것을 우리는 최고 명제로 내세울 수 있다. 이것이 내가 가장 오랫동안 몰두해 온 엄청나고도 '섬뜩한' 문제이다.(6, 102)

여기서 니체의 역할극과 가면극은 결국 또 하나의 요소가 추가되어 확장된다. 그는 도덕을 구현하는 것이 아니라 도덕을 만들고, 자신이 믿는 것이 아니라 남들을 믿게 하는 예언자의 미소를 지으려 한다. 이러한 예언자들은 신념까지도 포기할 수 있을 정도로 영리하다. 이들은 스스로는 속지 않으면서도 남을 속이는 자들로서 은밀하게 내통하며 서로에게 미소를 보낸다. 니체는 초인들이 예언자의 미소를 통해 서로를 알아본다고 생각했을지도 모른다.

토리노로 옮기기 직전에 겨울을 나기 위해 머물렀던 니스에서 보낸 니체의 편지들은 우울증과 열광이 급격하게 교차되는 상태를 드러낸다. 이를 테면 니체는 1888년 1월 6일 페터 가스트에게 다음과 같이 쓴다. 요즘 들어 내게 종합적인 통찰과 영감이 풍부하게 떠올랐다는 것을 말하지 않을 수가 없네. 저 '불가능한 일'을 하고, 나의 특징을 드러내는 철학적 감수성의 마지막 추론까지 표현할 용기가 다시 생긴다네.(B 8, 226) 일주일 후인 1888년 1월 15일에는 마찬가지로 페터 가스트에게 전혀 다른 내용의 편지를 쓴다. 완전히 의기소침해서 견딜 수 없었던 밤들을 겪었네.(B 8, 231)

이미 몇 년 전에 니체는 진리란 없다, 모든 것이 허용된다는 명제를 썼고, 이 명제에 용기를 북돋우는 말을 덧붙였다. 즉 이제 우리는 삶에 봉사하고, 삶을 상승시키는 진리를 찾기 위해 우리의 창조력을 펼칠 수 있다. 이제 우리는 인류의 가장 뛰어난 인물들을 발전시킬 원칙을 세울 수 있다. 또 자유로운 지역으로 나아갈 수 있고 창조적인 정신이라는 미지의 대양으로 출항한다. 수평선이 뒤로 물러나고 거대한 힘이 우리 속으로 밀려들어 온다. 니체는 이 모든 것을 이미 서술했고 정신적으로 실천했다. 하지만 그는 이제 한없는 수평선은 더 이상 사고할 수 있는 것이 아니라고 느꼈고, 이러한 느낌은 그의 기본 감정과 삶을 향한 전체적인 태도에도 영향을 미쳤다. 독특한 무저항 상태가 그의 내부에서 생겼는데, 이 상태는 마치 그의 사고가 고정 장치로부터 풀려나서 멈추지 않는 조류에 빨려들어간 것과 같았다.

능동적으로 떨쳐내는 태도에서 놓아주는 태도로의 변화는 상당히 정확하게 포착할 수 있다. 니체는 1888년 2월 3일에 오버베크에게 보낸 편지에서 자신을 둘러싸 빠져나가지 못하게 하는 암흑과도 같은 절망을 묘사한다. 그는 수 년 동안 지속된, 원기를 주고 '상처를 치료해주는 인간적 사랑'의 결핍과 아직 남아 있어 고통만 주는 인간관계의 부조리한 외로움(B 8, 242)을 호소한다. 그는 자신을 하찮게 여기는 사람들에게 사로잡혀 있는 괴물로 여기기 때문에, 다시 말해 – 역설적으로 말해 – 부재하는 사람들에게 둘러싸여 있기 때문에 떨쳐내야 하고 싸워야 하며 몸부림쳐야 한다. 이러한 상태에서는 어떤 종류의 감정이든, 설사 그것이 폭력적인 것이라고 해도, 도움이 될 것이네. 사람들은 나에게서 '멋진 일'을 기대하면 안 될 것이네.(B 8, 242) 이상이 '떨쳐내는 태도'와 관련된 것이다.

3개월 후, 토리노에서 이 '놓아주는' 순간이 온다. 1888년 5월 17일 니체는 페터 가스트에게 다음과 같은 편지를 쓴다. 친구여, 이런 편지를 쓰는 걸 용서해주게. 이 편지는 아마 지나치게 명랑하게 보일지도 모르겠네. 하지만 난 매일 '가치를 전도'시켰고 매우 진지해져야 할 이유가 있었다네. 이제 나는 '명랑'해져야 할 '피할 수 없는 숙명'을 느낀다네.(B 8, 317) 명랑성이 숙명이 된다면, 명랑성은 그에게 닥쳐온 어떤 것이다. 혹은 더 정확하게 말하자면 명랑성은 그를 기대한 힘으로 나아가게 하고 내모는 어떤 것이다. 도취된 물결이 그를 끌고 가, 결국 그의 내면세계는 우리의 시선에서 사라진다. 우리는 해안가에 남아 있다. 우리는 해변에 서 있으며, 결국 남은 것은 난파선과 구경꾼이다. 하지만 특이한 것은, 파도에 몸을 맡긴 니체 역시 구경꾼으로 해안가에 서 있다는 점이다. 그는 자신을 바라본다. 그의 정신은 아직도 예전의 날카로움과 생동감을 가지고 활동한다. 그는 내몰리면서도 자신의 활동을 지켜본다.

니체는 계획도 많았고 환영과 생각들로 가득 차 있다. 동시에 그는 일상의 소소한 기쁨도 누린다. 그는 토리노에서 좋은 음식에 만족하고, 주변의 간이음식점을 수소문하며, 복장에 세심한 신경을 쓰기도 하고, 길거리 카페에서 커피를 마시기도 한다. 그는 사람들이 자신을 주목하는 것을 흥미롭게 즐긴다. 그는 사람들이 자신을 어떻게 보는지 궁금해하며 사람들을 지켜보려고 한다. 시장에서 물건을 파는 부인들이 그에게 가장 좋은 과일을 골라 건네고, 행인들이 그를 향해 몸을 돌린다. 모르는 사람들이 그에게 인사한다. 어린아이들은 놀이를 중단하고 존경스런 눈빛으로 쳐다본다. 하숙집 여주인은 발끝으로 살금살금 걸으며 그의 방으로 들어간다. 이곳 토리노의 가장 특이한 점은 내가－모든 계층의 사람들에게－발산하는 완벽한 매력입니다. 나는 눈빛으로도 마치 군주와 같은 대우를 받습니다. － 사람들은 문을 열어주고 식탁을 차릴 때 특별대우를 해줍니다. 내가 큰 상점에 들어가면 그들의 얼굴빛이 달라지지요.(B 8, 561; 1888년 12월 29일) 메타 폰 잘리스에게 보낸 이 편지는 정신이 붕괴되기 직전에 쓴 것이다. 하지만 니체는 이런 종류의 편지를 토리노에서 지낸 이른 여름에도 썼다. 니체는 자신의 두 손을 쳐다보는 걸 좋아했다. 그는 인간의 운명을 두 동강 내는 것이 자신의 두 손에 달렸다고 생각하고 웃기도 했다. 가치를 전도시키는 자의 모습이 이럴까? 그는 『차라투스트라는 이렇게 말했다』의 한 문장을 기억한다. 가장 조용한 말이 폭풍우를 몰아오고, 비둘기의 걸음으로 오는 사상이 세계를 움직인다.(4, 189; ZA) 그는 거울을 들여다본다. 나는 이런 모습을 한 적이 없었다.(B 8, 460; 1888년 10월 30일) 그는 자신의 작품을 읽는다. 4주 전부터 나는 내 작품을 이해하게 되었다. 게다가 내 책들은 정말 훌륭하다.(B 8, 545; 1888년 12월 22일) 그는 기분이 좋고, 가을을 느낀다. 위대한 추수의 계절이다. 모든 것이 순조롭고 잘될 것이라고 그는 오버베크에게 명랑하게 쓴다. 하지만 이런 기분 좋은 수다 가운데 다음과 같은 말이 나온다. 내가 인류의 역사를 두 동강 내는 것이 아닌가 하는 두려운 마음이 든다.(B 8, 453; 1888년 10월 18일) 우리는 이 말을 어떻게 이해해야 할까? 니체는 페터 가스트에게 이 말의 사용 지침서를 보낸다. 우리는 이 말을 오페레타를 위한 영감으로 받아들여야 한다. 우리는 이 말로 비극을 만들 생각을 하면 안 된다!

나는 내 자신을 대상으로 어리석은 농담을 많이 한다네. 나는 그렇게 어릿광대와 같은 생각을 많이 해서 어떤 때는 반시간이나 거리에서 혼자 '웃기도' 했네. (…) 그래서 나는 이러한 상태인 사람이 어떻게 '세계의 구원자'가 될 수 있을까라고 생각하기도 했다네. (B 8, 489; 1888년 11월 25일)

이 모든 것은 의도가 지나칠 정도로 진지했다. 1888년 12월 10일에 페르디난트 아베나리우스에게 보낸 편지가 이에 대한 단서를 제공한다. 가장 심오한 정신이 가장 경박할 수도 있다는 것은 내 철학의 공식과도 같습니다. (B 8, 516f.) 그는 자신의 상태가 이렇게 좋았기 때문에, 『이 사람을 보라』를 비롯한 자신의 마지막 작품들의 발표를 서두를 필요성을 느끼지 못한다. 내가 지금 왜 『이 사람을 보라』로 시작하는 내 삶의 '비극적인' 파국을 서둘러야 하는지 모르겠다네. (B 8, 528; 1888년 12월 16일) 왜 그가 한동안 좋은 자리에 앉아서 커피를 마시고, 음식점을 방문하고, 시장의 물건 파는 부인들과 인사를 주고받는 삶을, 토리노의 오후의 빛과 색을 – 내가 보리라고는 꿈에조차 생각하지 못했던 클로드 로랭*의 그림과 같은 풍경을(B 8, 461; 1888년 10월 30일) – 즐기면 안 된다는 것인가? 왜 그는 사티로스(B 8, 516; 1888년 12월 10일)가 되면 안 되는가? 유명하면서도 수수께끼와 같은 『선악의 저편』의 150번 아포리즘은 다음과 같다. 영웅을 둘러싼 모든 것은 비극이 되며, 반신半神을 둘러싼 모든 것은 익살극**이 된다. 신을 둘러싸고 모든 것은 – 어떻게 될까? 아마도 '세계'가 되는 것일까?(5, 99) 니체가 사티로스까지, 그리고 사티로스극까지 왔다면, 그는 이미 자신의 신격화와 세상으로의 강림을 반 정도는 이룬 셈이다.

---

* 이탈리아에서 활동한 17세기의 프랑스 화가, 풍경화가 유명하다. – 옮긴이
** 사티로스극: 고대 그리스에서 비극 다음에 상연되는 일종의 익살극으로 짧은 사티로스들의 합창이 뒤따른다. – 옮긴이

하지만 마지막 몇 주 동안 그는 시련의 순간도 겪는다. 그를 실망시키는 친구들이 있었다. 시장에서 물건을 파는 부인들은 그에게 존경심을 표하는데, 왜 친구들은 그러지 않을까? 그들은 어릿광대 속에 숨어 있는 반신을 알아보았어야만 했다! 오직 페터 가스트만이 그렇게 할 수 있었다. 하지만 다른 친구들은 친절하고 따듯하게 대하긴 해도, 그의 위치에 걸맞은 대접을 한다는 느낌을 그에게 주지 못했다. 니체는 로데와 이미 작년에 결별했다. 로데가 텐^{Taine}을 폄하하는 말을 했기 때문이다. 니체는 로데에게 나는 텐에 대해 그렇게 경멸조로 말하는 것을 어느 누구에게도 허락할 수 없다(B 8, 76; 1888년 5월 19일)는 편지를 보냈고, 그러고는 끝이었다. 그리고 말비다 폰 마이젠부크가 『바그너의 경우』에 대해, 비록 지금은 식어버렸지만 옛 사랑을 그렇게 나쁘게 다루어서는 안 된다고 말하자, 니체는 그녀에게 다음과 같이 답장한다. 점차로 나는 나의 거의 모든 인간관계를 정리했습니다. 사람들이 나를 나의 본모습과는 다르게 대해 구역질이 나기 때문입니다. 이제 당신 차례로군요.(B 8, 457; 1888년 10월 20일) 니체는 그녀에게 다음과 같이 계속 쓴다. 그녀는 이상주의자이다. 이러한 유형의 인간은 아무것도 파악하지 못한다. 특히 초인과 관계되는 것은 전혀 이해할 수가 없다. 이상주의자인 그녀는 잔인함이 무엇인지, 그리고 때로는 잔인함이 필요하다는 사실을 모른다. 니체는 그녀가 자신을 너무 순진한 사람으로 생각하고 있다고 비판한다. 그는 선하지 않고, 착하지도 않으며, 이상주의적이지도 않다. 또 그는 그러고 싶지도 않다. 말비다는 이해하지 못하겠지만, 아니 이해할 수 없겠지만, 나에게 거슬리지 않는 유형의 인간은 예전의 이상적인 우상과는 정반대의 유형인데, 그것은 예수와 같은 유형보다는 체사레 보르자의 유형과 100배나 더 비슷합니다.(B 8, 458; 1888년 10월 20일)

여동생에 대해서도 니체는 그동안 가족으로부터 받은 모욕의 최종적인 응징으로 가시 돋친 말을 내뱉는다. 하지만 니체의 말은 편지 초고에만 남아 있어 실제로 보낸 편지에도 그대로 실렸는지는 확실치 않다. 게다가 나중에 밝혀진 대로 니체의 여동생이 니체의 글을 누락시킨 사례가 있기 때문이다. 1888년 11월 중순에 쓴 편지의 초고에서 니체는 다음과 같이 쓴다. 너는 수천 년 간 계속된 질문에 대한 대답을 찾은 운명적 인간과 가장 가까운 친척이라는 사실이 어떤 의미를 갖는지 추호도 이해하지 못한다.(B 8, 473)

니체는 사물과 인간을 마치 넓은 풍경을 내려다보듯이 바라보면서 들뜨고 쾌활했다. 그 누구도 그를 끌어내리려고 해서는 안 된다. 그런 일이 있을 때면 그는 분노로 응답한다. 사람들이 그를 방해하지 않고 그가 자신만의 높은 곳에 혼자서 은둔하면, 그는『이 사람을 보라』에서처럼 전례 없이 평온하고 여유 있는 문장을 쓸 수 있다. 이 순간에도 나는 내 미래를 멀리 잔잔한 대양을 바라보듯 바라본다. '광대한 미래를!' 어떤 욕망도 잔물결을 일으키지 않는 미래를. 나는 어떤 것도 자기의 모습과 다르게 되는 것을 결코 원치 않는다. 나 자신도 다르게 되고 싶지 않다.(6, 295)

이 문장에서는 니체의 이전 글들이 울려 퍼지고 있다. 그는 10년 전에『아침놀』에서 바다의 거대한 침묵에 관해 다음과 같이 묘사했다. 돌발적으로 우리를 엄습하는 이 거대한 침묵은 아름답고 소름 끼치는 것이다. 이때 가슴은 충만해진다. (…) 그것은 새로운 진리 앞에서 경악을 금치 못한다. '내 가슴도 말을 할 수 없게 된다.' (…) 말하는 것뿐 아니라 사유하는 것이 내게는 가증스러운 것이 된다. 나는 모든 말의 배후에서 오류와 상상, 광기가 웃는 것을 듣지 않는가? 나는 나의 동정을 조소해서는 안 되는가? 나의 조소를 조소해서는 안 되는가? 오, 바다여! 오, 저녁이여! 그대들은 나쁜 교사들이다! 그대들은 인간에게 인간이기를 '그칠' 것을 가르친다! 인간이 그 자신을 그대들에게 바쳐야 하는가? 인간이, 그대들 자신이 지금 그런 것처럼 창백하고 빛을 발하며 말이 없고 거대하며 자기 자신 위에서 쉬어야 하는가? 자기 자신을 넘어서 숭고해져야 하는가?(3, 259f.; M)

니체는 1889년 1월 3일 집을 나선다. 카를로 알베르토 광장에서 그는 한 마부가 자신의 말에게 채찍질하는 것을 바라본다. 말을 보호하기 위해서 그는 울면서 말의 목에 매달린다. 동정심에 압도당한 그는 쓰러지고 만다. 며칠 후 친구 프란츠 오버베크가 정신착란을 일으킨 친구를 데리고 간다. 그 후 니체는 10년을 더 산다.

니체 정신의 역사는 1889년 1월에 끝난다. 그 이후에는 다른 역사, 즉 그의 영향과 성과의 역사가 시작된다.

제 15 장

—

유럽의 에델포일레, 니체를 발견하다. 생철학의 유
행. 토마스 만의 니체 체험. 베르그손, 막스 셸러, 게
오르크 지멜. 전쟁에서의 차라투스트라. 에른스트 베
르트람과 「기사, 죽음 그리고 악마」. 알프레트 보임러
와 헤라클레이토스적인 니체. 반−반유대주의. 니체
의 발자취: 야스퍼스, 하이데거, 아도르노와 호르크
하이머, 푸코. 디오니소스와 힘. 끝이 없는 역사.

—

마르틴 하이데거

유럽의 에델포일레, 니체를 발견하다. 생철학의 유행. 토마스 만의 니체
체험. 베르그손, 막스 셸러, 게오르크 지멜. 전쟁에서의 차라투스트라.
에른스트 베르트람과 「기사, 죽음 그리고 악마」. 알프레트 보임러와 헤
라클레이토스적인 니체. 반-반유대주의. 니체의 발자취: 야스퍼스, 하
이데거, 아도르노와 호르크하이머, 푸코. 디오니소스와 힘. 끝이 없는
역사.

유럽의 에델포일레*Edelfäule들이
파우와 바이로이트와 엡섬에서 홀짝거릴 때,
그는 두 마리의 마차 끄는 말을 껴안았네,
하숙집 주인이 그를 집으로 데리고 갈 때까지.(벤, 177)

    니체의 정신이 붕괴된 지 몇 달 만에 니체에 관한 소식은 파우와 바
이로이트와 엡섬으로 퍼져나갔다. 상류사회와 지식인들이 니체를 발견
했다. 광기로 마감한 그의 삶은 그의 작품이 진리를 담고 있을지도 모
른다는 섬뜩한 인상을 주었다. 즉 그가 존재의 비밀에 파고들다가 끝
내 정신이 붕괴되고 말았다는 소문이 돈 것이다. 니체는 『즐거운 학문』

● 포도 껍질에 낀 곰팡이를 말한다. 이 곰팡이는 수분을 증발시켜 포도 열매의 당도를 높여서 와인에 섬세한 맛
과 향을 내는 역할을 한다. 여기서는 여유와 오락을 즐기는 상류층을 가리킨다. ─옮긴이

의 유명한 장면에서 신을 부정하는 자를 미친 사람이라고 했는데, 이제 자신이 미쳐버리고 말았다. 이러한 상황은 사람들의 상상력을 자극하기에 충분했다. 니체의 마지막 출판업자인 나우만$^{C. G. Naumann}$은 이 책이 커다란 장사가 될 것이라는 점을 즉각 알아차렸다. 그는 이미 1890년에 니체의 작품을 새롭게 간행했는데, 이 책들이 드디어 불티나게 팔리기 시작했다. 니체의 여동생은 1893년 파라과이에서 돌아와 교묘하면서도 아무런 주저 없이 오빠의 책을 판매하는 데 매진했다. 그녀는 니체가 아직 살아 있을 때 이미 니체 문서보관소를 설립했고, 니체의 첫 전집을 간행하기 위한 준비에 착수했다. 그녀는 이 작업을 하면서 '힘에의 의지'를 입증했다. 그녀는 오빠의 특정 모습을 대중에게 남기려고 노력했으며, 이 과정에서 조작도 서슴지 않았기 때문이다. 이러한 조작은 그 사이에 충분히 알려졌다. 그녀는 니체를 국수주의자, 인종차별주의자 그리고 군국주의자로 만들려고 했는데, 이러한 노력은 오늘날까지도 일부 독자들, 특히 정통 마르크스주의자들에게 성공을 거두고 있다.

하지만 그녀는 시대정신의 세련된 요구에도 영합할 줄 알았다. 니체 문서보관소는 1897년에 바이마르의 "빌라 질버블리크$^{Villa Silberblick}$"로 이전했다. 니체의 여동생은 이곳에 연단을 설치해, 병이 깊어져 점차 죽어가고 있던 니체를 방문자들에게 정신의 순교자로 소개하는 자리로 만들었다. 그의 여동생은 오빠의 운명에서 숭고하면서도 끔찍한 효과를 만들어낼 수 있을 만큼 충분히 바그너주의자였다. "빌라 질버블리크"에서 유럽의 에델포일레들 앞에 두고 형이상학적인 마지막 공연이 펼쳐진 것이다. 50년 전에 토머스 칼라일$^{Thomas Carlyle}$은 ─ 그는 이러한 부류의 사람들에게는 인정받았지만, 니체에게는 좋은 평가를 받지 못했다. ─ 이 마지막 공연에서 무엇이 관건인지를 말했다. "이 우주는 무한하다는 것을 알아야 합니다. 여러분의 논리적 소화력을 믿고 우주를 집어삼키려 하지 마십시오. 여러분은 혼란에 이러저러한 말뚝을 박아 혼란이 여러분을 집어삼키는 것을 막는다면 오히려 감사해야 할 것입니다."(칼라일, 83) 결국 니체는 혼란을 집어삼키려다 자신이 희생되고 말았다. 니체는 너무 멀리까지 나아갔다. 그는 삶의 거대한 힘에 희생되고만 것이다.

당시에 '삶生'이라는 말은 신비스럽고 유혹적인 새로운 울림을 얻었다. 이렇게 된 데에는 누구보다도 니체가 큰 기여를 했다. 하지만 당시 강단철학은 '생'에 대해 냉담한 반응을 보였다. 신칸트주의학파를 이끈 하인리히 리케르트는 생철학에 관한 자신의 견해를 다음과 같은 말로 요약했다. "연구자로서 우리는 생을 개념적으로 지배하고 고정해야 하며, 따라서 한갓 생동적인 버둥거림에서 벗어나 체계적인 세계 질서로 나아가야 한다."(리케르트, 155) 하지만 강단철학을 벗어난 1890년과 1914년 사이의 실제 정신생활에서는 니체의 수용에 힘입어 생철학이 승승장구했다. '생'은 예전의 '존재'나 '자연', '신' 혹은 '자아'처럼 하나의 핵심 개념이 되었고, 두 개의 전선에서 적과 맞서 있는 투쟁 개념이기도 했다. 한편으로 그것은 독일 대학의 신칸트주의는 물론 시민적 도덕철학에 의해서도 육성된 미온적인 관념론에 투쟁하는 개념이었다. '생'은 힘들게 연역되거나 별다른 성찰 없이 전승된 영원한 가치에 대립하는 것이었다. 다른 한편으로 '생'이라는 슬로건은 19세기 말의 유산인 영혼 없는 유물론에도 저항하는 것이었다. 신칸트주의 관념론 또한 이미 이러한 유물론과 실증주의에 대한 하나의 답변이었다. 하지만 그것은 무력한 답변이었다고 생철학은 주장한다. 생철학에 따르면, 이원론에 입각해 정신을 물질적인 생과 분리하는 것은 정신을 제대로 다루지 못하고, 결국 정신을 방어해낼 수 없게 된다. 오히려 정신은 물질적 삶에 통합되어야 한다.

생철학자들에게 '생'은 너무 넓고 신축적인 개념이어서 영혼이나 정신, 자연, 존재, 활력, 창조성 등 모든 것을 포괄한다. 생철학은 18세기 합리론에 대한 슈트름 운트 드랑Sturm und Drang*의 저항을 되풀이한다. 18세기에는 '자연'이 투쟁의 슬로건이었다면, 이제는 '생'이라는 개념이 같은 기능을 한다. '생'은 온갖 형상을 취할 수 있고, 갖가지 고안의 보고이며, 무수한 가능성으로 가득한 대양인 바, 생은 예측 불가능한 모험이 넘치는 것이어서 우리에게는 더 이상 피안이 필요하지 않다. 피안에 있는 것은 차안에도 충분히 있다. 생은 머나먼 해안을 향한 출발이지만, 동시에 그것은 아주 가까운 것이며 고유한 활력이다. '생'은 유겐트운동**과 유겐트슈틸Jugendstil, 신낭만주의 그리고 교육개혁운동의 슬로건이 된다. 대지에 충실하라는 차라투스트라의 호소는 이제 열성적으로 경청되고 또 추종되었다. 태양신을 숭배하는 사람들이나 니체주의자들도 차라투스트라의 사도로 느낄 수 있었다.

니체가 활동하던 시기에 시민 계급의 청년들은 나이가 들어 보이기를 원했다. 젊다는 것은 경력을 쌓는 데 단점이 되었다. 수염이 빨리 자라게 하는 약이 인기를 끌었고, 안경은 사회적 지위의 상징으로 간주되었다. 젊은이들은 아버지를 흉내 냈고, 뻣뻣하게 세운 옷깃이 그들 사이에 유행했다. 젊음은 프록코트 안에 감춰버리고 걸음도 느긋이 걸으

• "질풍 노도"로 번역되며, 대략 1770년에서 1790년까지 펼쳐진 문학 운동으로 기존의 관습 체계, 도덕적 질서, 권위적 사회 체계 등에 저항하면서 개인의 해방과 독자성을 내세웠다. 대표적인 작품으로는 괴테의 『젊은 베르터의 고뇌』를 들 수 있다. - 옮긴이

•• 20세기 전반 독일에서 일어난 운동으로 주로 산업사회의 도시 생활에 염증을 느낀 젊은이들에 의해 주도되었다. 이 운동은 자연과 조화를 이루는 삶을 강조하고 전통적 공동체의 부활을 추구했으며 교육개혁운동과도 연결되었다. 그러나 히틀러 시대에는 이 운동이 히틀러유겐트 등의 여러 청년 조직 구축에 이용되었다. - 옮긴이

려 했다. 이전에는 '생'이란 뭔가 흥을 깨는 것이라 여겨졌고, 젊은이들의 의기를 꺾는 것으로 취급되었다. 하지만 이제 '생'은 격렬하고 활기에 찬 것이며, 따라서 젊음 그 자체이다. 그리고 젊음은 더 이상 숨겨야 할 결함도 아니다. 오히려 이제는 늙음이 자신을 변호하지 않을 수 없다. 늙음은 말라죽거나 경직된 것이라는 의심을 받는다. 하나의 문화 전체, 즉 빌헬름 시대의 문화가 "생의 법정"(딜타이)으로 호출을 당하고는 이런 질문을 받게 된다. '그런 생이 아직도 생인가?'

생철학은 스스로를 주어적 소유격의 의미에서 '생의 철학'으로 이해한다. 그것은 생에 관해 철학하는 것이 아니라, 생 자체가 그 안에서 철학하는 것이다. 철학으로서 그것은 생의 한 기관^{Organ}이 되고자 한다. 생철학은 생을 고양시키고자 하며 생에 새로운 형식과 형상을 열어주려 한다. 생철학은 어떤 가치가 유효한가만을 발견하려는 것이 아니다. 그것은 새로운 가치를 창조하고자 원할 만큼 당돌하다. 생철학은 실용주의의 활력에 넘치는 변이 형태이다. 생철학은 어떤 견해의 유용성을 묻는 대신, 그 창조적 잠재력을 중시한다. 생철학의 입장에서 보면 생은 그 어떤 이론보다도 풍요롭다. 그렇기에 생철학은 생물학적 환원주의를 혐오한다. 생물학적 환원주의는 정신을 생의 수준 아래로 끌어내린다. 반면 생철학은 정신을 생으로 끌어올린다. 생철학은 살아 있는 정신의 생을 원한다.

이러한 정신 자세는 니체로부터 결정적인 영향을 받았다. 심지어 그의 책을 읽지 않은 사람들조차 그에게 영향을 받았다. 니체라는 이름은 일종의 식별표가 되었다. 즉 자신이 젊고 활력이 넘친다고 느낀 자, 자신이 고상하다고 느끼고 도덕적인 의무에 구애받지 않는 자는 니체주의자로 여길 수 있었다. 니체주의는 너무나 유행한 나머지 이미 1890년대에 니체주의에 대한 패러디와 풍자와 비방을 담은 책들이 나왔다.

예를 들어 막스 노르다우^{Max Nordau}는 이러한 니체주의를 "전승된 규율과 실질적으로 결별하는 것"이라고 공격하고 "인간 안의 야수가 사슬을 풀고 뛰쳐나오는 것"(아쉬하임, 28)에 대해 경고했다. 이로써 그는 전통을 고수하는 건전한 시민계급의 입장을 대변했다. 이러한 비판적인 사람들에게 니체는 의식을 도취와 충동으로 타락시킨 철학자로 통했다. 많은 니체주의자들도 니체를 실제로 그렇게 생각했고, 술과 여자와 노래를 즐기면서 거의 디오니소스가 되어버린 사람으로 이해했다.

이러한 사람들에게 니체는 반값으로 유통되었다. 우리는 다음의 사실을 잊어선 안 된다. 니체는 '생'을 창조적 잠재력과 동일시했으며, 이런 의미에서 생을 힘에의 의지라 불렀다. 생은 자기 자신을 원하며, 자신을 형성해나가고자 한다. 의식은 생동적인 자기형성의 원리와 긴장 관계에 있다. 의식은 억제의 요인일 뿐만 아니라 고양의 요인이 될 수도 있다. 의식은 불안이나 도덕적 주저, 체념을 낳을 수 있으며, 따라서 생의 도약이 의식으로 인해 중단될 수도 있다. 하지만 의식은 생에 봉사할 수도 있다. 생으로 하여금 자유로이 유희하고, 섬세하며 숭고해지도록 고무하는 가치를 의식이 정립할 수 있는 것이다. 그렇지만 의식이 어떻게 작용하든, 그것은 이러한 생의 한 기관으로 머물 뿐이다. 따라서 의식이 생에 마련해주는 운명이란 — 그것이 행복이든, 불행이든 — 동시에 생이 스스로 마련하는 운명이기도 하다. 한편으로 생은 의식을 통해 스스로를 고양하지만, 다른 한편으로는 스스로를 파괴한다. 그러나 의식이 어떤 방향으로 작용할지 결정하는 것은 무의식적 생의 과정이 아니라 의식적인 의지, 다시 말해 생에 대한 의식의 자유이다.

니체의 생철학은 19세기 말의 결정론이라는 구속복에서 생을 풀어내어 생에 자유를 되돌려준다. 그것은 자신의 작품에 마주해 있는 예술가의 자유이다. 니체는 이렇게 선언한다. "나는 내 삶의 시인이 되고자 한다." 그리고 이러한 선언이 진리 개념에 어떤 결과를 가져왔는지는 이미 잘 알려져 있다. 객관적 의미의 진리란 존재하지 않는다. 진리는 일종의 환영, 생에 유용한 것으로 밝혀진 환영일 뿐이다. 이것이 바로 니체의 실용주의이다. 하지만 이는 영미권의 실용주의와 달리 디오니소스적 생의 개념에 결부되어 있다. 미국의 실용주의에서 '생'은 상식 차원의 문제이다. 하지만 니체는 생철학자로서도 극단주의자이다. 니체는 영미권의 진부한 상식뿐만 아니라 진화 법칙으로서의 '적응'과 '자연선택'이라는 다윈주의의 도그마를 혐오한다. 니체에 따르면, 그런 도그마는 자연에서도 적응이 출세로 보상받는다고 믿는 공리주의 도덕의 투영일 뿐이다. 니체에게 '자연'이란 헤라클레이토스의 놀이하는 세계의 어린아이이다. 자연은 이런 저런 형상들을 만들고는 다시 부숴버린다. 자연은 부단한 창조 과정이며, 이 과정에서 승리하는 자는 적응한 자가 아니라 강력한 활력을 지닌 자이다. 생존은 승리가 아니다. 생은 넘쳐날 때, 자기 자신을 낭비하고 삶을 향유할 때 비로소 승리한다. 니체의 철학은 관대함과 낭비의 철학이다. 보헤미안들과 삶을 향유하는 예술가들은 니체를 이렇게 이해했다. 힘에의 의지를 표방하는 니체의 철학은 처음에는 정치적인 비전이 아니라 심미적인 비전으로 간주되었다. 창조력에 대해 이야기하는 차라투스트라의 유명한 말은 자주 인용되었다. 무엇이 선이고 악인지 아직 '아무도 알지 못한다'. 창조하는 자를 제외하고는! 그는 인간의 목표를 창조하고 대지에 의미와 미래를 부여한다. 이 창조하는 자가 비로소 무엇이 선이고 악인지를 '결정한다'.(4, 246f.) 중요한 것은 창조이지, 모방이 아니다. 도덕도 창조적인 충동에 따라야 한다. 상상력에 권력을!

니체에 동조하는 사람은 '예술과 현실이 서로 일치하지 않는다면, 현실의 상황은 더욱더 나빠지게 된다!'

니체는 독자들에게 자신들의 창조적인 잠재력을 발견하도록 용기를 준다. 그러기 위해서 독자들은 무의식의 세계로 내려가야 한다. 프로이트는 니체가 자신이 갈 길을 닦아주었다는 사실을 인정했다. 프로이트는 「나의 이력서」에서 자신은 니체의 책을 "오랫동안 피했다"고 고백했다. 왜냐하면 니체의 "예감과 통찰은 종종 힘들게 얻어낸 정신분석학적 연구 결과와 놀라울 정도로 일치했기 때문이다."(게르하르트, 니체, 218) 정신분석학은 학문적으로, 심지어는 자연과학분야에서도 인정받으려 했기 때문에 니체의 심미적인 핵심을 애써 외면했다. 이는 인간 영혼을 다루는 이러한 이론들이 사실보다는 상상력에 근거하고 있다는 점을 인정하기를 꺼려했기 때문에 생긴 일이다. 니체 스스로는 지식에의 의지가 – 영혼의 탐구에서뿐만 아니라 – 상상력과 항상 밀접한 관계가 있다는 사실을 추호도 의심하지 않았다.

정신분석학자들은 니체로부터 영감을 받았지만 처음에는 니체와 거리를 유지했다. 이는 물론 그들에게 매우 불리하게 작용했다. 니체는 직관력이 있었고, 특히 무의식 근처에서 일어나는 예민한 본능적 충동을 포착하는 언어력이 있었다. 반면에 정신분석학자들의 충동 이론은 지나치게 단순화되어 결국에는 거의 성Sexualität과 죽음 충동Todestrieb만 남았다. 따라서 증기 기관이나 수압장치 그리고 늪에서 물 빼기 등과 같은 비유가 남발해 정신분석학에 치명적인 결과가 초래되었다. 심지어 1900년 무렵의 빈에서는 가정집의 건축까지도 의식의 '층'을 연상시키는 설계에 따르기도 했다. 이 모든 것은 니체와는 전혀 관계없는 일이었다. 물론 니체도 비유를 사용했고, 심지어는 유동적인 한 무리의 비유(1, 880; WL)를 구사하기도 했다. 하지만 그의 비유는 축소한다거나 물화시킨다는 인상을 거의 주지 않는다. 니체가 세부적인 내용으로 파고들어 섬세한 분석을 할 경우에도, 거대한 지평은 우리 눈앞에 현재화된다. 이는 니체의 분석에 독특하면서도 심오한 아이러니를 부여한다. 니체는 모래밭에 발자취를 남기고, 다음 파도가 이 흔적을 다시 지우게 된다는 점을 주지시킨다.

20세기 초의 주요 예술 조류들인 상징주의와 유겐트스틸, 표현주의는 모두 니체로부터 영감을 얻었다. 이 조류들에 속한 사람으로서 어느 정도 평가를 받는 이들은 모두가 자기만의 '니체 체험'을 가졌다. 해리 그라프 케슬러Harry Graf Kessler는 자신의 세대가 니체를 어떻게 '체험'했는지를 인상적으로 묘사했다. "그는 단순히 지성이나 상상에만 말을 걸지 않았다. 그의 영향은 더 광범위하고 더 깊었고 더 신비로웠다. 점점 더 강하게 울려 퍼진 그의 메아리는 합리화되고 기계화된 시대에 신비주의가 돌발적으로 출현한 것을 의미했다. 그는 우리와 현실의 심연 사이에 영웅주의의 베일을 펼쳤다. 우리는 그에 의해 마법에 홀린 듯이 황홀해하며 이 차가운 시대에서 빠져나왔다."(아쉬하임, 23)

니체와 함께 "신비주의가 돌발적으로 출현"했다는 것은 많은 작곡가들도 느낀 사실이다. 리하르트 슈트라우스는 1896년 교향곡 「차라투스트라는 이렇게 말했다」를 작곡했고, 구스타프 말러는 자신의 교향곡 제3번을 원래 "즐거운 학문"이라고 명명하려고 했다. 페터 베렌스와 브루노 타우트와 같은 건축가들은 니체에게 영감을 받아서 자유로운 정신을 위한 공간을 만들었다. 한 번도 춤추지 않은 날은 우리가 잃어버린 날이기를!(4, 264)이라고 『차라투스트라는 이렇게 말했다』에 쓴 니체를 춤의 무대에 올린 것은 결코 놀라운 일이 아니다. 마리 비그만은 1920년대와 1930년대에 이른바 디오니소스적인 춤의 양식을 발전시켰다. 이 춤에서는 북이 연주되면서 『차라투스트라는 이렇게 말했다』의 구절이 낭독된다.

니체 체험은 수많은 형태로 표출되었다. 이 체험은 어떤 이들에게는 일시적인 유행에 그쳤지만, 평생 이 체험에서 벗어나지 못하는 이들도 있었다. 토마스 만Thomas Mann이 그랬다. 1910년 그는 다음과 같이 말했다. "우리는 그를 통해서 심리학적인 감수성, 시적인 비판, 바그너의 체험, 기독교의 체험, 현대성의 체험을 했다."(아쉬하임, 37) 토마스 만은 니체로부터 자극 받아 자신의 예술의지를 키워나갔는데, 이 예술의지는 사회적이고 정치적인 그리고 여타의 모든 봉사를 당당하게 거부하고, 사랑과 죽음 그리고 예술을 위해 자기목적적인 위엄과 인간성의 비밀을 지켜나가고자 한다. 토마스 만은 1918년 『한 비정치적 인간의 고찰 Betrachtungen eines Unpolitischen』을 쓸 때 니체의 『반시대적 고찰』을 모범으로 삼았고, 거의 모든 문장을 친구 에른스트 베르트람Ernst Bertram과 함께 검토했다. 베르트람 역시 같은 시기에 역작 『니체 – 한 신화의 시도』를 쓰고 있었다. 예술이 디오니소스적인 것에서 나와서 반어적으로ironisch 굴절되어 아폴론적인 형태가 된다는 니체의 이론은 토마스 만의 예술 창작에 필수 불가결한 통찰이 되었다. 토마스 만은 1947년 니체에 대해 쓴 에세이 「우리의 경험에 비추어 본 니체 철학」에서 – 이 에세이는 그가 『파우스트 박사』를 집필하는 동안 병행해서 쓴 글이다 – 니체를 인류 정신사에서 "타협을 모르는 가장 철저한 심미주의자"라고 명명하고 다음과 같이 말한다. "삶은 오직 심미적 현상으로서만 정당화될 수 있다는 것은 바로 그 자신과 그의 삶 그리고 그의 사고와 작품에 적용된다. (…) 그의 삶은 마지막 순간에 광기에 빠짐으로써 스스로를 신화로 만들어 예술 작품이 된다. (…) 지극히 매력적이며 시적이고 비극적인 연극이다."(만, 45) 또 토마스 만은 다음과 같은 말로 무절제한 "심미주의"에 대해 경고한다. "우리는 선에 대한 신앙고백을 두려워하고, 진리와 자유와 정의 같은 개념을 진부하게 여기고 부끄러워하는 심미주의자가 되어선 안 된다." 하지만 이러한 정치적인 개념들은 심미적으로 진부할 수밖에 없으며, 이 개념들로는 예술 창작을 할 수 없다는 것은 엄연한 진실이었다. 이제 세계를 떠돌며 민주주의와 반파시즘을 호소하는 토마스 만도 이러한 진실을 피해갈 수 없었다.

토마스 만은 – 무엇보다도 니체 체험을 통해서 – 예술의 논리가 정치와 도덕의 그것과는 다르다는 것을 알고 있었다. 하지만 그는 이 두 분야를 서로 분리하는 것이 얼마나 중요한지도 알고 있었다. 왜냐하면 예술의 정치화나 정치의 심미화는 둘 다 마찬가지로 위험하기 때문이다.

"미를 앞세운 반란자들"(만, 45)은 정치가 상식과 타협의 정신을 지켜야 하고 삶에 봉사해야 한다는 사실을 흔히 잊는다. 하지만 예술은 극단적인 상태에 관심을 가지고 급진적이며, 특히 토마스 만의 경우에는 죽음에 매혹되었다. 진정한 예술가에게는 강렬함에 대한 욕구가 자기보존의 의지보다 더 강하다. 정치는 바로 이런 자기보존의 의지에 봉사해야 한다. 정치는 이런 방향성을 잃어버릴 때 공공의 위험을 초래한다. 이 때문에 토마스 만은 "심미주의와 야만"의 "소름 끼치는 친밀성"(만, 45)에 대해 경고한다.

토마스 만은 자신의 니체 체험에 평생 충실했다. 하지만 후기에는 심미주의적인 애착이 다른 삶의 영역까지 확대되지 않도록 주의했다. 토마스 만은 1918년에 막스 베버가 민주주의는 가치 영역들의 분화를 통해서 유지된다고 한 말을 잘 이해하고 있었다. 디오니소스주의자는 정치계로 입문하려면 먼저 냉정해져야 한다. 토마스 만은 이를 지켰다. 그는 심미적으로 와인을 마셨지만, 정치적으로는 물을 설교했다. 토마스 만은 심지어 니체의 초기 이론인 문화의 두 개의 방 이론에 의지할 수도 있었다. 즉 이 이론에 따르면, 하나의 방은 천재적으로 데워지고, 또 다른 방은 삶을 유지하도록 냉각된다.

토마스 만이 후기에 보여준 냉철함은 세기 초에 나타난 니체 열광의 열기를 거의 잊게 만들 정도이다. 다다이스트들도 니체 열기에서 생겨났다. 그들에게 심미적인 것과 정치적인 것의 분리는 특히 낯설었다. 그들은 "모든 예술적인 수단과 힘의 통일을 통한 사회의 재탄생"(후고 발)을 요구했다. 게오르게^{George} 그룹과 상징주의자들도 독립적인 예술의 정신을 통한 국가와 사회의 "재탄생"을 믿었다. 프란츠 베르펠은 "심장의 국왕 즉위"을 선언하기도 했다. 예술과 예술가가 전지전능하다는 판타지가 대세를 이루었다. 니체의 생철학은 예술을 현실 원리에 복무해야 한다는 굴레에서 해방시켰다. 예술은 다시 척박한 현실에 저항할 비전을 가지게 되었다. '비전, 저항, 변화' – 이것이 바로 표현주의의 삼위일체였다.

니체의 생철학으로 인해 제1차 세계대전 이전의 독일에서 베르그손의 철학이 강력한 영향을 미칠 수 있는 토대가 마련되었다. 역으로 프랑스에서는 베르그손에 의해 니체가 수용되었다. 1912년 베르그손의 주요 저작인 『창조적 진화』가 독일어로 번역되었다. 얼마 지나지 않아 이 책은 일반 독자들 사이에서도 유례없는 성공을 거두었다. 니체와 마찬가지로 베르그손도 창조적 의지의 철학을 펼쳤는데, 물론 베르그손은 '힘에의 의지'라는 말을 사용하지는 않았다. 하지만 보편적인 것과 개별적인 것을 연결하는 방식은 유사하다. 세계의 바깥에서, 즉 자연 전체에서 활동하는 것은 개인에게도 창조적 에너지로 작용한다. 베르그손에 따르면, 우리는 모든 사물 안에서 활동하는 힘들을 우리 내부에서도 느낀다. 베르그손이 창조적인 우주에 대해 열정적으로 이야기할 때는 니체와 마찬가지로 물결과 파도의 비유를 사용한다. 하지만 베르그손은 니체와는 다르게 자유의 신비를 세계의 심장 속으로 옮겨놓는다. 베르그손에게서도 니체와 마찬가지로 우주의 사건은 원을 그리면서 일어난다. 하지만 베르그손은 앞으로 전진하는 나선형 운동을 생각했다.

니체 역시 우주에서 동일한 것의 회귀를 상승의 동력에 연결하려 했지만, 생각대로 되지는 않았다. 그 이유는 니체가 삶의 과정이 펼쳐지는 '공간'이라는 전통적인 시간의 개념을 극복할 수 없었기 때문이다. 하지만 베르그손은 시간을 창조적이고 역동적인 힘으로 생각할 수 있었다. 시간은 무엇인가를 내부에 '담고 있는' 매체가 아니라, 무엇인가를 생산해내는 힘이다. 시간은 연극을 위한 무대가 아니라, 그 자신이 배우로서 연극에 참여한다. 그리고 인간은 시간을 경험할 뿐만 아니라, 자신의 행동을 통해서 시간을 만들어낸다. 시간의 내부 기관은 주도성과 자발성이다. 인간은 무엇인가를 처음으로 시작하는 존재이다. 베르그손에 따르면, 시간 경험의 가장 깊은 내면에 창조적 자유의 경험이 숨겨져 있다. 창조적인 우주는 인간의 자유에서 자기의식을 발견한다.

이러한 사유를 놓고 보면, 베르그손은 니체보다는 오히려 셸링에 더 가깝다. 하지만 막스 셸러Max Scheler는 1915년 자신의 저서 『가치의 전도』에서 베르그손과 니체를 동일한 사고 성향을 지닌 생철학자로 분류한다. 셸러에 따르면, 이 두 철학자는 인간을 "단순히 기계적이고 기계화될 수 있는 것"의 "감옥"에서 해방시켜 "꽃이 만발한 정원"(셸러, 가치의 전도, 339)으로 이끌려고 한다. 니체의 (그리고 베르그손의) 철학에서는 삶의 용암이 화석화된 외피를 다시 깨뜨린다. "우리는 절대적인 것 안에 있고, 그 안에서 맴돌며 산다."(셸러, 가치의 전도, 339)

게오르크 지멜도 1907년에 행한 유명한 강연에서 니체를 창조적인 생철학자로 해석했다. 그는 니체가 고심했던 문제들과 니체가 제시한 의미지평을 꼬집어낸다. 지멜에 따르면, 과거에는 삶의 최고 목표와 가치가 있었지만 근대에 이르러 이러한 목표와 가치는 더 이상 존재하지 않는다. 복잡하고 거대한 사회의 메커니즘은 이제 그 어떤 중심도 없이 오직 수단들로만 가득 차게 되었다. 근대인들의 의식은 "수단에 얽매여"(지멜, 42) 있고, 그 어떤 궁극적인 목적도 없는 긴 행동의 사슬에 묶여 있다. 근대인들의 의식은 숭고한 무한성을 상실했고, 대신에 쳇바퀴 속에서 돌고 있는 다람쥐와 같은 존재의 나쁜 무한성을 얻었다. 따라서 "전체의 의미와 목적에 대한 두려움이 가득한 의문"(지멜, 42)이 생긴다. 이러한 상황에 대해 쇼펜하우어는 무의미한 활동을 의지의 형이상학적 성질로 해석함으로써 응답했다. 지멜에 따르면, 니체는 쇼펜하우어의 의지의 형이상학을 발전 사상과 상승의 이론에 연결했다. 하지만 쇼펜하우어와 마찬가지로 니체도 궁극적인 목적과 발전의 목표가 있다는 관념을 거부했다. 이 때문에 니체는 목적론적 상승이 아닌 열린 상승, 즉 자기지시적인 상승 동력을 생각해야만 했다. 생은 그 자체가 목적이다. 하지만 자신 안에 있는 가능성을 탐색해서 끄집어내야 한다. 의식으로 깨어난 인간은 생의 자기탐색 장소가 된다. 생은 인간 안에서 자기 자신과 특별한 실험을 감행했다. 이러한 실험의 결과는 인간 자유의 드라마에 맡겨진다. 에른스트 블로흐Ernst Bloch가 나중에 말했듯이, 인간 안에서 "세계의 실험"이 펼쳐지는 것이다.

1914년 이전의 철학은 니체로부터 출발해서 그리고 니체와 함께 '생'이라는 주제를 이렇게 숭고하게, 매혹적으로, 매혹되면서, 경쾌하고 희망에 부풀어 노래했다.

1914년 제1차 세계대전이 발발했을 때는 이러한 철학적 생기론Vitalismus이 전성기를 구가했다. 호전적인 니체주의가 목소리를 높였다. 당시는 지극히 강력한 종류의 민족 정체성 선언이 남발되던 시대이다. 이에 힘입어 강력한 효과를 발휘한 수많은 대조법이 유행했다. 생명력이 넘치는 (독일의) 문화 대 피상적인 (프랑스의) 문명, 디오니소스적 공동체 대 기계적 사회, 영웅 대 상인, 비극적 의식 대 공리주의, 음악적 정신 대 계산적 태도가 그런 대조법의 예이다. 사람들은 전쟁을 진품과

짝퉁을 가려내고 참된 실체를 드러내는 위대한 판별가로 선언할 때면 니체의 헤라클레이토스 해석을 인용했다. 흥분한 학자들에게 전쟁은 국가의 "최종 시험"인데, 이 시험에서 국가는 한갓 사회를 관리하는지, 아니면 진정 일반의지를 표현하는지 증명해야 한다. 전쟁은 진실이 드러나는 시간이다. "평화를 그저 작은 회색의 중간 지대로 간주하는 거대하고 포괄적인 전체 인간이라는 이미지 (…) 이런 이미지가 이제 생생하게 우리 앞에 있다. 전쟁이 비로소 인간 본성의 넓이와 범위를 측정한다. 인간은 자신의 위대함과 왜소함을 온전히 자각한다."(셸러, 천재, 136)

전쟁은 어떤 정신적 실체를 출현하게 하는 것인가? 어떤 이들은 전쟁이 관념론의 승리라고 말한다. 유물론과 실리주의 탓에 오랫동안 숨이 막혔던 관념론이 이제 돌파구를 찾으며, 인간은 다시금 비물질적 가치, 즉 민족과 조국과 명예에 자신을 바칠 태세를 갖춘다. 그렇기에 에른스트 트뢸취Ernst Troeltsch는 전쟁의 열광을 "정신에 대한 신앙"의 회귀라고 부른다. 정신은 "금전의 우상화", "회의감의 결핍", "향락의 추구", "자연의 법칙성에 대한 무력한 복종"(트뢸취, 39)에 승리를 거둔다. 다른 이들이 전쟁에서 보는 것은 오랜 평화의 시기 동안 경직될 위기에 처한 창조 정신의 해방이다. 그들은 전쟁의 자연적 폭력을 찬미하며, 마침내 문화가 다시 자연의 근본적 힘과 접촉하게 되었다고 말한다. 전쟁은 "모든 문화 파괴자 중 가장 폭력적인 자인 동시에 모든 문화 산출자 중 가장 강력한 자이다."(글라저Glaser, 187) 이렇게 오토 폰 기어케Otto von Gierke는 말한다.

전쟁이 시작되었을 때 니체는 이미 유명했으며, 그의 『차라투스트라는 이렇게 말했다』는 괴테의 『파우스트』와 『신약성서』와 함께 전선으로 향하는 군인들을 위한 특별판으로 15만 부가 제작되었다. 이로 인해 영국과 미국 그리고 프랑스에서는 니체가 전쟁을 사주하는 철학자라는 관념이 퍼지게 되었다. 위대한 소설가 토머스 하디의 편지는 당시 영국의 분위기를 잘 나타낸다. "내 생각에 유사 이래 한 나라가 일개 작가에 의해 저렇게 도덕적으로 타락한 예는 없었던 것 같습니다."(아쉬하임, 132) 런던의 한 출판업자는 당시에 "유럽과 니체의 전쟁"(아쉬하임, 130)이라고 말하기까지 했다. 미국에서 니체의 책을 출판한 발행인은 "독일의 괴물 니츠키"(아쉬하임, 133)의 전쟁 스파이라는 죄목으로 체포되었다.

의심할 여지없이 니체의 작품에 전쟁을 옹호하는 구절이 많은 것은 사실이다. 당시 자주 인용되었던 『우상의 황혼』에 나오는 유명한 구절을 기억하는 것만으로도 충분할 정도이다. '자유로워진' 인간은, 자유로워진 '정신'은 더 말할 것도 없이 소상인과 기독교인과 암소와 여자들과 영국인들과 다른 민주주의자들이 꿈꾸는 경멸스러운 복지를 짓밟아버린다. 자유로운 인간은 '전사'이다.(6, 139f.)

전통적 의미의 민족주의자들에게 니체는 별 매력이 없었지만, 군사적 모험심을 지니고 이후에 특히 보수 혁명에 가담한 식자층은 니체에게서 많은 자극을 받았다. 무엇보다도 이들의 주목을 끌었던 것은 전쟁과 삶 일반의 의미가 어떤 목표와 목적에 있는 것이 아니라 상승된 삶의 강도에 있다는 니체의 사상이다. 전쟁에서 허무주의적인 황홀함을 찾거나 상상했던 자는 니체의 『차라투스트라는 이렇게 말했다』에서 지침을 얻었다. 그대들은 명분이 좋으면 전쟁도 신성하다고 말하는가? 나는 그대들에게 말한다. 모든 명분을 신성하게 만드는 것이 바로 좋은 전쟁이라고.(4, 59) 에른스트 윙어Ernst Jünger와 오스발트 슈펭글러Oswald Spengler가 바로 그런 허무주의적인 열광주의자였다. 이들은 니체가 차라투스트라에게 다음과 같이 말하게 할 때, 니체와 연대감을 느꼈다. 용기, 말하자면 공

격적인 용기가 최고의 살인자이다. 공격할 때마다 승리의 함성이 울려 퍼진다.(4, 199)

하지만 1919년에 나온 헤르만 헤세Hermann Hesse의 에세이 「차라투스트라의 귀환」은 차라투스트라를 다르게 해석할 수 있다는 사실을 보여준다. 헤세는 사람들이 니체와 특히 그의 『차라투스트라는 이렇게 말했다』를 개탄스러울 정도로 악용한다고 강조한다. 헤세는 니체야말로 모든 "군중 심리"의 적대자가 아니었느냐고 묻고, 다시 한 번 차라투스트라를 전쟁에서 돌아온 사람들 앞에 등장시킨다. 이제 차라투스트라의 설교는 니체의 요청을 약간 변형시킨다. '너 자신이 되어라!' 여기서 자기 자신이 되고자 하는 의지는 모든 종류의 신하 근성에 대항하기 위해서 동원된다. 이러한 신하 근성은 전사의 외양으로 나타나기도 하고, 영웅의 제스처로 나타나기도 하며, 심지어 니체 자신이 그 근거로 제시되기도 한다. 헤세는 호전적인 니체 추종자들이 부르는 증오의 노래에 맞서 니체를 변호한다. 헤세는 자신의 차라투스트라에게 다음과 같이 말하게 한다. "그대들은 이러한 노래가 울려 퍼지는 것을 모르는가? 그곳은 주머니 속에 주먹을 불끈 쥐고 사리사욕과 이기심을 추구한다. 아! 그곳에는 자기를 고양시키고 강하게 하려는 고상한 자들의 자기 추구가 아니라, 돈과 돈지갑 그리고 허영과 공상만이 있다."(헤세, 15)

전쟁 직후에 에른스트 베르트람의 『니체―한 신화의 시도』가 출간되었다. 이 작품은 분명히 제1차 세계대전과 제2차 세계대전 사이에 나온 니체에 관한 책 중에서 가장 영향력 있는 책이었다. 베르트람의 친구인 토마스 만은 베르트람이 이 책을 쓸 때 의견을 주고받았으며, 이 책에 대해서 감탄했다. 니체에 대한 토마스 만의 생각은 베르트람으로부터 큰 영향을 받았다. 베르트람은 게오르게 그룹의 일원이었으며, 정신적 지도자의 이념을 이 그룹에서 얻었다. "한 신화의 시도"가 이 책의 부제인데, 이 책의 내용은 실제로 신화를 창조하려는 시도를 담고 있다.

베르트람은 초기 낭만주의가 시작하고, 바그너와 젊은 니체가 계승했던 전통을 이어받는다. 이러한 전통은 종교가 퇴색된 후에 공통된 이념의 기치 아래 민족을 통합하기에 적합한 신화를 창조한다. 이제 니체 자신과 그의 삶 그리고 그의 작품이 "한 인간의 전설"(베르트람, 2)로 재구성된다. 베르트람은 '한 인간의 삶과 작품에 대한 서술이나 분석에서 객관성은 존재하지 않는다. 오직 해석만이 있을 뿐'이라고 말하는데, 이것은 전적으로 니체의 의견과 일치한다. 베르트람이 제시하려는 해석은 니체를 독일의 영혼과 고통, 발전, 창조력 그리고 운명의 거울이 되게 한다. 니체는 자신의 삶의 시인이 되려고 했고, 베르트람은 이제 자신이 니체의 삶과 작품의 시인이 됨으로써 이러한 계획을 이어받는다. 베르트람은 이 과정에서 생기는 "이미지가 인간이 기억하는 별들이 있는 저 하늘로 천천히 떠오른다."(베르트람, 2)고 말한다. 니체는 교육적인 면에서 결코 모범이 아니지만, 독일 문화의 긴장, 추진력, 모순, 위대한 정신사에 대한 기여는 구체적이면서도 의미심장하게 나타날 수 있다. 베르트람에 따르면, 이러한 이미지는 위기에 빠진 독일 문화가 자신의 가능성과 위험을 스스로 깨달을 수 있도록 인도할 수 있다. 이러한 맥락에서 베르트람은 횔덜린의 물음을 인용한다. "조국의 영혼이여, 너는 언제 모습을 완전히 드러내느냐?"(베르트람, 72) 이 물음에 대한 베르트람의 대답은 다음과 같다. 조국의 영혼은 니체의 모습으로, 완전히 분열된 니체의 모습으로 나타났다.

우선 음악에 대한 열정이 바로 그것이다. 음악은 디오니소스적인 삶의 기본 충동을 울려 퍼지게 하고, 삶의 거대하고 비극적인 힘을 자극한다. 베르트람은 이러한 음악에 대한 열정에서 (독일의) 문화와 (프랑스의) 문명을 구별하는 기준을 얻는다. 문화에는 음악의 디오니소스적이고 비극적인 정신이 스며 있고, 문명은ㅡ이것도 물론 필수적인 것이다. ㅡ삶의 밝고 낙관적인 분야와 결부되어 있다. 문명은 합리적이지만, 문화는 합리성을 초월하며 음악적이고, 신비롭고, 시각적이고, 영웅적이다. 베르트람은 니체의 말을 인용한다. 문명은 문화가 원하는 것과는 다른 것을 원한다. 아마도 정반대의 것을.(베르트람, 108) 여기서 니체가 말하는 정반대의 것은 무엇인가? 문명은 자기보존이며 삶의 안정이다. 하지만 문화는 삶의 심층적인 문제와 연결되어 있다. 1869년 5월 22일에 니체가 바그너에게 보낸 첫 편지는 니체가 생각하는 문화를 암시한다. 내가 지금까지 게르만적인 삶의 진지함을 유지하고, 수수께끼와도 같고 의심스러운 현존재를 깊이 있게 성찰할 수 있었던 것은 바로 당신과 쇼펜하우어 덕분입니다.(B 3, 9)

베르트람은 니체가 상징적인 표현을 한 두 구절을 자세히 해석한다. 그 하나는 1868년 10월 8일 로데에게 보낸 편지에 들어 있는 구절이다. 이 편지에서 니체는 바그너와 쇼펜하우어의 윤리적 분위기, 파우스트적 향기, 십자가, 죽음 그리고 무덤(B 2, 322)을 높이 평가한다고 말한다. 다른 하나는 『비극의 탄생』에 나온 구절이다. 여기서 니체는 쇼펜하우어와 그의 영웅적인 비관주의를 상징하는 것으로 뒤러가 그린 죽음과 악마와 함께 있는 기사를 선택했다. 기사는 갑옷을 걸친 채 차갑게 경직된 시선으로 앞을 응시하며 소름 끼치는 동행자가 있어도 흔들림 없이, 물론 희망도 없이 오로지 말과 개만 데리고 공포의 길을 걸어간다.(1, 131) 토마스 만도 이 그림에 빗대어 영웅적이고, 죽음을 사랑하고, 낭만적이고, 동시에 환상에서 깨어난 독일 문화의 정신과 자신이 진부하고 순진하다고 여기는 서구의 낙관주의 및 세계 개선 이데올로기를 대비시킨다. 이러한 기사, 죽음, 악마의 상징은 계속해서 끔찍한 성공 가도를 달린다. 즉 이 기사는 순수 혈통의 아리아인과 결국에는 아돌프 히틀러의 상징이 된다. 또 이 그림과 관련된 시, 연극, 회화 등이 창작되는데, 나치 이데 올로기에 오염된 니체 문서보관소는 이러한 작품들을 환영하고 권장했다. 하지만 이 작품들은 니체와 토마스 만과 베르트람의 시적인 비극주의와는 거의 관계가 없다.

베르트람에게 니체는 죽음과 악마와 함께 있는 기사이다. 니체 역시 갑옷을 입고 가면을 쓰고 있는데, 이는 외부의 위험을 막기 위한 것일 뿐만 아니라 자신의 내부로부터의 위협을 막기 위한 것이기도 하다. 베르트람에 따르면, 니체는 내면에 창조적인 혼란을 지니고 있고 이 때문에 독일 문화를 대표한다. 독일 문화는 내부적으로 억제되어야 하고 외부적으로는 보호되어야 한다. 게다가 가면이 필요할지도 모른다. 베르트람은 재차 문화와 문명의 차이를 거론하기 위해 모든 심오한 것들은 가면을 좋아한다(베르트람, 171)는 니체의 말을 인용한다. 문화는 내부에 너무나도 많은 원초적인 힘을 지니고 있어서 스스로를 보호해야 하기 때문에 가면극을 추구한다. 가면을 쓰는 행위는 원초적인 것의 경험에 대한 응답이다. 하지만 문명은 원초적인 것과의 모든 유대를 차단한 탓으로 이제는 공허한 가면극을 연출할 뿐이다. 여기에는 은폐해야 할 깊이가 없다. 문명은 안전지대를 원하지만, 문화는 자신의 활동 무대를 심연의 근처로 옮긴다. 문화는 비극과 죽음을 갈망하며 자신이 아는 것보다 더 많은 것을 예감한다. 또 문화에서는 이익보다 희생이 더 중요하며, 문화는 낭비적이고 과잉과 풍요를 사랑한다. 니체를 다루는 베르트람의 이 책은 오로지 다음과 같은 질문에 집중하는 긴 명상이다. 편히 사는 데에는 문명이면 충분한데, 도대체 왜 문화를 열망하는가? 문명이 성공을 거둘 때는 모든 것이 분명하고 명확해진다. 이는 니체나 베르트람도 잘 알고 있는 사실이다. 베르트람은 자신의 책의 끝에 니체의 편지를 인용한다. 나는 온갖 종류의 일에서 얼마나 자주 이 사실을 체험했던

가: 모든 것이 명확해지면, 모든 것이 끝나기도 한다.(베르트람, 353)

니체는 그리고 그와 더불어 베르트람도 실망스러운 명확함으로 끝나기를 원치 않는다. 니체 자신이 사물의 수수께끼와도 같은 성격에 매력을 느낀다고 자주 말했다. 마법과 신비에 대한 동경은 베르트람의 책이 지닌 기본 멜로디이기도 하다. 그에게 니체는 창조적인 혼란을 예감하게 하고 또 그 속으로 유혹하는 인물이 된다. 창조적인 혼란에는 몰락에의 충동도 들어 있다. 베르트람은 니체에게서 세이렌의 노래를 듣고, 그 노래를 자신의 멜로디로 우리에게 전달한다. 베르트람의 니체 신화는 전쟁의 세계나 게르만적인 세계로 이끌려고 하지 않는다. 마지막에 남는 것은 엘레우시스*에서의 우정 결속에 대한 찬가이다. "죽어서 되어라"라는 괴테의 원리와 쾌락과 열정, 슬픔과 황홀을 신성하게 만드는 이 "미래의 신"인 디오니소스가 예찬된다. 베르트람은 니체와 게오르게의 예술종교를 다음과 같은 문장으로 통합한다. "인간의 가장 가치 있는 것의 존재, 인간을 인간답게 만드는 힘의 영원한 활동은 이 세상 어딘가에 신비가, 즉 정신적으로 그 무엇인가를 생산하고 영혼을 구속하는 힘이 존재하고 계속 전해지느냐의 여부에 따라 좌우된다. 이 세상 어딘가에서 계속해서 신화를 형성하는 힘이 신의 이름으로 하나둘 모이는 것, 이것만이 세계를 '유지한다'."(베르트람, 343) 이러한 신이 바로 니체가 불러내어 회귀한 디오니소스이다. 이후 1938년에 이르면 베르트람은 더 이상 은은하고 비가적인 톤으로 노래하지 않고, 더 이상 비둘기의 걸음으로 오는(4, 189; ZA) 사상을 선호하지 않게 된다. 대신에 그

• 여신 데메테르와 그녀의 딸 페르세포네의 성지로, 신성한 비교秘教 의식이 거행되었다. 이 비교 의식은 그리스인들이 피할 수 없는 사후 세계에 대한 두려움을 해소하고 행복한 사후를 약속함으로써 그리스인들의 마음을 사로잡았다. 특히 헤겔은 이 비교 의식에 의탁하는 모습으로 휠덜린에 대한 우정을 고백한 바 있다. ─옮긴이

는 나치당의 주요 일간지인 「민족의 관찰자^{Völkischer Beobachter}」에 기고한 글에서 죽음과 악마와 함께 있는 기사를 토착적이고 자부심이 넘치는 농부의 형상으로 등장시킨다. 이는 파우스트적인 인간과 군인과 신비주의자가 혼합된 형상이다. 하지만 이런 변신은 반드시 초기의 빛나는 작품인 『니체-한 신화의 시도』에서 유래한다고 볼 수는 없다. 왜냐하면 이 작품은 베르제르커[•]가 아니라 디오니소스에게 바쳐진 것이기 때문이다.

제1차 세계대전과 2차 세계대전 사이에 나온 니체와 관련된 책 중에서 베르트람의 책 외에 큰 영향력을 행사한 책은 1931년에 출간된 알프레트 보임러^{Alfred Boeumler}의 연구서인 『철학자이자 정치가 니체』이다. 니체의 여동생과 니체 문서보관소가 유고를 바탕으로 1906년에 편찬한 『힘에의 의지』는 베르트람의 『니체-한 신화의 시도』에 거의 영향을 미치지 않았다. 왜냐하면 베르트람에게는 디오니소스주의자 니체가 중심이었기 때문이다. 하지만 히틀러가 집권한 1933년 이후에 나치당의 지도적인 이론가 자리를 놓고 로젠베르크와 경쟁한 알프레트 보임러는 권력의 철학자 니체를 - 니체에게는 분명 그러한 면이 있었다. - 전면에 내세웠다. 보임러에 따르면, 니체의 이론은 니체가 어쩔 수 없어 고안해낸 신 디오니소스가 아니라 실제로 살았던 그리스 철학자 헤라클레이토스에 귀결시키는 것이 더 적합하다. "우리는 니체가 바라본 세계의 모습을 디오니소스적이 아니라 '헤라클레이토스적'이라고 칭한다. 이는 결코 쉬지 않으며 끊임없이 '생성'하는 세계이다. 하지만 이 생성은 투쟁과 승리를 의미한다."(보임러, 15)

• Berserker: 중세 초기에 북유럽에서 곰 가죽을 쓰고 싸운 괴력을 가진 용사 - 옮긴이

보임러가 나치당의 중요한 이론가가 되긴 했지만, 이 책이 니체의 실제 사상을 엄밀한 철학적 성찰로 재구성했다는 사실은 인정되어야 한다. 다만 일방적인 서술로 인한 왜곡이 있을 뿐이다.

보임러는 니체의 '진리는 더 이상 존재하지 않는다'는 말에서 시작한다. 경험에서 얻은 자료를 통해 우리가 '진리'라고 칭하는 무언가를 만들어내는 것은 힘에의 의지이다. 따라서 보임러는 진리 문제는 곧 힘의 문제라는 가정에서 출발하는 것이다. 적대 세력 간의 갈등과 투쟁, 즉 헤라클레이토스적인 "전쟁"이 위대한 생성을 결정하기 때문에, 진리의 문제도 삶의 세력들 간의 투쟁에 의해 결정된다. 보임러는 무엇을 통해서 진리가 강해지고 승리할 수 있는가라고 묻는다. 그는 답을 니체가 말하는 몸의 위대한 이성(4, 39; ZA)에서 찾는다. 오직 몸과 감각의 힘에서 나오는 사고만이 진정으로 강하다. 보임러는 다음과 같이 니체의 말을 인용한다. 몸에서 출발하고, 몸을 실마리로 이용하는 것이다. 몸은 더 명료한 관찰이 되도록 해주는 훨씬 더 풍요로운 현상이다. 몸에 대한 믿음은 정신에 대한 믿음보다 더 확고하다.(보임러, 31; 11, 635)

몸은 많고 또 이 때문에 많은 권력이 존재한다. 권력구조는 정당화를 필요로 하지 않는다. 왜냐하면 오직 균형을 추구하는 이성만이 정당화를 고려하기 때문이다. 하지만 이성은 몸속에 자리 잡고 있기 때문에, ─ 이성은 몸의 여러 기관들 중 하나이다. ─ 보편성을 주장하는 이성은 투명해진다. 투쟁 중인 권력들을 다스리는 상급 기관으로서의 정신의 제국은 존재하지 않는다. 이 때문에 우연이 사물의 처음이자 끝이다. 그 어떤 의미도 전체를 지배하지 못하며, 개인적이든 집단적이든 오직 투쟁과 자기 주장과 자기 상승의 동력만이 전체를 지배한다. 보임러가 주장하는 헤라클레이토스적인 우주에는 비실제적인 규범은 존재하지 않는다. 현실에서 사람들은 서로 접촉하고, 밀어내고, 구별하고, 헤어진다. 적대 관계, 곧 전쟁은 모든 사물의 근원이다. 생명체는 오직 자신의 영역 내에서만 존재하므로 어쩔 수 없이 경계를 지어야 하고 오직 이 경계 내에서만 팽창할 수 있다. 삶에서 경계가 필수적이라는 사실로부터 서로 투쟁하는 대립의 '현실에 바탕을 둔 변증법'이 생겨난다. 우리가 만약 이 대립을 단순히 변증법으로 칭한다면, 우리는 이러한 대립을 과소평가하고 만다. 이 대립은 사생결단의 투쟁이며, 합일점은 없다. 왜냐하면 합일점으로 보이는 것이 있다고 할지라도, 사실 그것은 어느 한편의 승리이며 승자는 패자로부터 무엇인가를 얻어내기 때문이다. 대립의 투쟁을 아우르는 그 어떤 합일점도 없다면, 세계사는 모순의 역사이다. 이 모순은 해결되지 않고, 승자와 패자가 결정될 때까지 투쟁이 이어진다. 전체는 사고할 수 있을지는 몰라도 현실이 될 수는 없다. 현실이 될 수 있는 경우는 오직 대립의 역사에서 모순을 결말지을 때이다. 누구나 늘 분열되고 적대적인 대립 속에 서 있다. 우리는 태어날 때부터 이미 어느 한편에 속하게 되며, 이것이 바로 존재의 우연성이다. 우리는 자신의 몸을 선택할 수 없고, 우리가 '민족'이라고 칭하는 몸들의 공동체도 선택할 수 없다. 우리는 태어나는 곳을 선택할 수 없고, 단지 받아들일 수 있을 뿐이다. 따라서 '좋은' 편인지 아닌지의 물음은 무의미하다. 정반대의 논리도 성립한다. 즉 이편은 좋다. 왜냐하면 내가 이편에 속해 있고, 이편이 우리 편이기 때문이다. 우리와 타자 ─ 이것은 명확한 구분이다. 이는 '우리'의 경계를 명확하게 하는 문제일 뿐이다. 경계는 유동적이다. 왜냐하면 소속을 상실하는 사람들이 항상 있기 때문이다. 분열되기 전의 통일된 순간을 포착하기 위해 신화의 집단적인 기억과 철학자들의 개념 작업이 초기로 거슬러 올라가도, 그곳에서는 지평선이 계속해서 뒤로 물러난다. 우리는 대립의 역사에서 결코 벗어나지 못한다.

보임러는 니체와 마찬가지로 평화주의자들의 사상을 자기기만으로 여기며 비판한다. 투쟁하는 당파들 사이에서 평화를 실현하려는 프로젝트는 모두 스스로가 당파가 된다. 유대인들의 신은 다른 신들에 대항해 질투심 어린 투쟁을 펼치지 않았는가? 유대인들의 신도 인간이든 신이든 오직 친구와 적으로만 구분했다. 그리고 예수도 「마태복음」에서 평화가 아니라 칼을 주러 왔다고 말한다. 칼은 자신의 일을 마친 후에야 비로소 쟁기가 될 수 있다. 이것이 헤라클레이토스의 지혜이다.

보임러는 – 이후의 미셸 푸코와 마찬가지로 – 니체를 투쟁하는 몸의 우연성과 세력들의 경쟁을 존재의 근원에서 철저하게 추적한 철학자로 여긴다. 보임러에 따르면, 우리가 니체로부터 배울 수 있는 것은 다음과 같은 사상이다. 즉 "인류"는 없고, 오직 구체적이고 한정되어 있으며 서로 투쟁하는 독립체만 있을 뿐이다. 이러한 독립체는 "인종, 민족, 계급"(보임러, 179)이다.

니체는 이렇게 말하지 않을 것이다. 니체는 개인이나 개체도 구체적인 독립체로 여기며 이 개인은 상대적으로 최근의 역사적 산물이라는 단서를 붙일 것이다. 하지만 개인이 존재한 이후로 권력관계는 점점 더 복잡해지고 혼란스러워졌다. 보임러는 니체의 '힘에의 의지'를 오직 "인종"과 "민족" 그리고 "계급"에만 적용함으로써 자신의 인종 이데올로기와 민족주의 이데올로기를 위한 공간을 마련하고 여기에 니체도 포함시켰다. 여기서 이데올로기적인 오용과 날조가 시작된다. 보임러는 "몸을 실마리로 삼아 사고하는 자는 개인주의자가 될 수 없다."(보임러, 179)고 말한다. 그렇지 않다. 얼마든지 개인주의자가 될 수 있다. 니체 자신이 이를 증명했고, 이후에 미셸 푸코도 이를 증명하게 될 것이다.

당시 '신우파' 그룹의 다른 저자들은 니체의 '힘에의 의지' 사상과 생물학주의를 결합시켜 나갔다. 이러한 일에는 니체의 여동생과 바이마르의 니체 문서보관소의 지원이 있었다. 이들은 약자와 병자의 번식을 막아야 한다는 니체의 주장을 가장 조야한 형태로 반복했다. 카를 빈딩Karl Binding과 알프레트 호흐Alfred Hoch의 널리 전파된 책은 "살 만한 가치가 없는 사람들을 제거하기 위한 방출"(아셔하임, 167)을 주장하면서 특히 니체를 근거로 삼았다.

반유대주의도 니체에게서 이론적 근거를 찾았다. 이 문제에 관해서는 할 수 있는 말은 이미 대부분 언급되었다. 니체가 반유대주의에 반대했다는 사실은 논란의 여지가 없다. 이는 니체가 반유대주의를 생각할 때면 매제인 베른하르트 푀르스터와 여동생과 같이 몹시 싫어했던 인물들을 떠올린 아주 단순한 이유에서도 알 수 있다. 게다가 니체는 맹목적인 애국심을 선전하는 독일의 국수주의를 경멸했다. 니체는 1880년대의 반유대주의 운동을 평범한 사람들의 반란으로 여겼는데, 이들이 단지 아리안 족이라는 사실만으로 지배자 민족이라도 되는 것처럼 허세를 부린다고 비판했다. 니체는 이러한 반유대주의자들에 대항해 심지어 유대인의 인종적 우월성을 주장하고 옹호하기까지 했다. 그의 주장에 따르면, 유대인들은 수백 년 동안 공격에 맞서 방어해야만 했기 때문에 악착스럽고 영리해졌다. 또 유대인들은 정신적인 방어력을 강화했으며, 이로써 유럽사에 소중한 풍요로움을 가져다주었다. 이에 대해 니체는 다음과 같이 말한다. 유대 민족은 모든 민족 중에서 가장 고통스러운 역사를 가지고 있으며 세상에서 가장 고상한 인간(예수), 가장 순수한 현자(스피노자), 가장 강력한 책과 가장 영향력 있는 도덕법칙을 제공해주었다.(2, 310; MA) 니체는 유대인을 모든 가능한 공적이고 사적인 불행의 속죄양으로 삼아 형장으로 보내는 민족주의자들의 기만을 비난한다.

반유대주의자들에 대한 니체의 증오는 정신이 붕괴되기 전 마지막

2년 동안 점점 더 커졌다. 그는 반유대주의자인 자신의 출판업자 슈마이츠너와 결별하고 그 출판사 건물을 반유대주의자들의 소굴이라고 칭하기도 했다. 니체는 1887년 12월 말 여동생에게 보낸 편지에서 다음과 같이 말한다. 「반유대주의 통신Antisemitische Correspondenz」에서 차라투스트라의 이름을 발견했는데 나는 더 이상 참을 수가 없구나. 이제 나는 네 남편의 일당들에 대해 자위권을 발동할 수밖에 없는 상황이다. 이 빌어먹을 반유대주의자들이 내 이상을 건드리게 내버려둘 수는 없어.(B 8, 218f.) 니체는 1888년 가을에 쓴 메모글에서 반유대주의의 심리학에 관한 자신의 생각을 정리한다. 니체에 따르면, 반유대주의자들은 대개 너무나 나약해서 자신들의 삶에 어떤 의미도 부여할 줄 모르며, 공포에 사로잡힌 나머지 '의미'에 대한 자신들의 폭군적인 욕구를 충족시켜주는 당파라면 기꺼이 이 당파에 가입하는 사람들이다. 예를 들어 이들이 반유대주의자가 되는 이유는 단지 반유대주의자들이 파렴치할 정도로 명백한 목표를, 즉 유대인의 '돈'을 노리기 때문이다. 니체는 이러한 관찰에 전형적인 반유대주의자에 대한 자신의 심리분석을 덧붙인다. 시기, 원한르상티망, 무기력한 분노가 본능 속에 있는 주도 동기Leitmotiv이다: '선택된 자'의 요구. 완전히 도덕적인 자기기만. 이것이 덕과 모든 거창한 말들을 계속해서 입에 담았다. 이는 전형적 징후이다. 이렇게 해서 그들이 누구와 혼동될 정도로 닮아 보이는지 그들은 알아차리지도 못하고 있다. 반유대주의자는 시기심이 강한, 즉 가장 어리석은 유대인인 것이다.(13, 581)

니체는 어느 정도 광기에 빠진 상태에서 쓴 마지막 편지들 중 하나에서 나는 모든 반유대주의자들을 총살시키겠다(B 8, 575; 1889년 1월 4일 무렵)고 쓸 정도로 반유대주의에 반대했다. 하지만 다른 한편으로 니체는『도덕의 계보』,『우상의 황혼』,『안티크리스트』에서 유대교가 도덕에서의 노예 반란(5, 268; GM)을 시작하고 이끄는 데 중요한 역할을 했다는 이론을 발전시켰다. 니체는 『도덕의 계보』에서 감탄조로 다음과 같이 말한다. 유대교에서는 원한이 전례가 없을 정도로 창조적이었다. 왜냐하면 처음에는 유대교의 율법에 의해, 그 다음에는 사도 바울에 의한 이 율법의 극복을 통해 모든 가치의 전도가 전 세계로 확산되었기 때문이다. 이것이야말로 진정으로 '위대한' 복수 정책이며, 멀리 보는 지하의 술책, 사전 계획에 따라 서서히 손길을 뻗치는 복수의 은밀한 검은 술책(5, 269)이다. 물론 이러한 유대인의 가치 전도에 대항해 고귀한 가치의 르네상스가 지금 관철되어야 한다. 하지만 그럼에도 불구하고 유대인의 성공사는 존경할 만하다. 바로 무조건적인 힘에의 의지가 작용했기 때문이다. 유대인은 약자들을 자신의 편으로 끌어들일 수 있었다. 니체는 기독교의 이웃사랑 계율을 이례적으로 세련되고 탁월한 '힘에의 의지'의 전략으로 여긴다. 니체는 예를 들어 『우상의 황혼』과 같은 마지막 작품들에서 도덕철학에 바탕을 둔 반유대교적 입장을 훨씬 더 단호하게 펼치고 심지어 인종생물학적인 색채도 가미한다. 유대적 뿌리에서 나오고, 단지 이 토대에서 자란 것으로만 이해될 수 있는 기독교는 사육과 인종과 특권의 모든 도덕에 대한 '반대 운동'을 나타낸다. 그것은 전형적인 '반아리안적' 종교이다.(6, 101)

따라서 니체가 경멸했던 반유대주의자들은 니체의 일부 사상을 무기로 이용할 수 있었다. 물론 그들이 그린 아리안적 지배자 민족의 이미지는 니체가 주도적 이념으로 삼았던 고귀함의 이미지와는 일치하지 않는다. 이는 나치주의자들도 간파했다. 그들은 계속해서 니체를 이용하기는 했지만, 자유로운 정신의 소유자인 니체에 대해 경고하는 목소리가 점점 커졌다. 영향력 있는 나치주의 철학자인 에른스트 크리크^{Ernst Krieck}는 다음과 같이 반어적으로 논평했다. "대체로 보아 니체는 사회주의의 반대자, 민족주의의 반대자, 인종주의의 반대자였다. 우리가 이 세

가지 정신적 경향을 배제한다면, 그는 아마도 탁월한 나치주의자가 될 수 있었을 것이다."(리델^{Riedel}, 131)

나치 시대에 카를 야스퍼스와 마르틴 하이데거는 나치 정권이 니체를 공식적으로 인정하자, 이를 이용해 '다른', 이데올로기와는 무관한 니체를 무대에 올렸다. 그들은 니체의 발자취를 좇으면서, 이데올로기적인 틀에 제한되지 않고서도 오히려 이 틀을 깨뜨릴 수 있는 사상을 발전시켰다. 이러한 시도는 사실상 일종의 전복적 작업이었다.

먼저 야스퍼스부터 시작해보자. 야스퍼스는 1936년에 출간한 니체에 관한 책에서 니체를 인식의 열정으로 인해 그 어떤 이데올로기도 거부한 철학자로 소개했다. 니체는 본질적으로 "극단의 마력"(야스퍼스, 422)에 끌려 새로운 것을 실험하는 철학자였다. 요컨대, 야스퍼스는 니체가 초월성을 포기하긴 했지만, 초월하는 행위는 포기하지 않았고, 열린 사고를 하며 사고의 결과보다는 사고의 과정을 선호했다는 점을 높이 평가했다. 야스퍼스에 따르면, 니체는 허무주의의 사막을 횡단했고, 바로 이 때문에 존재의 기적을 새롭게 받아들일 수 있었다. 물론 야스퍼스는 – 흔히 그렇게 하듯이 – 자신의 주장을 단정적으로 말하지 않고 접속법을 사용해서 말한다. "니체의 위대함은 그가 무無를 예감함으로써 다른 것, 즉 존재에 대해 아마도 이 존재를 확신하지 못하거나 불분명하게 알고 있는 사람들보다 더 열정적이고 더 분명하게 말할 수 있고, 나아가 더 잘 알 수 있었던 데 있을지도 모른다."(야스퍼스, 424) 야스퍼스는 이러한 과격한 사고의 드라마를 세밀하게 서술하면서, "존재의 충만함이 멈추고" "어릿광대"(야스퍼스, 424)의 모습이 나타나는 한계점까지 추적한다. 야스퍼스는 아마도 니체의 거리낌 없는 힘의 철학을 이러한 "어릿광대극"으로 생각했을지도 모른다. 야스퍼스는 이를 암시만할 뿐 직접적으로 말하지 않는다. 만약 이렇게 했다면, 그는 당시 공식적인 입장과 충돌했을 것이다. 야스퍼스는 이렇게 조심했음에도 불구하고 당시 집권층과 사이가 좋지 않았으며, 잘 알려진 대로 1930년대 말에 강단에서 쫓겨난다.

야스퍼스와 거의 같은 시기에 하이데거도 니체에 관한 강의를 시작했다. 전쟁 후에 이 강의록을 기초로 출간된 책은 학계의 니체 수용에 관한 대표적인 책 중의 하나였다. 특히 시야가 좁았던 강단 철학자들은 하이데거에 의해 비로소 니체를 연구할 가치가 있는 인물로 받아들이게 되었다.

하이데거는 프라이부르크 대학의 총장직에서 물러난 후에 나치 이론가들로부터 '허무주의자'라는 비난을 받아야만 했다. 에른스트 크리크는 1934년 다음과 같이 말했다. "이 철학의 의미는 명백한 무신론이고 형이상학적인 허무주의이다. 이는 주로 우리나라의 유대인 문필가들이 주장한 것으로 독일 민족에게는 분열과 해체를 조장하는 효소로 작용한다."(슈네베르거, 225) 하이데거는 1936년에서 1940년 사이에 행한 니체 강의에서 칼날의 방향을 돌린다. 여기서 하이데거는 나치 이론가들이 전거로 삼는 힘에의 의지란 허무주의의 극복이 아니라 그 완성이며, 니체 추종자들이 이를 전혀 깨닫지 못하고 있다고 지적한다. 따라서 하이데거의 니체 강의는 인종주의와 생물학주의의 허무주의적인 형이상학에 대한 정면공격이 된다. 하이데거는 지배 이데올로기가 활용할 만한 지점들이 니체에게 있다는 점은 인정하지만, 자신은 이 이데올로기로부터 거리를 취한다. 다른 한편으로 하이데거는 니체를 계승하려 한다. 하지만 계승의 방식은 독특하다. 그는 자신의 사상을 – 니체의 발자취를 좇으면서 – 니체를 극복하기라고 설명한다.

하이데거는 니체의 의지 개념을 설명하면서 성장과 더 강해지려는 의지, 증대 그리고 압도의 의미를 강조한다. 하이데거는 니체의 관념론

비판을 받아들이고, 대지에 충실하라는 니체의 요청에 동조한다. 하지만 바로 이 점에서 그는 니체를 비판하기도 한다. 하이데거는 니체가 '힘에의 의지' 철학 때문에 대지에 충실하지 않았다고 비난한다. 하이데거에게 대지에 충실하는 것은 존재자로 얽혀 들어 존재를 망각하지 않기를 뜻한다. 하이데거에 따르면, '힘에의 의지' 원리로부터 출발한 니체는 가치 평가하는 인간 영역으로 모든 것을 쓸어 넣는다. 인간이 관계 맺는, 그리고 인간 자신이기도 한 존재가 송두리째 "가치"로 간주되고 만다는 것이다. 니체는 인간이 스스로가 될 수 있는 용기를 지니기를, 똑바로 일어설 수 있기를 바랐다. 하이데거에 따르면, 그로부터 생겨난 것은 '일어섬'이 아니라 '반란'이었다. 그것은 기술과 군중의 반란인데, 이 군중은 기술적 통제에 힘입어 이제 완전히 니체가 말하는 최후의 인간이 된다. 최후의 인간은 눈을 껌벅이며 그들 거주지와 그 안의 작은 행복을 가꾸며, 자기들의 안전과 소유물을 침해하는 것은 무엇이든 극도로 잔혹하게 막아낸다. 하이데거는 독일의 현 상태도 염두에 두면서 이런 말을 한다. "인간이 반란을 일으킨다. 세계는 대상이 된다. (…) 대지 자체는 공격의 대상으로서만 자신을 드러낼 수 있다. (…) 자연은 어디서나 (…) 기술의 대상으로 (…) 나타난다."(하이데거 2, 166) 하이데거에 따르면, 이 모든 것의 조짐은 이미 니체에게서도 찾을 수 있다. 니체는 존재를 그저 심미적, 이론적, 윤리적, 실천적 가치 정립의 관점에서만 보았고, 그 결과 존재는 탈락되었기 때문이다. 힘에의 의지에 대해서 세계란 그저 보존과 증대의 총체일 뿐이다.

하이데거는 이렇게 묻는다. "존재는 고유하게 어떤 가치로 고양되는 것보다 더 높게 평가될 수 있는가?" 그는 이 물음에 대해 다음과 같이 답한다. "하지만 존재가 어떤 가치로 평가되면, 이미 존재는 힘에의 의지에 의해 정립된 어떤 조건으로 강등되고 만다." 그리고 그 결과 "존

재의 경험을 향한 길은 사라지고 만다."(하이데거 2, 234)

"존재의 경험"은 어떤 더 높은 세계의 경험을 뜻하는 게 아니다. 그것은 현실의 소진 불가능성을 경험함을 뜻하며, 또 현실 한가운데서 인간과 더불어 어떤 "열린 터"가 개방된다는 사실에 경탄함을 뜻한다. 이 "열린 터"에서는 자연이 눈을 크게 뜨고 자신이 거기 있음을 인지한다. 존재의 경험에서 인간은 자기 자신을 유희 공간으로서 발견한다. 이때 인간은 존재자 안에 사로잡혀 일정 궤도로만 움직이지 않게 된다. 바퀴가 구르려면 바퀴통을 중심으로 '유동'할 수 있어야 하듯, 사물들 한가운데의 인간도 '유희'를 갖는다. 하이데거에 따르면, 존재의 문제는 결국 "자유의 문제"(하이데거 2, 322)이다.

하이데거에게 존재의 사유란 가능적 존재 관계의 무한한 지평에 대한 개방성을 유지하는 '유희적' 운동이다. 우리가 하이데거에게 '존재란 무엇인가?'라는 질문을 제기해선 안 되는 것도 바로 이런 이유에서이다. 그런 질문을 제기한다면, 모든 가능한 정의의 지평 자체인 어떤 것을 정의하라고 요구하는 꼴이 되기 때문이다. 그리고 존재물음은 이러한 지평의 열림이기 때문에 그 물음의 의미는 대답됨 안에 놓여 있을 수 없다. 존재에 대한 물음에서 답을 요구하는 태도를 막아내기 위한 공식 중의 하나가 니체 강의에 나온다. "존재와 관련해서는 아무것도 없다." 이 공식의 의미는 이렇다. 존재란 우리가 의지할 수 있는 그 무엇도 아니다. 고정시키고 확실함을 보장하는 세계관들과 달리, 존재란 단적으로 해체하는 무엇이다. 존재에 대한 물음은 세계가 세계상으로 변하는 것을 막아야 한다. 하이데거의 시각에서는 니체도 여전히 세계상의 철학자였다.

사실상 니체의 사유는 무엇보다도 동일한 것의 영원회귀 사상에서 이미지로 구체화된다. 하이데거는 이 사상을 집중적으로 연구한 바 있다. 영원회귀 사상은 시간을 순환시킴으로써 시간의 차원을 제거해 버린다. 비록 니체는 헤라클레이토스의 '생성'을 받아들여 나름대로 시간의 문제를 사유하려 했지만 말이다. 아마 이것이 니체와 하이데거가 대립하는 핵심 지점일 것이다. 니체는 힘에의 의지의 동력 속에서 시간을 사유하며, 영원회귀 사상에서 시간을 다시금 존재로 돌려보낸다. 반면 하이데거가 견지하려는 생각에 따르면 존재의 의미는 시간이다. 니체는 시간을 어떤 존재로 만들고, 하이데거는 존재를 시간으로 만든다.

그렇지만 카를 뢰비트가 하이데거의 니체 강의를 비판하며 지적했듯이, 하이데거와 니체 중 누가 더 철저하게 열린 터로 사유를 전개시켰고, 누가 다시금 어떤 포괄자에게서 지탱할 것을 찾았는가의 문제는 논란의 여지가 남는 것일 수밖에 없다. 어쨌든 니체의 사유에서 모든 것을 포괄하는 디오니소스적 삶이란 든든한 근거가 아니라 심연이었다. 자신을 확정하려는 우리의 아폴론적 시도를 위협하는 심연이었던 것이다. 어쩌면 니체는 하이데거의 말처럼 안전 욕구의 극복에서 철저성을 결여한 인물일지도 모른다. 하지만 어쩌면 니체는 하이데거의 '존재' 또한 우리에게 보호와 안락을 제공하는 플라톤적 지하 세계로 간주했을지 모른다.

하이데거는 니체의 철학을 대상화하고 평가하는 가운데 존재를 놓치는 형이상학의 마지막 형태로 해석했다. 하이데거가 플라톤에서 시작된 것으로 여기는 존재망각의 밤은 니체에 와서도 끝나지 않았다. 하이데거는 니체에게서 매력을 느꼈음에 틀림없다. 왜냐하면 이 두 사람 사이에는 분명 유사점이 있었기 때문이다. 니체 역시 문화의 디오니소스적인 원천에서 멀어진 서구의 불행이 플라톤과 소크라테스에서 시작된 것으로 여겼다. 한 사람에게는 불행의 시작이 존재망각이었고, 다른 사람에게는 디오니소스에 대한 배반이었다. 두 사람은 현재의 불행이 역사의 저 먼 곳에서 시작되었다고 주장했다.

하이데거의 니체 강의가 있은 지 몇 년 후인 1944년에 테오도르 W. 아도르노와 막스 호르크하이머는 『계몽의 변증법』을 출간했다. 이제는 비판철학의 고전이 된 이 책에서는 니체와의 대결이 중요한 역할을 한다. 아도르노와 호르크하이머는 이 책으로 예전에 그들이 자본주의적인 현실에 맞서 시민적 계몽의 가치를 주장했던 이데올로기 비판에서 벗어난다. 그들은 이데올로기 비판을 할 당시까지만 해도 후기 자본주의 세계의 모순 속에서 전복적인 잠재력을 찾았고 또 발견했다. 그것은 여전히 계몽이었다. 하지만 이제 전쟁과 나치 지배와 스탈린의 통치, 자본주의적 문화 산업 그리고 성찰 없는 도구적 학문의 승승장구가 이어졌다. 이러한 상황에서 아도르노와 호르크하이머는 계몽이 스스로에 대해, 다시 말해 거대한 현혹에 연루된 스스로에 대해 계몽해야 할 순간이 왔다고 여겼다. "완전히 계몽된 지구에는 재앙만이 승리를 구가하고 있다."(아도르노/호르크하이머, 9)

니체와 하이데거는 불행한 역사의 출발점을 플라톤과 소크라테스에게로 돌리지만, 아도르노와 호르크하이머는 그 출발점을 찾기 위해 훨씬 더 거슬러 올라간다. 그들에게서는 오디세우스가 세이렌의 유혹을 이기기 위해 자신을 돛대에 묶게 할 때 "재앙"이 시작된다. 여기서 자기를 주장하려는 자아는 자신을 단련하고, 밧줄로 묶고, 자신에게 폭력을 행사해야만 한다. 하지만 무엇보다도 음악의 유혹에 굴복하면 안 되었다. 니체는 음악이 없다면 삶은 하나의 오류일 것이다라고 말했다. 그런데 아도르노와 호르크하이머는 자기를 주장하기 위해 세상의 음악에 대항하기로 결정하는 순간, 어떻게 삶이 오류에 빠지는지를 보여준다.

『계몽의 변증법』의 저자들에게 니체는 두 가지 측면에서 중요하다. 첫째, 그들은 니체가 설명하는 디오니소스의 발자취를 따라간다. 삶은 디오니소스적으로 진행될 때는 창조적이면서도 소모적인 소란의 한가운데서도 온전한 모습을 유지한다. 우리는 이런 삶을 디오니소스적이면서도 세이렌에 중독되었다고 생각할 수밖에 없는데, 아도르노와 호르크하이머에 따르면 이런 삶은 사회화의 폭력 속에서 몰락하는 "주체 속의 자연"이다. 주체가 되려는 자는 이성적인 자기주장의 돛대에 자신을 묶어야 한다. 자신의 운명의 주인이 되기를 원하는 자는 아름답기는 하지만 몰락으로 이끄는 세이렌의 목소리를 따라가면 안 된다. 주체가 된다는 것은 외적 자연과 내적 자연에 폭력을 가하는 것을 의미한다. 하지만 여기서 '자연'은 니체에게서와 마찬가지로 "경험계를 초월하는 것이다. 자연은 어떤 사물이든 이미 알려진 실재보다 더 많은 것을 포괄한다."(아도르노/호르크하이머, 21) 니체의 '디오니소스', 하이데거의 '존재' 그리고 아도르노와 호르크하이머의 '자연'은 이름은 다르지만 동일한 것, 즉 존재의 거대한 힘을 가리킨다.

둘째, 아도르노와 호르크하이머는 니체의 힘에 대한 분석을 확장한다. 니체가 진리에의 의지를 힘에의 의지의 형태로 해석한다면, 힘의 유희야말로 진리의 최고 자리를 차지하게 될 것이다. 우리는 아무리 무목적적이고 자신을 잊은 채 진리를 파고들어도, 결국에는 항상 힘에의 의지를 발견하게 된다. 서구의 이성에 실망한 『계몽의 변증법』의 저자들도 이와 유사한 시각을 가진다. 계몽의 휴머니즘적 이념의 마력은 사라지고, 도처에 보이는 것은 냉정한 힘, 더 정확하게 말하면 익명으로 실행되는 역동적인 권력구조이다.

『계몽의 변증법』의 개요는 니체적이다. 왜냐하면 이 책에서 다루고 있는 것은 분열의 긴장인데, 이는 니체에서도 나타나기 때문이다. 한편에는 힘, 반대편에는 음악이 있고, 또 한편에는 묶인 오디세우스, 또 다른 반대편에는 미래의 신 디오니소스가 있다. 아도르노는 한때 참된 삶이었던 것을 이제는 예술 작품에서 들려오는 희미한 메아리로만 들으며 나름대로 이러한 디오니소스의 제자로 남는다.

디오니소스적인 것과 힘, 이 두 주제로 인해 미셸 푸코도 니체에게 끌렸다. 1961년 푸코는 자신의 첫 저서인 『광기의 역사』에서 근대 이성의 세계를 분석했는데, 그의 시각은 주변부, 즉 제외되고 배척당한 광기의 영역을 향했다. 다시 말해 푸코는 이성의 '타자', 즉 '다른' 이성을 고전적인 시대의 문명이 부정해 정체성을 부여한 것으로 설명했다. 여기서 우리는 이러한 '타자'의 배후에 디오니소스의 얼굴이 숨겨져 있음을 쉽게 간파할 수 있다. 물론 푸코에게 디오니소스주의자인 니체를 소개해 '다른' 이성의 목소리를 듣도록 도와준 사람은 조르주 바타유^Georges Bataille였다. 그리고 이미 1930년대에 열광주의자이며 신비주의자인 니체를 프랑스의 사상계에 소개한 사람도 바로 조르주 바타유였다. 푸코는 이러한 토대에서 근대 이성의 탄생에 대해 연구할 수 있었다. 푸코의 주장에 따르면, 우리는 배척과 분리의 역사를 추적해야 하고, 서구의 이성이 "비극적 경험"(푸코, 광기의 역사, 19)에 반기를 들면서 "욕망의 행복한 세계"를 길들이고 더 이상 광기의 목소리를 듣지 않으려고 한 순간을 포착해야 한다. 푸코는 자신의 연구를 "역사의 변증법과 은밀한 비극의 구조를 대비시키는 방대한 니체적인 연구"(푸코, 광기의 역사, 11)로 여긴다.

푸코가 자신의 이러한 계획을 수행하면서 배제시키는 권력 자체를 주제로 삼는다면, 즉 권력 분석을 시도한다면, 이는 니체의 발자취를 좇는 것이다. 푸코는 근대의 병원과 정신요양소 그리고 감옥에서 진리가 생산되는 과정을 서술하면서, 진리에의 의지를 힘에의 의지의 에피스테메적* 형태로 해석한 니체가 얼마나 옳았는지를 보여준다. 또 푸코는 니체에게서 계보학의 원칙도 받아들인다. 푸코는 1971년에 발표한 논문 「니체, 계보학, 역사」에서 – 이 논문은 콜레주 드 프랑스에 취임하면서 행한 강연을 바탕으로 집필된 것이다. – 니체의 계보학적인 원칙을 설명하고, 이로부터 자신의 연구를 위해 무엇을 받아들였는지를 밝힌다.

계보학자는 역사적인 사건과 사고방식의 실질적인 기원을 연구하는데, 이때 최종적이거나 목적론적인 가정은 하지 않는다. 계보학자는 기원이 이미 진리를 내포하고, 따라서 이 기원에서 의미가 나와서 실제의 행동이나 제도나 이념으로 흘러 들어간다고 생각하는 형이상학적인 관념에 사로잡히지 않는다. 푸코는 니체를 계승해 이러한 기원 신화를 깨뜨리려 한다. "계보학자는 기원이라는 환상을 쫓아내기 위해 역사를 필요로 한다."(푸코, 니체, 88) 니체가 『도덕의 계보』에서 밝힌 것처럼, 먼저 특정한 관행이 있고, 그 다음에 이 관행에서 벗어나는 사람들에 대한 처벌이 도입된다. 그리고 이 과정에서 징계 절차에 대한 정당화가 다양하게 이루어진다. 또 먼저 본능의 억제가 있고, 그 다음에 이러한 억제는 긴 세월을 거치며 양심을 포함한 인간의 내면성의 세계가 된다. 푸코도 이러한 "기원의 축제"(푸코, 니체, 86)를 비웃고, 처음에는 아무런 계획이나 의도 그리고 큰 의미도 없으며, 오직 "야만적이고 수치스러운 혼란"(푸코, 니체, 99)의 우연적 상황만이 있을 뿐이라는 사실을 보여준다.

푸코는 니체의 계보학적인 원칙, 즉 이성의 기원은 이성적이지 않고, 도덕의 기원도 도덕적이지 않다는 원칙을 구체적인 역사 연구에 적용한다. 그 결과, 역사는 자신의 불투명한 사실성을 되찾고, 더 이상 의미가 충만한 장소로 나타나지 않는다. 푸코는 니체의 영향을 받아 우연

● Episteme: 어떤 특정한 시대의 문화를 규정하는 심층적인 규칙의 체계를 뜻한다. – 옮긴이

의 존재론을 발전시킨다. "역사에서 작동하는 힘은 운명이나 통제 메커니즘에 따르지 않고, 오직 우연적인 투쟁에 따른다. 이 힘은 또한 앞선 의도나 최종적인 결과의 연속적인 형태로 나타나지 않는다. 이 힘은 주사위 놀이와 같이 항상 사건의 일회적인 임의성으로 등장한다."(푸코, 니체, 98) 푸코에게 이러한 생각은 일종의 해방이었다. 사람들은 더 이상 거대한 질서라는 환상에 의해 오도될 필요가 없다. 이제 이 질서가 사물의 질서를 말하기에 이를 따라야 한다고 생각할 필요가 없어진 것이다. 누가 말하고, 누가 질서를 만드는가? 이러한 질문을 제기함으로써 푸코는 행위에서 행위자를, 작품에서 작가를 그리고 이른바 역사에서 권력의 우연한 혼란을 분리시킨다.

니체는 『아침놀』에서 인간은 인식에 대한 열정으로 인해 몰락할 수도 있다고 말했다. 왜냐하면 인간은 자신에 대한 너무 지나친 깨달음을 더 이상 견디지 못하기 때문이다. 인간은 불과 빛 속에서 사라지기보다는 아마도 바닷가 모래 속에서(3, 265) 사라지기를 바랄지도 모른다. 푸코는 이러한 이미지를 자신의 대표작인 『말과 사물』의 마지막 문장에서 다시 사용한다. 푸코는 다음과 같이 쓴다. 언젠가 진리에의 의지의 한 형태가 잠에서 깨어나 인간을 향한다. 한동안 좋은 성과가 나타난다. 하지만 이는 달라질 수 있다. 이제 새로운 변화가 닥친다. 그렇게 되면 "인간은 바닷가 모래 위에 그려진 얼굴처럼 사라질지" 모른다.(푸코, 말과 사물, 462)

푸코는 자신의 마지막 활동 시기에 '자신의 몸에 대한 권력적인 전략'이라고 말할 수 있는 주제에 몰두했다. 이것도 역시 니체적인 연구인데, 삶의 기술을 다시 회복하는 것에 초점을 두었다. 푸코는 주체가 해체될 수 있는 조건을 분석하는 대신에, 『성의 역사』의 마지막 권에서 자기 자신에 대한 지배력을 행사할 수 있는 자제의 원칙을 다룬다. 그는 고대의 지혜에 대해 연구하지만, 다음과 같이 쓴 니체에 대해서도 연구한다. 너의 주인이 되어야 하며, 또 네가 지닌 미덕의 주인이 되어야 한다. 이전에는 미덕이 너의 주인이었다. 하지만 미덕은 다른 여러 도구와 마찬가지로 너의 도구일 뿐이어야 한다. 너는 너의 찬성과 반대를 지배하는 권력을 획득해야 하며, 그때그때 너의 더 높은 목적에 따라 미덕을 떼어내거나 다시 붙이는 법을 배워야 한다.(2, 20; MA)

푸코의 삶에는 많은 변화와 단절이 있었지만, 푸코는 니체로부터 결코 멀어지려고 하지 않았다. 왜냐하면 그는 니체와의 유대를 구속으로 느끼지 않았기 때문이다.

푸코가 니체와 함께 찾은 마지막 주제인 삶의 기술은 우리가 니체 사상의 역사를 중단할 수 있는 지점이기도 하다. 이 역사는 끝이 없다. 이 역사는 계속 써나갈 수밖에 없다.

진리는 우리가 잘 살아갈 수 있도록 도와주는 환상이라고 선언한 니체를 미국의 실용주의가 어떻게 발견했는지에 대해 서술할 수도 있을 것이다. 미국의 실용주의자들은 '절대적인 진리가 없는 것도 나쁘지는 않다!'고 생각하며 니체로부터 낡은 유럽풍의 파토스를 벗겨냈고 니체가 격정적으로 말한 신은 죽었다는 그대로 내버려두었다. 예를 들어 윌리엄 제임스William James는 다음과 같이 말한다. 힘에의 의지가 있다면, 왜 믿음에의 의지가 없단 말인가? 그런 의지가 있다면 개인의 삶이 더 풍부해지고 사회는 더 안정되는데도 말이다. 미국의 실용주의자들은 니체에게서 치명적인 것과 유용한 것을 아주 정확하게 구분했다. 그들은 인종의 개량과 열등한 존재의 도태를 이야기하는 거대 정치 세계의 연극을 펼치는 니체는 거부했고, 자기 형성과 자기 상승의 철학적 기술을 가르치는 니체, 즉 실내악의 니체는 받아들였다. 이런 방식으로 리처드 로티Richard Rorty와 같은 철학자들이 니체를 다룬다. 때때로 잔인한 면

모를 보이기도 한 니체의 사상에서 선의의 발자취를 발견하는 이러한 방법은 나쁘지 않다.

니체의 사상의 전기를 알 때
니체를 더 잘 이해할 수 있는 이유

자연과학에서와는 달리 철학에서는 엄격하게 말해 발전이 없다는 것은 잘 알려진 사실이다. 철학의 보물창고에는 통찰이 많긴 하지만 우리가 쉽게 받아들여 토대로 삼을 수 있는 지식의 자산은 제한되어 있다. 또 그러한 자산은 철학에서 특별히 매력적인 것도 아니다. 철학은 항상 새롭게 시작할 뿐이다.

이는 플라톤에서 헤겔과 쇼펜하우어를 거쳐 블로흐에 이르는 완결된 작품 체계나 정교하게 고안된 사상 구조 또는 포스트모던적인 거대 '서사'에도 적용된다. 이러한 철학 작품들은 정신이 거주하는 집이며 세월이 흘러가면서 낡고 쇠퇴하기도 한다. 바로 역사성을 띄는 것이다. 하지만 이들은 서로 배타적이지 않으며 궁극적으로 상대방을 부정하지도 않는다. 이들은 서로 연결되는 경우도 있지만 그렇다고 상대방을 전제로 삼는 것은 아니다. 이러한 철학 작품들은 각기 새롭게 출발하고자 한다.

이러한 의미에서 철학에의 욕구는 과소평가되어서는 안 된다. 이는 철학자 자신들에게서나 일반 대중에게서도 마찬가지이다. 니체도 한때 기반이 튼튼하고 체계적이며 완결된 작품을 만들려는 꿈을 꾸었다. 세계의 신비에 대한 수수께끼를 푸는 열쇠를 찾고자하는 공명심이 발동한 것이다. 알려진 대로 이 작품은 '힘에의 의지'라고 불릴 예정이었다. 이 작품을 위한 노트에는 다음과 같은 문장이 있다. 이러한 '세계가 힘에의 의지'이며, 그 외에 아무것도 아니다! 그대들 자신 역시 이러한 힘에의 의지이며, 그 외에 아무것도 아니다!(11, 610f.)

즉 니체는 한때 거대한 체계를 만들고자 한 것이다. 이 과정에서 그는 당대의 생물학, 물리학 그리고 인류학과 맞서려고 할 정도로 자부심이 강했다. 하지만 결국 존재의 수수께끼를 풀어줄 대작은 나오지 않았다. 결국 니체는 자신의 철학적 열정은 지향점이 다르다고 선언했다. 이는 그에게는 오히려 다행스런 일이었다. 그는 자신이 열정을 쏟고 있는 일을 인간 핵심 전체의 신성화와 개조(J 3, 298)라고 정의했다. 다시 말해 철학은 자기 형성과 개조 그리고 자기 상승인 것이다. 이제 철학은 기반이 튼튼하고 체계적이며 완결된 세계 해명이 아니라 깨어 있는 정신의 철학이며 우리가 현재를 훨씬 넘어 서서 연루되어 있는 시대 사건과 내적 과정을 예의 주시하는 철학이 된다. 체계적이고 완결된 철학 작품 유형과는 대조적으로 "유동적인" 철학이 대두되는 것이다. 이러한 철학을 움직이는 요소는 성찰, 관점의 변화, 관찰, 관념 등이며 결과보다는 활동이 중요시된다. 결과들이 많이 도출될지라도 이들은 체계 안에서 확고한 자리를 차지하지 못한다. 이러한 철학도 완결된 작품 체계를 이루는 철학과 마찬가지로 항상 새롭게 출발하지만 그렇다고 정신이 거주하는 집을 짓지는 않는다. 이 철학은 삶에 대한 관심이 집중될 때마다 새롭게 시작한다. 이 철학은 야스퍼스가 말한 실존 해명과도 같다. 실존 해명도 각 실존과 더불어 항상 새롭게 시작하며, 조립하고 구축하는 것이 아니라 실생활에 연루된 사유의 사건을 추적하려 했다.

이 책은 바로 이러한 사건, 즉 시대와의 싸움 속에서 벌어진 니체의 자기 형성사를 서술하려 했다. 부제인 "사상의 전기"도 이런 맥락에서 붙인 것이다.

니체는 자신의 삶에서뿐만 아니라 사상에서도 항상 진행형이었다. 우리는 니체를 특정한 결과에 고정시킬 수 없다. 그는 항상 자리를 바꿨으며 새로운 시각을 찾고 또 얻었다. 그는 수많은 눈으로 세계를 조망했다. 니체는 철학자 중에서 매우 변신술에 능한 사람이었다. 번득이는 통찰은 그의 저서 곳곳에서 눈보라와 같이 흩날린다. 끊임없이 새로운 아이디어가 등장해 이전의 아이디어를 대체한다. 때로는 생각의 나래를 펴다가 이전 생각을 잊기도 한다. 니체 자신도 이 모두를 연결할 수 없었고 결국 손을 놓을 수밖에 없었다. 니체는 이전에도 자신이 쏟아내는 풍부한 아이디어 앞에서 감격만 한 것이 아니라 당혹감을 가지기도 했다. 이 때문에 그는 자신의 책에 새로운 서문을 쓰는 등 자신의 사상의 전기를 이야기하기도 했다. 특히 『이 사람을 보라』에서 니체의 이런 시도가 잘 나타난다.

니체의 통찰 중에서 몇 가지만 살펴보자. 우선 놀라운 심리학적 발견을 들 수 있는데, 예를 들면 다음과 같다. 내 기억은 "이것을 내가 했다"고 말한다. 내 자부심은 내가 그러한 것을 했을 리 없다고 말하며 굽히지 않는다. 결국 − 기억이 굴복한다.(5, 86 JGB) 자부심이 '너가 하지 않았다'고 결정하면 기억이 굴복한다는 이 관찰은 프로이트 이전에 이미 억압 Verdrängung 이론을 선취하고 있다.•

• 지그문트 프로이트는 이 구절을 자신의 책에 두 번이나 인용하며 다음과 같이 말한 바 있다. "우리 중 어느 누구도 니체가 자신의 『선악의 저편』에서 보여준 바와 같이 적나라하게 그 현상과 그것의 심리적 기초를 제시한 적이 없다." 참고: 프로이트 전집 5, 『일상생활의 정신 병리학』(이한우 옮김, 열린책들), 199; 프로이트 전집 9, 『늑대인간』(김명희 옮김, 열린책들), 38 − 옮긴이

또 선과 악을 명확하게 구분하는 것은 관습적으로 통용되는 허구이며 실제로는 이 둘이 모호하게 섞여 있을 뿐이라고 니체는 말한다. 선한 행위와 나쁜 행위 사이에는 종류의 차이가 아니라, 기껏해야 정도의 차이가 있을 뿐이다. 선한 행위란 승화된 나쁜 행위이며, 나쁜 행위란 거칠고 어리석은 선한 행위이다.(2, 104 MA) 또 선한 인간성에 대한 다음과 같은 언급도 주목할 만하다. 오늘날 스스로를 '선한 인간'으로 느끼는 사람은 모두가 사실은 어떤 일에 대해 부정직한 거짓말을 하고, 근거 없는 거짓말을 하고 (…) 천진난만하게 거짓말을 하고, 순진하게 거짓말을 하고, 도덕군자인 체하며 거짓말을 할 뿐이다.(5, 386) 칸트의 정언명령에 대한 공격은 뻔뻔스러우면서도 상당히 현실적이다. 니체는 실제로는 완전히 다른 원칙이 적용된다고 말한다. 내가 그대들에게 하려는 것을 그대들은 나에게 할 수 없다! 그리고 내가 그대들이 나에게 하기를 바라지 않는 것을 왜 내가 그대들에게 하지 말아야 하는가.(10, 554) 또 니체는 '양심의 가책'의 기원에 대해서도 말한다. 니체에 따르면 양심은 동물적인 인간이 문명화된 길들이기의 일환으로 원래 외부로 향하는 잔인성을 자기 자신에게로 돌리는 것이다. 또 니체는 금욕주의를 피할 수 없는 고통에 의미를 ― 이를테면 자제력의 승리라는 의미를 ― 부여하는 효과적인 문화 기술로 해석한다. 말하자면 금욕주의는 정신의 우월성을 표현하는 수단인 셈이다. 또 진리의 문제를 고르디우스의 매듭 같이 풀어버리는 문장도 인상적이다: 진리란 그것 없이는 특정한 종류의 생명체가 살 수 없을지도 모르는 일종의 오류다.(11, 506) 이와 연관해 니체는 문헌학적 비유를 통해 현실 경험을 해석하기도 한다. 즉 우리에게는 절대적으로 구속력 있는 텍스트가 없고 해석만이 있을 뿐이라는 것이다. 또 니체는 디오니소스적인 것과 아폴론적인 것이라는 두 가지 기초적 힘을 제시한다. 즉 한편으로는 충동적이고 도취적인 문화의 힘이 있고 다른 한편으로는 합리적이고 절제된 문화의 힘이 있는 것이다. 이후에 니체는 이러한 구분을 문화의 '두 개의 방' 이론으로 바꾼다. 조금 더 높은 문화는 인간에게 우선 학문을, 그 다음에는 비학문을 느낄 수 있는 두 개의 뇌실, 즉 이중 두뇌를 주지 않으면 안 된다. 그리고 그 두뇌는 혼란 없이 병행하고 분리할 수도 있고 폐쇄할 수도 있어야 한다. 이것은 건강상의 요구 사항이다. 한 영역에는 동력원이 있고 다른 영역에는 조절기가 있어서 환상, 편협, 정열로 가열되어야 하며 인식하는 학문의 도움으로 과열된 것의 나쁘고 위험한 결과들이 예방되어야 한다.(2, 209)

이러한 통찰로 니체는 마치 각 단계를 거치고 지나가기라도 하는 것처럼 자신의 사상의 전기에서 나타나는 리듬과 발전 형태를 특징짓는다. 이러한 발전 형태의 기본 틀을 요약하면 다음과 같다.

니체는 엄격한 문헌학자로 출발했다. 그는 절도 있고 합리적이었으며 학문적 열정에 사로잡혔다. 하필이면 고전 문헌학의 핵심이라고 할 수 있는 그리스 비극을 연구하면서 그는 바그너에 심취해 정열을 불태웠다. 신화에 몰두한 그에게 인식은 한 무리의 비유(1, 880; WL)를 구사하는 것과 다를 바 없었다. 우리는 인식에 있어서도 자신도 모르게 원래 예술가인 셈이다.

그런 다음 반대되는 움직임인 냉각기가 찾아왔다. 예술에 대한 과대평가와 예감, 모호한 감정 탐닉 그리고 형이상학적인 배후 세계와 낭만화에 대한 경외심은 자취를 감춘다. 니체는 이제 냉정함과 합리성 그리고 차가운 심리학에서 스스로를 치유한다. 니체는 인식이 절대적인 확실성을 주지 않는다고 해서 인식을 배척할 이성적인 근거가 없다고 선언한다. 우리는 확실성에 대한 보장이 없어도 살아갈 수 있어야 하는 것이다. 확실성에 대한 기대는 형이상학적인 유산에 지나지 않는다. 우리는 이러한 유산과 결별할 때 자유로워진다.

차가운 냉각기를 거친 후 니체는 다시 뜨겁고 열정적인 사유의 원천으로 되돌아간다. 니체는 다음과 같이 묻는다. 왜 사유하는 것인가? 사유의 원동력은 무엇이고, 지향점은 어디인가? 니체는 사유의 새로운 양식, 즉 삶이 구현된 사유를 추구한다. 이제 다음과 같은 고상하고 무거운 질문은 더 이상 하지 않는다. 무엇을 위해 인간은 존재하는가? 인간은 사후에 어떤 운명을 가지는 것일까? 인간은 어떻게 신과 화해하는가? 대신 그는 새로운 도전에 직면하게 되었음을 느낀다. 이러한 도전에 대해 니체는 다음과 같은 유명한 말을 한다. 우리는 또다시 가장 가까이 있는 것들의 좋은 이웃이 되어야만 한다.(2. 551) 가까이 가기 - 니체는 놀라울 정도로 민첩하게 현상 세계의 풍요로움으로 향한다. 그것도 인상의 현상학자로서 말이다. 그는 경험 과학의 자기 과대평가를 꿰뚫어본다. 니체가 보기에 경험 과학의 토대는 너무도 좁다. 그는 통제되지 않고 개별적이며, 획일적이거나 경직되지 않은 경험의 놀라운 풍요로움을 파악하려 한다. 이 당시 그의 이상은 완전히 깨어 있는 상태이며 일상적인 삶에 대해서도 깨어 있는 정신 상태를 견지하는 것이었다.『아침놀』과 더불어 시작되는 이 시기에 니체의 글은 활기찬 의식의 흐름의 표현이었다. 그는 어떤 종류의 체계에 대해서도 거리를 두었고, 세계가 온통 개별적인 것들로 이루어졌다고 여겼다. 그는 스스로도 이러한 개별적인 것들 중 하나로 느꼈다. 존재하는 것은 사유의 실마리를 제공하는 순간과 사건이다. 왜 전체를 사유해야 한다는 말인가? 전체는 모두가 허구일 뿐이며 개별적인 것들의 풍요로움에 비한다면 너무도 좁다.

하지만 여기서 사유의 열정을 불러일으키는 것은 사실상 고통이다. 이에 대해『아침놀』은 다음과 같이 말한다. 고통에 저항하려는 지성의 엄청난 긴장은 그가 보는 모든 것이 새롭게 빛나도록 만든다.(3. 105)

이때는 피상적인 것에 심취해 행복감을 느낀 시기였다. 때때로 그는 이 모든 것을 미묘하고 섬세한 뉘앙스까지 표현할 수 있다는 사실 앞에서 주체할 수 없을 정도로 행복해했다.

그런 다음에는 또 다른 시기가 온다. 섬세한 경험의 세계에서 다시 세계에 대한 총체적인 선언으로 돌아간 것이다. 힘에의 의지는 가만히 있지 않았다. 얼마 전까지만 해도 비둘기의 걸음으로 오는 진리를 추구했던 니체는 이제 망치로 철학하기 시작한다. 물질은 뜨겁지만, 물질을 바라보는 시선은 차갑고 무자비하다. 왜냐하면 힘에의 의지를 구현하는 것은 어떤 일이든 어떤 순간이든 가차 없이 결론을 내려야 하기 때문이다. 그러나 만일 누군가가 증오, 질투, 소유욕, 지배욕이라는 정서를 삶을 조건짓는 정서라고 보고, 생명의 전체 운영에서 근본적이고 본질적인 것으로 존재해야만 하고, 따라서 더욱 고양되어야 하는 어떤 것으로 간주한다면, 삶이 더욱 고양되어야만 한다면, – 그 사람은 자신의 판단 방향을 그렇게 잡았을 때 마치 뱃멀미에 시달리듯 괴로워할 것이다.(5, 38)

'힘에의 의지'의 이러한 비전이 참이라면, 우리는 얼마나 버틸 수 있을까? 니체는 영웅적인 포즈를 취한다. 이는 그가 자기 자신과 세계 앞에서 펼쳐 보이는 연극과도 같다.

니체는 무대 위에 선 사상가이다. 이 역할에서는 가열과 냉각의 대립관계에 실내극과 세계 연극이라는 또 하나의 대립관계가 추가된다. 즉 힘에의 의지가 연출하는 실내극은 자기 자신을 이겨내는 자기 극복과 다를 바 없다. 여기서는 자신의 모든 능력을 발휘하고 경우에 따라서는 좌절하기도 하지만 자신의 욕망을 절제한다. 니체가 모범으로 삼는 자는 괴테이다. 개인으로서의 자기 형성과 삶의 성취가 관건이다.

힘에의 의지가 연출하는 세계 연극은 위대한 정치이다. 여기서는 철학자도 한 목소리를 내는데, 그것도 매우 강력한 영향력을 발휘한다. 니체는 정신이 붕괴되기 직전에 게오르크 브란데스에게 보낸 편지에서 다음과 같이 말한다. 우리는 위대한 정치, 심지어 가장 위대한 정치에 뛰어들었습니다. (…) 나는 아마도 역사를 두 동강 낼 가능성이 매우 높은 사건을 준비하고 있습니다.(1888년 12월 B 8, 500) 니체의 예언에 따르면 힘에의 의지는 도덕적인 구속에서 벗어나 위력을 떨치고 파괴력과 잔인성을 발휘하지만 창의적이기도 하다. 물론 힘에의 의지는 초월적인 의미나 신의 감독과 섭리에 대한 믿음은 없다.

세계 연극의 무대 위에 선 철학자로서 니체는 정신이 붕괴되기 전 몇 주 동안 스스로 이렇게 생각했다. 당시 그는 호엔촐레른 왕가에게 자신이 지휘하는 유령의 전쟁을 선포하기도 했다. 하지만 그는 이러한 최후의 의기양양한 허세도 마지막 순간에 다시 제동을 걸고 냉정을 찾는다. 그는 자신을 광대라고 부르면서 파안대소를 유발한다.

니체는 나를 혼동하지 마시오!라고 말한 적이 있다. 자신의 사상의 전기에서 그는 자신도 주체할 수 없을 정도로 입장을 자주 바꾸었다. 기이한 영향사가 바로 이를 증명한다. 거의 모든 세계관적 경향이 그에게서 자신의 입장을 지지해줄 수 있는 무언가를 발견했기 때문이다.

니체는 영향을 미칠 수 있는 방대한 사상적 요소를 지니고 있었고 또 이를 자신의 구미에 맞게 구사할 줄 알았다. 그가 한때 그리스 비극에 대해 한 말은 자신의 작품에 대해서도 적용된다. 싸움을 바라보는 자도 싸움에 가담해야 한다는 것. 그것이 싸움의 마법이구나!(1, 102) 이처럼 그의 사상을 실감 있게 체험하게 하는 것도 그의 사상의 전기가 지닌 매력이다.

철학의 프로테우스(바다의 신으로 뛰어난 예언 능력을 지녀 찾아오는 이들이 많았지만, 이들을 피해 여러 가지 형태로 몸을 바꾸어가며 도망치는 것으로 유명하다 – 옮긴이)인 니체는 자유분방하면서도 과감하게 자신을 부여잡던 일련의 주제들을 끈질기게 추적해 나갔다. 이는 서구 철학의 오랜 주요 주제들이었다. 즉 신의 문제, 허무주의, 자유의 문제, 인식의 문제, 도덕의 문제가 그것이다. 니체는 이전의 철학자들과 마찬가지로 이 분야에서 피하기 힘든 모순에 빠질 수밖에 없었다. 그는 자유의 존재를 부인했는데, 이는 자유를 창조적인 힘으로 완전히 활용하기 위해서였다. 다시 말해 그는 자유가 없다는 것을 설명하기 위해 자유를 이용한 것이다. 그는 모든 '진리' 뒤에 커다란 물음표를 붙였다. 하지만 이 물음표 자체가 그에게는 절대적인 진리였다. 그는 신의 죽음을 선포했지만 신의 자리에 자신의 새로운 최고 가치를 세웠다. 그는 도덕의 비도덕적인 기원을 파헤쳐 도덕을 비판했는데 이 비판 자체가 지극히 도덕적이었다. 따라서 인식 비판, 도덕 비판, 신 비판, 형이상학 비판 그리고 자유 비판을 통해 자기모순의 순환 고리에 빠진다는 사실이 드러난다. 명시적으로 배척하는 것을 암시적으로 받아들여 이용하는 것이다. 바로 인식, 도덕, 신, 자유 등의 경우가 그렇다. 어쨌든 니체는 이러한 순환 고리에서도 탁월하고 재치 있게 논증했는데, 이는 자신의 철학이 대중에게 파고드는 데 도움이 되었다.

니체에게는 다양한 역할, 스타일, 독창적인 착상, 우아함, 격분, 냉소, 아이러니, 비둘기의 걸음, 망치질 등과 같은 매력적인 사상적 요소가 많다. 하지만 이러한 정신적인 풍요로움과 민첩성은 자신의 놀라운 재능과 열정적인 호기심 덕분에 생긴 것일 뿐만 아니라 니체와 같이 종교적으로 깊이 각인된 사람은 이른바 신의 죽음에 무관심하게 있을 수 없다는 사실의 표현이기도 하다. 그는 신의 죽음으로 생긴 공백을 채우기 위해 많은 것들을 떠올려야 했다. 이러한 풍부한 착상은 오늘날까지도 전 세계인을 매혹시킨다. 니체는 분명 현재 전 세계적으로 가장 많이 읽히는 철학자이다.

니체는 삶의 독자성에 몰두했다. 삶의 독자성은 철학적 해석을 유발하면서도 동시에 거부한다. 게오르크 지멜의 유고에는 사유의 이러한 아포리아에 대한 성찰이 남아 있다. "깊이 성찰하는 사람에게는 삶을 견뎌 내는 단 한 가지 가능성만이 있다. 즉 어느 정도의 피상성을 가지는 것이다. 그가 대립적인 자극, 의무, 노력, 동경 등을 자신의 본성이 요구하는 대로 그렇게 깊게 사유하고 절대적으로 끝까지 천착한다면 그는 산산조각이 나서 미쳐버려 살아갈 수가 없을 것이다. 존재의 노선과 욕구의 노선 그리고 당위의 노선이 한계를 넘어 강력하게 충돌하면 우리는 파멸할 수밖에 없다. 우리가 이러한 노선들이 한계를 넘어서지 않도록 긴장을 유지할 때만이 삶이 가능하다. 이와 반대로 일원론적 낙관주의는 우리가 대립을 서로 화해시킬 수 있을 때까지 깊이 있게 사유하고 천착해야 한다고 말한다."[*]

이러한 사유에 연결해 말하자면, 철학은 지금까지 대립적인 "존재의 노선과 욕구의 노선 그리고 당위의 노선"을 항상 모든 것의 토대에서 또는 토대 뒤에서 거대한 통일을 추구하며 가장 멀리 그리고 가장 깊게 천착해 왔다. 이 과정에서 모든 노력과 모든 열정 그리고 모든 깊은 경험은 제각각 철학자와 철학을 찾았다. 영속적인 존재와 역동적인 형성의 철학이 있고 정의와 힘에의 의지의 철학이 있으며 세계 부정과 위대한 긍정의 철학이 있고 사랑과 폭력의 철학 그리고 죽음과 삶의 철학이 있다. 하지만 이 모든 것을 결합하는 거대한 사상은 존재하지 않는다. 서구 철학 전통의 관념적인 총괄 주체를 상상해 본다면, 그것은

---

[*] 지멜의 제자였던 게오르크 루카치의 초기 저서 곳곳에 지멜의 영향이 나타난다. 특히 루카치의 초기 글 「에세이의 본질과 형식」(『영혼과 형식』에 수록)에서 아이러니에 대해 말하는 다음 구절은 이 인용문의 내용과 비슷한 의미를 담고 있다. "내가 여기서 말하는 아이러니란, 비평가가 인생의 궁극적 문제를 말할 때도 언제나 그림이나 책에 관해 또 실제 삶의 중요하지 않은 근사한 장식에 관해 이야기하는 투로 이야기하는 것을 뜻한다. 즉 아이러니란 가장 내밀한 본질이 아니라 겉으로 아름답게 보이는 무용한 표면에 관해 이야기하는 투로 이야기하는 것이다." 참고: 『Die Seele und die Formen』, Neuwied & Berlin, 1971, 18f.−옮긴이

"존재의 노선과 욕구의 노선 그리고 당위의 노선"의 엄청난 긴장 속에서 파멸하는 주체가 될 수밖에 없을 것이다. 그런데 이러한 관념적인 총괄 주체는 존재하지 않는다. 하지만 놀라운 것은 정신적으로 깨어 있는 자라면 누구나 이렇게 서로 상반되는 것들을 이해할 수 있다는 사실이다. 더욱 더 놀라운 것은 이 상반되는 요소들이 니체와 같은 사유의 예술가에게서 – 비록 통일된 형태는 아니지만 – 뚜렷하게 표현되었다는 사실이다. 우리는 독자로서도 니체에게서 모순적인 다양성의 무대를 경험하게 된다. 이러한 다양성은 사유할 수는 있지만 삶에서 실천되어 일체가 될 수는 없다. 사유와 삶은 서로 다른 것이다. 이는 니체에게 절망을 안겨 주었다.

하지만 그의 독자들에게 이러한 천재적인 사유의 비상은 자기 자신과의 완전히 독특한 만남을 가능하게 한다. 우리는 시대의 산물일 뿐만 아니라 여러 시대와 깊게 접촉할 수 있다.

니체는 여러 인생관과 세계관의 실험이 펼쳐지는 철학 문서실과 실험실의 문을 열었다. 우리는 니체의 활동과 시각 그리고 결단에서 우리의 모습이 반영되고 이해되고 있음을 느낄 수 있다. 니체와 만나는 이 정신적인 공간에서는 문제들이 최종적으로 해결되는 것은 아니지만 이러한 문제들을 지칭하는 언어는 찾을 수 있다. 이 언어는 인간적인 것이라면 선이든 악이든 모든 것에 열려 있다.

연보

1844년

10월 15일: 프리드리히 빌헬름 니체는 목사인 카를 루트비히 니체와 그의 부인 프란치스카 욀러 사이의 세 자녀 중 첫째로, 뤼첸 부근의 작은 마을 뢰켄에서 태어난다. 30년 전쟁(1618~1648년)의 전쟁터였던 뤼첸에서 태어났다. 내가 처음 들은 이름은 구스타프 아돌프˙였다.(1858년)

니체의 아버지: 전형적인 시골 성직자의 모습! 이성적이면서도 감성적이었으며 기독교인의 미덕으로 가득 찼고, 조용하고 단순하지만 행복한 삶을 살았다.(1858년)

뢰켄에서의 어린 시절: 다양한 개성이 어린 시절부터 발달했다. 조용하고 과묵해서 다른 아이들을 멀리했으며, 종종 분출하는 열정도 있었다. 외부 세계와 단절되어 행복한 가족생활을 했다. 마을과 가까운 주변이 자신의 세계였으며, 멀리 떨어진 곳은 어디든 미지의 마법 세계였다.(1858년)

˙ 30년 전쟁에 참전한 스웨덴의 왕으로 뤼첸에서 전사했다. ─옮긴이

카를 루트비히 니체(니체의 아버지)

1849년

7월 30일: 아버지의 죽음, 사인은 뇌연화증. 매우 어렸고 경험도 없었지만, 죽음에 대한 관념은 있었다. 사랑하는 아버지와 영영 이별해야 한다는 생각에 슬퍼서 많이 울었다.(1858년) 니체는 『이 사람을 보라』(1888년)에서 아버지에 대해 다음과 같이 쓴다: 나는 이런 아버지를 가졌다는 것을 큰 특권으로 여겼다. 심지어 이로써 그밖에 내가 특권으로 가졌던 모든 것, 즉 삶이 설명되는 것 같다. 물론 삶에 대한 큰 긍정은 포함하지 않더라도 말이다.

1850년

1월 9일: 동생 루트비히 요제프가 두 번째 생일을 맞이하기 직전에 죽는다. 당시에 나는 꿈을 꾸었다. 나는 교회에서 오르간 소리를 들었는데, 그것은 마치 장례식에서 들려오는 것 같았다. 왜 그런가 하고 살펴보는데 갑자기 무덤 하나가 솟아오르고 그 속에서 상복을 입은 아버지가 나왔다. 그는 급히 교회로 가더니 조금 후에 어린아이를 안고 나왔다. 무덤이 열리자 그는 안으로 들어가고 뚜껑은 다시 닫혔다. 시끄럽던 오르간 소리가 갑자기 멈추고 나는 잠에서 깼다. 다음날 어린 요제프가 갑자기 병이 나 경련을 일으키더니 몇 시간 후에 죽었다. 이루 말할 수 없이 슬펐다. 꿈이 완전히 현실이 된 것이다.(1858년)

4월 초: 뢰켄에 새로운 목사가 부임해서 니체의 가족은 - 할머니, 미혼인 고모 두 명, 어머니, 어린 프리드리히와 여동생 엘리자베트 - 나움부르크로 이사한다. 약간의 재산이 있었다. 어머니가 미망인 보조금을 받았고, 아버지가 몇 년 동안 선생으로 일했던 알텐부르크 궁정에서 약간의 연금이 나왔다.

학교 입학(1851년 2월까지 다닌다). 이 시절의 니체에 대해서 동생 엘리자베트는 다음과 같이 회고한다. "오빠의 학교 친구들은 그를 '꼬마 목사'라고 불렀다. 왜냐하면 성경 구절이나 찬송가 가사를 이용해서 말을 할 때면 친구들이 감동을 받아 눈물을 보일 정도로 말을 잘했기 때문이다." 엘리자베트는 또 다음과 같은 일화를 소개한다. "어느 날 학교가 끝날 즈음에 소나기가 내렸다. 우리는 프리스터가세에서 프리츠를 기다렸다. 다른 아이들은 날뛰는 망아지들처럼 모두 집을 향해서 뛰어갔다. 드디어 프리츠가 나타났다. 그는 작은 손수건을 펴서 글씨 연습용 판 위에 덮고, 그 판으로 모자 쓴 머리 위를 가린 채 천천히 걸어오고 있었다. (…) 몸이 다 젖은 것을 보고 어머니가 그를 꾸짖자 프리츠는 '엄마, 학교 교칙에 학생들은 집에 갈 때 뛰지 말고 조용히 점잖게 걸어가야 한다고 적혀있어요'라고 진지하게 말했다." 어머니에게 피아노를 선물로 받음. 나이가 많은 성가대 지휘자에게 피아노 레슨을 받음. 최초의 작곡 습작을 시도함.

1853년

1월: 성홍열을 앓음. 가족은 니체가 아버지의 뒤를 이어서 목사가 되기를 원함. 구스타프 크루크와 빌헬름 핀더와 사귐.

1856년

학교에서 니체에 대한 평판. 열두 살짜리 후배 니체에 대한 한 상급생의 인상을 여동생이 전한다. "당시 그(상급생)에게 오빠의 사색에 잠긴 커다란 눈은 인상적이었으며, 오빠가 동급생들에게 커다란 영향을 끼치는 것을 보고 놀랐다고 한다. 당시 오빠의 동급생들은 오빠 앞에서 거친 말이나 허튼 소리를 할 수 없었다고 한다. (…) 그가 오빠의 동급생들에게 도대체 왜 그러냐고 묻자 그들은 다음과 같이 대답했다. '그의 눈을 보면 입이 얼어붙어요.' (…) 이 상급생에게 오빠는 사원 속에 있는 열두 살의 예수처럼 보였다고 한다."

첫 철학 논문 「악의 기원에 대해서」 작성. 그의 메모장은 시로 가득했다.

1858년

여름: 슐포르타 입학 시험을 준비하면서 첫 자서전을 쓰기 시작한다. 니체의 회고: 나의 교육은 대부분 내가 알아서 해야만 했다. (…) 지성을 갖춘 남자의 지도가 나에게는 없었다. 이후 10년 동안 여덟 편의 자서전을 쓴다.

10월: 나움부르크 근교 잘레탈에 있는 엘리트 기숙학교인 슐포르타에 입학. 내가 나움부르크를 떠난 것은 화요일 아침이었다. 뜰에는 아직도 아침놀이 깔려 있었다. (…) 아직까지도 내 마음속에는 기쁨을 주는 태양이 뜨지 않았다.

1859년

장 파울Jean Paul 발견: 내가 읽은 그의 몇몇 작품들의 매력은 풍성하고 열광적인 묘사들과 섬세한 사고와 풍자적인 위트였다. 몇 년 동안 학급에서 일등을 유지함. 열다섯 번째 생일날 쓴 글: 이제 인식과 보편적인 교양에 대한 엄청난 욕구가 생겼다.

1860년

파울 도이센의 회고: "우리는 엄숙한 시간에 함께 모여 우정을 맹세했다. 우리는 당시 슐포르타에서도 학생들 사이에 관행이었던 존칭Sie을 사용하지 않고 친한 친구 사이에서만 사용되던 반말Du로 호칭했다. 술은 마시지 않았지만 코담배*를 들이마시며 우정을 나누었다."

1861년

당시 거의 잊힌 횔덜린 발견: 니체는 횔덜린을 가장 좋아하는 시인이라고 말하고, 그에 관한 글을 쓴다. 이 글에 대한 선생님의 평은 이렇다. "글을 쓴 학생에게 한마디 충고를 하자면, 더 건강하고 더 명확하며 더 독일적인 시인을 다루었으면 하는 바입니다."

---

* 피우는 담배가 아니라 가루를 코로 들이마시는 담배 ─ 옮긴이

1862년

친구들과 함께 자율 학습 동아리 "게르마니아" 결성. 회칙에는 다음과 같은 규정이 있었다. "회원 각자는 작곡을 하거나 시를 쓰거나 혹은 논문을 자유롭게 쓸 수 있다. 하지만 1년에 최소 여섯 편의 작품을 완성해야 하며, 그중 최소 두 편은 시대사나 시대 문제를 다루어야 한다."

병원에 입원: "머릿속의 울혈 때문에 두통을 자주 느낌." 논문 「운명과 역사」와 희곡 초고 「에르마나리히」 작성. 작곡도 다수 함.

1863년

파울 도이센이 회고하는 슐포르타 시절의 니체: "그는 친구들이 관심을 보인 사소한 일에 대해 무관심했고 독불장군 같은, 노는 일에는 아무런 특기도 보여주지 않는 성격이었다. 나는 M이라는 친구가 친구들을 웃기려고 니체의 사진으로 꼭두각시를 만들어 학교 정원의 작은 길에 몰래 세워뒀던 일을 기억한다. 다행스럽게도 나의 친구 니체는 이 일을 모르고 지나갔다."

소풍을 갔을 때 그는 쾨젠 역에 있는 술집에서 맥주 네 잔을 마시고 취한 상태로 학교로 돌아왔다. 이 일로 그는 학급의 대표 자리를 잃게 되고 후배를 감독할 수 있는 권리마저 박탈당한다. 크게 뉘우치고 어머니에게 편지한다. 어머니. 저를 꾸짖어주세요. 제가 꾸중을 들을 만한 일을 했습니다. 방랑 기질이 있고 방탕한 생활을 한 시인 에른스트 오르틀렙과 가까이 지낸다. 니체는 사랑과 사랑의 고통에 관한 오르틀렙의 시 몇 편을 일기장에 적기도 했다. "이제 나는 너가 없기에 / 곧 죽을 것이

니체가 작곡한 악보

다." 얼마 후에 오르틀렙은 길가에서 죽은 채로 발견된다.

9월 6일에 쓴 어머니에게 보내는 편지: 어느덧 가을이 되고 서늘한 공기 때문인지 밤 꾀꼬리 소리를 들을 수가 없습니다. (⋯) 공기가 얼마나 깨끗한지 하늘을 바라보면 마치 세상이 벌거벗은 것 같아요. 내가 원하는 것이 무엇일까 하고 잠시라도 생각하면, 늘 내가 생각해놓은 멜로디에 맞는 가사를 궁리하거나 이미 생각해놓은 가사에 맞는 멜로디를 궁리하게 되거나 아니면 이미 제 머릿속에 들어 있는 가사와 멜로디를 연결하게 됩니다. 이러한 것들이 제 영혼에서 즉각적으로 나오는 것인지는 확실하지 않지만 이것이 제 운명인 것 같아요!

1864년

슐포르타 졸업 논문으로 「메가라의 테오그니스에 대하여」*를 쓴다. 이는 니체가 처음으로 쓴 고전문헌학 논문으로, 학교 선생님들로부터 극찬을 받는다. 하지만 니체는 만족하지 않는다. 내가 만족하느냐고? 아니다. 아니다. 8월: 대학입학 자격시험. 10월: 본Bonn 대학에서 신학과 고전문헌학 학업 시작. 피아노를 세내어 들여놓음. 대학생 조합Burschenschaft '프랑코니아'에 가입. 프리드리히 리츨 교수의 수업을 들음.

---

* 테오그니스는 기원전 6세기 말부터 5세기 초까지 아테네 근처 메가라에서 활동한 그리스의 시인이다. ─ 옮긴이

1865년

2월: 문헌학을 전공하기로 결정했다. 뜻하지 않은 창녀촌 방문. 어머니에게 다음과 같은 편지를 쓴다. 요즘 저의 체험은 주로 예술 감상에 국한되어 있습니다. 대학생 조합에서 니체는 "괴짜"로 통했는데, 왜냐하면 수업이 없으면 주로 집에서 공부를 하거나 음악 활동을 했기 때문이다. 그는 쾰른의 카니발에도 관심을 두지 않는다.

나움부르크에서 방학을 보냄. 방학 중 성찬식에 가지 않으려고 해서 어머니와 갈등을 겪음. 본으로 돌아와 대학생 조합의 통과의례인 결투를 한다. 이에 대한 목격자의 증언: "두 명의 주인공은 부상을 피하기 위해서 붕대를 감은 팔로 칼을 휘두르면서 11분간 결투를 했다. 니체는 콧등 위에 약 2센티 정도의 가벼운 상처를 입었다." 카를 폰 게르스도르프와 에르빈 로데와 가깝게 지낸다. 그는 맥주를 과하게 마시는 '프랑코니아'의 전통에 혐오감을 느낀다. 본을 떠난다. 나는 마치 피난민처럼 본을 떠났다. 존경하는 스승 리츨이 라이프치히 대학으로 자리를 얻어 가게 되자 니체도 라이프치히 대학으로 옮긴다.

10월: 쇼펜하우어 체험. 내 자신을 알아야겠다는 욕구, 즉 내 자신을 분석해야 한다는 욕구가 나를 강력하게 사로잡았다. 당시의 내 마음 상태는 일기장에 나와 있는데, 그때 나는 불안정하고 우울하고 쓸데없는 자책감에 시달렸고, 인간성의 핵심을 변화시키거나 성스럽게 만들려는 필사적인 시도를 했다. '문헌학회' 창립. 술과 담배를 끊고 열심히 빵집을 드나들면서 케이크와 빵을 많이 먹는다.

1866년

라이프치히 근교를 멀리까지 산책. 악천후에 대해 다음과 같이 기록한다. 1866년 4월 7일 니체는 어느 뇌우에서 받은 인상에 관해 쓰고 있다. 번개, 폭풍, 우박은 얼마나 다른가! 윤리를 모르는 이 자유로운 힘들은! 이것들은 얼마나 행복하고 힘찬가! 지성에 의해 혼탁해지지 않은 이 순수한 의지는!(4월) 비스마르크에게 감동받아 자신을 열렬한 프로이센 사람이라고 칭한다.(7월) 비스마르크의 전쟁 정책에 대해 다음과 같이 말한다. 결국 제후들을 제거하는 이러한 프로이센의 정책은 세상에서 가장 편한 방식이다.(7월) 니체는 프로이센의 "민족 통일 계획"에 대해 친구 게르스도르프에게 다음과 같은 편지를 쓴다. 이러한 계획이 실패한다면, 우리 둘은 전쟁터에서 프랑스 군의 총탄을 맞고 명예롭게 죽는 게 낫다네.

에머슨과 프리드리히 알베르트 랑에의 책을 읽는다.

1867년

논문 「디오게네스 라에르티오스의 출생에 대하여」 집필. 도이센에게 다음과 같은 편지를 쓴다. 자네는 내가 리츨 교수에게 개인적으로 얼마나 빠져 있는지 알 수 없을 것이네. 나는 그로부터 벗어날 수도 없고 벗어나고 싶은 생각도 없네.(4월 4일) 문체에 대한 의지가 불타올라 다음과 같이 말한다. 갑자기 깨달은 바가 있는데, 지금까지 내가 너무 오랫동안 문체에 대해서 무관심했다는 것이네. '너는 써야 한다'는 정언명령이 나를 깨어나게 했다네.(4월 6일) 데모크리토스에 관한 연구에 몰두. 10월 31일: 디오게네스 라에르티오스에 관한 연구로 라이프치히 대학 당국이 주는 상을 탄다.

10월 9일에서 1868년 10월 15일까지: 나움부르크에서 1년 동안 포
병으로 군 복무. 승마와 대포 쏘는 법을 배움.

1868년

3월: 말을 타다가 심한 부상을 당한다. 가슴뼈를 다쳤는데 통증이
심해서 모르핀 주사를 맞는다. 주사에 취해서 꿈을 꾼다. 내가 두려워했
던 것은 내 의자 뒤에 서 있던 그의 무서운 형태가 아니라 그의 목소리였다.
또 그가 말하는 내용이 무서운 것이 아니라 소리를 내지는 않았지만 무시무
시한 괴물과도 같은 느낌이 무서웠다. 그는 마치 인간처럼 말을 했다!

6월에서 8월까지: 할레 근처의 비테킨트에서 요양. 여러 가지 구상
을 하고, 문헌학에 너무 몰두하지 않으려고 함. 유감스럽게도 나는 프랑
스 파리풍의 문화에 매력을 느낀다. (…) 나는 독일의 소고기 구이|Rinderbraten보
다 프랑스식 라구*를 좋아한다. (…) 언젠가는 음악적으로 다룰 수 있는 문헌
학적인 소재를 찾을 것이다. (7월 2일) 10월: 라이프치히에서 다시 학업을
계속한다.

11월 8일: 브로크하우스의 집에서 바그너를 개인적으로 알게 된다.
니체는 바그너로부터 트립셴으로 오라는 초대를 받고 기뻐서 어쩔 줄
모른다.

• 고기와 야채에 갖은 양념을 하여 끓인 음식. 스튜 – 옮긴이

1869년

2월 12일: 박사 학위도 없고, 교수 자격도 없었지만 리츨 교수의 주선으로 스위스 바젤 대학의 초빙을 받는다. 어머니와 여동생에게 다음과 같은 편지를 쓴다. 부탁이 하나 있는데 내가 데리고 갈, 나를 도와줄 사람 한 명을 알아봐주세요.(2월) 프로이센 국적을 포기한다. 필기시험이나 구두시험 없이 박사 학위를 취득한다. 학생 신분에서 벗어난다. 하고 싶은 일을 마음껏 할 수 있고, 오직 현재만을 생각해도 되고, 예술을 즐기고 세상의 오락을 즐길 수 있었던 황금의 시간은 끝났다. (…) 그래, 이제는 나도 속물이 되어야 한다!(4월 11일)

4월 19일: 바젤 도착.

5월 17일: 루체른 근교 트립셴으로 리하르트 바그너와 코지마 폰 뷜로를 처음으로 방문한다. 니체는 바그너의 생일(5월 22일)에 바그너에게 다음과 같은 편지를 쓴다. 내가 지금까지 게르만적인 삶의 진지함과 수수께끼와도 같고 의심스러운 현존재에 대해 깊은 성찰을 할 수 있었던 것은 바로 당신과 쇼펜하우어 덕분입니다.

5월 28일: 「호메로스의 개성에 대하여」란 제목으로 교수 취임 강연을 한다. 바젤의 사교계로부터 많은 초대를 받는다. 야코프 부르크하르트와 알게 된다. 지성이 풍부한 특이한 사람.

코지마가 말하는 니체: "잘 교육받은 편한 사람." 주말에 종종 트립셴을 방문한다. 바그너는 니체를 설득해서 엄격한 채식주의를 포기하게 한다. 크리스마스와 신년을 트립셴에서 보낸다.

리하르트 바그너와 코지마 바그너

1870년

1월 18일: 「그리스의 음악극」 강연. 2월 1일: 「소크라테스와 비극」 강연. 이에 대한 바그너의 충고: "당신 걱정을 안 할 수가 없군요. 충심으로 하는 말인데, 너무 무리하지 마세요." 바그너는 니체에게 "놀라운 견해"를 "광범위한 작품"으로 발전시킬 것을 권한다. 바그너는 다음과 같이 걱정한다. "쇼펜하우어의 철학은 결국에는 젊은이들에게 나쁜 영향을 미칠 것이다. 왜냐하면 이 철학은 비관주의적 사고와 세계관을 삶에 적용해 실질적으로 절망감을 만들기 때문이다."(코지마 바그너)

니체는 의욕에 불탄다. 학문과 예술과 철학이 지금 내 안에서 함께 자라나고 있으니, 어쨌거나 나는 켄타우로스를 낳게 될 것이네.(2월 15일) 프란츠 오버베크와 친교를 시작한다.(4월) 로데와 함께 트립셴을 방문한다.(7월 11일) 바이로이트와 관련해 깊이 생각해보았는데, 아마도 나에게는 몇 년 동안 교수직을 휴직하고 피히텔게비르게˙로 순례하는 것이 가장 좋을 것 같다.(6월 19일)

독불전쟁(프로이센과 프랑스의 전쟁)이 일어났을 때(7월 19일) 니체는 논문 「디오니소스적 세계관」을 쓰는 중이었다. 그는 군인이나 위생병으로 전쟁에 참가하기 위해 휴직을 신청한다.

8월 9일에서 10월 21일까지: 위생병으로 전쟁에 참가한다. 전쟁터에서 주검과 부상자를 관리하는 일을 한다. 부상병을 호송하던 중에 그는 이질과 디프테리아에 감염되어 병이 난다. 바젤로 돌아와 다음과 같은 편지를 쓴다. 나는 현재의 프로이센을 문화에 극도로 위협적인 가장 위

● 바이에른 지방의 북동쪽에 있는 산악 지대 ─ 옮긴이

험한 권력이라고 여긴다.(11월 7일)

크리스마스와 신년을 트립셴에서 아주 편안하게 보낸다. 「디오니소스적 세계관」을 코지마에게 선물한다.

1871년

불면증으로 고생한다. 본래 내 일을 하기가 어렵다. 나는 가르치는 일이 너무 많아 내 인생의 황금기를 낭비하고 있다.(1월 21일) 바젤 대학의 철학과로 자리를 옮기려다가 실패한다.(2월) 내 소명을 인도할 나침반이 없다.(3월 29일) 파리코뮌 가담자들의 튈르리 궁전 방화에 충격받는다. 문화에 몰아닥친 지진과도 같은 사태에 대해 학자로서 어떻게 생각해야 할까요! 정말 무기력함을 느낄 수밖에 없습니다! (…) 내 생애 최악의 날입니다.(5월 27일)『비극의 탄생』을 쓰기 시작한다. 트립셴을 자주 방문하지만 크리스마스에 그곳을 방문하지 않자 바그너는 실망한다.

1872년

1월:『비극의 탄생』이 출간된다. 바그너는 이 책에 열광한다. 로데에게 보낸 편지: 나는 바그너와 일종의 동맹을 맺었네. 얼마나 우리가 가깝게 느끼고, 또 우리의 계획이 얼마나 많은 공통점을 갖고 있는지 자네는 상상할 수 없을 걸세.(1월 28일) 문헌학 학자들은 이 책을 혹평한다. 리츨 교수는 "재치는 있지만 제멋대로"라고 평한다.

1월에서 3월까지: 「우리 교육기관의 미래에 대하여」 강연. 야코프 부르크하르트가 아르놀트 폰 잘리스에게 보낸 편지: "한번 들어보셨어야 했습니다! 부분적으로 아주 매혹적입니다. 하지만 듣고 나면 다시 깊은 슬픔을 느낄 것입니다."(4월 21일) 교수직을 그만두고 바이로이트를 위한 저술 활동을 하려고 했지만, 바그너가 만류한다. 바그너가 바이로이트로 이사한다.(4월) 친구 게르스도르프, 로데와 함께 바이로이트 극장의 기공식에 참석한다. 바그너가 니체에게 보낸 편지: "정확하게 말하자면 당신은 내 아내 다음으로 내 삶이 내게 허락한 유일한 소득입니다." 바그너는 저술 활동을 통해 니체를 지원한다.(5월 22일) 「만프레드 명상곡」을 작곡한다. 이에 대해서 한스 폰 뷜로는 "실망스럽다"고 혹평한다. 「호메로스의 경쟁」 강연. 크리스마스와 연말을 나움부르크에서 보낸다.

1873년

잦은 발병에 시달린다. 친구 에르빈 로데는 『비극의 탄생』을 옹호하는 글을 발표한다.(3월) 아프리칸 슈피르의 『사고와 현실』을 연구한다. 「그리스 비극 시대의 철학」을 쓰기 시작한다. 눈병이 나서 친구 게르스도르프에게 「비도덕적 의미에서의 진리와 거짓에 관하여」를 받아쓰게 한다. 『반시대적 고찰』의 제1권을 쓰기 시작한다.(6월) 바그너는 『비극의 탄생』을 다시 읽으면서 니체에게 다음과 같은 편지를 쓴다. "내가 당신에 대항해 당신의 책을 변호해야 할 날이 올 것이라는 생각을 하고 있습니다."(9월 21일) 『반시대적 고찰』의 제1권이 출간된다.(9월 22일) 니체는 우울한 날을 보낸다. 왜냐하면 나는 오직 무엇인가를 창조할 때 건강하고 기분이 좋다. 그 외의 모든 것은 다 쓸데없는 간주곡이다.(9

월 22일) 10월에 바그너 후원회를 위해 「독일인들에게 고함」을 작성한다.(바이로이트 음악축제의 후원금 모집을 위한 성명서) 바그너 후원회는 이 경고문을 "너무 과격하다"며 거부한다. 『반시대적 고찰』의 제2권을 쓰기 시작한다. 크리스마스와 신년을 나움부르크에서 보낸다.

1874년

1월: 『반시대적 고찰』의 제2권이 출간된다. 바그너가 니체에게 보낸 편지: "간단히 요약해서 자랑스럽다는 말과 당신에게 모든 일을 믿고 맡길 수 있다는 말 외에는 할 말이 없습니다." 2월: 다비트 프리드리히 슈트라우스 사망. 니체: 내가 그의 마지막을 힘들게 하지 않았기를, 그리고 그가 나를 모르고 죽었기를 바란다. 왠지 가슴이 아프다.

니체가 로데에게 자신의 문체에 대한 의견을 구하자 로데는 다음과 같이 말한다. "자네는 너무 적게 추론하는 편이고 (…) 자네가 사용하는 이미지는 잘 어울리지 않는 것 같네. 때로는 상당히 어설프기도 하다네."

4월: 바그너는 건강 문제와 근심거리를 호소하는 니체의 편지에 대해 다음과 같은 반응을 보인다. "그는 결혼을 하거나 오페라를 작곡해야만 합니다. 하지만 그의 오페라는 상연되지 않을 것이고, 그러므로 우리의 삶 속으로도 들어오지 않을 것입니다." 니체는 게르스도르프에게 다음과 같은 편지를 보낸다. 내가 창조하는 존재로서 얼마나 낙담하고 우울함을 느끼는지 자네는 모를 것이네! 내가 찾는 것은 약간의 자유와 약간의 삶의 진정한 분위기 외에는 아무것도 없으며, 나는 나를 얽매는 저 말할 수도 없이 많은 구속에 대해서 분노하면서 나를 지키고 있네.(4월) 『반시대적 고찰』의 기능: 나는 우선 내 속에 있는 논쟁적이고 부정하고 증오하며 고뇌하는 것을 뽑아내야 한다.(5월 10일)

7월:『반시대적 고찰』의 제3권을 쓰기 시작한다. 전공 분야를 소홀히 한 결과 여름학기와 겨울학기에 오직 세 명의 정식 수강생이 아닌 무자격 학생만이 그의 수업에 참가한다. 막스 슈티르너를 연구한다. 여학생의 박사 과정 등록을 허용해야 할지의 여부를 묻는 투표에서 찬성표를 던진다.(7월) 여동생이 잠시 바젤에 와서 살림을 도와준다. 여동생과 친구들이 니체의 결혼 문제를 상의한다. 바이로이트를 방문한다.(8월) 그곳에서 브람스를 칭찬하는 바람에 반감을 불러일으킨다. 10월:『반시대적 고찰』의 제3권이 출간된다. 크리스마스와 신년을 또다시 나움부르크에서 보낸다.

1875년

3월: 선물로 받은 뒤러의 동판화에 대한 언급: 그림에 대해서 나는 별 취미가 없지만, 이 그림 「기사, 죽음 그리고 악마」는 마음에 든다. 하지만 왜 그런지 나도 모르겠다.

4월: 여동생이 니체와 함께 살려고 바젤로 온다. 프란츠 오버베크가 옆집("바우만의 동굴")을 비워준다.『반시대적 고찰』과 같은 형식으로 50편의 글을 쓸 계획을 세운다. 하지만 바그너와 문헌학에 관한 글은 진척 없이 제자리에 머문다. 책을 출간하는 것에 구역질을 느낀다.(9월 26일) 로데에게 다음과 같은 편지를 쓴다. 우리가 오랫동안 함께 이야기할 수 있는 시간이 온다면, 나는 자네에게 몇 가지를 알려주려고 하네. 모든 것을 내가 직접 경험했기 때문에 나는 이러한 것들을 멀리할 수가 없다네.(10월 7일) 하인리히 쾨젤리츠를 처음으로 만난다.(10월 25일) 크리스마스와 신년을 바젤에서 보낸다. 몹시 아프다.

1876년

게르스도르프에게 보낸 편지: 내 아버지는 36세의 나이에 뇌염으로 돌아가셨는데, 나에게는 어쩌면 더 빨리 이러한 일이 일어날 수도 있겠지.(1월 18일) 파울 레와의 친교가 시작된다.(2월) 마틸데 트람페다흐에게 갑작스럽게 구혼했다가 거절당한다.(4월) 말비다 폰 마이젠부크의 회고록을 읽고 용기를 얻는다. 로문트에게 보낸 편지: 나는 다시 산다고 해도 (…) 도덕적인 해방과 반항을 존중할 것이며, 낙담하고 회의적이 되는 것을 경멸할 것이네. 페터 가스트(쾨젤리츠)의 응원에 힘입어 바그너에 관한 글을 끝내게 된다.(5월) 1년 동안의 휴가를 신청해 1876년 겨울학기부터 허락을 받는다.

7월 23일: 바이로이트의 첫 축제에 참석한다. 축제 준비 기간에 몸이 아파서 클링엔브른에 가서 쉬다가 축제가 개막될 때 돌아온다. 관객과 바그너가 자신에 대해 무관심하자 실망한다. 바그너가 『반시대적 고찰』의 제4권에 열광하지만, 니체는 마음속으로 그와의 결별을 결정한다.

10월에서 1877년 5월까지: 파울 레와 함께 소렌토에 있는 말비다 폰 마이젠부크의 집에 머문다. 나중에 『인간적인 너무나 인간적인』에 수록될 여러 가지 글들을 쓴다. 자신의 이론이 쇼펜하우어의 이론과 차이가 있다는 점을 깨닫는다.(12월)

말비다와 대화 중에 니체는 다음과 같이 말한다. "나는 단 하나의 이념에 절대적으로 몰두하고 싶습니다. 이는 강력한 불꽃처럼 타올라 개별적인 것을 불태울 것입니다."(4월) 코지마가 니체에 대해 말비다에게 한 말: "내 생각에 니체 안에는 자신도 모르는, 어두우면서도 생산적인 힘이 있는 것 같습니다." 니체가 교수직을 그만두려고 하자 친구들이 만류한다.

9월: 바젤로 돌아온다. 여동생과 새 집으로 이사한다. 몸이 아파 부속 고등학교의 수업*은 휴가를 연장하고, 대학 수업은 다시 시작한다. 『인간적인 너무나 인간적인』의 집필을 계속한다. 10월: 주치의 아이저에게 건강 진단을 받는다. 눈이 나의 고통, 즉 끔찍한 두통의 원인이라는 것이 거의 확실하게 밝혀졌다. 의사는 앞으로 몇 년 동안 읽고 쓰는 것을 금지시켰다. 바그너는 아이저의 진단을 듣고, 이 의사에게 니체의 병인은 "자위행위"이며, 니체의 "사고방식이 바뀐" 이유도 "방탕하고 무절제한 생활" 때문일 거라고 하면서, 니체에게 남색男色 성향이 있음을 암시하는 편지를 쓴다. 니체는 나중에(아마도 1883년경) 이에 관해 알게 되었을 때 바그너의 언급을 치명적인 모욕으로 여긴다.

• 니체는 교수로 취임할 때 부속 고등학교에서 그리스어를 가르칠 의무를 부여받았다. ―옮긴이

1878년

1월: 바그너가 보낸 「파르지팔」의 대본이 도착한다. 니체의 평: 너무 기독교적이고 (…) 온통 공상의 심리학이다. (…) 살은 없고 피만 난무한다. (…) 나는 히스테리적인 여성 취향을 좋아하지 않는다.(1월 3일) 『인간적인 너무나 인간적인』을 가명으로 출간하는 문제를 출판사와 상의했으나 출판사의 반대로 무산된다. 『인간적인 너무나 인간적인』이 4월에 출간된다. 바그너는 경악을 금치 못하고, 코지마는 다음과 같이 말한다. "이 책에서 악이 승리했다는 것을 나는 안다." 친구 로데도 이 책을 거부한다. "사람이 이렇게 자신의 영혼을 다른 것과 바꿀 수 있는 것일까?"

6월: 여동생과 함께 사는 것을 그만두고 니체는 혼자 바젤 시 교외로 이사 간다. 니체는 자신을 신랄하게 비판한다. 모든 참되고 단순한 것들을 형이상학적으로 모호하게 하는 일과 이성으로 이성에 대항하는 일을 중단하려고 한다. 몹시 아프다. 크리스마스는 바젤에서 보낸다. 그를 방문한 사람의 말: "그의 모습은 나의 마음을 아프게 했다."

1879년

3월: 병이 나서 강의를 중단한다. 『인간적인 너무나 인간적인』의 2권의 일부인 『혼합된 의견과 잠언들』이 출간된다. 바젤 대학에 사직서를 제출하자 수리되어, 매년 3천 프랑의 연금을 받게 된다.(6월 14일) 방랑 생활이 시작된다. 여름에는 생 모리츠, 9월부터 1880년 2월까지는 나움부르크에 머문다. 나움부르크 도시성벽의 탑에 거주해 야채 밭을 직접 가꾸려는 계획을 포기한다. 육체적으로 쇠약해진다. 하지만 『인간적

인 너무나 인간적인』의 2권의 다른 부분인 『방랑자와 그의 그림자』를
집필해, 12월에 출간한다.

1880년

나의 삶은 끔찍한 짐입니다. 만일 내가 바로 이런 고통의 상태에서, 그
리고 거의 절대적인 체념의 상태에서 정신적이고 도덕적인 분야의 매우 교
훈적인 시험과 실험을 하지 않았다면 나는 오래전에 내 삶을 내던져버렸을
지도 모릅니다. 이러한 인식을 갈구하는 기쁨은 나를 고양시켜서, 나는 모든
고통과 절망을 이겨낼 수 있답니다.(1월)

3월에서 6월까지: 페터 가스트와 함께 베네치아에 머물면서 요양
한다. 건강이 어느 정도 회복된다. 나움부르크와 스트레사를 거쳐 처
음으로 제노바에서 겨울을 보낸다.(1881년 4월까지) 『아침놀』을 집필한
다. 자연과학 서적을 탐독한다. 작품을 위해서 의도적으로 외로운 생
활을 한다.

1881년

여름: 처음으로 질스마리아를 방문한다. 『아침놀』이 출간된다.(7월)
8월 초: 영원회귀 사상을 처음 구체적으로 생각하기 시작한다. 영감
을 체험한다. 페터 가스트에게 보낸 편지: 나는 파괴시킬 수 있는 기계와
도 같아!(8월 14일) 오버베크에게 보낸 편지: 새로운 시작을 위한 출발점에
나는 서 있네. 내 앞에는 많은 것이 놓여 있네! 언젠가 나는 이 세상에서 몇

질스마리아의 니체하우스

년 간 사라질 필요를 느낄 텐데, 그 이유는 나의 모든 과거와 인간관계, 현재, 친구들, 친척, 이 모든 것을 나의 마음속에서 지워버리려고 하기 때문이네.(8월 20일) 니체는 스피노자와 지적으로 가깝다는 것을 발견한다. 열광 후에 오는 허탈감을 겪는다. 로데와 게르스도르프는 돌아간다.

10월에서 1882년 3월까지: 제노바에 머문다. 「카르멘」 공연을 관람한다. 『아침놀』의 속편으로 집필을 시작했으나 『즐거운 학문』으로 제목을 바꾼다. 요즘 날씨가 좋은데, 이런 날씨는 처음이라네. 매일 오후에 나는 바닷가로 나가지. 구름 한 점 없는 날씨 덕분에 나의 머리도 깨끗해져서 많은 생각을 한다네.(11월 18일)

1882년

1월 내내 맑은 날씨가 계속된다. 『즐거운 학문』 집필을 계속한다. 아, 정말 좋은 날씨라네! 아, 정말 기적같이 좋은 1월이야!(1월 29일) 파울 레가 방문한다. 레와 함께 모나코의 카지노를 방문한다. 그곳에서 레가 큰돈을 잃는다. 시력 약화로 타자기를 보내달라고 연락한다. 몇 주 후에 타자기가 고장 난다. 쓰는 것보다 타자기가 더 말썽을 일으킨다.(2월) 레는 로마에서 살로메를 만난 후, 니체에게 이 만남을 자세하게 보고하고 로마에서 같이 만날 것을 제안한다.

화물선의 유일한 승객으로 메시나를 향해서 출발한다.(4월) 돌아오는 길에 로마에서 살로메를 처음 만난다. 그녀와 함께 오르타, 바젤, 루체른을 거쳐서 취리히로 돌아온다. 살로메에게 두 번 청혼한다. 첫 번째는 로마에서, 두 번째는 취리히에서 하는데, 그녀는 모두 거절한다. 니체와 레와 살로메의 '작업 공동체' 구상이 처음으로 언급된다. 5월과

6월은 나움부르크에 머물고, 8월에는 타우텐부르크에 머무는데, 처음에는 혼자 있다가 나중에 여동생과 살로메가 합류한다. 살로메와 많은 대화를 나눈다. 이에 대한 살로메의 보고: "지난 3주 동안 우리는 거의 녹초가 될 정도로 대화를 했다. (…) 대화를 하다가 우리도 모르게 낭떠러지로 접어들곤 했다. 이 아찔한 곳은 사람들이 아래를 내려다보기 위해 홀로 올라오는 곳이었다. 우리는 보통 가파른 길을 선택해서 산책했는데, 우리가 숨을 몰아쉬면서 대화하는 것을 듣는 사람이 있었다면 아마도 두 악마가 대화를 나누고 있다고 생각했을 것이다." 살로메와 여동생의 다툼, 니체와 여동생의 다툼이 생긴다. 레와 니체가 라이프치히에서 살로메의 마음을 얻기 위해 서로 경쟁하다가 서먹서먹한 관계가 시작된다. 니체와 살로메 사이에서 여동생은 험담으로 방해 공작을 하고, 니체는 어찌할 바를 모르고 당황한다. 산타 마르게리타와 라팔로에서 겨울을 보내면서 니체는 좌절감을 느낀다.

1883년

계속되는 좋은 날씨에 고무되어 『차라투스트라는 이렇게 말했다』의 제1부를 단숨에 써내려간다.(1월 말)

2월 13일: 바그너가 죽는다. 바그너의 죽음이 나를 상당히 괴롭혔다.(2월 말) 니체는 한동안 가족과의 관계를 끊는다. 나는 어머니를 좋아하지 않는다. 그리고 여동생의 목소리를 듣는 것만으로도 기분이 나빠진다. 그들과 함께 있으면 병이 날 지경이다.(3월 24일) 로마에서 여동생과 화해한다.(5월)

질스마리아에서 『차라투스트라는 이렇게 말했다』의 제2부를 쓰기 시작한다.(7월) 8월 말에 『차라투스트라는 이렇게 말했다』의 제1부가 출간된다. 9월에 나움부르크를 방문했을 때 다시 가족과 불화를 겪는다. 라 스페치아, 제노바, 니스를 전전하며 겨울을 보내고 『차라투스트라는 이렇게 말했다』의 제3부를 쓰기 시작한다.

병이 심해진다. 어찌할 바를 모르겠다.(11월) 오버베크에게 보낸 편지: 인류의 미래에 대해서 같이 상의할 사람이 없다는 것을 생각하면 화가 나네. 다른 사람들과의 교제를 오랫동안 하지 않는 것이 나를 내적으로 병나게 하고 상처를 주네.(11월)

1884년

니스에 머문다. 『차라투스트라는 이렇게 말했다』의 제2부가 출간된다.(1월) 처음에는 약간 회의도 있었으나 점차 『차라투스트라는 이렇게 말했다』가 획기적인 작품이 될 것이라는 확신을 갖게 된다. 제3부를 완성하고 나서 오버베크에게 다음과 같은 편지를 쓴다. 인간을 두 부류로 나눌 수 있는 생각이 처음으로 나에게 떠올랐네.(3월 10일) 여동생과 다시 갈등을 겪는다. 저 빌어먹을 반유대주의가 (…) 바로 이 심한 갈등의 원인이다.(4월 2일) 4월에 『차라투스트라는 이렇게 말했다』의 제3부가 출간된다. 4월에서 5월까지 베네치아에 머문다. 바젤에서 야코프 부르크하르트를 방문한 것에 대해 다음과 같이 쓴다. 특히 재미있었던 것은 그가 당황해서 『차라투스트라는 이렇게 말했다』에 대해 무엇인가 말을 하려고 고심하다가 결국 한다는 말이 이 작품을 드라마 형식으로 써볼 생각이 없느냐고 나에게 물었던 점이다.(7월 25일)

7월에서 9월까지: 질스마리아에 머문다. 『차라투스트라는 이렇게 말했다』의 제4부를 집필한다. 선과 악의 세계는 피상적인 구분일 뿐이고, 보는 관점에 따라 정해진다는 나의 이론은 정신이 혼미해질 정도로 내게 충격을 준 새로운 발견이었다.(7월 25일) 어머니, 여동생과 취리히에서 화해한다.(9월 말) 취리히에서 고트프리트 켈러*를 방문하는데, 그는 니체를 "미친 친구"라고 평한다. 니체 저서의 출판권을 소유한 출판업자 슈마이츠너는 이 출판권을 2만 마르크에 팔려고 했으나 관심을 보이는 출판사가 없어서 실패한다. 겨울을 니스에서 보낸다.

1885년

『차라투스트라는 이렇게 말했다』의 제4부가 완성되고 친구와 지인들을 위한 개인소장본으로 인쇄된다. 여동생이 베른하르트 푀르스터와 결혼한다.(5월) 5월과 6월을 베네치아에서 보낸다. 병이 난다. 오전은 그럭저럭 견딜 수 있는데 오후와 밤에는 정말 견디기 힘들다. 열악한 건강 상태에도 불구하고 할 일을 다했으므로 이제는 명예롭게 사라져도 되지 않을까 하는 생각이 들기도 한다.(5월) 여름을 질스마리아에서 보낸다. 출판업자 슈마이츠너가 파산 직전까지 가서 니체는 새로운 출판사를 찾는다. 그는 "반유대주의자들의 소굴"(슈마이츠너)에서 벗어나려고 한다. 니스에서 겨울을 보낸다.

• 스위스의 사실주의 작가 - 옮긴이

1886년

동생 부부가 독일 식민지를 건설하기 위해서 파라과이로 이주한다. 『선악의 저편』을 집필한다. 이 책을 출판할 출판사를 찾지 못한다. 이 책은 나의 영혼에서 흘러나온 끔찍한 책이다.(4월 21일) 로데를 몇 년 만에 만나고, 로데는 이 만남에 대해 오버베크에게 다음과 같이 말한다. "표현할 수 없을 정도로 낯설게 느껴졌으며, 아주 이상한 분위기가 그를 감싸고 있었습니다. (…) 그는 마치 아무도 살지 않는 곳에서 온 사람 같았습니다." 여름을 질스마리아에서 보낸다. 『힘에의 의지 – 가치 전도의 시도』라는 제목으로 네 권짜리 대표작을 쓸 계획을 세운다. 『선악의 저편』이 출간된다. J. V. 비드만은 이 책에 대해서 다음과 같이 평한다. "이 책은 고트하르트*의 철도 건설에 사용될 수 있을 정도로 많은 다이너마이트를 포함하고 있는, 암울한 죽음의 위험을 알리는 경고의 깃발이다. 이런 의미에서 본다면 철학자 니체의 이 책은 '위험한' 책이다." 로데의 평: "이 책에서 주장하는 철학은 미흡하고 거의 유치한 수준이다 (…)." 니체는 자신의 작품을 최초로 출판했던 프리취와 다시 손을 잡는다. 지금까지 나온 자신의 모든 저서의 서문을 새로 쓴다. 이를 통해서 지금까지 나왔던 것들과는 다른 "지적인" 자서전이 생겨난다. 니스에서 겨울을 보낸다.

---

* 스위스의 알프스 고원 지대에 있는 지명 – 옮긴이

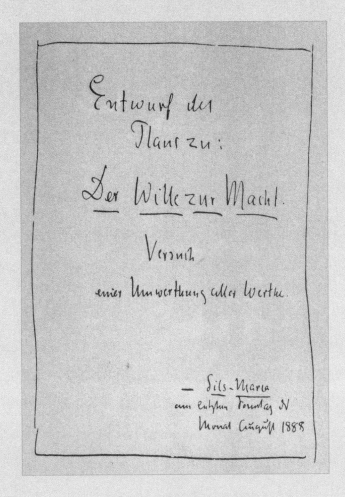

니체가 직접 쓴 『힘에의 의지』 초안 표지

1887년

『즐거운 학문』의 제5권을 집필한다. 도스토옙스키의 책을 읽는다. 『힘에의 의지』를 준비하는 작업을 계속한다. 여러 번 목차의 시안을 작성하고 아포리즘 형태의 글들을 주제에 맞게 모으기 시작했다. 냉정하기 이를 데 없는 이성 비판을 하면서 나는 고무되고 피로가 회복되는 것을 느끼며, 또 너무 몰두해서 쓰다 보면 손가락이 얼어서 파랗게 되기도 한다. (…) 지금까지 철학에서 인정되는 모든 논리성에 대한 전면적인 공격이다.(1월 21일)

니스의 지진: 두 편의 내 작품이 탄생한 이 집은 너무나 흔들려서 헐고 다시 지어야 할 정도로 파괴되었다. 후세 사람들이 나중에 순례해야 할 집이 하나 줄어든 것은 그들을 위해 잘된 일이다.(3월 4일) 로데와 절교한다.(5월) 여름을 질스마리아에서 보낸다. 유럽의 허무주의에 대한 글을 쓴다. 『도덕의 계보』 집필.(11월 출간)

니스에서의 겨울: 게오르크 브란데스와 첫 서신을 주고받는다.(11월 26일) 다시 병이 난다. 난 지금 마흔세 살인데, 태어날 때처럼 지금도 혼자다.(11월 11일)

1888년

『힘에의 의지』의 작업을 계속한다. 더 이상 '여론의 주목을 받는 것'에 대해서 생각하지 않게 되었다.(2월 26일) 카를 슈피텔러와 서신을 주고받는다. 키르케고르의 심리학을 연구하기 위해서 독일에 갈 예정입니다.(2월 19일)

4월 5일에서 6월 5일까지 토리노에 머문다. 이 도시가 무척 마음에 듭니다.(4월 10일)『바그너의 경우』를 쓴다.『힘에의 의지』의 작업도 계속한다. 난 매일 '가치를 전도'시켰고 매우 진지해져야 할 이유가 있었다네. 이제 나는 '명랑'해져야 할 '피할 수 없는 숙명'을 느낀다네.(5월 17일)『마누의 법전』을 읽는다.

질스마리아에서 마지막 여름을 보낸다. 본의 아니게 다른 사람과 대화를 하지 않게 된다. 왜냐하면 내 실존의 어려움을 다른 사람에게 보여주는 것이 싫기 때문이다. 내 주변에는 정말 아무도 없다.(7월 말)『힘에의 의지』의 작업에 박차를 가한다. 8월 29일에『힘에의 의지』를 위해서 수집한 모든 자료를 주제별로 나누기로 결정한다. 이를 통해『우상의 황혼』과『안티크리스트』가 완성된다. 9월 9일에『우상의 황혼』이 인쇄소로 넘어간다.

9월 21일에서 1889년 1월 9일까지: 마지막으로 토리노에 머문다. 『바그너의 경우』가 9월 말에 출간된다. 바그너 추종자들은 이 책에 대해 몹시 분노한다. 이 책에 대한 신랄한 혹평들이 발표된다. 아우구스트 스트린드베리가 이 책을 읽고 열광해 니체에게 편지한다.『이 사람을 보라』를 쓰기 시작한다.(10월 말) 니체는 독자들에게 자신이 시도하는 외로운 가치 전도의 작업을 통해 알려지기 이전에 한 인간으로 소개되기를 원한다. 나는 내가 예언자나 괴물, 즉 도덕의 가치를 전도시키는 괴물로서 독자에게 알려지는 것을 원하지 않는다.(1월 30일) 말비다 폰 마이젠부크가『바그너의 경우』를 비판한다. "지금은 비록 사랑이 식었다고는 하지만 옛사랑을 지금 당신이 바그너를 대하는 것과 같은 방식으로 다루는 것은 옳지 못하다고 생각합니다." 그는 마이젠부크와의 관계를 끊는다. 당신은 이상주의자입니다. (…) 내 작품의 문장 하나하나는 모든 이상주의적인 철학을 경멸하고 있습니다.(10월 22일) 니체는 자신이 길거리나 카페나 극장에서, 즉 어디에서나 사람들에게 존경을 받는다고 느낀다. 나의 오랜 친구 오버베크, 아무리 생각을 해도 자네에게 전할 그 어떤 나쁜 소식도 없네. 점점 더 빠른 속도로 일이 진척되고 기분도 좋아지고 있네. (11월 13일)

여동생과 완전히 관계를 끊으려고 마음먹고 쓴 편지의 초안: 너는 수천 년 간 계속된 질문에 대한 대답을 찾은 운명적 인간과 가장 가까운 친척이라는 사실이 어떤 의미를 갖는지 추호도 이해하지 못한다. (11월 중순) 출판업자와 자신의 예전 작품의 출판권을 다시 사들이는 문제를 협상한다. 『차라투스트라는 이렇게 말했다』만 가지고도 백만장자가 될 수 있습니다. 이 책은 유사 이래 가장 획기적인 책입니다. (11월 22일) 『디오니소스 송가』의 첫 목차가 완성된다. (11월 말) 독일 황제 빌헬름 2세에게 보내는 편지의 초안: 독일 황제님께 최고의 경의를 표합니다. 이는 독일적인 모든 것에 대한 저의 반감을 극복하게 만들 정도로 최고의 경의입니다. 전하께 제 작품의 첫 견본을 증정하는 바입니다. 이 작품은 엄청난 것의 출현을 알리는 책입니다. (12월 초) 『이 사람을 보라』의 원고를 수정한다. 어머니와 여동생에 대한 저주의 글을 삽입한다. 위대한 정치에 대해 공상한다. 페터 가스트에게 보낸 편지: 나의 국제적인 활동을 위해 내가 유대인의 자본을 필요로 하는 것을 알고 있는가?

자신의 책들을 다시 한 번 읽는다. 나는 아주 멋지게 썼다. 하지만 정말 이런 줄 모르고 있었다. 정반대였다. (12월 9일) 자신을 사티로스와 어릿광대라고 칭한다. (12월 10일) 오페레타와 야외 공연을 본다. 좋은 날씨와 건조한 공기 때문에 그 어느 때보다도 건강하다고 느낀다. 『이 사람을 보라』와 함께 시작된 내 삶의 비극적인 파국에 대한 예감의 실현을 서두를 필요가 없다는 생각이 든다. (12월 16일) 『이 사람을 보라』가 완성되어 인쇄만을 남겨놓은 상태이다. (12월 말) 내가 누구인가라는 질문에 대한 답을 나는 곧 인쇄할 『이 사람을 보라』에서 완전히 정리했다. 앞으로 나 자신에 대해서가 아니라 내가 존재하는 이유에 대해서만 관심을 가져야 한다. (12월 27일)

하숙집 여주인이 니체가 나체로 춤추는 것을 본다.

1889년

니체는 마부의 채찍질로부터 말을 보호하기 위해서 말을 껴안는 다.(1월 초) 야코프 부르크하르트에게 보낸 편지. 끝으로, 나는 신이 되느니 차라리 바젤의 교수로 남고 싶었습니다. 하지만 나는 세상의 창조를 중단할 정도로 나의 사적인 이기심을 추구하지는 않았습니다. 아시다시피 우리는 어디서 어떻게 살든지 희생을 해야 합니다.(1월 6일) 이 편지를 읽은 부르크하르트는 니체의 친구인 오버베크에게 가서 니체를 돌봐주도록 요청한다. 오버베크는 즉시 토리노로 가서 다음과 같이 보고한다. "나는 소파 구석에 쪼그리고 앉아서 무엇인가를 읽고 있는 니체를 보았습니다. (…) 그 누구와도 비교할 수 없는 표현의 대가가 제정신이 아니었습니다. 저속한 표현을 쓰면서 기쁨을 표현하고, 괴이한 춤을 추고 요란한 몸짓을 했습니다." 오버베크는 니체를 바젤로 데리고 가 정신병원에 입원시킨다. 어머니가 와서 그를 예나로 데리고 가서 그곳의 정신병원에 입원시켰고, 니체는 이곳에 1년 동안 머문다. 1890년 5월에 어머니가 그를 나움부르크로 데리고 가서 돌본다. 1897년 어머니가 사망한 후에 여동생이 그를 바이마르에 있는 빌라 질버블리크로 데리고 간다.

아우구스트 호르네퍼의 마지막 방문: "건강할 때의 그의 모습을 찾아볼 수가 없었다. 우리가 본 것은 뇌연화증 마지막 단계에 있는 환자였다. 그럼에도 불구하고 우리가 그와 함께 머물렀던 몇 분의 시간은 내 삶의 가장 소중한 기억이 될 것이다. (…) 눈이 풀리고, 몸은 늘어지고, 사지를 비틀면서 아무런 힘도 없이 어린아이처럼 누워 있었지만, 니체의 개성에서 발산되는 마법의 기운은 여전했다. 그의 모습에서는 당당함이 느껴지기도 했는데, 이러한 분위기를 나는 다른 사람에게서는 느껴본 적이 없었다."

1900년 8월 25일 니체는 세상을 떠난다.

인용된 작품 약어

AC   Der Antichrist 『안티크리스트』

BA   Über die Zukunft unserer Bildungsanstalten 「우리 교육기관의 미래에 대하여」

CV   Fünf Vorreden zu fünf ungeschriebenen Büchern 「쓰이지 않은 다섯 권의 책에 대한 다섯 개의 머리말」

DD   Dionysos-Dithyramben 「디오니소스 송가」

DS   David Strauss(Unzeitgemäße Betrachtungen I) 「다비트 슈트라우스」, 『반시대적 고찰』 제1권

DW   Die dionysische Weltanschauung 「디오니소스적 세계관」

EH   Ecce homo 『이 사람을 보라』

FW   Die fröhliche Wissenschaft 『즐거운 학문』

FWS   Die fröhliche Wissenschaft. Scherz, List und Rache 『즐거운 학문』에서 맨 처음에 나오는 시 「농담, 간계 그리고 복수」

FWP   Die fröhliche Wissenschaft, Lieder des Prinzen Vogelfrei 『즐거운 학문』에서 맨 마지막에 나오는 시 「포겔프라이 왕자의 노래」

GD   Götzen-Dämmerung 『우상의 황혼』

GG   Die Geburt des tragischen Gedankens 「비극적 사유의 탄생」

GM   Zur Genealogie der Moral 『도덕의 계보』

GMD   Das griechische Musikdrama 「그리스의 음악극」

GT   Die Geburt der Tragödie 『비극의 탄생』

HL   Vom Nutzen und Nachteil der Historie für das Leben(Unzeitgemäße

Betrachtungen II) 「삶에 대한 역사의 공과」, 『반시대적 고찰』 제2권

IM   Idyllen aus Messina 『메시나에서의 전원시』

JGB   Jenseits von Gut und Böse 『선악의 저편』

M   Morgenröte 『아침놀』

MA   Menschlisches, Allzumenschliches(I-II) 『인간적인 너무나 인간적인』 1, 2권

MD   Mahnruf an die Deutschen 「독일인들에게 고함」

NJ   Ein Neujahrswort 「신년사」

NW   Nietzsche contra Wagner 『니체 대 바그너』

PHG   Die Philosophie im tragischen Zeitalter der Griechen 「그리스 비극 시대의 철학」

SE   Schopenhauer als Erzieher (Unzeitgemäße Betrachtungen III) 「교육자로서의 쇼펜하우어」, 『반시대적 고찰』 제3권

SGT   Sokrates und die griechische Tragödie 「소크라테스와 그리스 비극」

ST   Sokrates und die Tragödie 「소크라테스와 비극」

VM   Vermischte Meinungen und Sprüche 『혼합된 의견과 잠언들』

WA   Der Fall Wagner 『바그너의 경우』

WB   Richard Wagner in Bayreuth (Unzeitgemäße Betrachtungen IV) 「바이로이트의 리하르트 바그너」, 『반시대적 고찰』 제4권

WL   Über Wahrheit und Lüge im außermoralischen Sinne 「비도덕적 의미에서의 진리와 거짓에 관하여」

WM   Der Wille zur Macht 『힘에의 의지』

WS   Der Wanderer und sein Schatten 『방랑자와 그의 그림자』

ZA   Also sprach Zarathustra (I-IV) 『차라투스트라는 이렇게 말했다』 1~4부

1차 문헌

Friedrich Nietzsche: Sämtliche Werke. Studienausgabe in 15 Bänden. Herausgegeben von Giorgio Colli und Mazzino Montinari. München 1980 (dtv-Ausgabe); zitiert mit (Band), (Seite).

Friedrich Nietzsche: Sämtliche Briefe. Kritische Studienausgabe in 8 Bänden. München 1986 (dtv-Ausgabe); zitiert mit B (Band), (Seite).

Friedrich Nietzsche: Jugendschriften in fünf Bänden. Herausgegeben von Hans Joachim Mette. München 1994 (dtv-Ausgabe); zitiert mit J (Band), (Seite).

Nietzsche und Wagner. Stationen einer Begegnung. Herausgegeben von Dieter Borchmeyer und Jörg Salaquarda. Zwei Bände. Frankfurt/Main 1994; zitiert mit N/W (Band), (Seite).

Friedrich Nietzsche / Franz und Ida Overbeck: Briefwechsel. Herausgegeben von Katrin Meyer und Barbara von Reibniz. Stuttgart-Weimar 2000.

참고 문헌

Günter Abel: Nietzsche. Berlin-New York 1998.

Theodor W. Adorno/Max Horkheimer: Dialektik der Aufklärung. Frankfurt/Main 1969.

Steven E. Aschheim: Nietzsche und die Deutschen. Karriere eines Kults. Stuttgart-Weimar 1996.

Alfred Baeumler: Nietzsche der Philosoph und Politiker. Leipzig 1931.

Georges Bataille: Wiedergutmachung an Nietzsche. München 1999.

Raymond J. Benders/Stephan Oettermann: Friedrich Nietzsche. Chronik in Bildern und Texten. München 2000.

Gottfried Benn: Gesammelte Werke in vier Bänden, herausgegeben von Dieter Wellershoff. Wiesbaden-München 1978.

Ernst Benz: Das Bild des Übermenschen in der europäischen Geistesgeschichte. In: Ernst Benz (Hg.): Der Übermensch. Eine Diskussion. Zürich-Stuttgart 1961.

Carl Albrecht Bernoulli: Franz Overbeck und Friedrich Nietzsche. Eine Freundschaft. Jena 1908.

Ernst Bertram: Nietzsche. Versuch einer Mythologie. Berlin 1922.

Hubert Cancik: Nietzsches Antike. Vorlesung. Stuttgart-Weimar 1995.

Thomas Carlyle: Helden und Heldenverehrung. Berlin o. J..

Giorgio Colli: Nach Nietzsche. Frankfurt/Main 1980.

Arthur C. Danto: Nietzsche als Philosoph. München 1998.

Gilles Deleuze: Nietzsche und Philosophie. Frankfurt/Main 1985.

Ralph Waldo Emerson: Repräsentanten der Menschheit. Zürich 1987.

Günter Figal: Nietzsche. Eine philosophische Einführung. Stuttgart 1999.

Eugen Fink: Nietzsches Philosophie. Stuttgart 1960.

Margot Fleischer: Der 'Sinn der Erde' und die Entzauberung des Übermenschen. Eine Auseinandersetzung mit Nietzsche. Darmstadt 1993.

Michel Foucault: Nietzsche, die Genealogie, die Historie. In: Michel Foucault: Von der Subversion des Wissens. Frankfurt/Main-Berlin-Wien 1978.

Michel Foucault: Die Ordnung der Dinge. Frankfurt/Main 1974.

Michel Foucault: Sexualität und Wahrheit. Der Wille zum Wissen. Erster Band. Frankfurt/Main 1983.

Michel Foucault: Wahnsinn und Gesellschaft. Frankfurt/Main 1973.

Manfred Frank: Der kommende Gott. Vorlesungen über die Neue Mythologie. Frankfurt/Main 1982.

Manfred Frank: Gott im Exil. Vorlesungen über die Neue Mythologie. Frankfurt/Main 1988.

Ivo Frenzel: Nietzsche in Selbstzeugnissen und Bilddokumenten. Reinbek bei Hamburg 1966.

Gernot U. Gabel/Carl Helmuth Jagenberg (Hg.): Der entmündigte Philosoph. Briefe von Franziska Nietzsche an Adalbert Oehler aus den Jahren 1889-1897. Hürth 1994.

Hans Jochen Gamm: Standhalten im Dasein. Nietzsches Botschaft für die Gegenwart. München-Leipzig 1993.

Volker Gerhardt: Friedrich Nietzsche. München 1995.

Volker Gerhardt: Pathos und Distanz. Studien zur Philosophie Friedrich Nietzsches. Stuttgart 1988.

Volker Gerhardt: Vom Willen zur Macht. Anthropologie und Metaphysik der Macht am exemplarischen Fall Friedrich Nietzsches. Berlin-New York 1996.

Sander L. Gilman: Begegnungen mit Nietzsche. Bonn 1985.

Hermann Glaser: Sigmund Freuds Zwanzigstes Jahrhundert. Seelenbilder einer Epoche. Frankfurt/Main 1979.

Klaus Goch: Franziska Nietzsche. Eine Biographie. Frankfurt/Main 1994.

Günter Gödde: Traditionslinien des "Unbewußten". Schopenhauer-Nietzsche-Freud. Tübingen 1999.

Martin Gregor-Dellin: Richard Wagner. Sein Leben. Sein Werk. Sein Jahrhundert. München 1980.

Arsenij Gulyga: Immanuel Kant. Frankfurt/Main 1985.

Georg Wilhelm Friedrich Hegel: Phänomenologie des Geistes. Hamburg 1992. (Felix-Meiner-Ausgabe)

Eckhard Heftrich: Nietzsches Philosophie. Identität von Welt und Nichts. Frankfurt/Main 1962.

Martin Heidegger: Nietzsche. Zwei Bände. Pfullingen 1961.

Martin Heidegger: Sein und Zeit. Tübingen 1963.

Heinrich Heine: Sämtliche Schriften. Herausgegeben von Klaus Briegleb. 6 in 7 Bänden. München 1968-76.

Edmund Heller: Nietzsches Scheitern am Werk. Freiburg-München 1989.

Hermann Hesse: Zarathustras Wiederkehr. In: Hermann Hesse: Politik des Gewissens. Die politischen Schriften. Erster Band. Frankfurt/Main 1981.

Bruno Hillebrand: Nietzsche und die deutsche Literatur. Zwei Bände. Tübingen 1978.

Friedrich Hölderlin: Sämtliche Werke und Briefe in zwei Bänden. München 1970.

David Marc Hofmann: Zur Geschichte des Nietzsche-Archivs. Berlin-New York 1991.

Hugo von Hofmannsthal: Gesammelte Werke in zehn Einzelbänden. Gedichte. Dramen I 1891-1898. Frankfurt/Main 1979.

William James: Der Pragmatismus. Ein neuer Name für alte Denkmethoden. Hamburg 1994.

Curt Paul Janz: Friedrich Nietzsche. Biographie (drei Bände). München 1978-79.

Karl Jaspers: Nietzsche. Einführung in das Verständnis seines Philosophierens. Berlin-New York 1981.

Friedrich Georg Jünger: Nietzsche. Frankfurt/Main 2000.

Immanuel Kant: Werke in zwölf Bänden. Herausgegeben von Wilhelm Weischedel. Frankfurt/Main 1964.

Walter Kaufmann: Nietzsche. Philosoph-Psychologe-Antichrist. Darmstadt 1988.

Friedrich Kaulbach: Nietzsches Idee einer Experimentalphilosophie. Köln-Wien 1980.

Pierre Klossowski: Nietzsche und der Circulus vitiosus deus. München 1988.

Joachim Köhler: Friedrich Nietzsche und Cosima Wagner. Berlin 1996.

Joachim Köhler: Zarathustras Geheimnis. Friedrich Nietzsche und seine verschlüsselte Botschaft. Nördlingen 1989.

Elisabeth Kuhn: Friedrich Nietzsches Philosophie des europäischen Nihilismus. Berlin-New York 1992.

Friedrich Albert Lange: Geschichte des Materialismus. Zwei Bände. Frankfurt/Main 1974.

Bernd A. Laska: Dissident geblieben. Wie Marx und Nietzsche ihren Kollegen Max Stirner verdrängten und warum er sie geistig überlebt hat. In: DIE ZEIT Nr. 5, 27.

Januar 2000.

Joachim Latacz: Fruchtbares Ärgernis: Nietzsches "Geburt der Tragödie" und die gräzistische Tragödienforschung. In: David marc Hoffmann (Hg.): Nietzsche und die Schweiz. Zürich 1994.

Theodor Lessing: Nietzsche. München 1985.

Karl Löwith: Nietzsche. Stuttgart 1987. (Sämtliche Schriften Band 6)

Ludger Lütkehaus: Nietzsche. Zürich 1999.

Thomas Mann: Nietzsches Philosophie im Lichte unserer Erfahrung. In: Thomas mann: Schriften und Reden zur Literatur, Kunst und Philosophie. Dritter Band. Frankfurt/ Main 1968.

Urs Marti: "Der Große Pöbel- und Sklavenaufstand". Nietzsches Auseinandersetzung mit Revolution und Demokratie. Stuttgart-Weimar 1993.

Theo Meyer: Nietzsche und die Kunst. München 1992.

Malwida von Meysenbug: Memorien einer Idealistin. Berlin-Leipzig 1903.

Wolfgang Müller-Lauter: Nietzsche. Seine Philosophie der Gegensätze und die Gegensätze seiner Philosophie. Berlin-New York 1971.

Ulrich Müller/Peter Wapnewski (Hg.): Richerd Wagner-Handbuch. Stuttgart 1986.

Alexander Nehamas: Nietzsche. Leben als Literatur. Göttingen 1991.

Christian Niemeyer: Nietzsches andere Vernunft. Psychologische Aspekte in Biographie und Werk. Darmstadt 1988.

Walter Nigg: Friedrich Nietzsche. Zürich 1994.

Ernst Nolte: Nietzsche und der Nietzscheanismus. Berlin 1990.

Dolf Oehler: Pariser Bilder. Frankfurt/Main 1979.

Mazzino Montinari: Friedrich Nietzsche. Eine Einführung. Berlin-New York 1991.

Okochi Ryogi: Wie man wird, was man ist. Gedanken zu Nietzsche aus östlicher Sicht. Darmstadt 1995.

Osho: Zarathustra. Ein Gott der tanzen kann. Wien 1994.

Hennig Ottmann: Philosophie und Politik bei Nietzsche. Berlin-New York 1987.

Blaise Pascal: Über die Religion und über einige andere Gegenstände (Pensées). Berlin 1937.

Giorgio Penzo: Der Mythos vom Übermenschen und der Nationalsozialismus. Berlin 1992.

Heinz Frederick Peters: Lou Andreas Salomé. Femme fatale und Dichtermuse. München 1995.

Heinz Frederick Peters: Zarathustras Schwester. Fritz und Lieschen Nietzsche-ein deutsches Trauerspiel. München 1983.

Georg Picht: Nietzsche. Stuttgart 1988.

Annemarie Pieper: "Ein Seil geknüpft zwischen Tier und Übermensch". Philosophische Erläuterungen zu Nietzsches erstem "Zarathustra". Stuttgart 1990.

Platon: Sämtliche Werke in zehn Bänden. Griechisch und Deutsch. Frankfurt/Main 1991.

Johann Prossliner: Licht wird alles, was ich fasse. Lexikon der Nietzsche-Zitate. München 1999.

Wolfert von Rahden: Eduard von Hartmann 'und' Nietzsche. Zur Strategie der verzögerten Konterkritik Hartmanns an Nietzsche. In: Nietzsche-Studien. Internationales Jahrbuch für die Nietzsche-Forschung. Band 13. Berlin-New York 1984.

Nobert Reichel: Der Traum vom höheren Leben. Nietzsches Übermensch und die Conditio humana europäischer Intellektueller von 1890 bis 1945. Darmstadt 1994.

Heinrich Rickert: Die Philosophie des Lebens. Tübingen 1922.

Manfred Riedel: Nietzsche in Weimar. Ein deutsches Drama. Leipzig 1997.

Richard Rorty: Kontingenz, Ironie und Solidarität. Frankfurt/Main 1989.

Werner Ross: Der ängstliche Adler. Friedrich Nietzsches Leben. München 1984.

Rüdiger Safranski: Wieviel Wahrheit braucht der Mensch. Über das Denkbare und Lebbare. München 1990.

Lou Andreas Salomé: Friedrich Nietzsche in seinen Werken. Frankfurt-Main 1994.

Jorg Salaquarda (Hg.): Nietzsche. Darmstadt 1996.

Max Scheler: Der Genius des Krieges und die Deutsche Krieg. Leipzig 1915.

Max Scheler: Vom Umsturz der Werte. Abhandlungen und Aufsätze. Bern-München 1972.

Friedrich Wilhelm Joseph Schelling: Ausgewählte Schriften in sechs Bänden. Frankfurt/Main 1985.

Heinrich Schipperges: Am Leitfaden des Leibes. Zur Anthropologik und Therapeutik Friedrich Nietzsches. Stuttgart 1975.

Friedrich Schlegel: Schriften zur Literatur. München 1972.

Hermann Josef Schmidt: Nietzsche Absconditus oder Spurenlese bei Nietzsche. Teil I-III. Berlin-Aschaffenburg 1991.

Guido Schneeberger: Nachlese zu Heidegger. Dokumente zu seinem Leben und Denken. Bern 1962.

Arthur Schopenhauer: Werke in fünf Bänden. Herausgegeben von Ludger Lütkehaus. Zürich 1988.

Günter Schulte: Ecce Nietzsche. Eine Werkinterpretation. Frankfurt-New York 1995.

Georg Simmel: Schopenhauer und Nietzsche. Hamburg 1990.

Peter Sloterdijk: Der Denker auf der Bühne. Nietzsches Materialismus. Frankfurt/Main 1986.

Rudolf Steiner: Friedrich Nietzsche ein Kämpfer gegen seine Zeit. Dornach 1983.

Max Stirner: Der Einzige und sein Eigentum. Stuttgart 1985.

David Friedrich Strauss: Der alte und der neue Glaube. Ein Bekenntnis. Stuttgart 1938.

Bernhard H. F. Taureck: Nietzsches Alternative zum Nihilismus. Hamburg 1991.

Bernhard H. F. Taureck: Nietzsche und der Faschismus. Hamburg 1989.

Ernst Troeltsch: Deutscher Geist und Westeuropa. Tübingen. 1925.

Christoph Türcke: Der tolle Mensch. Nietzsche und der Wahnsinn der Vernunft. Frankfurt/Main 1989.

Gianni Vattimo: Friedrich Nietzsche. Stuttgart-Weimar 1992.

Anacleto Verrecchia: Zarathustras Ende. Die Katastrophe Nietzsches in Turin. Wien-Köln-Graz 1986.

Karl-Heinz Volkmann-Schluck: Die Philosophie Nietzsches. Der Untergang der abendländischen Metaphysik. Würzburg 1991.

Cosima Wagner: Die Tagebücher. Zwei Bände. München-Zürich 1976.

Richard Wagner: Mein Denken. München-Zürich 1982.

Richard Wagner: Der Ring des Nibelungen. Vollständiger Text. München-Zürich 1991.

Hans M. Wolff: Friedrich Nietzsche. Der Weg zum Nichts. Bern 1956.

옮긴이의 말

한때 독일 최고의 풍자가로 이름을 날렸던 쿠르트 투홀스키^{Kurt} Tocholsky는 니체와 관련해 이렇게 말한 바 있다. "필요한 말이 무엇인지 말하라. 어떤 경우든 적절한 니체의 말을 알려주겠다. 독일에 찬성하는 말이든 반대하는 말이든, 평화에 찬성하는 말이든 반대하는 말이든, 문학에 찬성하는 말이든 반대하는 말이든 당신 입맛에 맞는 말을 던져줄 수 있다." 투홀스키의 말은 어쩌면 니체가 지닌 다양성과 모순을 그대로 보여주는 사례일지도 모른다. 니체만큼 극단적으로 상반되는 평가를 받은 철학자가 과연 있을까? 그는 한편에서는 미치광이 선동가라고 평가를 받는가 하면 다른 한편에서는 예술과 삶의 철학가로서 칭송을 받고 있다. 이러한 양면성은 도대체 어디에서 오는 것이며 평가는 과연 정당한 것일까? 그럼에도 불구하고 니체가 여전히 세간의 관심을 끄는 이유는 무엇일까? 오늘날 니체만큼 많은 이들의 입에 오르내리는 철학자가 또 있을까?

19세기 말에서 20세기 초 사이에 이름을 떨친 독일어권의 작가치고 그의 영향을 받지 않은 이는 거의 없다고 해도 과언이 아니다. 하지만 이러한 작가들 대부분은 나중에 나이가 들어서 그가 젊은 시절에 받은 니체의 영향을 애써 과소평가하거나 아니면 유보적으로만 인정한다. 도대체 그 이유는 무엇일까?

이러한 여러 가지 물음에 일목요연하게 대답하기란 쉽지 않다. 왜냐하면 니체의 저서가 워낙 광범위하고 많기 때문이다. 초기 저작에 나오는 주장과 후기 저작에 나오는 주장이 서로 상반되는 경우가 있기 때문에 작품의 한 부분만을 인용하면 두 개의 주장이 종종 상충되는 경우도 있다. 이러한 곤란한 점을 극복하거 위해서는 무엇보다도 각각의 작품을 그의 삶과 연결해서 생성 배경과 과정을 정확하게 파악하는 것이 필요하다. 한 명의 작가, 혹은 철학자의 작품이 그들의 삶과 연관성을 갖는 것은 너무도 당연한 일이다. 하지만 니체처럼 이 연관성이 밀접한 경우는 드물다. 니체에게는 그의 삶 자체가 가장 훌륭한 작품이다. 니체의 작품들은 자신의 삶이라는 큰 작품 속에서 부분적 의미만을 가질 뿐이다. 이런 의미에서 그에게 그의 삶보다 더 극적인 작품은 없을 것이다.

자프란스키가 이 책에서 설명하고자 하는 것은 니체의 삶과 작품의 내적인 연관성이다. 니체의 전체 삶과 작품을 대상으로 하기 때문에 작품 각각의 내용을 깊게 다루지는 않지만, 그의 작품이 어떤 연관성에서 서술되었으며, 초기 작품과 후기 작품이 어떤 맥락에서 연결되는지를 차분하면서도 설득력 있게 설명하고 있다.

우리는 이 책을 통해 니체의 삶을 조명하면서 그의 사상의 숨겨진 진면목을 어느 정도 유추할 수 있다. 니체 철학은 과격하고 도발적이다. 인종차별적이고 심지어는 노예제도까지 옹호한다. 그는 쇼펜하우어에게 많은 영향을 받았으면서도 '동정'은 받아들이지 못한다. 그렇다면 그의 마지막 모습, 즉 채찍질 당하는 말을 불쌍히 여겨 부둥켜안다가 정신을 잃고 마는 그의 마지막 모습은 도대체 어떻게 설명되어야 하는가? 그는 동시대인들에게 환멸을 느낀다. 이 환멸은 점차 고조되어서 거의 절망으로 바뀐다. 그의 사상의 과격함은 이러한 절망에서 나오는, 정제되지 않은 도취 상태에서의 주장이 아닐까? 실제로 그는 자신의 주장이 너무 과격하다는 것을 알고 양심의 가책을 느꼈기 때문에, 모든 사물이 자신이 파악한 것과는 다르게 진행되어서 자신의 이론이 잘못된 것으로 판명되기를 바란다는 내용의 편지를 친구에게 전하기도 한다. 모든 면을 고려하면 니체 사상의 과격함을 수사학적인 분출로 이해하고, 어느 정도 유보하면서 해석하는 것이 가능해진다.

이러한 전체 맥락의 개관은 개별 작품의 이해를 위해 필수적이다. 특히 요즘처럼 단편적인 정보가 넘치는 시대에는 한 분야, 혹은 작가에 대해서 전체를 개괄하는 시야를 갖는 것이 그 어느 때보다 중요하다. 인터넷을 통해서 우리에게 제공되는 정보의 양은 이미 우리가 소화할 수 없을 정도이다. 현대인의 문제는 이러한 단편적인 정보를 모두 취합해서 전체를 보는 능력을 가지고 있지 않다는 것이다. 놀라운 것은 니체가 과거에 이미 이와 유사한 문제점을 지적했다는 사실이다. 니체는 19세기 사람들은 필요 없는 지식을 너무나도 많이 생산했고, 소화할 수 없을 정도로 많은 양의 지식을 몸속에 지니고 다닌다고 조소한다. 체화Einverleibung되지 않은 단편적인 지식에 대한 니체의 비판에서 우리 현대인이 얼마나 자유로울 수 있을까? 자프란스키는 적어도 니체 철학에 있어서 만큼은 단편적인 지식을 넘어서는 포괄적인 개관을 제공하고 있다.

이 책의 또 다른 장점은 비교의 풍부함이다. 멀리는 그리스 시대의 철학에서 시작하여 니체와 시간을 공유했던 여러 사상가들, 그리고 니체 사후에 니체의 영향을 받은 작가들까지의 풍부한 예를 통해서 옮긴이는 니체 철학뿐만 아니라 서양 사상사의 큰 줄기를 개관할 수 있었다. 이것은 번역 작업을 하면서 겪었던 모든 어려움을 잊게 해주고도 남는 커다란 기쁨이었다. 이 책을 꼼꼼히 읽은 독자라면 반드시 옮긴이와 같은 느낌을 받을 수 있으리라 기대한다. 그리고 본문에서 언급되는 인물들에 대한 새로운 시각을 독자들이 얻게 될 것 또한 이 책의 커다란 장점이다.

니체의 전체 삶을 몇 마디로 표현하는 것이 과연 가능할까? 물론 충분하지는 않지만 가능한 일이다. 그의 삶은 자신이 살았던 '시대정신에 대한 저항'이었다. 이런 의미에서 그의 작품 『반시대적 고찰』은 가장 상징적인 제목을 갖고 있는 셈이다. 그의 눈에 비친 시대는 너무나도 이성적인 지식의 시대, '체화'되지 않는 지식의 시대, 예술을 잃어버린 시대였다. 논리적인 설명만이 가치를 지녔기 때문에 사람들이 '느낄 수 있는 여유'를 잃어버린 시대이기도 했다. 니체는 이러한 시대정신에 대항해서 잃어버린 인간 본래의 열정과 도취를, ― 니체 자신의 표현에 따르면 디오니소스적인 것을 ― 찾고자 투쟁적으로 자신의 삶을 영위한다. 그는 당시의 기계적인 시대정신의 반대 극점을 찾기 위해 그리스의 비극 시대로 돌아가기도 하고, 바그너 음악에 몰두하기도 한다. 과연 이러한 시도들이 성공했을까? 니체가 그토록 극복하고자 했던 자연과학적인 사고의 약진은 저지되었을까?

니체의 시대와 현재를 비교하면, 니체가 극복하고자 했던 추세는 현재에 들어서면서 더욱 강화되고 있다. 이러한 비극적인 사실이 바로 니체 철학이 아직까지도 의미를 가질 수 있는 이유이다. 니체 철학의 시대적 '효용성'은 ― 물론 니체가 아주 싫어하는 표현이 되겠지만 ― 20세기에 그랬던 것처럼 21세기에도 여전히 소진되지 않고 남을 수 있을 것이다.

이 책은 "그의 사상의 전기 Biographie seines Denkens"라는 부제를 갖고 있다.

이 전기는 예전의 다른 일반적인 전기와는 다르다. 부제가 말해주듯이 니체 삶의 여정만을 서술한 것이 아니라 그의 사상의 발전 과정을 그의 삶과 연결한, 사상과 삶의 전기이다. 자프란스키는 이 책을 니체의 사망 100주년을 기념해서 2000년에 출간했다. 당시 독일에서는 니체에 관한 여러 가지 행사와 출판물 간행이 활발히 진행 중이었는데, 이 책만큼 주목받은 책은 많지 않았다. "지금 독일의 가장 유명한 철학자의 세계를 알고자 하는 사람은 반드시 이 책을 읽어야만 한다"(포쿠스), "놀랄 정도로 일목요연하게 쓰인 사상의 전기"(쥐트도이체 차이퉁), "철저한 조사에 의해서 탁월하게 서술된 책, 자프란스키는 전문 지식을 이해하기 쉽게 서술할 수 있는 전기 분야의 대가이다"(디 벨트) 등이 그가 받은 찬사이다. 그리고 이 책은 니체 연구에 관한 한 최고의 권위를 자랑하는 "프리드리히 니체 상"을 수상했고 지금까지도 전 세계가 인정하는 탁월한 니체 전기로 통한다.

이 책에 대한 언론 서평에서 공통적으로 이야기되는 것은 자프란스키가 어려운 철학적 사고를 자신의 언어로 바꾸어 독자들을 이해시키고 있다는 점이다. 하지만 그의 독창적이고 함축적인 단어 사용과 여러 분야를 뛰어넘는 비유, 출처를 밝히지 않은 인용 등은 종종 옮긴이를 당황하게 만들었다는 점을 고백하지 않을 수 없다. 가능하면 원문에 충실하게 번역하려고 노력했지만, 필요한 경우 우리말에 맞게 자연스럽게 풀어쓰거나 혹은 부연해서 설명했다. 만일 미흡한 부분이 있다면 그것은 전적으로 옮긴이의 책임일 것이다.

이 "사상의 전기"는 결코 쉽게 읽히는 책은 아니다. 왜냐하면 많은 부분에서 저자는 니체의 사상을 깊은 곳까지 철저하게 파고들며, 주변 사상과의 연관성을 폭넓게 전개하고 있기 때문이다. 빠른 전개와 쉽게 이해되는 것이 미덕으로 통하는 요즘의 시각에서 보면, 이 책은 분명

"반시대적"인 책이다. 하지만 그렇기 때문에 독자들이 이 책을 통해서 사고의 진지함을, 존재의 무거움을 맛보았으면 하는 것이 옮긴이의 바람이다.

오윤희·육혜원

찾아보기

니체의 가족

| ㄷ |

| ㅎ |

니체

그의 사상의 전기

초판 1쇄	찍은 날 2021년 3월 22일
초판 1쇄	펴낸 날 2021년 3월 29일
지은이	뤼디거 자프란스키
옮긴이	오윤희·육혜원
발행인	육혜원
발행처	이화북스
등 록	2017년 12월 26일(제2017-0000-75호)
주 소	서울특별시 마포구 월드컵북로 400 서울산업진흥원 5층 15호
전화	02-2691-3864
팩스	031-946-1225
전자우편	ewhabooks@naver.com
편집	정이화
디자인	책은우주다
마케팅	임동건
ISBN	979-11-90626-11-8 (04900)

단숨에 읽을 수 있는, 믿을 수 없을 만큼 흥미진진한 교양서!

누구나 교양 시리즈

세계사,
최대한 쉽게 설명해 드립니다

세계사의 흐름을 머릿속에
저절로 그릴 수 있게 하는
독일의 국민역사책

정치,
최대한 쉽게 설명해 드립니다

자유로운 개인들의
사회적 연대를 위한
정치 교과서

종교,
최대한 쉽게 설명해 드립니다

문학·역사·철학·과학의
시각으로 들여다보는
세상의 모든 종교

국립중앙도서관 서명전문가 추천도서

철학,
최대한 쉽게 설명해 드립니다

스스로 생각하는
힘을 키워 주는
철학 교양서

전쟁과
평화의 역사,
최대한 쉽게 설명해 드립니다

전쟁의 역사에서 찾아내는
평화의 비밀

전국역사교사모임 추천도서

그리스 로마 신화,
최대한 쉽게 설명해 드립니다

그리스 로마 신화의
맥을 잡아 주는
50가지 재미있는 강의

윤리,
최대한 쉽게 설명해 드립니다

전 세계 30개 국
100만 청소년들의
윤리 교과서

행복의 공식,
최대한 쉽게 설명해 드립니다

전 세계 언론이 격찬한
행복 사용설명서

누구나 인간 시리즈

한나 아렌트

세계 사랑으로 어둠을 밝힌
정치철학자의 삶

한나 아렌트를 처음 만나는 이들을 위한
선물과도 같은 책

국립중앙도서관 사서 추천도서

조제프 푸셰

어느 정치적 인간의 초상

최고의 전기 작가
슈테판 츠바이크의 역작

쇼펜하우어

쇼펜하우어와 철학의 격동시대

전 세계가 인정하는
쇼펜하우어 대표 전기

츠바이크 선집

광기와 우연의 역사

키케로에서 윌슨까지
세계사를 바꾼 순간들

전 세계 50여개 국 출간
최고의 전기 작가
슈테판 츠바이크의 대표작

공부법

서울대 합격생 엄마표 공부법

서울대 합격생
엄마들의 입시 성공
노하우 전격 공개

교과서 토론 시리즈

교과서 토론
│ 4차 산업혁명 │

4차 산업혁명을 둘러싼
흥미진진한 맞짱토론

누구나 탐구 시리즈

누구나 탐구
│ 날리기 과학 │

현직 과학 선생님들이 만든
20가지 과학 탐구 실험